朝鮮時報

조선시보 번역집 1

사회·문화·산업편

옮긴이

류민화 柳玟和, Ryu Min-hwa

일본 나라(奈良)여자대학 박사과정을 수료했으며 현재 부산대학교 교수이다. 전공은 일본 고 · 중세 문자표기와 음운연구이며 저서로 『日本書紀朝鮮固有名表記字의 硏究』(혜안, 2000), 역서로 『한자를 길들이다』(인문사, 2012), 『한자 이야기』(소명출판, 2021)가 있다.

일제강점기 일본어신문

조선시보(朝鮮時報) 번역집 01 사회 · 문화 · 산업편

초판인쇄 2023년 6월 5일 **초판발행** 2023년 6월 10일

옮긴이 류민화 **펴낸곳** 소명출판 **출판등록** 제1998-000017호

주소 서울시 서초구 사임당로14길 15 서광빌딩 2층

전화 02-585-7840 **팩스** 02-585-7848

전자우편 somyungbooks@daum.net **홈페이지** www.somyong.co.kr

값 30,000원

ISBN 979-11-5905-701-4 94910
979-11-5905-704-5 (세트)

본 역서는 2017년 대한민국 교육부와 한국연구재단의 지원을 받아 수행한 연구임(NRF-2017S1A5B4055721)

朝鮮時報

일제강점기 일본어 신문

조선시보 번역집 1

사회 · 문화 · 산업편

A Collection of Translations of the Japanese Newspaper *Joseon Shibo* during the Japanese Colonial Period

류민화 옮김

일러두기

1. 본서는 『조선시보』에 게재된 기사의 원문이미지와 신문날짜와 지면, 단을 제시하고 한국어로 번역하는 형식을 취하였다.
2. 원문이미지와 신문날짜는 국사편찬위원회의 한국사 데이터베이스에 따랐다. 한국사데이터베이스의 정리상의 오류가 확인되는 경우에는 실제 신문날짜와 지면, 단을 함께 제시하였다.
3. 번역에 있어서 어려운 한자, 한자 어휘, 전문용어 등은 사전의 의미를 밝혔다.
   사전은 大漢和辭典(大修館書店), 日本国語大辞典(小学館), 漢韓大辭典(단국대 출판부), 국립표준국어대사전(국립국어원)을 이용하였다.
4. 각 장의 기사는 시대순으로 나열하였지만, 서로 관련되는 기사와 동일 란에 연재된 기사는 나열순서를 근접하게 정리하였다.
5. 신문의 소실로 인하여 4장의 기획기사의 일부가 빠져 있다.
6. 신문에서의 오류로 판단되는 글자는 그대로 두고 ("원문대로")라고 제시하였다
7. 신문기사의 글자가 훼손되어 해독이 어려운 경우는 ▨로, 문장이 훼손된 경우는 ▨▨▨(원문훼손)로 표시하였다.

책머리에

신문은 그 시대의 생활상을 반영하는 가장 보편적인 자료이다.

일본어신문 『조선시보朝鮮時報』는 1894년 11월 21일부터 1940년 8월 31일까지 약 46년간 부산에서 간행되었다. 『조선시보』의 초기 자료는 실전失傳된 상태이지만, 1914년 11월 2일부터 1940년 8월 31일까지의 원문 자료가 부산시립시민도서관 고문헌실에 소장되어 있으며, 한국사데이터베이스에서 원문이미지를 제공하고 있다. 『조선시보』는 근대 신문의 초기 자료로 그 가치가 크며, 당시의 부산을 비롯한 조선사회의 전반적인 사회양상을 알 수 있는 유의한 자료이다.

본서는 당시의 생활상을 알 수 있는 자료를 『조선시보』에서 선별하여, 사회와 생활, 문화와 풍속, 산업과 경제, 기획기사로 분류하여 전체 89개의 기사를 번역하였다. 이들 기사의 대부분은 사실 기사와 함께 인터뷰기사, 일본인의 시각에서 본 기획기사이다. 약 100년 전 조선의 사회와 생활상을 알 수 있는 내용으로 근대 조선 사회의 모습을 재조명하는 자료가 되기를 바란다.

2023년 6월

류민화

차례

제2장 문화와 풍속

제3장 산업과 경제

제4장 기획기사

1

사회와 생활

01

살아있는 늑대를 출품

1915년8월21일90면2단

본도本道 경무부에서

다음 달부터 개최되는 시정 5년 기념 공진회에 본도 경무부는 지난번遇般* 상주尙州 헌병대에서 생포한 늑대를 출품하기로 하여 현재 준비 중이다.

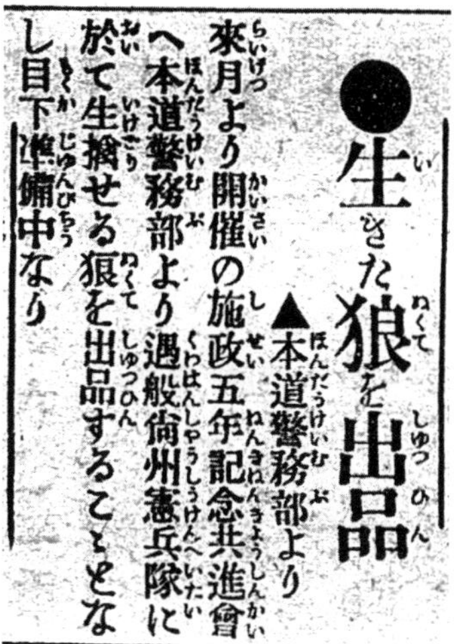
●生きた狼を出品
▲本道警務部より
來月より開催の施政五年記念共進會へ本道警務部より遇般尙州憲兵隊に於て生擒せる狼を出品することとなし目下準備中なり

* 원문기사의 遇般은 過般의 오류로 보인다.

02

인간과 늑대의 복수

1924년 5월 3일 3면 1단

조카의 원수로 아기 늑대를 잡아

도리어 부모 늑대에게 다시 습격당하다

(진해) 진해경찰서 관내 김해군 진례면 산본리 이종록 씨 조카 이용녀(11)는 지난 음력 20일 근처에 사는 조선 아동 2명과 함께 불모산佛母山 봉우리가 이어진 곳에서 풀을 베던 중에 큰 늑대 2마리와 마주쳤다. 2명의 아동은 도망갔지만 이용녀는 어리고 다리 힘이 약하여 2마리 늑대에게 해를 입었다. 이종록 씨는 조카의 원한을 갚기 위해 같은 마을 사람들과 함께 매일 산악영곡山岳靈谷을 가리지 않고 혈안이 되어 수색하던 중, 지난 30일 오전 11시 경 최희선 씨가 인솔하는 사냥개에 의해 처음으로 새끼 늑대 2마리를 발견하여 포획하였다. 흉악하고 잔인한 어미 늑대는 최희선 씨 집을 습격하여 사냥개를 물어 죽이고 최희선 씨에게 위해危害를 가하려고 하였는데, 다행스럽게도 부근사람들이 달려와서 위험에서 벗어 날 수 있었다. 진해경찰서는 새끼 늑대를 일반 시민에게 관람시키고 있으며, 일대 엽우회獵友會사람들도 매일 함께 늑대 퇴치에 종사하고 있다.

云ふのであるが此の種の訴訟は隨時提出せらるゝ筈である

人間とヌクテの仇討

姪の仇に豹兒を捕へ
返つて親豹に再襲さる

（鎭海）鎭海警察署管內金海郡進禮面山本里李鍾錄姪李用汝（一一）は去る舊曆二十日近隣の鮮童二人さ共に三人連れだつて佛母山の峰續きにて草刈中突然二頭の大豹に出會ひ二人は逃げ去つたるも李用汝は年下の足弱さて終に二頭のために害せられた李鍾錄は姪の復仇止みがたく洞民さ共に日々山岳幽谷の嫌ひなく血眼さなつて詮議中去る三十日の午前十一時頃崔壽善の引率する獵犬によつて初めて兒豹二疋を發見捕獲引上げたるに獰猛なる親豹は崔壽善宅を襲ひ獵犬を咬殺し崔壽善に危害を及ぼさんとせしも幸附近の人々駈つけたるより危險を免れた鎭海警察署は目下兒豹を一般市民に縱覽せしむるさ共に一面獵友會の人々さ共に日々豹退治に從事してゐる

03

'늑대'의 글자 뜻

1915년9월14일92면2단

호슈 잇시芳洲逸史談 담화

경상북도에서 지난번 몰이사냥으로 늑대의 평판이 세간에 널리 알려진 것 같다.

최근 경상남도 합천 방면에서 돌아온 사람의 이야기도 그쪽 지방에서도 때때로 출몰하여 사람을 문다고 한다. 맹수도 많지만, 늑대와 같은 매우 잔혹하고 나쁜 짐승은 유례가 없을 것이다.

늑대의 글자에 대해서는 신문에서도 적당한 글자가 없어 론란이 있었던 것 같다. 豺시를 사용하기도 하고 또는 狼랑을 사용하기도 하였다. 심지어 獰영을 사용하는 것도 보았지만, 이것은 아테지当て字*라고 해도 너무 터무니없이 무리하게 맞추려고 한자를 사용한 것이다. 영獰은 개의 용맹함을 말하는 것으로 명사가 아니다. 그렇다면 狼과 豺 중에 어느 것이 적당한가라고 한다면 어느 쪽이라고 말할 수 없다.

이리狼도 승냥이豺도 실제 그 짐승이 존재하기 때문에 무리하게 그 글자를 응용하는 것은 타당하지 않다. 나는 늑대가 나오기 시작할 때부터 조선 사람에게 물어보았는데, 최근에 출현한 짐승무리이기 때문에 글자가 있을 리가 없고 단지 늑대라고 부르기 시작한 것으로 늑대라는 말뜻도 없다고 한다. 고

---

* 아테지(当て字) : 한자 본래의 뜻과는 관계없이, 한자의 음(音)이나 훈(訓)을 빌려서 일본어를 표기하는 것을 말한다.

집불통의 사람을 늑대와 같은 인간이라고 말한다고 하지만, 이것은 늑대가 있고 난 이후이기 때문에 늑대 그 자체가 명사라는 것 외에 조금도 연구가 되지 않았다는 것이다. 신문기사상에서 문자가 없으면 불편하기 때문에 조사해 보았지만 이리狼도 승냥이豺도 늑대와는 다르다. 나도 실제 이리를 보았지만 늑대와는 다르다. 승냥이는 중국 동물이기 때문에 본 적이 없다. 이리는 지나간 발자국에 풀이 매우 짓밟혀져 있다. 낭자狼藉라는 말은 여기에서 나왔다. 그 똥은 대부분 짐승 털로 되어있어 이것을 태우면 바람에도 나부끼지 않고 곧바로 하늘에 닿아 봉화의 원료가 된다. 소위 낭연狼煙은 봉화이다.

승냥이豺의 글자 어휘에 의하면 이리에 속하는 짐승으로 다리는 개와 같고 꼬리는 길며, 볼은 희고 털은 황색이다. 볼이 희고 전신이 황색이라면 늑대하고는 다른 것 같다. 그렇다면 우선 이리에 속하는 짐승으로 나는 '鮮狼'이라고 적고 늑대라고 하는 것이 타당한 것이 아닌가라고 생각한다. 이어서 말하지만 조선의 늑대 소위 조선 늑대鮮狼의 출현은 20년 전으로 그 이전에는 본 적이 없다고 한다. 정확하게 청일전쟁淸日戰爭 때이다. 조선의 시골 사람들은 늑대는 일본군이 배로 가득 싣고 와서 풀어놓았다고 한다. 아니, 벽지僻地의 무지한 사람들은 그렇게 생각한다고 하니 놀랄 뿐이다.

●「ヌクテ」の字義

芳洲逸史談

慶北で先般の捲狩からヌクテの評判が大分世間に擴まつたらしひ、近頃慶南の陝川方面から歸つた人の話にも彼の地方にも折々出沒して人を咬むそうである、猛獸も數あるがヌクテの樣な殘虐極まる惡獸は恐らく類があるまい、ヌクテの字に就ては新聞でも適字がないのに持餘したらしい、豺の字を用ひたり又は狼の字を用ゐたり甚だしいのは獰の字を使つてるのも見たが、是は當字にしても牽强に過ぎて居る、獰は犬の猛々しいのであつて名詞ではない、然らば狼と豺とは何れが適當かと云へばどちらとも云へぬ、元來狼も豺も本物があるのだから無理に其字を應用することは妥當でない、僕はヌクテの出始めた頃から鮮人に聽て見たが近年出現した獸族だから字の有る筈がなく唯ヌクテと呼び始めたので、ヌクテの語意もないそうである、頑固執抑の奴をヌクテの樣な人間だと云ふそうだが、其れはヌクテ有つての上であるからヌクテ其者の名詞たる以外少も研究が出來ないのである、新聞記事の上では文字がないと不便であるから調べて見たが豺狼共にヌクテとは違ふ、狼は僕も實見して知て居る、豺は支那の動物で見たことがない、狼は其歩いた跡の草が非常に蹂躙されて居る、狼藉の語は之から出て居る、其糞は殆んど獸毛で之を焚くと風にも靡かず直蟲に天に冲るから烽火の原料にされる、所謂狼煙はノロシである、豺は字彙に依ると狼の屬で狗足、長尾、白頰、色黄とある、頰が白く全身が黄色とすればヌクテには遠い樣である、さすれば先づ狼屬として僕は「鮮狼」と書てヌクテと訓ますが妥當かと思ふのである

序に話すが朝鮮にヌクテ、僕の所謂る鮮狼の出現は二十年前で、其以前には見たことがないそうである、丁度日清戰爭時分である、朝鮮の田舍者はヌクテは日本軍が船に一杯積んで來て放したのだと云つて居るそうだイヤ現に今でも僻地の無智の連中はそう信じて居るそうだから驚くね

●大毎講演と寫眞

大阪毎日新聞社にては來る十八日午後二時より錦座に於て講演會を開き夜間は活動寫眞會を催す由なるが一般入場は無料なり

04

여름철 상극 음식

1916년 8월 6일 92면 2단

특히 주의해야 할 것

식탐을 부리는 사람은 무엇이든 가리지 않고 아무거나 먹는 탓에 음식이 상극을 이루어 갑자기 식체를 할 수도 있다. 그러므로 평소 먹어 버릇하지 않은 것을 무턱대고 먹는 것은 위험할 뿐만 아니라 늘 먹던 음식도 상극이 되는 음식은 주의해야 한다.

함께 먹으면 독이 된다고 전해지는 음식은 장어와 우메보시, 장어와 은행, 게와 무지개콩, 게와 얼음, 게와 머위, 게와 홍시, 문어와 박, 붕어와 겨자, 붕어와 멧돼지, 잉어와 멧돼지, 잉어와 보리, 감과 굴, 송이버섯과 엿, 우렁이와 메밀, 피조개와 토필*, 수박과 냉차 등이다.

■夏季の食合せ

特に注意すべきもの

食ひ意地を張つた人はそれからそれと何でも彼でも詰込んでその食ひ合せが悪かつた爲めに飛んだ食傷することがありますから平素喰べつけない物を我武者に平げるのは無論危険であるのみならず喰べつけたものでも食ひ合せの注意を忘れてはいけませんから一緒に喰べて毒になると傳へられたものは○鰻と梅干鰻と銀杏○蟹とさゝげ○蟹と氷○蟹とふき○蟹と熟柿○蛸と夕顔○鮒と辛子○鮒と猪○鯉と猪○鯉と大麥○柿と牡蠣○松茸と飴○田螺と蕎麥○赤貝と土筆○西瓜と冷茶など

---

* 토필(土筆) : 식물 쇠뜨기 홀씨의 줄기. 빛깔은 희고 연하며 마디진 줄기 꼭대기는 붓 모양으로 생겼다. 약용하거나 식용한다.

05

조선의 최근 인구

1916년 8월 13일 95면 5단

조선의 최근 인구 16,300,000명

총독부의 최근 조사에 의한 조선전체의 가구 수 및 인구는 다음과 같다.

내지인內地人	86,209	303,659
조선인	3,027,463	15,957,630
외국인	4,290	17,100
합계	3,117,962	16,278,389

그리고 각 종업자 중 농업종사자가 가장 많은데 14,073,000명, 제2위가 상업종사자 910,000명. 공업 223,000명, 공무 및 자영업 257,000명. 그 외 직업이 있는 사람 578,000명. 무직 및 직업을 신고하지 않은 사람 236,000명이라고 한다.

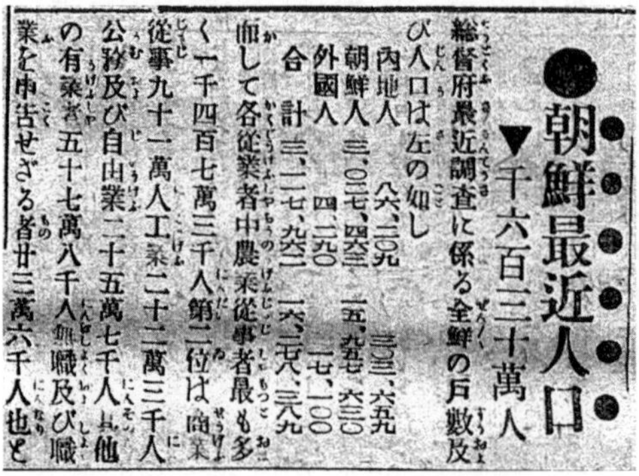
●朝鮮最近人口●

▼千六百三十萬人

總督府最近調査に係る全鮮の戸數及び人口は左の如し

內地人	八六、二〇九	三〇三、六五九
朝鮮人	三、〇二七、四六三	一五、九五七、六三〇
外國人	四、二九〇	一七、一〇〇
合計	三、一一七、九六二	一六、二七八、三八九

而して各從業者中農業從事者最も多く一千四百七萬三千人第二位は商業に從事九十一萬人工業二十二萬三千人公務及び自由業二十五萬七千人其他の有業者五十七萬八千人無職及び職業を申告せざる者廿三萬六千人也と

06

내지로 돈벌이 가는 조선인

1923년 5월 5일 3면 1단

내지로 돈벌이 가는 조선인 하루 평균 800명

내지와 조선 양쪽 거주자 반대의 현상

요즘 부산 부두를 통과하는 조선인의 내지 이주 근로자는 지난 3월 총계로 하루 평균 800명이 된다. 반대로 조선으로 돌아오는 사람은 겨우 15명으로 차감한 수는 하루 평균 785명이다. 최근의 조사에서 내지에 사는 조선인은 전국을 통해 200,000명이라고 한다. 따라서 조선에 사는 일본인 총계 약 300,000명에 비하면 겨우 50,000~60,000의 차이밖에는 없다. 그러나 조선에 사는 일본인은 오히려 요즘에는 점차 감소하고 있기 때문에, 머지않아 양쪽 수는 반대 현상을 나타낼 것이다.

內地へ出稼ぐ鮮人

一日八百人平均

內鮮の兩在住者反對の現象

昨今釜山埠頭を通過する鮮人の內地出稼者は去る三月の統計で一日平均八百名となり反對に歸って來者は僅かに十五名であるから差引一日平均七百八十五名となり最近の調查に依る內地在住鮮人は全國を通じて二十萬人を號せられて居る從つて朝鮮在住內地人總計約三十萬人に比し僅かに五六萬人の差しかないが鮮內在住內地人は寧ろ今日では漸次減少する一方であるから近々兩者の數は反對の現象を呈するであらう

07

내선융화內鮮融和의 서광

1924년 2월 2일 3면 3단

내지인內地人과 조선인의 결혼급증

지진 후 새로운 현상

(오사카 전보大阪電報) 지진 이후 오사카 거주 조선인의 움직임이 격해졌기 때문에 보호시설을 세울 필요를 느낀 오사카부 특별고등과에서는 작년 말에 조사하여 현재 조사를 마쳤다. 조사 내용 중에 눈에 띄는 부분은 내지인과 조선인의 결혼이 급증하였다는 것이었다. 현재 배우자가 있고 동거 중인 인구는 남자 1,584명, 여자 1,544명으로 그 중 내지인을 아내로 둔 사람 72명, 내지인을 남편으로 둔 사람 33명이다. 이 외에 배우자와 동거하는 남자 694명, 여자 602명 중 내지인을 아내로 둔 사람 15명, 반대로 남편으로 둔 사람 3명이다. 또한 양쪽 모두를 합쳐서 조선인이 내지인 아내를 둔 사람 87명, 조선인 여자가 내지인 남편을 둔 사람 36명으로 100쌍 이상의 내선결혼이 이루어져 내선융화의 의미에서 크게 희망적인 불빛을 밝히고 있다.

内鮮融和の曙光

内鮮人の結婚激増

震災後の新現象

(大阪電報)震災後在阪鮮人の動きが激しくなつたので保護施設を立てる必要から大阪府特別高等課では昨年末日現在で調査中であつたがやつと調査が出来たが其の内目立つた事は内地人と鮮人との結婚が激増した事であつた現在配偶者があつて同居して居るのは男一千五百八十四人女一千五百四十四人で其の内内地人を妻としたものは七十二人内地人を夫に持つもの三十三人此の外配偶者と同居して居るもの男六百九十四人女六百〇二人の内内地人を妻にしたもの十五人逆に夫に持つたもの三人双方合せて鮮人で内地人の女房を持つて居るもの八十七人鮮人の女で内地人の夫を持つて居るもの三十六人で百組以上の内鮮雑婚が行はれ内鮮融和の上に大きな光明を投げて居る

08

조선의 의료기관

1924년 5월 30일 3면 5단

의원수 140 의사 1,200 남짓

한국 광무光武 4년1900 의사규칙이 발포되어 전 한국관립학교 및 대한의원 부속 의학과大韓醫院附閣醫學科 등의 졸업자 또는 사립의학교 출신자로 동등 이상의 학력이 있다고 인정한 자에 대하여 병원 개업을 인허하였다. 그러나 민간에 허가된 실적이 없는 조선인 의사는 완전히 자유 개업 상태에 있다. 이들의 인허는 단순히 그 학식을 보증하는 데 그치며 또한 업무상의 규칙에 관해서는 한국 정부와 제국 영사 및 관리청에서 발포한 것이 있다. 모두 구체적인 규정이 없었고 경찰관서에서 임기응변으로 단속하는 것이 전부였다. 그래서 의사의 업무가 자연 방종으로 이어져 그 폐해가 많았다. 그래서 병합 후 다이쇼 2년1913 11월 의사규칙, 치과의사규칙 의생규칙을 공포하고 다음 해 1월부터 시행하여 적폐를 일소하기에 이르렀다. 그 후 개업의가 증가하였기 때문에 재작년 9월 4일 조선의사회규칙을 공포하고 의사의 통일을 기하였다. 현재 작년 말의 의료기관의 상황을 제시하면 의병원 총수는 114개이고 이 중 관립이 27개, 공립이 8개, 사립은 일본인 경영 43개, 조선인 경영 13개, 외국인 경영 23개, 합계 79개이다. 외국 의사가 1,107명, 치과의 154명, 의학생 5,183명, 한지의업자限地醫業者* 86명, 산파 701명, 한지 산파 57명,

* 한지의업(限地醫業) : 병원이 없는 지역에서 일정한 자격을 가진 자가 의술을 행하도록 허락하였던 것.

의치영업자入齒營業者 159명, 종두인허원種痘認許員 1,581명, 간호사 507명, 안마업 503명, 뜸술업 623명, 침술업 467명이다.

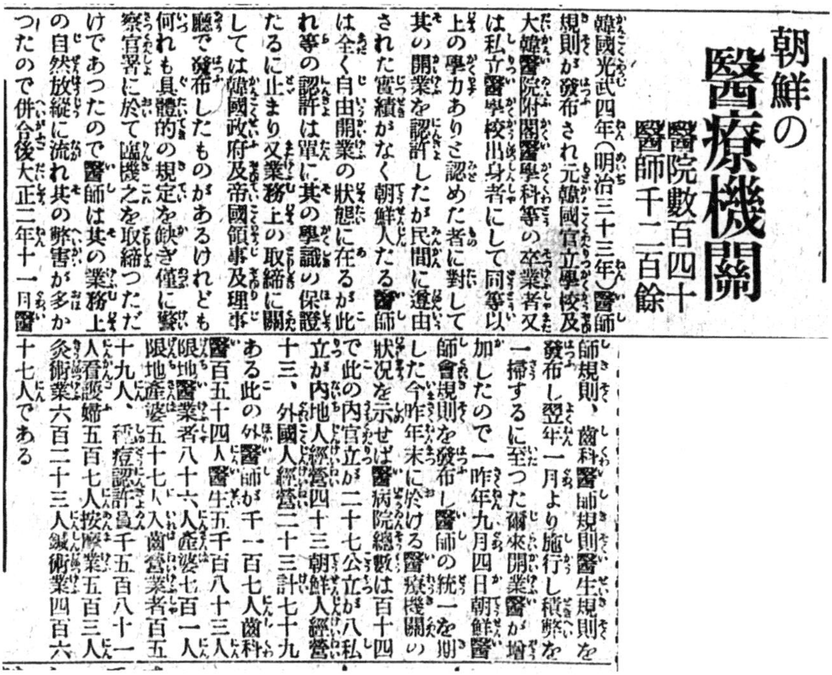

朝鮮の醫療機關
醫院數百四十
醫師千二百餘

韓國光武四年(明治三十三年)醫師規則が發布され元韓國官立學校及大韓醫院附屬醫學科等の卒業者又は私立醫學校出身者にして同等以上の學力ありと認めた者に對して其の開業を認許したが民間に遵由された實績がなく朝鮮人たる醫師は全く自由開業の狀態に在るが此れ等の認許は單に其の學識の保證たるに止まり又業務上の取締に關しては韓國政府及帝國領事及理事廳で發布したものがあるけれども何れも具體的の規定を缺き僅に警察官署に於て臨機之を取締つただけであつたので醫師は其の業務上の自然放縱に流れ其の弊害が多かつたので併合後大正二年十一月醫師規則、齒科醫師規則醫生規則を發布し翌年一月より施行し積弊を一掃するに至つた爾來開業醫が增加したので一昨年九月四日朝鮮醫師會規則を發布し醫師の統一を期した今昨年末に於ける醫療機關の狀況を示せば醫病院總數は百十四で此の内官立が二十七公立が八私立が内地人經營四十三朝鮮人經營十三、外國人經營二十三計七十九ある此の外醫師が千一百七人齒科醫百五十四人醫生五千百八十三人限地醫業者八十六人産婆七百一人限地産婆五十七人入齒營業者百五十九人、種痘認許員千五百八十一人看護婦五百七人按摩業五百三人灸術業六百二十三人鍼術業四百六十七人である

09

내선융화內鮮融和의 흔적

1924년 9년 7일 3면 6단

시대사상과 관계 깊다. 내지인內地人과 조선인의 결혼

조선인 부인을 맞이한 사람과 내지인 부인을 아내로 둔 사람

조선인과 내지인 배우자 수는 작년 말 현재 245쌍을 헤아릴 수 있는데, 이 중에서 25쌍은 작년에 결혼한 것이다. 각각의 구별은 다음과 같다.

내지인이 조선인 아내를 맞이한 경우가 102쌍, 조선인이 내지인 아내를 맞이한 경우가 132쌍이다. 조선인이 내지인 집에 데릴사위로 간 경우가 11쌍, 내지인이 조선인 집에 데릴사위로 간 경우가 1쌍이다. 조사가 시작된 다이쇼大正 원년1912 이후 연도별 누적상황을 보면 다음과 같다.

다이쇼 원년1912	116쌍
다이쇼 2년1913	114쌍
다이쇼 3년1914	79쌍
다이쇼 12년1923	245쌍

즉, 다이쇼 원년에 116쌍이었던 것이 다이쇼 3, 4년에는 70쌍으로 감소하고, 그 다음 해인 다이쇼 5년1916에는 149쌍으로 급증하였다. 다음 해부터 점점 감소하여 다이쇼 8년1919에는 68쌍으로 급감하였다. 다이쇼 9년1920에는 소폭 증가하였으며, 이후 해마다 증가세를 보여 다이쇼 12년1923 말에는 245쌍이라는 숫자에 이르렀다. 이것은 조사가 시작된 다이쇼 원년과 비교하면 2배가 넘고, 가장 적었던 다이쇼 8년1919과 비교하면 약 4배가 증가한 것이다.

이와 같은 증가 상태는 각 시기의 사회 사정에 따른 시대사상과 밀접한 관계를 가지며, 각 시기 사조思潮의 영향을 받았기 때문으로 추측할 수 있다. 더욱이 다이쇼 12년1923 말의 수치를 지방별로 보면 경기도 43쌍, 전라남도 31쌍, 전라북도 21쌍, 충청남도 4쌍, 충청북도 3쌍, 경상남도 41쌍, 경상북도 30쌍, 황해도 10쌍, 평안남도 12쌍, 평안북도 16쌍, 강원도 10쌍, 함경남도 15쌍, 함경북도 9쌍, 합계 245쌍으로 경기도에서 가장 많고, 경상남도가 제2위, 전라남도, 경상북도가 그 뒤를 이었으며, 가장 적은 곳은 충청북도이다. 이것을 내지인의 각 도별 분포에 비추어 보면 대체로 내지인의 인구 순으로 정리된 것으로 보이지만, 평안남도만은 이 예에서 벗어난다. 즉, 평안남도의 인구 순위는 4위이지만 부부 수는 12쌍으로 8위를 위치한다. 또한 경기도를 경계로 남북으로 나누어 이를 살펴보면 남쪽은 173쌍인데 비해 북쪽은 72쌍에 지나지 않는다.

다음으로 다이쇼 12년1923 말의 수치를 직업별로 보면 농업, 임업, 목축업 등이 43쌍, 어업 및 제염업 2쌍, 공업 25쌍, 상업 및 교통업 72쌍, 공무원 및 자영업 69쌍, 기타 직업 32쌍, 무직 및 직업 미신고자 3쌍, 즉 245쌍(원문에는 一二四五組)은 상업 및 교통업에 가장 많았고, 공무원 및 자영업이 그 뒤를 이었다. 이 숫자는 내지인 인구 직업분류와 비슷하며, 조선인 인구 직업별과 비교하면 가장 많은 농업, 축산업은 제3위를 차지하고 있다.

内鮮融和の跡

時代思想と關係深い
内鮮人の結婚
朝鮮婦人を娶つた者と
内地婦人を嫁にした者

朝鮮人と　内地人との配偶者數は昨年末現在に於て二百四十五組を算するが此の内二十五組は昨年中結ばれたのである而して其の種別は左の如し

内地人にして朝鮮婦人を娶つた者一〇二組、朝鮮人にして内地婦人を娶つた者一三二組、朝鮮人にして内地人の家に入婿した者一一組、内地人にして朝鮮人の家に入婿した者一組

尚調査開始の大正元年以來の累年況狀を見るに左の如くである

大正元年末	一一六組
大正二年末	一一四組
同　三年末	七九組
同十二年末	二四五組

即ち大正元年に於て百十六組であつたものが同三、四年には七十臺に減少し其の翌大正五年には一躍百四十九組に激増し又其の翌年より漸減し大正八年六十八組に激減したるが同九年には

稍々増加　し爾後逐年増加し大正十二年末には二百四十五組といふ數字を示すに至り之を調査開始の大正元年に比すれば二倍を越え最も低下した大正八年に比すれば約四倍の増加を見たのである而して斯かる累年の増減狀態は其の時々の社會事情殊に時代思想に密接の關係を有し思潮の支配を受くること少からざる推測に難からざる所である更に大正十二年末の事實を地方別に見るに京畿道四三組、全羅南道三一組、全羅北道二一組、忠淸南道四組、忠北三組

慶尙南道　四一組、慶北三〇組、黃海道一〇組、平安南道一二組、平安北道一六組、江原道一〇組、咸鏡南道一五組、咸鏡北道九組合計二四五組で京畿に於て最も多く慶南が第二位全南慶北が之れに次ぎ最も少いのは忠北である今之を内地人の各道別分布さ照して見るに大體に於いて内地人々口の順位に準ずるもの丶如くであるが平南のみは必ずしも其の例に從はない即ち該道の人口順位は第四位にあるが偶數は十二組で第八位にある又京畿を界線さして南北にわかちて之れを見れば南方の百七十三組に對し北方は七十二組に過ぎない次に大正十二年末の事實を

職業別に　見れば農業、林業、牧畜業等四三組、漁業及び製鹽業二組、工業二五組、商業及び交通業七二組、公務及び自由業六九組、其の他の有業者三二組、無職又職業を申告せざるもの三組、一二四五組即ち商業及び交通業に最も多く公務及び自由業之に次ぎ其多きは内地人人口職業別に相似て朝鮮人口職業別に於て最も多き農業牧畜業は第三位を占めてゐる

10

최근 급격히 늘어난 내지인內地人과 조선인의 '결혼'

1925년 7월 9일 3면 1단

작년 12월 말 현재 배우자 수 360쌍

(경성전화) 총독부의 조사에서 조선 내에서 내지인內地人과 조선인 간의 결혼 수는 작년 12월 말 현재 360쌍인데 이중 45쌍은 작년에 결혼한 배우자 수이다.

그런데 이 내용을 보면 일본인이 조선인 아내를 맞이한 경우가 125쌍, 조선인이 내지인 아내를 맞이한 경우가 20▨쌍, 조선인이 일본인 집의 데릴사위가 된 것이 23쌍, 일본인이 조선인 집의 데릴사위가 된 것이 9쌍이다.

다이쇼大正 9년1920에 비해 4배 이상 현저한 증가

다음으로 최근 5년간의 상황을 보면 다이쇼 9년1920 말에는 85쌍에 지나지 않았지만, 10년 말에는 124쌍이 되었고, 11년 말에는 227쌍, 12년 말에는 245쌍, 13년 말에는 360쌍으로 누적되었다. 더욱이 작년에 일본에서 결혼하여 조선으로 돌아온 경우가 70쌍으로 집계되어 작년은 사실상 재작년에 비해 110쌍이 증가되었으며, 다이쇼 9년 말에 비하면 4배 이상 증가한 상태이다.

경상남도가 제2위 무려 65쌍

다음으로 이들 분포상태는 경기도가 1위로 22▨쌍을 기록하였고, 다음은 경상남도가 65쌍, 경상북도가 36쌍, 전라남도가 35쌍, 충청남도가 25쌍, 전라북도가 22쌍, 평안남북도 각 19쌍, 함경남도가 17쌍, 함경북도가 16쌍, 충청북도가 15쌍, 강원도가 13쌍, 황해도 ▨쌍이다.

내지인 이주수와 비교 대조

이것을 각 도별 내지인의 이주 인구 순위와 비교 대조해보면 대체로 경기도 이남은 정비례하지만 이북은 이에 반하는 경향을 보이고 있다. 즉, 평안남도는 내지인 수가 4위임에도 불구하고 배우자 순위는 7위로 겨우 18쌍을 기록한다. 평안북도도 거의 같은 경향이 있다.

결혼으로 본 배일사상 조선북부가 농후

이런 사실로 비추어 볼 때 조선북부 거주 조선인의 반일사상이 조선남부보다 일반적으로 농후하다는 것을 알 수 있다. 경기도를 경계로 남북으로 나눌 때 남쪽이 270쌍, 북쪽이 90쌍으로 사상적 지리적 영향이 현저하게 나타난다.

近頃急に殖えた 內鮮人の『結婚』

昨年十二月末現在の 配偶者數三百六十組

(京城電話)總督府の調査に係る鮮內に於ける內鮮人間の結婚數は昨年十二月末現在に於て三百六十組となつて居るが此內四十五組は昨年中に於て結ばれた配偶者數である

而して之が內容に就て見ると內地人で鮮婦を娶つたものが百二十五組鮮人で內地婦人を娶つたものが二百一組鮮人で內地人の家に入婿したものが二十三組內地人が鮮人の家に入婿したものが九組である

九年に較べて 四倍强に 著しい增加

次に最近五箇年間の狀況を見るに大正九年末には八十五組に過ぎなかつたが十年末には百二十四組となり十一年末には二百二十七組十二年末には二百四十五組十三年末には三百六十組と累進した尙昨年中に內地に於て結婚歸來せるものが七十組を算したから昨年は事實に於て前年よりも百十五組を增加したこととなり大正九年末に比して四倍强に達する狀態である

慶尙南道が 第一位 ザット六十五組

次に之等分布狀況は京畿首位を占めて二十二組を算し次は慶南の六十五組慶北の卅六組全南の卅五組忠南の廿五組全北の廿二組平南北の各十八組咸南の十七組咸北の十六組忠北の十五組江原の十三組黃海の　組である

內地人移住數との比較對照

之を各道別內地人の移住人口順位と比較對照する時は大體に於て京畿道以南は之と正比例して居るが以北は全く之に反する傾向を示して居る即ち平南の如きは人口順位は全鮮各道中內地人數で第四位を占めて居るにも拘はらず配偶者順位は第七位となり僅に十八組を算するのみである平北もほゞ同樣の傾向がある

結婚から觀た 排日思想 北鮮が濃厚

この事實に鑑みる時は北朝鮮在住鮮人の排日思想が南鮮よりも一般に濃厚であることが窺はれる京畿道を境として南北に分つ時は南方が二百七十組北方が九十組となり思想的地理的影響が著しく現はれて居ると

11

'추위'와 싸우는 조선의 겨울이 왔다

1925년 10월 11일 3면 5단

부산 지방은 평년에 비하여 약 2도가량 저온

최근 기압배치가 점점 겨울의 기압배치 상태에 접근해와서 중국 방면으로 기온이 높아지고 있다. 즉 대륙적 고기압이 발달해 온 것이다. 이로 인해 요즘 현저하게 한랭을 느끼는 것이며 그 원인은 여름철 기압배치가 일변하여 점점 겨울철 기압배치를 지속하게 되었기 때문이다. 특히 10일 아침과 같은 한랭을 느낀 것은 만주 오지 즉 창춘長春 펑톈奉天에서는 기온이 심하게 떨어져서 빙점 가까이까지 내려갔기 때문이다.

조선에서도 북쪽 내륙에서는 이미 5도 내외로 떨어지고 부산도 10일 아침에는 기온이 12도 8부를 나타내 평년에 비하면 약 2도, 작년에 비하면 1도 8부가 낮다. 따라서 현재는 날씨가 겨울에 접어들었으므로 이후 좋은 날씨가 지속될 것이다. 그러나 이 때문에 북서풍이 많은 것은 피하지 못할 것이다.

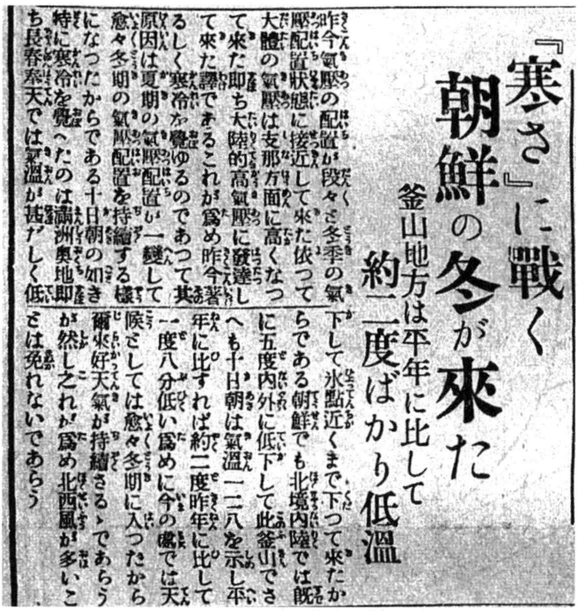

『寒さ』に戰く朝鮮の冬が來た

釜山地方は平年に比して約二度ばかり低溫

昨今氣壓の配置が段々と冬季の氣壓配置狀態に接近して來た依つて大體の氣壓は支那方面に高くなつて來た卽ち大陸的高氣壓に發達して來た譯であるこれが爲め昨今著るしく寒冷を覺ゆるのであつて其原因は夏期の氣壓配置が一變して愈々冬期の氣壓配置を持續する樣になつたからである十日朝の如き特に寒冷を覺へたのは滿洲奧地卽ち長春奉天では氣溫が甚だしく低下して氷點近くまで下つて來たからである朝鮮でも北境內陸では既に五度內外に低下して此釜山でさへも十日朝は氣溫一二八を示し平年に比すれば約二度昨年に比して一度八分低い爲めに今の處では天候としては愈々冬期に入つたから爾來好天氣が持續さるゝであらうが然し之れが爲め北西風が多いことは免れないであらう

12

과연 유교의 나라

1926년 10월 14일 3면 9단

갸륵한 조선인 여자

진주의 여자산업강습소 강습생 30명은 이구치 세이지井口盛次 교사의 인솔로 현재 경성을 견학 중이고 이왕가李王家의 비원 등을 보며 여러 곳을 구경하는 중에 여학생 일동이 울기 시작한 상황.

▶이구치 교사가 무슨 일인지를 물어보니 여학생은 정말 감사하고 황송하기도 해서 감회에 복받쳐 자기도 모르게 울었습니다. 이토록 좋은 수도 경성의 문화를 고향 진주에 계신 부모님과 조부모님에게 보여 드리고 싶습니다. 그러나 우리들이 졸업하여 월급을 받아 보여 드릴 때까지 부모님과 조부모님이 기다려주실지 어떨지?

▶그것을 생각하며 자신들은 영광이라고 비교하며 울 수밖에 없습니다라고.

▶그것을 들은 교사도 따라 울었다고 한다. 소장인 고소도小曾戶 기사도 마찬가지로 눈물 섞인 목소리다.

流石は儒敎の國

いぢらしい鮮人の女子

晋州の女子蠶業講習所の講習生三十名は井口盛次教師に引率せられ目下京城に見學中で李王家の秘園など見せて貰ひ諸處見物する裡に女生徒一同が泣き出した模様▲井口教師が何事かと聞いて見ると女生徒は實に有難いとも勿體ないとも感極まって堪えず泣きましたそれ程結構な首都の京城の文化を賞めて國元晋州の父母祖父母に見せて喜ばせ度いが私共が卒業して月給でも貰って案内して見せる迄父母や祖父母が待って呉れますかどうか▲其れを思ひ自分等の光榮と思ひ比べて泣くの外はありませんだ▲聞いた其の教師も貰ひ泣きしたといふ所長の小倉戸技師も同様涙聲である

13

서양인에 필적하는 조선인의 체격 발견

1928년 3월 29일 1면 3단

가지무라梶村 경성의대京城醫大교수가 해부학적 견지에서 발견

경성대학의학부 가지무라 교수가 유치부 1,000명에 대해 해부학적 견지에서 조사 연구한 결과, 조선인은 골격이 우수하여 거의 서양인에 필적한다. 세계에서 골격 제1위는 폴리네시아인으로 일본인은 14위에 해당하는데 조선인은 거의 상위의 체격에 지지 않는 사람이 있다. 박사는 근간 동경에서 열리는 일본해부학회에서 상기의 연구결과를 상세하게 발표한다고 한다.

西洋人に匹敵する
朝鮮人の體格發見
梶村京城醫大教授が
解剖學見地から發見

京城大學醫學部梶村教授幼稚園兒一千名につき解剖學的見地から調査研究の結果朝鮮人の體格優秀にて殆ど西洋人に匹敵す世界で體格良好第一はポリネシア人で日本人は十四位にあたるが朝鮮人は殆ど上位のものに劣らぬものあり博士は近く東京に開かれる日本解剖學會で右研究の結果を詳細發表すると

14

파악할 수 있는 최소의 조선 총인구

1928년 8월 24일 1면 3단

19,137,600여 명, 내지인內地人은 454,888명

조선총독부 조사에 따르면 쇼와 2년1927 12월 말 조선의 현재 주거 인구는 19,137,690명으로 1평방平方 1,347명이며 일본의 2,415명에 비해 1,070명 적다. 또 내지의 통계구획에 의한 인구수는 홋카이도北海道의 3배에 해당되며 경북구京北區의 1,420명에 필적하고 기타 각 구의 약 절반 내지 4분의 1에 지나지 않는다. 그리고 최다 밀접 지역은 경상남도의 2,468명, 최소 희박 지역은 함경북도의 481명으로 2,000명 이상은 경상남도, 전라북도, 충청남도, 경기도이다. 1,000명 이상 2,000명 미만은 경상북도, 충청북도, 평안남도, 황해도이고, 1,000명 미만은 강원도, 평안북도, 함경남도, 함경북도이다. 그리고 일본인은 454,881명으로 야마구치현山口縣이 42,407명으로 가장 많고 후쿠오카현福岡縣이 34,223명, 히로시마廣島, 나가사키長崎, 쿠마모토熊本, 오이타大分는 각 20,000명 이상, 20,000명 이하로는 사가佐賀, 오카야마岡山, 가고시마鹿兒島, 에히메愛媛, 도쿄東京, 아이치愛知, 가가와香川, 시마네島根, 오사카大阪, 효고兵庫의 순으로 여하튼 3분의 1은 규슈인九州人이 차지하고 있다.

最少して手のとゞく
朝鮮の總人口――
千九百十三萬七千六百餘人
內地人は四十五萬四千八百八十人

朝鮮總督府の調査に依る昭和三年十二月末の朝鮮現住人口は千九百十三萬七千六百九十人で一平方里千三百卅七人に當り是を內地の二千四百十五人に比べると千七十人少く又內地の統計區劃に依るものに比すれば北海道の三倍に當り東北區の千四百廿人に比敵し其他各區の約半數乃至四分の一に過ぎない而して最密地は慶南の二千四百六十八人最稀薄地は咸北の四百八十一人で二千人以上は慶南、全北、忠南、京畿、千人以上二千人未滿は慶北、忠北、平南、黃海で千人未滿は江原、平北、咸南、咸北である

尙內地人は四十五萬四千八百八十一人で內山口縣の四萬二千四百七人が最も多く福岡縣の三萬四千二百廿三人廣島長崎熊本大分の各二萬人以上三萬人以下では佐賀岡山鹿兒島愛媛東京愛知香川島根大阪兵庫の順序で兎に角其三分の一は九州人で占めてゐることになつてゐる

<생활개선> 조선인의 백의를 색이 있는 의복 착용으로 권장

1930년 9월 22일 3면 7단

(대구) 조선인의 생활 중에 흰색 옷은 매우 비경제적인 것의 하나로 매년 색이 있는 의복 착용을 권장하고 있다. 그러나 아직 대부분이 백의를 착용하는 것은 습관에 의한 것이다. 이것을 철저하게 하기 위해서 도청 지방과에서는 11월 1일을 기하여 포스터 30,000장을 뿌려 대대적으로 선전을 할 것이다.

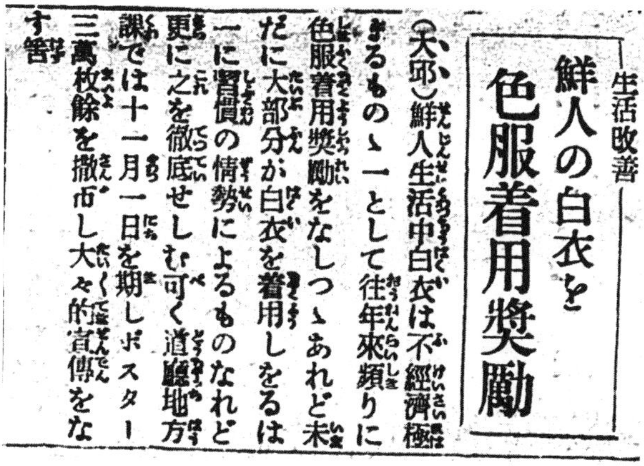

生活改善

鮮人の白衣を
色服着用奬勵

(大邱)鮮人生活中白衣は不經濟極まるものゝ一として往年來頻りに色服着用奬勵をなしつゝあれど未だに大部分が白衣を着用しをるは一に習慣の情勢によるものなれど更に之を徹底せしむ可く道廳地方課では十一月一日を期しポスター三萬枚餘を撒布し大々的宣傳をなす筈

16

큰 늑대 또 나타나다

1932년 8월 5일 3면 8단

(김천) 요즘 김천지방에서는 각지에 큰 늑대가 나타나 저녁에 바람을 쐬며 낮의 지친 몸을 쉬려고 하는 조선인들에게 중상, 또는 경상을 입히고 도주하기 때문에 다리를 뻗고 잘 수가 없다고 한다.

김천경찰서에서는 부락민과 함께 늑대사냥을 시행하고 있다. 그런데 8월 2일 오후 2시 혼마치本町 파출소 김 순사는 감천교 방면을 순찰하고 돌아오는 도중 뒤쪽에서 "늑대다. 늑대다"라고 하는 목소리와 함께 부근에 여러 마리의 개가 일제히 짖어서 뒤돌아보니 감천교 방면에서 곧장 마을 안으로 달려와서 잡으려고 하였지만 도주하였다고 한다. 들은 바로는 어제와 오늘 늑대가 활개 치는 것은 수일간 비가 내리지 않았기 때문에 산속에 물이 없어 강변을 찾아 산을 내려와서 인간에게 피해를 준다는 것이다.

大ヌクテ
またあらはる

（金泉）此の頃金泉地方に於ては昨晩に大ヌクテあらはれ夜涼みに外に出で晝のつかれを休めてゐる鮮人婦女に重傷或は輕傷を負はせ逃走するので全く枕を高くして寢られない有樣で金泉署に於ては部落民と共にヌクテ狩を行つてゐるが八月二日午前二時頃本町派出所金巡査は甘川堤方面を巡察して歸途後方よりヌクテだヌクテだと言ふ聲と共に附近數匹の犬は一齊にほへ立てるので振かへつて見れば甘川橋方面から大ヌクテが驀つしぐらに市中に驅て來るので之を捕へんとしたるも何れにか逃走した由であるが聞くところによれば昨今ヌクテの横行するのは數日間雨の降らない爲山中に水なく川邊を慕つて山を下り人間に被害を與へるとの事である

17

늑대와 셰퍼드 혼종을 만들다

1934년 5월 12일 3면 4단

조선 군용견협회의 시도

(경성발) 조선 군용견협회 지부에서는 현지 사육에 적합한 군용 개 셰퍼드를 조선 전역의 800개 금융조합 본 지점에서 경비견으로 사육하기로 하였다. 조선에는 늑대라고 칭하는 들개의 일종이 있다. 경성 읍 일원에서는 사육 중인 군용견과 교배 중인데, 이것이 성공하면 셰퍼드의 영리함과 늑대의 빠르고 강함이 어우러진 군용견이 탄생하는 것으로 그 결과가 기대된다.

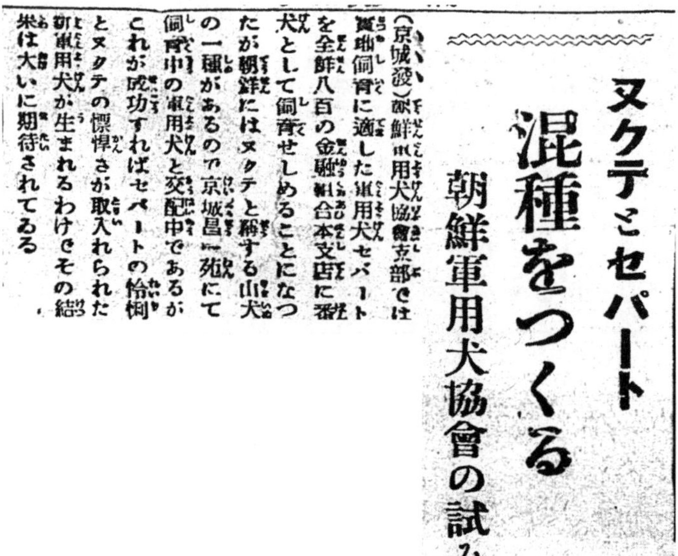

ヌクテとセパート
混種をつくる
朝鮮軍用犬協會の試み

(京城發)朝鮮軍用犬協會支部では現地飼育に適した軍用犬セパートを全鮮八百の金融組合本支店に番犬として飼育せしめることになつたが朝鮮にはヌクテと稱する山犬の一種があるので京城邑一圓にて飼育中の軍用犬と交配中であるがこれが成功すればセパートの怜悧とヌクテの慓悍さが取入れられた新軍用犬が生まれるわけでその結果は大いに期待されてゐる

18

여성의 야외근로를 돕기 위한 탁아소 설치

1934년 5월 31일 3면 5단

경상북도의 새로운 시도

유아동이 애호갱생愛護更生으로 점차 나아가다

(대구) 경북도청 및 경북사회사업협동지부가 주도하는 황태자 전하 탄생 기념사업의 하나로 5월 2일부터 8일까지 유아동 애호주간에 부내 각 사원 10곳에 아이들 놀이터를 설치할 수 있도록 600원을 목표로 기부금 모집에 착수하였는데 기대 이상의 좋은 성적을 내었다. 또한 도청에서는 아이 애호, 여성 야외 노동 장려를 위해 농번기에는 도내 각 읍내에 유아 탁아를 설치하여 농가 여성들이 유감없이 노동에 종사할 수 있도록 할 목적이다. 농산어촌農山漁村 운동을 개시한 이래 여성들의 야외 노동이 활발해지고 있지만 아직 많은 여성들이 일하고 싶어도 유아 때문에 일하지 못하고 고민하고 있다. 또 아이를 방치하면 우물에 빠진다든지 불결한 것을 먹는다든지 하기 때문에 반드시 농번기에는 탁아소가 필요하다. 이에 수탁 아동의 연령 및 정원은 3살 정도부터 7살 정도까지 즉 학령기에 이르지 않은 아이를 중심으로 수탁하기로 하였다. 아동의 정원은 대체로 보모 1명당 탁아 10명 정도이며, 해당 구역은 부락 단위로 엄마가 아침에 야외 노동을 나갈 때 데려와서 저녁에 귀가할 때 데려갈 수 있다. 가능한 한 소구역으로 하며 장소는 아이들이 놀 수 있도록 학교에 개설하는 것이 가장 좋다. 더욱이 농번기에는 보통 학교에서 가정학습을 하기 때문에 여교사도 얼마간 손이 비어 돌볼 수 있는 편리함이

있다. 농업으로 바쁜 시기만 개설하고 여름 모내기 시기와 가을 추수 시기 등 각 10일 정도로 한다. 또 양잠 지역, 어업 지역, 과수 원예 지역 등은 특별히 바쁜 시기에 시설을 갖추도록 한다. 설비로는 미끄럼대, 철봉, 모래밭, 평균대, 조선 재래의 춤 등을 사용하고, 행사로는 자유 놀이, 이야기, 창가, 오락, 줄다리기, 깃발 뺏기, 낮잠, 간식 등을 안배하여 아동이 심신을 자연스럽게 발육시킬 수 있도록 한다. 경비經費 주체는 학교, 여성회, 사원, 교회, 농촌진흥조합 등의 사업으로 할 방침이며 순로롭게 진행되고 있다.

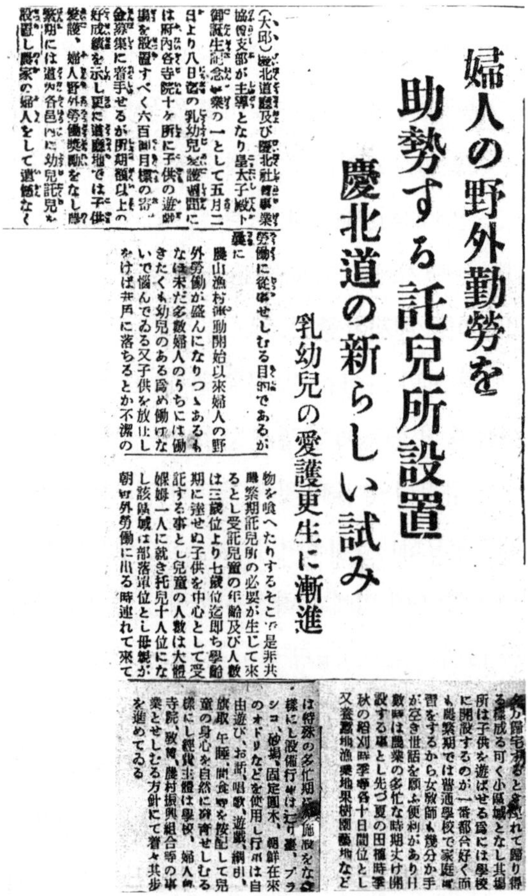
婦人の野外勤勞を助勢する託兒所設置
慶北道の新らしい試み
乳幼兒の愛護更生に漸進

（大邱）慶北道廳及び慶北社會事業協會支部が主導となり皇太子殿下御誕生記念事業の一として五月二日より八日間の乳幼兒愛護週間には府内各寺院十ヶ所に子供の遊戯場を設置すべく六百圓目標の寄金募集に着手せるが所期額以上の好成績を示し更に道廳地では子供愛護、婦人野外勞働奬勵をなし農繁期には道内各邑内に幼兒託兒所設置し農家の婦人をして遺憾なく勞働に従事せしむる目的であるが農に

農山漁村振興運動開始以來婦人の野外勞働が盛んになりつゝあるもなほ未だ多數婦人のうちには働きたくも幼兒のある爲め働けないで悩んでゐる又子供を放任しなければ井戸に落ちるとか不潔の物を喰へたりするそこで是非共農繁期託兒所の必要が生じて來るとし受託兒童の年齢及び人數は三歳位より七歳位迄即ち學齢期に達せぬ子供を中心として受託する事とし兒童の人數は大體保姆一人に就き託兒十人位になし該區域は部落單位とし母親が朝夕外勞働に出る時連れて來て夕方歸宅する時に連れて歸り得る樣成る可く小區域となし其場所は子供を遊ばせる爲には學校に開設するのが一番都合好く而も農繁期では普通學校で家庭實習をするから女教師も幾分か手が空き世話を願ふ便利があり日數は農業の多忙な時期丈け開設する事とし先づ夏の田植時季秋の稻刈時季等各十日間位とし又養蠶地漁業地果樹園藝地などは特殊の多忙期に限り施設をなす樣にし設備行事は辷り臺、ブランコ、砂場、固定圓木、朝鮮在來のオドリなどを使用し行事は自由遊び、お話、唱歌、遊戯、綱引、旗取、午睡、間食等を按配して兒童の身心を自然に發育せしむる樣にし經費主體は學校、婦人會、寺院、教會、農村振興組合等の事業とせしむる方針にて着々其歩を進めてゐる

19

<가정란> 간이 냉장고

1917년 7월 11일 90면 7단

더워짐에 따라 특히 어제 오늘과 같이 기온의 변화가 불규칙한 때에는 식품의 부패가 한층 더 심해진다. 그중에는 모유가 나오지 않아 어쩔 수 없이 우유로 아기를 양육하는 가정이나 다량으로 우유를 필요로 하는 가정에서는 어떻게 해서라도 안전한 방법을 강구하지 않으면 안 된다.

우유의 부패를 막으려면 냉장고에 저장하는 것이 가장 좋다. 부족함이 없는 가정에는 지금부터 준비하겠지만, 냉장고 설비가 없는 가정에서는 알면서도 번번이 부패시키는 일이 있다.

그러나 여기에서 손쉬운 냉장고 제조법을 소개하고자 한다. 이 간편한 냉장고의 가장 중요한 재료로 필요한 것은 쌀바가지이다. 보통 큰 바가지라면 1합에 술병이 6개 정도 들어간다. 이 바가지 아래에 작은 구멍을 5개 정도 뚫어 얼음이 녹아서 흘러내리게 한다. 바가지에는 타올을 두르고 위에는 중량이 있는 솥뚜껑 등으로 덮어 둔다. 이것으로 간편 냉장고는 완성된다. 우선 우유병을 바가지 안에 넣고 그 주위에 소금을 섞은 얼음을 채워 타올을 두르고 솥뚜껑을 덮으면 된다.

쌀바가지 대신에 양철제품을 사용하면 얼음이 매우 빨리 녹는다. 쌀바가지는 일단 냉각되면 얼음이 늦게 녹는다. 냉장고 설비가 없는 가정에서는 이와 같이 사용하기 간단한 물건을 이용하여 각종 음식물의 부패를 막는다면 매우 편리할 것이다.

家庭欄

手輕冷藏庫

暑くなるに從つて殊に昨今のやうな氣溫の變化の不規則な時には食物の腐敗する事が一層甚だしく中には母乳が惡く已むなく牛乳で嬰兒を養育してる家庭や、或は多量に牛乳を要する家庭では何とかして之れが安全な方法を講ぜねばならぬ

■牛乳の腐敗を防ぐには冷藏庫に收めるのが最も適當である、完全なる家庭には勿論之れから先は備へるが、冷藏庫の設備のない家では見す〱腐敗させる事がある、然し茲に手輕な冷藏庫の拵へ方がある、此の簡便冷藏庫の第一の材料として第一に必要なのは

■米磨桶である……普通大きな桶ならば一合壜六本位は入る事が出來る此の桶の底に小さな穴を五個ほど明けて氷が溶けて流出する便ならしめる、桶にはタオルを蔽ひ其上に重量のある釜の蓋などを被せるのである之で簡便冷藏庫は出來上つた、先づ牛乳壜を桶の中に收め其の周圍には

■食鹽を交ぜた氷を詰めタオルを蓋ひ釜の蓋を載せて置けば宜しい、此の桶の代りにブリキ製の物を用ゐると氷の溶け方が非常に早い、米磨桶は一旦冷却すると氷の溶け方が遲い、冷藏庫の設備のない家庭では斯樣に簡易な物を拵へて種々な飲食物の腐敗を防ぐことにしたら甚だ便利であらう

20

〈가정란〉 가을 감기에 대하여

1934년 10월 21일 1면 5단

매년 가을이 되면 곳곳에 발생하는 일종의 유행성 독감이 올해도 나오기 시작하여 주의가 필요하다. 올해의 유행성 독감은 열, 기침으로 보통의 감기와 같으나 특징적인 것은 설사와 구토를 동반한다는 점에서 위장병과 착각하기 쉽다.

일반 처치로는 소화하기 쉬운 음식을 섭취하는 것이 좋다. 흡입吸入, 습포濕布를 할 필요가 있는 경우는 얼음베개를 하면 좋다. 흡입은 1%의 붕산수를 하루 4회 이상 여러 번 하는 것이 좋다. 여하튼 전염을 막는 것이 중요하며, 외출시는 마스크를 이용하고 가능한 한 사람이 붐비는 장소에 출입하지 않으며, 차게 자지 않도록 하는 것이 매우 중요하다.

家庭欄

一、秋の寒冒に就いて

毎年秋になると諸處に發生する一種の流行性寒冒が今年もポツ〳〵罹病者を出して居るから用心が肝要である。今年の流行寒冒は熱、咳等普通の寒冒と同様だが特徴とする點は下痢、嘔吐を伴ふ事で此の點で胃腸の病[illegible]と間違へられ安い。一般手當としては消化し易い食物を攝取し吸入、濕布を施し必要な場合は氷枕を爲すとよろしい。吸入は一%の硼酸水を一日四回以上何度もやつた方がよろしい。何と言つても傳染を防ぐのが第一で外出にはマスクを用ひ成るべく人混みの場所に出入しないやうに又腹冷えを防ぐ事が肝要である

21

<가정란> 전기다리미의 경제적 이용에 대하여

1935년 12월 19일 1면 3단

겨울에는 세탁물이 잘 마르지 않기 때문에 이러한 경우 다리미를 이용하면 빨리 말릴 수가 있어서 마무리가 좋다. 다리미로는 전기다리미가 최근 널리 이용되고 있는 듯하다. 크기는 이전에 3폰드* 정도였지만 최근에는 4폰드가 많아지고 6폰드도 사용되고 있다. 일반적으로 무거운 쪽이 두꺼운 겨울옷에 좋고 얇은 옷에도 지장이 없다. 그리고 무게가 있어서 힘을 주지 않아도 되며, 바닥이 넓기 때문에 편리하다. 전기다리미를 사용할 경우, 여열을 이용하면 요긴하다. 6폰드 다리미의 경우 스위치를 끄고 나서 손수건은 충분히 다릴 수 있기 때문이다. 전기다리미를 사용할 때는 다림질 할 순서를 정하여 일을 시작한다. 그리고 베개 커버, 손수건류는 마지막에 여열을 이용하도록 하면 좋다.

* 무게 단위. 1폰드는 0.45359237kg

家庭欄

電氣アイロンの經濟的利用に就いて

冬分は洗濯物の乾きが悪いものであるが、こんな場合アイロンを利用すると早く乾かす事が出來て仕上りも良い、アイロンとして電氣アイロンは最近廣く利

用せられるやうになつた、その大さは以前は三ポンド程度であつたが最近は四ポンドが多くなり六ポンドも用ひられてゐる一般に重いものゝ方が厚い冬衣服に良く薄物にも差支へない、殊に重いから使ふ場合力が掛らず又底が廣いので便利である電氣アイロンを使用する場合餘熱を利用する事が肝要で六ポンドアイロンの如きはスウキッチを切つてから後半打位のハンカチは充分掛け得られるものである、電氣アイロンを使用するには先づスウキッチを入れて洗濯物を順序良く整理して仕事に掛る、そして枕掛、ハンカチの類は最後に餘熱を利用するやうにすると良い、

22
〈가정란〉 커피, 홍차의 음용에 대하여

1936년 3월 15일 1면 6단

커피, 홍차를 저녁에 많이 마시면 불면증에 걸리고 소화불량을 초래하기도 한다. 이는 커피, 홍차에는 카페인, 탄닌 등이 포함되어 있기 때문에 소화액의 분비가 억제되어 소화 장애가 일어나는 것이다. 요즘과 같이 각 학교의 졸업, 입학식 등의 시험을 위해 평소보다 높은 강도의 공부가 필요한 경우 극소량을 연하게 음용한다면 피로를 회복하기에 좋다. 그러나 진하게 많이 마시면 운동부족에다 소화 장애를 일으켜 도리어 나쁜 결과를 초래한다. 특히 공부하는 사람에게는 금물로 변비 등 비정상적인 현상이 생긴다.

식전에 손을 씻는 일

외출하여 집에 돌아오면 양치질을 하는 것처럼 식사 전에 반드시 손을 씻는 것을 습관화 하자. 아이들은 놀이 중에 불결한 것을 많이 만지기 때문에 꼭 실천해야 할 습관이다. 우리들이 일상 손으로 만지는 물건들은 무수한 세균이 묻어 있다. 특히 공중公衆의 사람이 만지는 물건은 더욱 심하다. 예를 들면 전차의 손잡이는 극히 한산한 곳에서 매우 혼잡한 곳에 이르기까지 12,000개의 세균이 묻어있으며, 20% 이상이 유해하다. 따라서 계속해서 이것저것 만진 불결한 손으로 식사를 하는 것은 피해야 한다.

家庭欄

コーヒー紅茶の飲用に就て

コーヒー、紅茶を夜更けて澤山飲むと不眠症に罹り且消化不良に陥る事になる。之はコーヒー紅茶にはカフエーン、タンニン等を含んで居るからで、一種の收歛作用に依つて消化液の分泌が抑制されるから消化障害が起るのである、此頃の様に各學校の卒業、入學等の試驗のため平素より強度の勉強が必要な場合極少量を淡くして飲用すれば疲勞を恢復して良いが、濃い物を澤山飲用する事は運動不足の上に消化障害をなすから却て惡い結果を招來し殊に便秘や勉強する人に禁物の異常さへ起るものである

食前に手を洗ふ事

外出して歸宅すると含嗽をするやうに食事前には必ず手を洗ふ事を習慣としたいものである、殊に子供は色々遊戯中不潔な物に數多く觸れるものであるから是非實行させ度いものである、吾々が日常手に觸れる物には無數の細菌が附着して居るもので殊に公衆の入替はり觸れるものは甚だしい、例へば電車の吊革の如きは一本で極閑散な處で千雜踏する處で一萬二千の細菌が附着して居て其の二〇%以上は有害なものである、よつて次から次へ色々と觸れて不潔な手で食事する事は避け度いものである

〈가정란〉 양말 손질을 게을리 하지 않도록

1936년 5월 7일 1면 5단

양말은 매일 빨래하는 것이 가장 좋다. 특히 앞으로 땀을 흘리는 계절이 되면 한층 땀과 지방으로 더러워지기 쉬우므로 세탁을 게을리 하지 않도록 한다. 발에 생기는 무좀, 물집 등은 양말이 불결하여 생기는 것으로 청결한 양말을 사용하는 사람은 결코 발에 이상을 일으키지 않는다. 또한 학교에 다니는 아이가 있는 가정에서는 아이의 양말을 항상 청결히 하여야 한다. 이와 함께 발가락 앞부분에 구멍이 생기면 먼저 마디를 만들지 않도록 실을 세로로 꿰매고, 그 위를 가로로 꿰매면 모양 좋게 수선을 할 수 있다.

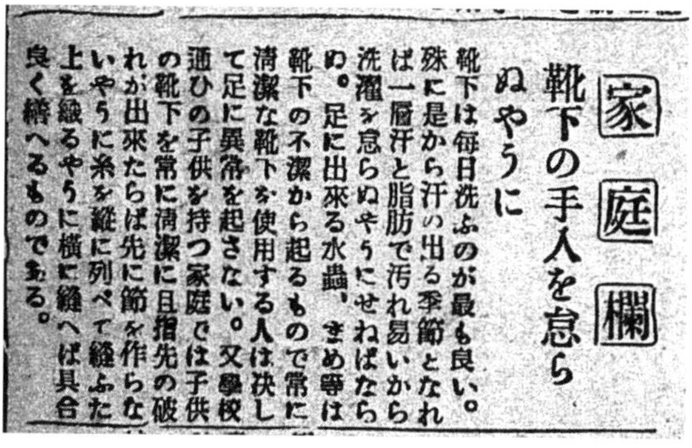
家庭欄

靴下の手入を怠らぬやうに

靴下は毎日洗ふのが最も良い。殊に是から汗の出る季節となれば一層汗と脂肪で汚れ易いから洗濯を怠らぬやうにせねばならぬ。足に出來る水蟲、まめ等は靴下の不潔から起るもので常に清潔な靴下を使用する人は決して足に異常を起さない。又學校通ひの子供を持つ家庭では子供の靴下を常に清潔に且指先の破れが出來たらば先に節を作らないやうに糸を縦に列べて縫ふた上を綴るやうに横に縫へば具合良く繕へるものである。

24
부산에서 조선의 시장 풍경

1937년 3월 21일 3면 8단/라디오해설(3월 21일 방송)

경상북도 대구부大邱府 남문시장에서 중계

담당 아나운서 후쿠미즈 도시유키福水俊之

대구부는 조선의 바깥 현관인 부산에서 기차로 북상하면 약 2시간 반 걸리며, 이른바 대구평야의 중심에 있다. 경상북도청 소재지, 산업경제 심장부로 화물의 집산도 많아서 여기에 있는 시장은 조선 최대의 시장으로 소학교 국정교과서에도 기재되어 내지인에게도 친숙한 곳이다.

조선에서 시장의 기원은 신라 지증왕 12년 지금의 경주에 시전을 열고 사방의 화물을 유통시킨 것이 최초이다. 일본은 기원 1150년 닌켄仁賢천황 시대이며, 지금으로부터 약 1,400년 전의 일이다. 당시는 물물교환시대로 쌀, 보리가 주된 화폐로 유통되었는데, 이러한 물물교환의 풍습은 그 후 조선 말기에 이르기까지 이루어졌다. 최근 대구에서 시장 매출액은 연액 3,000,000원을 넘게 달성하였고, 장날이 되면 근처의 출입 인파는 3,000,000명, 특히 8월 상순 및 12월 하순의 장날에는 100,000명을 헤아릴 만큼 성황이다. 거래품목은 농산품, 수산품, 직물, 축산품, 일반잡화에 이르기까지 다종다양하다. 이들 시장 상인은 마치 물과 풀을 찾아 전전하는 유목민처럼 근처 마을의 장날에서 장날로 옮겨 다닌다.

시장 풍경은 대부분 노천에서 각종 상품을 늘어놓고 제각기 큰소리로 손님을 부른다. 물건을 사는 사람도 5리의 산길을 멀다 않고, 겨우 고등어 두세

마리 사러 나와서 하루를 놀며 지내는 느긋한 풍경도 볼 수 있다. 어떤 의미에서 시장은 편안하게 사교를 할 수 있었던 유일한 낙원으로 지난날의 모습이 아직 남아 있다. 이러한 특이한 존재인 조선 시장을 음향音響을 통해 전국에 소개하는 것도 흥미로울 것이다.

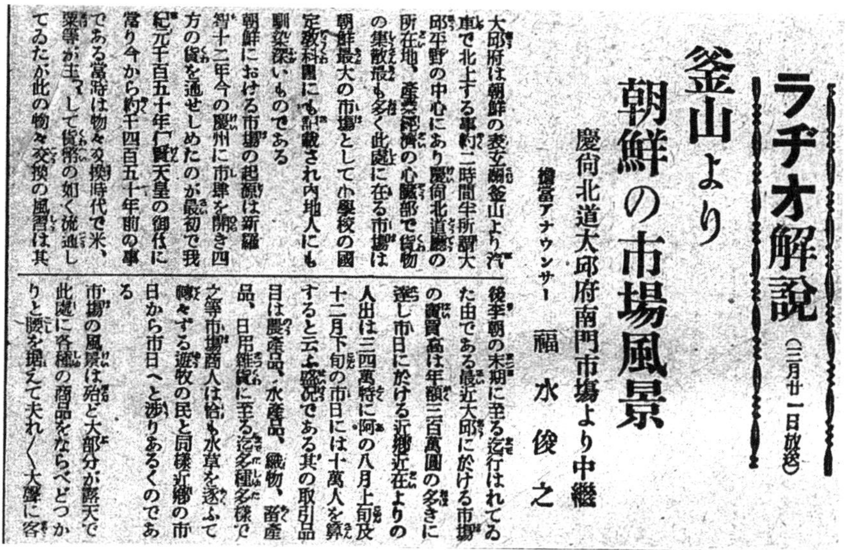

ラヂオ解說（三月廿一日放送）

釜山より

朝鮮の市場風景

慶尙北道大邱府南門市場より中繼

擔當アナウンサー　福水俊之

大邱府は朝鮮の表玄關釜山より汽車で北上する事約二時間半所謂大邱平野の中心にあり慶尙北道廳の所在地、產業經濟の心臟部で貨物の集散最も多く此處に在る市場は朝鮮最大の市場として小學校の國定教科書にも記載され內地人にも馴染深いものである

朝鮮における市場の起源は新羅智十二年今の慶州に市肆を開き四方の貨を通せしめたのが最初で我紀元千百五十年仁賢天皇の御代に當り今から約千四百五十年前の事である當時は物々交換時代で米、粟等が主として貨幣の如く流通してゐたが此の物々交換の風習は其後李朝の末期に至る迄行はれてゐた由である最近大邱における市場の賣買高は年額三百萬圓の多きに達し市日における近鄕近在よりの人出は三四萬特に阿の八月上旬及十二月下旬の市日には十萬人を算すると云ふ盛況である其の取引品目は農產品、水產品、織物、畜產品、日用雜貨に至る迄多種多樣で之等市場商人は恰も水草を逐ふて轉々ずる遊牧の民と同樣近鄕の市日から市日へと渉りあるくのである

市場の風景は殆ど大部分が露天で此處に各種の商品をならべどつかりと腰を据えて夫れ〳〵大聲に客

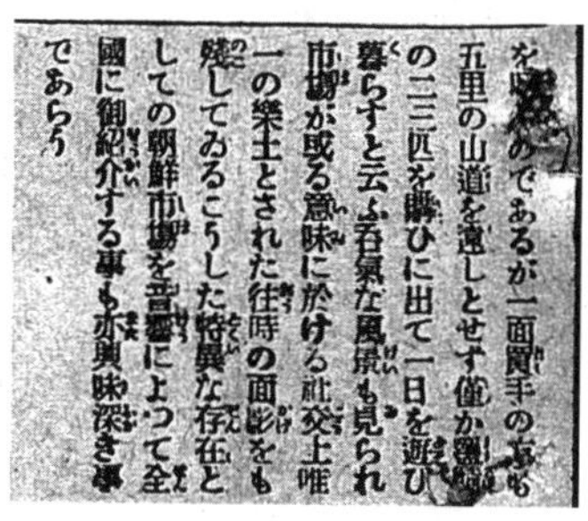

を呼ぶのであるが一面買手の方も五里の山道を遠しとせず僅か鷄の二三匹を購ひに出て一日を遊び暮らすと云ふ呑氣な風景も見られ市場が或る意味における社交上唯一の樂土とされた往時の面影をも殘してゐるこうした特異な存在としての朝鮮市場を音響によつて全國に御紹介する事も亦興味深き事であらう

25

‘대호’가 나타나 백성에게 상해를 입히다

1937년 12월 9일 3면 5단

사살된 호랑이의 짝

지난 12월 1일 신원 불명의 함양 백성이 남원군 산내면 산림으로 장작을 구하러 갔다가 갑자기 대호가 나타나 안면 등 여러 부위에 중상을 입고 현재 함양의원에서 치료 중이다. 약 3주 정도 전에 함양-남원 간 도로에 나타난 대호를 쏘아 죽였는데, 남은 녀석이 사람에게 위해危害를 입힌 것이라고 함양 지방에서는 소문이 돌고 있다.

『大虎』が現はれ
百姓に負傷さす
射止められた片割れ

去る十二月一日氏名不詳咸陽の百姓が南原郡山内面内の山林へ薪取りに行つたところ不意に大虎が現はれ顔面其他に痛手を負はされ目下咸陽醫院で治療中の由であるが約三週間程前咸陽南原間の道路端に出た大虎を射止めたその片割で人間に危害を加へたものだらうと同地方では専ら噂されてゐる

2

문화와 풍속

01

동래 조선인의 줄다리기

1915년 2월 26일 94면 1단

음력 15일부터 3일간

예년과 같이 동래 조선인의 큰 줄다리기는 오는 28일음력15일 오전 10시부터 동래 읍내 경찰서 앞 대광장에서 3일간 열린다. 이미 줄다리기 심판 및 이사, 기타 관계자는 정해졌고 지금 준비 중이다. 원래 줄다리기는 조선 고유의 오락으로 새해 15일에 행하는 것이 관례로 되어 있다. 줄다리기에는 근처 마을에 사는 남자가 참가하며, 여자는 참가하는 남자에게 음식물을 제공하고 그 옆에서 자기편을 소리치며 응원한다. 그 광경은 참으로 통쾌하면서 재미있다. 그리고 줄다리기 승부는 앞에서 말한 바와 같이 3일에 걸쳐 결정짓는 방식으로 첫날 개시부터 쌍방 모두 자지도 쉬지도 않는 상태로 이른바 끊임없는 모습으로 서로 끌어당기는 데 온천에 가는 김에 구경하러 나오는 경우가 아주 많다. 따라서 봉래관에서는 당일 특히 일반 구경꾼의 편의를 도모한다.

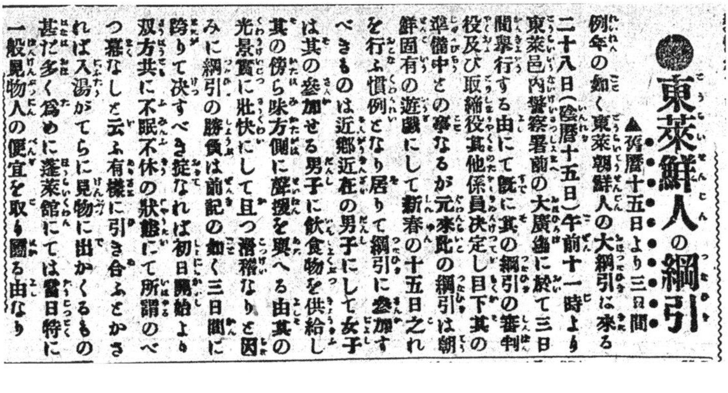

●東萊鮮人の綱引

▲陰暦十五日より三日間

例年の如く東萊朝鮮人の大綱引は來る二十八日(陰暦十五日)午前十一時より東萊邑內警察署前の大廣場に於て三日間擧行する由にて既に其の綱引の審判役及び取締役其他係員決定し目下其の準備中との事なるが元來此の綱引は朝鮮固有の遊戯にして新春の十五日之れを行ふ慣例となり居りて綱引に參加すべきものは近郷近在の男子にして女子は其の參加せる男子に飲食物を供給し其の傍ら味方側に聲援を與へる由其の光景實に壯快にして且つ滑稽なりと因みに綱引の勝負は前記の如く三日間に跨りて決すべき掟なれば初日開始より双方共に不眠不休の狀態にて所謂のべつ幕なしと云ふ有樣に引き合ふとかされば入湯がてらに見物に出かくるもの甚だ多く爲めに蓬萊館にては當日特に一般見物人の便宜を取り圖る由なり

02

동래 조선인의 춤

1915년 2월 26일 94면 1단

남녀 변장하여 뛰어놀다

이번 26일은 마침 음력 정월 13일에 해당하기 때문에 동래의 조선인들은 예년의 관습에 따라 오늘 오후 7시부터 동래 지역 읍내 경찰서 앞 대광장에서 남녀가 변장하여 큰 무도회를 개최한다. 이 춤은 마치 일본의 봉오도리盆踊り*와 비슷한데 조선 고유의 악기를 연주하고 남녀가 어울려서 밤새 뛰어노는 모습은 실로 기기괴괴하다고 한다.

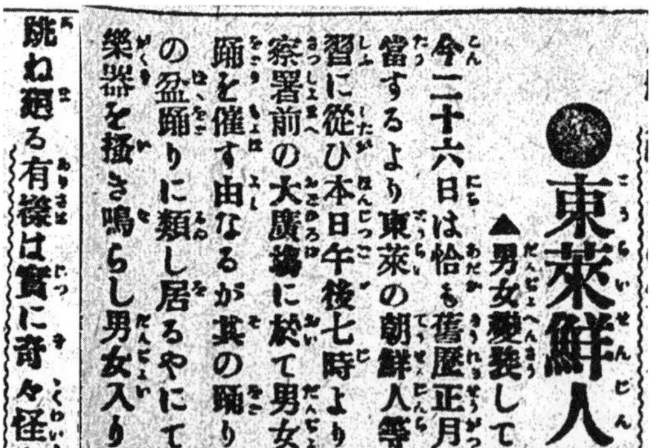

●東萊鮮人踊り

▲男女變裝して跳ね廻る

今二十六日は恰も舊曆正月十三日に相當するより東萊の朝鮮人等は例年の慣習に從ひ本日午後七時より同地邑內警察署前の大廣場に於て男女變裝の大舞踊を催す由なるが其の踊りは恰も我國の盆踊りに類し居るやにて朝鮮固有の樂器を掻き鳴らし男女入り交りて徹宵跳ね廻る有樣は實に奇々怪々なりと云

---

* 봉오도리(盆踊り) : 음력 7월 15일 남녀가 광장에 모여서 추는 윤무(輪舞). 본래는 정령(精靈)을 맞이하여 위로하는 뜻으로 행한 행사임.

03
동래 줄다리기 성황

1915년 3월 5일 3면 1단

조선남부 제1의 구경거리

이미 보고한 바와 같이 지난 28일부터 3일간 동래 읍내 군청 앞 대광장에서 조선인의 큰 줄다리기가 있었다. 밧줄 굵기가 2아름 이상이고, 길이 약 200간間* 으로 중앙부에서 동서 각 세 줄기로 갈라지고 동서 양쪽으로 나뉘어 힘껏 밧줄을 당긴다. 조선인은 수만을 넘어 첫날 인파는 약 7,000~8,000명이고 둘째 날은 경철輕鐵마다 만차로 구경하려는 손님 때문에 혼잡함이 형언할 수 없을 정도였다. 한편 둘째 날은 동쪽이 조금 우세하였고 셋째 날은 장날이라서 관객들이 밀치락달치락하게 많이 모였다. 이날은 서쪽이 우세하였는데 갑자기 큰 줄이 절단되어 일시 경기를 중지하고 서둘러 수선하기 위해 하루 연기할 것을 청원하여 마침내 그저께 승부를 지었다.

큰 줄 중앙부에는 정동도독征東都督과 정서도독征西都督이라고 적은 깃발을 흔들며 힘껏 소리를 질러 아군을 격려한다. 끌어당기는 사람이 힘을 다해 영차 영차 소리를 내며 서로 끌어당기는 모습은 일종의 장관이다.

---

* 간(間) : 길이의 단위; 6척(尺), 약 1.818m.

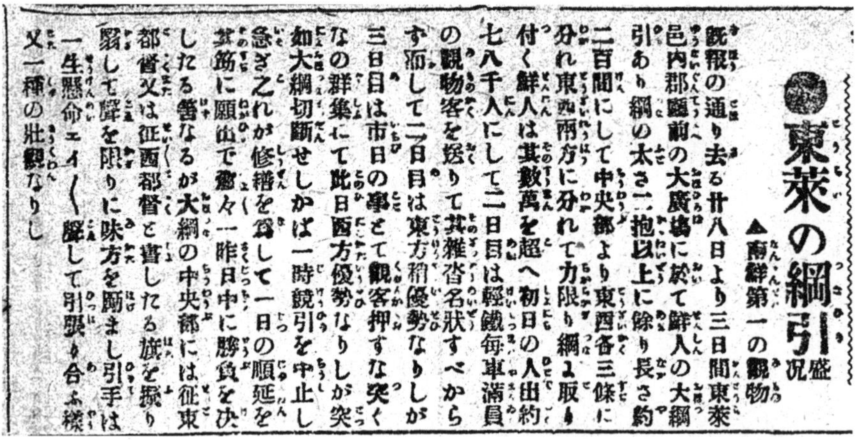

●東萊の綱引盛況

▲南鮮第一の觀物

既報の通り去る廿八日より三日間東萊邑内郡廳前の大廣場に於て鮮人の大綱引あり綱の太さ一抱以上に餘り長さ約二百間にして中央部より東西各三條に分れ東西兩方に分れて力限り綱に取り付く鮮人は其數萬を超へ初日の人出約七八千人にして二日目は輕鐵毎車滿員の觀物客を送りて其雜沓名狀すべからず而して二日目は東方稍優勢なりしが三日目は市日の事とて觀客押すな突くなの群集にて此日西方優勢なりしが突如大綱切斷せしかば一時競引を中止し急ぎ之れが修繕を爲して一日の順延を其筋に願出で愈々一昨日中に勝負を決したる筈なるが大綱の中央部には征東都督又は征西都督と書したる旗を操り翳して聲を限りに味方を勵まし引手は一生懸命エイ〜〜聲して引張り合ふ樣又一種の壯觀なりし

04

조선의 명목* 거목

1916년 7월 16일 1면 2단

세계의 진목 백송

(앞에서 연결됨)

▶백송은 시간이 지나면 나무껍질이 회백색을 이루는 것이 진귀하고 아름답다. 몽골 방면에서 이식된 것으로 삼엽송이다. 조선에는 그 수가 극히 적다. 경성 백구정 동양척식회사 사택 안에 있는 것은 뿌리 둘레 16척 5치, 높이 48척, 수령 500~600년 이상으로 추정되는데 경성을 방문하는 자는 한 번 볼 만한 가치가 있다.

기타 거목 명목

▶비자나무는 전라남도 영광군 동부간판촌리에 둘레 10척, 높이 72척, 수령 300년인 것이 있다. 쥐엄나무에는 의외로 큰 나무가 많아 둘레 8척, 높이 24척, 수령 200년인 것이 전라남도 유주부면에 있다. 또 물푸레나무의 최대 거목은 경상북도 안동군 일직면에 있는데 둘레 36척, 높이 60척, 수령 460년이다. 산 벚나무 거목은 경상남도 하동군 담양면에 있는데 둘레 9척, 높이 42척, 수령 200년. 개화開花가 많고 적음에 따라 그해의 풍흉을 점친다고 한다.

▶향나무는 조선의 명목이다. 최대 거목은 강원도 울진군 근북면에 있는

* 명목(名木) : 어떤 내력이 있어 이름난 나무.

데 둘레 15척, 높이 30척, 수령 410여 년, 조선 개국 약 110년경에 마 씨, 고 씨 2명이 심은 것으로 지금도 신목神木으로 존중받는다. 또 호두나무로 가장 큰 것은 함경북도 청진부 청상면에 있는데 둘레 17척, 높이 70척, 300년 전 중국인이 심었다고 전해진다. 회하나무 거목은 충청북도 청풍군 북면에 있는데 둘레 46척, 또 충청북도 황군 사하면에 있는 것은 둘레 42척, 수령 430년이라고 한다. 경기도 향양군 사대면에 있는 회화나무는 둘레 12척, 높이 24척에 지나지 않으나 임진왜란 때 고하야가와小早川라는 장병이 이 나무에 갑옷을 걸고 나무 아래에서 쉬었다고 하여 갑괘수甲掛樹라는 이름이 있다.

▶팽나무 및 멀구슬나무 거목은 모두 둘레가 40척이며 전라남도 광양군 옥룡면에 있다. 또 전라남도 실성군 도촌면에 있는 팽나무는 둘레 16척, 높이 42척에 지나지 않지만 수령이 1,000년이라고 알려져 있다. 팽나무에는 귀신이 살기 때문에 음우*가 내리는 밤에 도깨비불을 피우면 귀신 울음소리가 들린다고 하며, 마을 사람들은 병환이 없기를 기원한다고 한다.

▶버드나무 둘레 30척, 높이 30척(나무가지 끝이 꺾인 것)인 거목은 무안군 석진면에 있다.

이상은 주요 거목 또는 명목 중 가장 유명한 것을 한 수종樹種 당 1, 2그루에 대해 소개한 것이다.

---

* 음우(陰雨) : 오랫동안 계속해 내리는 음산한 비.

朝鮮の名木巨樹(承前)

世界の珍木白松

▲白松 は壯齡後樹皮灰白色を呈し珍美なり、蒙古方面より移植せられたるものにして三葉松なり、朝鮮には極めて少し京城白駒町東洋拓殖會社々宅内にあるものは根元周圍十六尺五寸、樹高四十八尺、樹齡五六百年以上の見込にして京城を訪ふものは一見の價値あるべし

其他巨樹名木

▲カヤ には全羅南道靈光郡東部間板村里に周圍十尺、樹高七十二尺樹齡三百年のものあり、サイカチには案外に巨樹多く周圍八尺、樹高二十四尺、樹齡二百年のもの全羅南道維州部面にあり、又シオヂの有大樹は慶尙北道安東郡一直面にありて、周圍三十六尺、樹高六十尺、樹齡四百六十年を閲し、ヤマサクラの巨樹は慶尙南道河東郡淡陽面にありて周圍九尺、樹高四十二尺、樹齡二百年、其開花の多少によりて其年の豐凶を察すといふ

▲ビヤクシン は朝鮮の名木にしてビヤクシンと樹稱す、其最大巨樹は江原道蔚珍郡近北面にあり周圍十五尺、樹高三十尺、樹齡四百十餘年、李朝開國約百十年頃馬氏、高氏二人の植栽せるものにして今尙神木として尊重せらる、又クルミの最大樹は咸鏡北道淸津府靑上面にあり周圍十七尺樹高七十尺三百年前支那人の植へたるものと傳へられ、エンジユの巨樹は忠淸北道淸風郡北面在り周圍四十六尺、又同道黃郡事下面に在るものは周圍四十二尺樹齡四百三十年と稱せらる京畿道向陽郡沙大面に在るエンジユは周圍十二尺、樹高二十四尺に過ぎざるも文祿の役小早川隆の將卒此樹に甲を掛け樹下に憩ひたりとて甲掛樹の名あり

▲エノキ 及びセンダンの巨樹は何れも周圍四十尺のもの全羅南道光陽郡玉龍面にあり又同道寶城郡道村面にあるエノキは周圍十六尺、樹高四十二尺に過ぎざるも樹齡一千年と稱せられ鬼神之に棲みて陰雨の夜神火を點じ鬼聲聞ゆと稱す洞民祈りて病患を除く

▲ヤナギ の周圍三十尺、樹高三十尺(梢折れたるもの)の巨樹は務安郡石津面にあり以上は主要なる巨樹又は名木の内最も著名なるものを、一樹種に付一二本選び揭げたるもの也

05

조선 효자 이야기

1916년 8월 8일 91면 1단

자기 다리 살을 병든 아버지에게 권하다

아버지의 병을 낫게 하고 싶은 마음으로 야만스럽기는 하지만 자신의 다리 살을 잘라서 병든 아버지에게 권했다는 효자가 있다. 효자는 경북 ▨기 중남면에 있는 김기환(61)의 장남 김용구(28)이다. 김 씨의 아버지 기환은 작년 음력 7월 말경부터 만성 위장염에 걸려 근처 의생에게 진료를 받아 약을 복용 중이었다. 그러나 낫기 어려운 병인데다가 만성이 되어서 좀처럼 하루아침에 낫지 않았다. 진료를 받으며 약을 복용한 지 4, 5개월이 지속되면서 원래 풍족하지 않았던 가계가 한층 궁해졌으나 병으로 괴로워하는 아버지에게 의약을 끊게 할 수도 없었다. 이러지도 저러지도 못하고 적잖이 마음이 아픈 중에 어떤 사람에게 위장병에는 인육을 먹이면 쾌유한다고 들었다. 용구는 아버지의 병을 낫게 하고 싶은 일념으로 자신의 살을 잘라 아버지에게 권하기로 결심하였다.

어느 날 가족을 멀리 보내고 사발을 들고 자택의 뒤편 강에 가서 맑은 물을 떠서 집으로 돌아왔다. 그리고는 합장하며 하늘에 병든 아버지의 완쾌를 기도하며 식칼로 스스로 자기 몸의 왼쪽 종아리살을 길이 약 8센티, 폭 약 5센티, 깊이 약 1.5센티를 잘라 석쇠에 구워 꿀을 찍어 아버지에게 권유하였다. 이것을 들은 이웃 사람들이 김 씨의 깊은 효심을 칭찬하였다는 것이다.

●朝鮮孝子物語

我脚の肉を病父にすゝむ

父の病氣を癒したい一心から少し蠻的ではあるが自分の脚の肉を切つて病父に勸めたといふ孝子がある孝子は慶北　者中南面に居る金基煥(六二)の長男金龍龜(二八)である金の父煥基は昨年の舊七月末頃から慢性胃腸炎に罹り附近の醫生から診察を受け服藥してゐたが癒り難い病氣それに慢性と來てゐるからなか〱一朝一夕には癒らぬ受療服藥これが四五ケ月も續く中に元より豐ならぬ家計一層苦しくなつて來たさりとて病氣に惱む父に醫藥を斷たせることも出來ぬ兎やせん角やせんと尠からず心を痛めてゐる時ある人から胃腸病には人肉を喰はすれば快癒すると聞かされた龍龜は父の病氣を癒したい一氣に自分の肉を切つて勸めることに決心しある日家人を遠ざけサバリを持て自宅裏手の川に行きて澄むだ水を汲取つて家に歸り合掌組むで天に病父全快の祈禱なし庖丁を取つて我と我身の左の脚排腸部を長さ二寸五分幅一寸五分深さ五分を切り之れを金網にかけ燒きて蜜をつけ父に勸めたこれを聞いた附近の人々は同人の孝心深きを稱揚し居るとのことである

06

조선의 6대 온천

1917년 7월 3일 91면 6단

라듐, 에마나치온* 측정

조선총독부 중앙시험소기사 이학사 이마즈 아키라今津明 담화

일본 내지內地는 온천이 풍부하여 가는 곳마다 노천이 용출되는 것을 볼 수 있는데, 그 수는 실로 1,000여 개에 달한다. 그런데 일단 현해탄을 넘어 겨우 50리의 바다를 사이에 둔 조선 반도로 넘어오면 정취가 완전히 달라져서 현재 온천으로 알려진 것은 약 40여 개 밖에 없다. 그 또한 온천다운 설비가 갖추어진 곳은 해운대, 동래, 유성, 온양, 용강 및 금강산 온정리 6곳에 불과하다. 6곳의 온천에 대해 '라듐, 에마나치온' 함유량을 측정한 결과를 기술하면 다음과 같다.

해운대온천은 부산을 지나 동쪽 약 4리 해안에 있는데, 동해에 접하며 흰 모래와 푸른 소나무로 경치 좋은 곳이다. 기후도 온화하여 건강에 적당할 뿐만 아니라 해안 일대는 모래가 희고 물이 맑아서 여름에는 해수욕도 하러 오는 곳이다. 다만 교통기관이 아직 충분히 만들어지지 않은 것은 유감이지만 최근 자동차 운전이 가능하여 1일 3회 왕복하게 되었다고 한다. 그 밖에 동래에서 마차는 30전, 인력거는 50전으로 갈 수 있다. 부산에서 전차가 있는 동래에서 해운대까지 거리는 2리 20정이다. 여관은 3채 정도 있는데 가장 설비가 잘 갖추어진 곳은 해운루海雲樓이다.

---

* 방사성 희가스류 원소. 라듐이 붕괴될 때 생성되는 것으로 의료에 이용함(기호:Em).

▶측정결과

장소	해운루 제5호 탕구湯口*	공동욕탕
1리터 안에 함유된 '에마나치온'량(단위 : 마쓰에)	1.96	1.89
온도(섭씨)	48.5	15.0
천질泉質**	염류천鹽類川	담수

동래온천은 부산의 북쪽 약 3리 반에 위치하고, 사방에서 산이 잘 보인다. 주위 산은 높고, 소나무는 초록이 짙고, 기암이 풍부하여 경치도 아주 좋다. 부산에서는 전차편이 있어서 1시간도 안 걸려서 갈 수 있다. 또 전신전화가 설치되어 여관 외 다른 설비도 갖추어진 점은 조선 온천 중 최고이다.

▶측정결과

장소	동래관 제6호 탕구	가스전기회사 탕구
1리터 안에 함유된 '에마나치온'량(단위 : 마쓰에)	2.35	14.7
온도(섭씨)	60.5	67.5
천질	염류천	담수

* 온천수가 나오는 구멍.

** 온천수의 화학적 성질.

朝鮮の六大温泉

▲ラヂウム、エマナチオンの測定

朝鮮總督府中央試驗所技師 理學士 今津明談

日本內地は温泉に富んで居る、到る處に靈泉の湯出するを見、その數實に一千有餘に達する程である。然るに一度玄界を越えて僅か五十里の海を隔てた朝鮮半島に渡ると全くその趣が變つて來て今日温泉として知られてゐるものは漸く四十有餘しか無い、それも温泉らしい設備の出來てゐるものは單に海雲臺、東萊、儒城、温陽、龍岡及び金剛山温井里の六箇所に過ぎないのである。今、余が右六箇所の温泉に就いて「ラヂウム、エマナチオン」の含有量を測定した結果を述ると左の如くである。

▲海雲臺温泉 は釜山を距る東方約四里の海邊に在つて日本海に面した白砂青松山水明媚の地である氣候も亦温和であるから健康に適するは言ふ迄も無く海岸は一帶に砂白く水清し夏は海水浴にも持つて來いの所だ、只交通機關の未だ充分開けてゐなかつたのは遺憾であつたが、最近に自動車の運轉を見る樣になり一日三回往復する事となつたといふのださうだ。その他東萊から馬車は三十錢、人力車は五十錢で行く、東萊までは釜山から電車がある東萊から海雲臺までは里程三里二十丁だ、旅館は三軒ばかりあるが最も設備の完全してゐるのは海雲樓である。

▲測定結果

場所	海雲樓第五號湯口	共同浴場の傍
一立中に含有する「エマナチオン」の量（單位マツヘ）	一、九六	一、八九
温度（攝氏）	四八、五	一五、〇
泉質	鹽類泉	淡水

▲東萊温泉 は釜山の北方約三里半の地に在り四明山を以つて圍まれてゐる、その周圍の山陵松翠色濃く、奈岩に富み風景亦愛す可きものがある、釜山からは電車の便があつて一時間足らずで行かれる又電信電話の設けもあり、旅館その他の設備も完備して居る事は朝鮮の温泉中第一である。

▲測定結果

場所	蓬萊館第六號湯口	瓦斯電氣會社湯口
一立中に含有する「エマナチオン」の量（單位マツヘ）	二、三五	一四、七
温度（攝氏）	六〇、五	六七、五
泉質	鹽類泉	同上

07

조선풍속과 유교(5)

1917년 8월 7일 3면 5단

향교의 설치

우리들이 조선을 둘러보고 가장 먼저 눈에 띈 것은 효자와 열부를 표창하는 문門과 공자묘廟 향교였다. 앞 절에서 말한 바와 같이 "이조李朝에 들어서 유교를 국교로 삼고, 문묘 제도를 확장하기에 이르러 가는 곳마다 향교를 설치하였다"라고 한다. 실로 오늘에 이르기까지 1군郡에 1, 2개의 향교가 남아 있다.

그리고 이전에는 매년 4회 제사를 집행하였는데 요즘에도 2월과 8월의 '정丁'의 날에는 반드시 제사를 지낸다. 향교 제단에는 공자의 위패가 있다. 가로되

> 대성지성문의왕大聖之聖文宜王

이라고 쓰고 밤나무로 만들어진 이 위패 양쪽에는 맹자孟子, 안자顔子, 증자曾子, 자사子思 등의 위패가 있다. 공물은 황량미黃梁米 기타 날것을 사용한다.

이와 같이 유학적 의식은 조선인이 유교를 존경하고 믿은 나머지 종교적으로 유학자를 맞이하기에 이르렀다.

（五）朝鮮風俗と儒教

（其の三）鄕校の設置、

吾々が朝鮮を週遊して一番目に付くのは孝子烈婦の表彰門と、孔子廟鄕校である朝節に云へるごとく「李朝に入りては儒學を以て國敎となし文廟の制を擴張して到る處に鄕校の設置を見た」とある、實に今日に到るまで一郡に一つ內里二つの鄕校を存して居る。

而して以前は每年四回の祭事を執行して居たが昨今に到るまでも二月と八月との「丁」の日には必ずお祭りをやる即ち鄕校の祭壇には孔子の位牌がある曰く

大聖之聖文宣王

と書いて栗の木で拵へられ此の位牌の兩側には孟子、顏子、曾子子思等の位牌あり供物は黃粱米其他生ものを用ひる

斯くて此の儒學的儀式は明瞭に朝鮮人が儒敎を尊信するの餘り全く宗敎的立脚を以て儒者を迎ふるに到つたのである

08

조선 추석행사

1918년 9월 20일 92면 4단

시내에는 백의를 입은 조선인이 적다

부산 조선인의 추석 행사를 헤아려보면 약 4번 있다. 우선 7월 15일, 음력 7월 15일, 양력 8월 15일, 그리고 어제음력 8월 15일 조선인 추석 행사가 더해져 모두 4번의 추석 행사가 있다.

부산과 같이 1년에 4번의 추석 행사를 하는 곳은 없을 것이다. 어제는 조선의 추석 행사였는데 의외로 조상을 숭배하는 신앙이 있다. 게다가 조선에서는 풍수학에 의해 분묘가 마구잡이로 설치되어있다.

마구잡이로 설치되어있는 분묘를 방문하여 성묘를 하기 때문에 5리, 10리 성묘를 하고 친척집이나 본가를 방문한다. 이는 마치 일본의 추석과 정월을 합쳐놓은 것 같은 관습이다. 이것 때문에 어제 시내에는 조선인이 적었다. 우리 일본인에게 고용된 사람들도 대개 휴가를 받아서 귀성하였기 때문에 정말로 허전하였다. 물론 조선 아동은 삼삼오오 홍백의 설빔을 입고 희희낙락하며 시내를 구경하기도 하였지만, 짐꾼이나 그 외 조선인의 인파가 적고 흰 옷을 입은 사람도 찾아보기 어려웠다.

鮮盆會

見渡す市中に 白衣の人少し

▽釜山は鮮人の盆會と數ふれば約四度の盆會がある、先づ七月十五日陰曆の七月十五日、陽曆の八月十五日、夫に昨日の朝鮮人盆會を加ふると都合四度の盆會がある、マアー釜山の如く年に四度の盆會を行ふ所は外にはあるまいが、一昨日は朝鮮の盆會なりしが案外に祖先崇拜の信仰がある、夫に風水學上に依りて墳墓が矢鱈に設けられて居るソノ矢鱈滅法に設けた

▽墳墓を尋ねて墓參りをするので或は五里、十里と墓を尋ね親戚故舊の家を訪ふて恰も日本の盆と正月を一所に集めた樣な慣習がある之れが爲めに昨日の如き鮮人の入市者が非常に少く我内地人に雇傭されて居るもの丶如き概ね暇を執りて歸省したので如何にも寂しかつた、勿論鮮童の三々五々紅白の新衣に嬉々として市内を見物するものもありしが

▽擔軍や其他 大人の鮮人は寔に人出少く白衣の影如何にも薄樣いであつた

09
옛 풍습에서 전부 벗어난 조선 여성의 신생활
1921년 5월 7일 3면 4단

무서운 기세로 시대적으로 깨닫고 외형적으로도 내면적으로도 향상

오랜 습관에 의해 오로지 부모의 명령에 절대 복종하며 깊은 규중에 지내던 조선의 미혼여성에게도 새로운 바람이 불어왔다. "연애는 자유입니다"라든지 "결혼은 연애의 결과가 아니고서는 무의미합니다"라든지 부모 앞에서 아무렇지 않게 말할 수 있게 되었다. 조선에서는 오래전부터 여자는 12, 13세가 되면 시집을 가는 풍속이 있는데, 신랑은 신부보다 2, 3세 내지 5, 6세나 연하인 경우가 흔했다. 그러나 요즈음은 적어도 18, 19세가 되지 않으면 시집을 가지 않는 경향이다. 완고한 가정에서 자란 딸이 옛 관습에 의해 결혼을 강요당하고 자포자기의 결과 화류계에 몸을 던졌다는 이야기도 많다.

지금은 도회지의 젊은 여성의 복장이 점점 변화하고 있다. 서양식 여성 바지에 서양구두, 옷감도 반모직물이나 견직물의 검은색 적갈색의 색이 든 옷감을 사용하는 사람이 증가하였다. 화장 등에도 일본제 혹은 외국산 고급화장품을 사용하게 되었다.

종래의 불결하고 불합리한 가정생활을 개량할 수 있도록 위생 문제 등도 이들 신여성이 외치고 있다.

조선 특유의 배추김치 같은 채소는 줄기에 자양분이 있다고 하여 윗줄기와 아래줄기를 척척 버리고 쳐다보지 않으니, 나이 든 여성이 신여성에게 맹렬한 욕설을 퍼부어댔다고 한다. 조선의 젊은 여성은 외형적으로나 내면적으로나 나날이 깨어나고 있다.

일찍이 "세계의 여성이 겪었던 파탄을 일으키지 않고 고뇌도 없이 올바른 사상 아래 건강하게 깨어나라 조선의 젊은 여성들이여"라고 일본에서는 소문의 초점이 되고 있다.

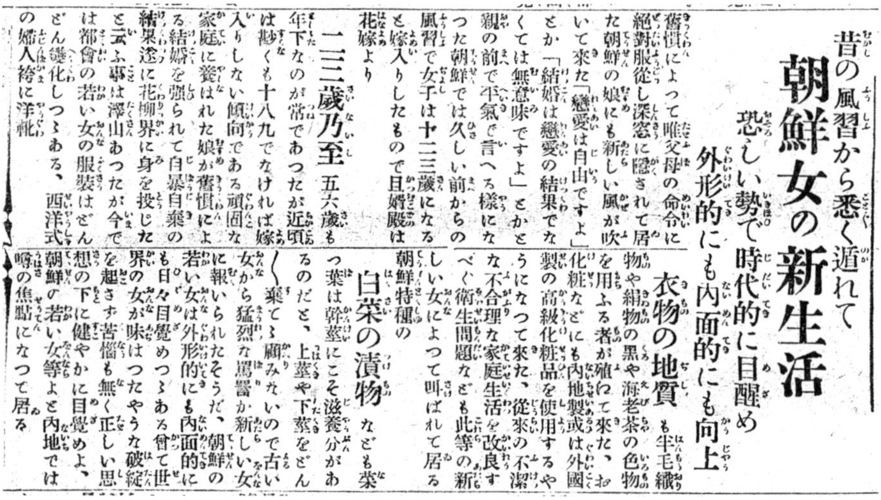

昔の風習から悉く遁れて
朝鮮女の新生活
恐しい勢で時代的に目醒め
外形的にも内面的にも向上

舊慣によつて唯父母の命令に絶對服從し深窓に隠されて居た朝鮮の娘にも新しい風が吹いて來た「戀愛は自由ですよ」とか「結婚は戀愛の結果でなくては無意味ですよ」とかと親の前で平氣で言へる樣になつた朝鮮では久しい前からの風習で女子は十二三歳になると嫁入りしたもので且婿殿は花嫁より**一二三歳乃至**五六歳も年下なのが常であつたが近頃は尠くも十八九でなければ嫁入りしない傾向である頑固な家庭に養はれた娘が舊慣による結婚を强られて自暴自棄の結果遂に花柳界に身を投じたと云ふ事は澤山あつたが今では都會の若い女の服裝はどん〳〵變化しつゝある、西洋式の婦人袴に洋靴

衣物の地質も半毛織物や絹物の黒や海老茶の色物を用ふる者が殖ゑて來た、お化粧などにも内地製或は外國製の高級化粧品を使用するやうになつて來た、從來の不潔な不合理な家庭生活を改良すべく衛生問題なども此等の新しい女によつて叫ばれて居る朝鮮特種の**白菜の漬物**なども菜つ葉は幹莖にこそ滋養分があるのだと、上莖や下莖をどん〳〵棄てゝ顧みないので古い女から猛烈な罵詈か新しい女に報いられたそうだ、朝鮮の若い女は外形的にも内面的にも日々目覺めつゝある曾て世界の女が味はつたやうな破綻を起さず苦惱も無く正しい思想の下に健やかに目覺めよ、朝鮮の若い女等よと内地では噂の焦點になつて居る

10

부두를 북적거리며 왕래하는 조선인 손님

1926년 1월 28일 3면 8단

구정을 앞두고 대부분은 내지에서 조선으로 돌아오다

조선인에 있어서 정월은 실로 중요한 축제이다. 그래서 애써서 일본에 돈을 벌러 간 사람들도 이날은 특별히 태어난 고향에서 보내며 제사도 지내고 싶은 오래전부터의 순수한 생각에서 귀성한다. 최근 돈벌이 나간 조선인이 매우 증가한 가운데, 귀성한 조선인 중에는 일본의 불경기와 기후에 견디지 못하여 다시는 도항하지 않겠다고 하는 사람도 있다. 1일 조선으로 귀국한 선객의 대부분은 이러한 부류의 승객으로 만석이었다. 평균 300명으로 추산되는 일본에 돈벌이 가기를 희망하는 사람도 상당한 수에 달하여, 잔교[棧橋] 부두는 변함없이 여전히 북적이고 있다.

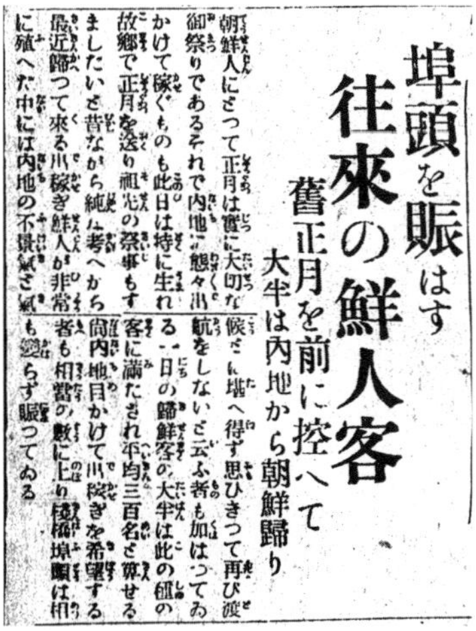

埠頭を賑はす
往來の鮮人客
舊正月を前に控へて
大半は內地から朝鮮歸り

朝鮮人にとつて正月は實に大切な御祭りであるそれで內地に態々出かけて稼ぐものも此日は特に生れ故鄕で正月を送り祖先の祭事もすましたいと昔ながら純な考へから最近歸つて來る出稼ぎ鮮人が非常に殖へた中には內地の不景氣と氣候とに堪へ得ず思ひきつて再び渡航をしないと云ふ者も加はつてゐる一日の歸鮮客の大半は此の種の客に滿たされ平均三百名と算せる尚內地目がけて出稼ぎを希望する者も相當の數に上り棧橋埠頭は相も變らず賑つてゐる

11

조선에는 옛 역사서에 보이는 식물이 많다

1926년 11월 18일 2면 5단

그 연구를 위해 조선에 오다

미국에서 유명한 식물학자 워터 씨가 말하다.

범태평양학술회원 미국워싱턴식물시험소 식물학자 워터 티스윙글 씨는 17일 아침 연락선으로 부산에 상륙하여 기자에게 말하였다.

나는 범태평양학술회의 참석 상 조선에 왔는데, 2, 3일 내로 7명의 단원이 조선에 오기 때문에 서둘러 경성으로 가서 나카이中井 박사 등의 알선으로 여행 준비를 할 작정이다.

조선에는 약초로 쓰이는 식물이 많은데다가 아주 오래된 역사에 기록된 것이 많다. 조선 이전의 것도 적지 않다. 이것을 일일이 현장에 가서 연구를 하고 싶다.

또한 일본에서는 네이블* 같은 과실이나 시즈오카현靜岡縣에는 산도山桃 크기의 열매를 맺는 것이 있다. 미국에는 전혀 없다. 미국 산도는 콩 정도의 작은 열매를 맺는다.

나는 주로 과실류와 조선의 약초 등에 대하여 조사 연구를 하려고 생각한다.

---

* 네이블: 네이블오렌지의 준말, 양(洋)귤.

朝鮮には古い植物が多々ある

その研究のため來鮮

米國で有名な植物學者ウ氏語る

汎太平洋學術會員米國ワシントン植物試驗所植物學者ウオターテイスウイングル氏は十七日朝の連絡船より釜山上陸記者に語る私は汎太平洋學術會議列席の上渡鮮したものであるが兩三日内に七名の團員が渡鮮するので私は一と足京城に行つて中井博士等の斡旋に依り旅行の準備を整ふ積りである朝鮮には藥草として植物が多く而して極古い歷史に記されたものが多い李朝以前の者も尠くないこれを一々實地に臨んで研究したい又內地ではネーブルの如き果實又は靜岡縣には山桃の大きな實を結ぶのがある米國では絕無である米國の山桃は豆の如き小さな實も結ぶのである私は主に果實類と朝鮮では藥草其他に就て調査研究をなしたりと思ふ云々

12
장마 후 가뭄과 기우제의 미신
1927년 6월 18일 3면 6단

대용작물은 절망적이라고 보고 늦어도 벼를 심는다

장마 후의 가뭄으로 올해 벼농사가 매우 우려되며, 이대로 가뭄이 계속된다면 벼 묘대가 말라버릴지도 모른다. 그렇게 되면 조선에서는 벼를 대신할 작물은 거의 기대하기 어렵다. 실제로 대정 11년1922 큰 가뭄 때 7월 말까지 비가 오지 않아 농무 당국은 고심하여 대용작물을 추천하였다. 그런데 조선 농부는 완고하게 응하지 않고, 8월 들어서도 비만 온다면 벼를 심고 만약 모종이 말라 죽으면 볍씨를 비가 내리면 바로 뿌린다고 한다. 그렇게 해도 4부작 정도는 거둘 수 있다고 낙관하고 있다. 단지 농가에서는 가뭄에는 반드시 기우제를 지내는 습관이 있다. 그 방법은 줄다리기라든지 우물파기, 심한 경우에는 묘를 파서 비를 비는 미신도 있다. 올해도 이렇게 가뭄이 계속되면 가까운 시일에 줄다리기를 시작으로 여러 가지 기우제를 시작할 것이다. 앞선 예를 보아도 7월 중순까지 비가 내린다면 모심기와 수확은 얻을 수 있을 것이다.

이때 대용작물 등이 절대 문제가 되지 않을 것이라고 농무과의 미야케三宅 기사는 말했다.

入梅後の旱魃と

雨乞ひの迷信

代用作は絶望と見られ

遅れても稲を植える

入梅後の旱天續きで本年の稲作は非常に懸念せられて居るが若し此の儘旱天が續くに於ては稲苗代が枯渇するかも知れず然らばと云つて朝鮮では稲の代用作は殆ど絶望である現に大正十一年大旱魃の際七月末まで降雨なく農務當局は何か代用作を奨勵せんものと種々苦心して之を勸誘したが鮮人農夫は頑として應ぜず七月は愚八月に入りても雨さいあれば稲を植え若し苗が枯死せば種籾の儘で降雨次第之を撒くといふ有樣で其れでも四分作位は取れると樂觀をして居る但し農家の癖として旱魃には必ず雨乞ひをなすの例であるが其の方法は網引とか井戸掘りとか甚だしきは墓を掘りて雨を祈るといふ迷信もあるが本年も斯く旱魃が續くに於ては近い内に先づ網引より始めて種々の雨乞ひが試みらるゝ事であらう尚先例から見るも七月中旬頃迄に降雨があれば相當の植付と收獲は得らるべく此の際代用作の如きは到底問題になるまいと農務課の三宅技手は語つた

13

세계에 자랑할 조선의 건축미

1929년 7월 8일 3면 6단

조선건축 양식을 응용한 장엄한 것

종래 일본 각지에서 주최한 박람회 거의 대부분은 외관의 모습이나 과장스런 선전에만 몰두하는 경우가 많다. 따라서 내용의 충실함에 있어서는 오히려 등한시되어 사람들을 끌어들이는 축제의 소란에 지나지 않은 감이 있었다. 하지만 조선박람회 관계 당국은 이 점을 크게 유의하여 내용, 외관을 함께 유감없이 드러내어 조선내 특산물 기타 가공품을 망라하는 것은 물론 건축물 등에 대해서도 완전을 기하여 조선 문화의 진전된 모습을 여실히 보여 줄 것이다. 밤낮없이 열심히 노력을 기울여서 사무도 의외로 진보하였다. 또 종래 각지에서 개최된 박람회 건물을 보면 1평당 30원 내외의 매우 빈약한 것이었지만, 이번 조선박람회의 각 관은 어디에도 빠지지 않는 장엄하고 웅장한 건축물이었다. 더욱이 가장 곤란했던 조선 건축 양식을 기술 좋게 응용한 것은 과연 천하일품이라고 칭할만하며, 박람회 건축사상의 혁명이다. 그러므로 이 방면의 사업자들이 참고할 만할 것이다(경성).

世界に誇る朝鮮の建築美—

朝鮮建築の樣式を應用した壯嚴雄なもの

從來內地各地に開催の博覽會の殆ど多くは單なる外觀の目樂や誇張の宣傳のみに沒頭し內容の充實に關しては寧ろ等閑に附せられ徒らに人寄せのお祭り騷ぎに過ぎなかつた憾みがあつた然るに朝鮮博覽會に關係當局は此點について大いに留意し內容外觀共に遺憾なきを期し鮮內特產物及び加工品の網羅は勿論建築物等についても完全を期し斯くして朝鮮文化の進展振りを如實に示す點あらんことを夜の懸命の努力が拂ひつゝありて其事務も案外に進捗して居る又從來各地で開催せられた博覽會の建物を見るに一坪當り三十圓內外の如何にも貧弱なものであるが今回の朝博各館は手の拔いてない壯嚴雄大な建築はない而も最も困難なる朝鮮建築の樣式を巧に應用したことは將に天下一品とも稱すべきであつて博覽會建築史上の革命であり而して斯業者の參考に資するところ蓋し大なるものがあらう（京城）

14

여러 미신

1932년 8월 24일 3면 8단

도道 경찰서 통첩으로 조사한 부산경찰서의 미신 조사

부산경찰서의 미신 조사에서 위생 방면의 미신은 300건에 이르는 것으로 특히 기발한 것을 뽑으면 다음과 같다.

I. 영적미신

1. 짚으로 끈을 만들어 그 끈을 본인의 연령에 상당하는 매듭 줄을 만들어 가장 오래된 느티나무에 감아두면 그 사람의 운명이 열리고 회복된다고 한다.
2. 가운家運이 열리지 않고 불길한 일이 많을 때에는 명태 1마리를 천으로 2번 감아 산악山岳에 있는 분묘 옆에 묻어두면 반드시 운이 열린다고 한다.
3. 여러 종류의 질병 재앙은 공중의 악귀의 소업으로 재앙을 피하려면 마을 경계 또는 고갯길에 많은 돌을 쌓아 두고 통행할 때 침을 뱉거나, 부근에 있는 나무에 천 조각을 묶어 놓으면 악귀를 피할 수 있다.
4. 아침에 지붕 위에 까마귀가 울면 흉사가 발생할 전조로 극도로 꺼린다.

迷信の數々

道警察部の通牒で

調査した釜山署の迷信調べ

釜山署では道警察部の通牒に基き道内に行はれつゝある迷信の内特に衛生に關係あるものを道衛生課へ蒐集調査中のところ大體取纏められたがそれによると衛生方面の迷信はざつと三百件に及んでゐるが特に奇拔のものを拔けば左の如きもの

一、靈的迷信

一、藁を以て縄をぬひ其の縄を以て本人の年齢に相當する結び節を造り最も古き大樹に巻き付け置く時は其の者の運命が開け又回復すると云ふ

二、家運開けず不吉の事多き場合に明太魚一尾を布片に包み山居にかける墳墓の傍らに埋沒する時は必ず其の運が開くと云ふ

三、諸種の疾病災厄は常時空中の飛翔跳梁しつゝある惡鬼の所業にして行旅の途に於て之に祟せらるゝものなるが之の災禍を免るゝには洞里の境界或ひは山嶺の峠に多數の石を積み重ね通行の際之に唾棄し又は附近の樹木に布片を結び付け惡鬼除けとする嶽鬼神なるもの行はれつゝあり

四、早晨屋上に烏飛鳴せば凶事發生の前兆なりと極度に嫌忌す

15

밀려드는 여객으로 부산 잔교 부두 지옥화

1939년 12월 25일 2면 4단

24일은 2천 9백여 명

흥아興亞의 거점이 그리는 연말 풍경

연말이 다가옴에 따라 부산 부두는 대륙에서 내지內地로, 내지에서 대륙으로 귀성 여행객이 하루 이틀 엄청나게 증가하였다. 24일 아침 입항한 연락선 곤고마루金剛丸는 1,885명, 임시 편 도쿠슈마루德壽丸는 743명 합계 2,626명의 승객이 쏟아져 나와서 잔교는 말 그대로 살인적인 여행 지옥을 치르며 연말 풍경을 전개하고 있다.

押寄せる旅客の群に釜山棧橋埠頭地獄化

二十四日は二千六百餘名 興亞の據點が描く歳末風景

歳末押迫るにつれ釜山棧橋埠頭は大陸から内地へ内地から大陸への歸省旅客が一兩日來俄激增し廿四日朝入港の聯絡船金剛丸は一千八百八十五名臨時船德壽丸は七百四十三名計二千六百廿八名の乘客を吐き出したため棧橋は文字通り殺人的な旅行地獄をぶり返しせわしい歳末氣分を展開してゐた

3

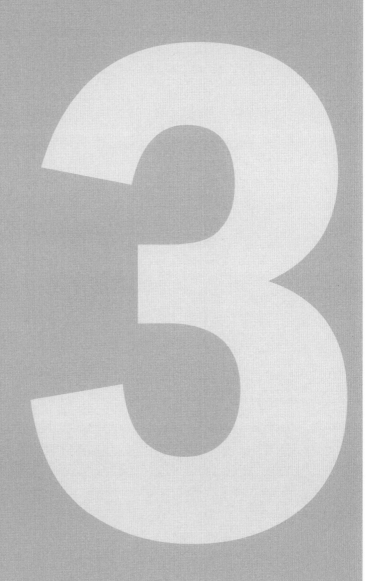

산업과 경제

01

조선의 이출우

1916년 7월 7일 91면 3단

근래 대단히 증가

경상북도청의 모 당국자가 조선의 이출우에 대해 이야기하기를 조선의 이출우는 내지에서는 상당히 환영받고 있다. 교통 관계와 기후 풍토 관계상 조선에서는 대체로 경상북도이다. 이출우가 1년 만에 약 10,000마리, 돈으로 치면 약 35,000원인데 근래 이출우 수가 대단히 증가하고 있다. 주요 도착지는 야마구치山口, 히로시마廣島, 오이타大分, 시코쿠四國, 고베神戶 지방이다. 이출우는 대개 5살 이하이다. 왜 조선의 소가 내지內地에서 환영받는가 하면 보통 한 마리 당 35, 36원으로 구입하여 3년 이상을 키운 뒤 팔게 되는데, 가장 풍부한 사료를 먹이고는 있지만, 무엇보다 60, 70원에도 사려는 사람이 있는 것이다. 경북지방에서도 경주우慶州牛—경주우라고해서 경주우가 환영받고 있다.

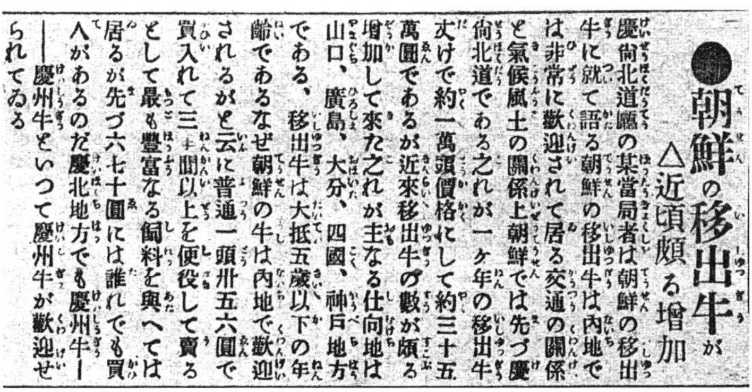

●朝鮮の移出牛が
△近頃頗る増加

慶尙北道廳の某當局者は朝鮮の移出牛に就て語る朝鮮の移出牛は內地では非常に歡迎されて居る交通の關係と氣候風土の關係上朝鮮では先づ慶尙北道である之れが一ヶ年の移出牛丈けで約一萬頭價格にして約三十五萬圓であるが近來移出牛の數が頗る增加して來た之れが主なる仕向地は山口、廣島、大分、四國、神戶地方である、移出牛は大抵五歳以下の年齢であるなぜ朝鮮の牛は內地で歡迎されるかと云に普通一頭卅五六圓で買入れて三ヶ間以上を使役して賣るとして最も豐富なる飼料を與へては居るが先づ六七十圓には誰れでも買人があるのだ慶北地方でも慶州牛ー—慶州牛といつて慶州牛が歡迎せられてゐる

02

조선 인삼 활약

1916년 8월 19일 1면 3단

라듐 이상의 효능

라듐 온천 라듐액과 라듐을 가지고 떠들어 대던 시대는 과거가 되었다. 라듐을 대체하는 것으로 사에키 박사가 과학적으로 설명한 것이 바로 조선인삼이다. 도쿄東京의 가이치상점海一商店은 "인삼의 수요는 요즘 굉장히 늘었습니다"라고 기뻐하는데 강장제로서의 인삼은 만능시대의 전성기를 구가謳歌하고 있다.

인삼은 인공 재배한 것으로 홍삼, 백삼, 수염뿌리인삼, 미삼 등 차등이 있으며 조선 개성이 특산지임은 말할 것까지도 없다. 인삼재배법은 종자를 뿌리면 그해에 2장의 잎이 나온다. 그 다음해에 또 2장씩 규칙적으로 생장하는데, 이것을 시장에 매출하기까지는 7년은 밭에 있어야 한다. 한번 심었던 토지는 휴양해야 하므로 그 수고가 엄청나다.

수삼을 그늘에 말린 것이 백삼이고, 쪄서 볕에 말린 것이 홍삼이라고 한다. 조선 도매시장의 백삼 1근은 12, 13원 약 350, 360원이라고 한다("원문대로").

일본에서는 이즈모국出雲國*에서 다소 재배되고 있으나 지질 풍토의 영향으로 아직 상품은 되지 못한다. 따라서 인삼은 미국산 20원, 관동주關東州산 8원, 조선산 150원이 일반시장에서의 보통 시세인데 일본산은 겨우 5원이라고 한다.

---

* 이즈모국(出雲國) : 시마네현(島根県)의 동반부(東半部)에 해당하는 옛 지명.

인삼 소비는 근래 현저히 증가하였는데, 특히 사에키 박사가 코마신이라고 명명한 새로운 성분이 함유되어 있는 것이 발표되면서 "딸을 팔아서 고려인삼을 샀다"는 옛날 꿈같은 이야기를 현세에서도 볼 수 있게 된 상황이다.

사에키 박사는 일반가정의 용법에 있어서 약국에서 파는 인삼 등은 그다지 신용하지 않는다. 직접 인삼을 구매하여 각 가정에서 이용해 보길 바란다. 차를 마실 때 끓여서 식힌 물이 필요한 이치와 같이 미온탕으로 달여 마시는 것을 잊어서는 안된다. 이것은 고온으로 달이면 휘발성인 코마신이 발산하고 반대로 자극성이 강한 코마졸이 나오므로 약한 여성의 경우 십중팔구 구토를 일으킬 우려가 있기 때문이다. 한 가지 더 주의할 점은 달이지 않은 인삼을 그대로 씹어 삼키는 것은 주의하기 바란다.

●朝鮮人參活躍

▲ラヂユーム以上の効能

ラヂユーム温泉ラヂユーム液とラヂユームの持て囃された時代は過去になつたラヂユームを驅逐して取つて換らんとするものは、佐伯博士に科學的説明を與へられた朝鮮人參其れである東京の海一商店は「人參の需要は近頃素晴らしく増えて來した」とホク〳〵ものであるが强壯劑としての人參は

▲今や萬能時代 の全盛を謳歌せんとして居る此人參は人工栽培のものに紅參、白參、ヒゲ人參、尾人參等の差別があつて朝鮮開城が特產地である事は云ふまでも無い此の栽培法は「種子を蒔くと其年に二枚の葉が出る、翌年又二枚と規則的に生長して行くが之を市場に賣出すには七年は畑に置かねばならず、一度植附けた土地は數年間休養しなければならぬので其の

▲手數は非常 なものである其の生人參を蔭干にしたのが白人參でゆでゝ陽に乾したのが紅參と稱せられる朝鮮の卸相場は一斤白人參十二三圓約參百五六十圓であると日本內地では出雲國に多少は栽培されて居るが地味風土の關係で未だに物にならず從つて人參は米國產二十圓關東州產八圓朝鮮產百五十圓が一般市場の通り相場であるのに內地產は僅五圓と云ふ比例を示す慘めさであるけれ共人參の消費は近來著るしく增加して來て殊に佐伯博士が

▲コマシンと命名 する新成分の含まれ居る事を發表してから「娘を賣つて高麗人蔘を買つた」昔の夢物語りを現世に見るやうな景氣である佐伯博士は一般家庭の用法に就て此の人參の賣藥などには餘り信用を置かず直接人參を購買して各家庭で用ひてもらひたい其れには茶を飲むに湯冷しが必要な道理と同じ事に微温湯で煎じて飲む事を忘れてはならぬと云ふのは高温度で煎ずると揮發性のコマシンは發散して反對に刺戟性の强烈なコマゾールが出て來るから弱い婦人などは十中八九人まで嘔吐を催す怖れがあるからであるもう一つ注意すべき事は煎じて飲まぬ人參其儘を咀嚼嚥下して用ふる事を心掛けてもらひたいものだ

03

조선광업 발전

1916년 8월 19일 1면 4단

근래 조선광업계의 한 현상으로 볼만한 것은 내지內地 광업자가 각각 전문 기사를 동반하여 시찰 조사하러 오는 것이 점차 증가하는 형세라는 점이다. 내지의 해당 업자가 조선광업을 주목하게 된 것은 몇 년 전의 일이며, 그 후 내지 광업자가 조선으로 건너와 활동하게 되었지만 대부분은 자금 결핍 때문에 실패하고 돌아갔다. 핑계로 조선광업은 광맥이 불확실하고 내지와 비교하여 위험성을 띠고 있어서 성공하기 힘들다고 말하였다.

아무것도 모르는 소리다. 광맥이 불확실한 것은 아니고 자본과 비례하여 채광이 곤란한 결과가 된 것이다. 후루가와古河, 미쓰이三井, 미쯔비시三菱, 구하라久原 등 대광업자들은 그 후 각지에 특정 지역을 점유하여 경영을 시작하였다. 성과가 양호하였기 때문에 구하라久原 는 조선광업의 유망함을 전하고 있다. 금년도 조선광업 생산액은 금金만 해도 전반기 채광採鑛 총액에 이르는 회사도 있다. 그 밖에 전년도보다 약 4, 5백만 원은 증가할 것이 예상된다고 모 당국자는 말하였다.

●朝鮮鑛業發展

近來朝鮮鑛業界の一現象として見る可きは內地鑛業家が各々專門技師を同伴して視察調査に赴くことの漸次增加するの形勢あることと之れなる鮮鑛業にして內地當業者の着目するに至りしは茲數年以前のことに屬し爾來內地鑛業家の渡鮮活動せるものありたれど多くは資金缺乏の爲め失敗に歸し其の口實としては朝鮮鑛脈は鑛床不確定にして內地の夫れに比し危險性を帶べるが故に成功至難なりと稱し居たり何んぞ知らん鑛床不確定にはあらずして資本と比例する採鑛の困難なる結果なりしなり古河三井、三菱、久原の大鑛業家は其後各地に特種の地域を占有し經營を始め其成績良好なる爲め久原の如く朝鮮鑛業の有望を傳へ居れる次第にて本年度の朝鮮鑛産額は金のみにて前半期の採鑛總額に達したる會社もあり其他に於て前年度より約四五百萬圓は增加する見込みなり云々と某當局は語れり

04

조선 제염 확장

1916년 8월 19일 1면 5단

조선의 식염 소비 총액은 연액 2억만 근斤인 것에 비해 조선의 제염 총액은 총독부의 개량염 및 재래염을 합하여 60여만 근에 그친다. 수요액의 3분의 2는 산둥성山東省 혹은 관둥주산關東州産에 의존하고 있다. 그래서 총독부에서는 소금 자급을 도모하는 것과 동시에 장래에 소금 전매를 실시하려는 계획을 세웠다. 마침내 내년도 예산에서 먼저 제염 확장에 착수하기로 결정하였다. 현재 제염장이 있는 광양廣梁, 주안朱安 2곳 이외에 새로 2, 3곳의 제염장을 세울 만한 해당 예정지는 조사 결과 이미 내정되었다고 한다.

朝鮮製鹽擴張

朝鮮に於ける食鹽消費の總額は年額二億萬斤なるに對し朝鮮に於ける製鹽總額は總督府の改良鹽及び在來鹽を併せ六十餘萬斤に止まり需要額の三分の二は山東省若くは關東州産を仰ぎ居れるを以て總督府に於ては豫て鹽の自給を計ると共に將來に於て鹽專賣を實施せんとの計畫あり愈々來年度豫算に於て先づ製鹽の擴張に着手するに決し現在の製鹽には廣梁朱安兩所以外に新に二三ケ所の製鹽場を設くべく該豫定地は調査の結果既に內定し居れりと

05

조선의 대표적 사업

1923년 6월 3일 1면 5단

조선 양조계에서 권위 있는 마쓰나가이치마쓰상점增永市松商店

포목점도 착착 발전

마쓰나가 이치마쓰增永市松 씨는 히로시마현廣島 토모쵸鞆町 출신으로 메이지明治 37년1904 9월 조선에 와서 부산 벤텐마치辨天町의 현주소에서 가업인 포목점을 시작하였다. 상업기회를 보는데 민첩하여 일찍 소주 판매의 유망성을 알아차리고 양조를 떠올려 곧바로 착수하여 10월에 일단 부근에 양조공장을 세우고 소주 제조를 개시하였다. 그 후 사업은 예상대로 좋은 결과를 불러와서 성대해졌다. 공장이 비좁다는 것을 느끼고 대확장을 단행하여 다이쇼大正 7년 1918 현재의 도미히라마치富平町에 마쓰나가增永양조공장을 설립하였다. 그 후 10여 년 연구하여 품질개량제조법을 개혁하고 부단히 실험상의 실패를 거듭하며 지칠 줄 모르고 분발하였다. 그 공이 헛되지 않아서 지금은 양조 수익에 있어서도 품질에 있어서도 그와 견줄 사람이 없었다. 명실상부 조선남부의 양조왕釀造王으로서 조선에 있어 그의 절대적인 권위를 인정받기에 이르렀다. 더욱이 다이쇼 10년1921부터 간장 양조에 착수하였으며, 이치마표イチマ印 간장은 1년 총액이 1,000석을 내려가지 않는 성황을 이루었다. 다마표玉印, 미린토라표味淋虎印 소주명과 함께 이 제품은 조선 구석구석 보급되지 않은 곳이 없었다. 그리고 끊임없이 활동한 그는 다시 중국 소주의 풍미가 반드시 조선의 기호에 맞을 것을 알아차리고 이 연구에 착수하여 직접 만

주로 출장을 가서 제조법을 알아내었다. 원래 중국 소주는 다른 소주에 비해 가장 뛰어났다. 특히 그윽한 향기는 만인이 좋아할 것이라는 그의 착안점은 과연 날카로웠다. 즉시 다이쇼 11년1922 10월부터 준비에 들어가 1년 반의 세월을 보내는 동안 창춘長春, 랴오양遼陽에서 고급 기사를 초빙하고 마침내 다이쇼12년1923 5월 비로소 발매하였다. 고량주가 조선에서 제조된 것은 마쓰나가양조공장이 원조인데 발매 이래 호평을 받았다. 중국인 여러 명을 사용하여 300석을 양조하고 각지의 출하에 힘쓰고 있다. 동 공장의 특색은 모두 기계의 힘을 사용하는 것으로 종래 조선인이나 우마牛馬의 힘을 사용하던 것을 전기모터로 개혁하고 가마 대신 보일러를 사용하는 등 가급적 생산비 경감을 꾀하여 원가 저감에 힘썼다. 그의 후계자 노바시昇 씨가 시찰한 결과 간장 저장 '탱크'를 사용하는 것이 편리하였다. 종래 술통 저장상의 결점을 보완할 수 있는 것을 알게 되어 새롭게 50석이 들어가는 탱크 12개를 창설하고 간장저장의 신기원을 열었는데 성적이 대단히 좋아서 조선내 각 양조가들은 앞다퉈 탱크를 채용하게 되었다. 이처럼 그가 양조에 관해 깊게 연구하고 있는 것을 알 수 있다. 또한 종래의 포목부도 재작년부터 현금 구입을 기획하고 단골에게 싼 가격으로 제공하여 좋은 성적을 내고 있다. 그의 천성은 호탕하고, 지지 않고, 사소한 규칙에 구애받지 않으며 탈속적이며 비범하다. 임시방편의 술책을 부리지 않고 대단히 개방적이면서 진격적이고 열성적인 것이 요즈음 보기 드문 실업가이다. 나이 59세로 아주 강건하여 젊은이를 능가하는 기개가 있다. 후계자 쇼昇 씨는 26세로 다이쇼 9년1920 와세다대학早稻田 상과 출신의 영재이며 현재 양조부를 통괄하고 있다.

원만한 인격의 소유자 시마다 요시마쓰島田好松 씨의 사업

영업품목 = 잡화, 실 종류絲類, 끈 종류紐類 메리야스류 면포제품

부산부 벤텐쵸辨天町 나가테도오리長手通의 번화하고 입지 좋은 자리에 점포를 둔 주식회사 시마다상점島田商店은 다이쇼 1년1912 5월 11일 창립하였다. 회사조직으로는 아직 만 1년도 되지 않았지만 부산 시마다요시마쓰상점의 명성은 같은 업종 동업장에게 상당한 권위와 신용을 가지고 있다. 대표이사인 시마다 씨는 선배, 지인, 친구, 점원의 일원으로 주식회사를 조직하였다. 사실은 옛날부터 상점 주인으로 일하였던 이사인 고시타 시치로香下七郎 씨도 변함없이 구舊 주보좌역으로 사업에 종사하고 있다. 이러한 회사분위기는 서로 돕고 배제와 비방 없이 상하 일치하여 협력 동체하고 노력 분투를 계획하고 있다. 이것은 모두 시마다 씨의 원만한 인격이 가지고 온 선물로 결국은 회사사업 성적으로 나타나 사운社運이 날마다 융성해가는 이유이다. 영업 품목은 잡화, 실 종류, 끈 종류, 메리야스류, 면포제품 등으로 이들 물품은 모두 오사카大阪, 교토京都, 나고야名古屋의 특약 공장에서 직송하므로 같은 도매업에서도 어느 정도 염가로 출하할 수 있다. 그는 처음에 메이지야明治屋상점에 근무하였는데, 다이쇼 2년1913 2월 독립하여 열심히 노력하여 오늘의 지위를 얻게 되었다. 상업적인 기회를 보는 것에 민감하여 실력을 높이 평가받고 있다. 그리고 인격이 원만하며 모나지 않고 해가 갈수록 신용도 더해져서 사업은 더욱 번성하여 지금은 조선에 이르는 곳마다 단골이 있고 멀리 다롄大連까지 미친다. 시세에 순응하여 조직을 고쳐 대자본주의 아래에서 박리다매주의에 착수하여 좋은 결과를 얻고 있다. 나이는 40세가 안 되었으며 전도양양하다. 감사에는 구라하시 데조倉橋定藏 씨, 메가타 헤산로目加田平三郎 씨를 추대하고, 이사에는 사누키야讚岐屋상점 주인 이시가와 고헤이石川五平 씨와 협력하였다. 그의 신용을 크게 알 만함과 동시에 더욱더 장래가 촉망받고 있다. 그의 극기심과 힘껏 노력하는 모습은 점원 모두의 도움과 맞물려 대성공을 기대할 만하다. 부산 청년 실업가로 쟁쟁하며 이미 성공한 사람으로 주목받고 있다. 요컨대 그처럼 견실하게 열심히 일하는 실업가는 부산의 중견이 될 만하며 동시에 단지 실업계뿐만 아니라 장래 부산부의 모든 방면에서 활약, 공헌을 기대할 것이 많다. 이들 중견 인물이 배출됨에 따라 부산은 더욱 발전할 것이다.

삼정포도주 창제와 다하라 간지田原寬二 씨의 경영태도

명성자자한 두루미표鶴印 인삼포도주

임기응변이 뛰어난 점주 다하라 간지 씨의 이성과 지혜의 번뜩임은 마침내 그의 일류의 참신한 광고법이 되고 발랄한 가게 경영법이 되어 항상 활기찬 영업 태도를 보이고 있다. 메이지 36년1903 부산에서 양주 통조림업을 전문으로 개업한 이래 시세時勢에 한발 앞선 그는 재빨리 지방의 신용판매제도를 비롯하여 당시 누구도 손대지 않았던 백화점 중개인을 시도하거나 영국의 위스키를 수입하는 등 일반적인 상인은 짐작할 수 없는 상업적인 책략으로 성공하여 마침내 오늘날의 지반을 구축하였다. 특히 그가 고심한 연구의 결정체는 삼정포도주를 만들어낸 것 것이다. 다이쇼 5년1916 6월 조선에서 처음으로 발매되자마자 두루미표 인삼포도주의 명성은 자자하여 조선 전체를 풍미하고 공장제조 월 400상자를 내려가지 않았다고 한다. 내지內地는 물론 멀리 시베리아의 우리 야전병원의 주문을 받아 자양음료로서 유효하고 현저한 것을 입증하였다. 그 후 각종 인삼포도주의 모조품이 나온 것을 보아도 동 가게 제품이 얼마나 세상에 그 명예를 떨쳤는지 알 수 있다. 그는 오미국近江國 가모군蒲生郡 출신으로 이른바 오미近江상인의 전형이라고 할 수 있다. 견인불발 정신은 바로 경영에도 나타나서 비와코야ビワコヤ 상점은 더욱더 발전하였다. 지금은 전업 외 고베공익사神戶公益社의 후로쿠楓鹿성냥, 미국 스탠다

드회사의 석유, 노다野田간장회사의 기코만표龜甲萬印 간장, 곤도 리헤에近藤利兵衛 씨의 향▨포도주 등 여러 대회사, 대상점 제품을 특약 판매하고 있다.

一ヶ年の星霜を經たに過ぎないが釜山島田好松商店の名聲は斯業同業者に相當の權威と信用とを把持して居る取締役社長としての島田氏は先發知人親友店員の一團とを以て株式會社を組織して居るが事實は昔ながらの商店主として采配を振つて居る取締役の香下七郎氏も依然として店主補佐役として其事業に從うて居る玆に一脈の情風は流れて有無相通じ排擠なく誹謗なく會社は上下一致して協力同體顯はれ社運日に隆昌に赴く所以である營業品目は雜貨糸類紐類メリヤス類綿布製品等で最等の品物は總て大阪京都名古屋に於ける特約工場から直送して來るので均しく問屋業でも餘程廉價に出荷し得て居る同氏は初め明治屋商店に勤務せし人大正二年二月獨立して健闘努力し今日の地位を贏ち得たのである商機を見る事敏にして神技の評あり而も人格圓滿圭角なく信用年と共に加はり事業益々繁榮に赴

釜山長手通り ビワコヤ商店

酒罐詰業を專門に開業して以來時勢に一歩拔きん出た氏は夙く地方の信用販賣制度を始め當時何人も手を染ざりし百貨取次を試み或は英國のウヰスキーを輸入する等凡商の窺知し能はざる商略に成功して遂に今日の地歩を築いた時に氏の苦心研究の結晶なるは

蔘精葡萄酒 の創製

であらう大正五年六月朝鮮に於て初めて發賣さるゝや鶴旗印人蔘葡萄酒の名聲は嘖々として全鮮を風靡し模造品續出したのを見ても同店の製品が如何に江湖に其の名聲を博したかゞ判る氏は近江國浦生郡の産で世に謂ふ近江商人の典型とも謂ふべく堅忍不拔の精神は即ち經營にも現はれて

ビワコヤ商店 は

愈々發展して行く已に下記業の外に神戸公益社の撫鹿壽寸米國スタンダード會社の石油野田醬油會社の龜甲萬印の醬油近藤利兵衛氏の香竄葡萄酒等幾多の大會社大商店製品の特約販賣をして居る

朝鮮の代表的事業

朝鮮釀造界の權威たる 增永市松商店

吳服業も着々發展

增永市松氏は廣島縣納町の出身で明治三十七年九月來鮮して釜山辨天町の現住所に於て組業の吳服店を始めたが商機を見るに敏な同氏は早くも燒酎販賣の有望なるを着取し釀造を思ひ立ち直に着手し十月取敢ず附近に釀造工場を設けて燒酎の製造を開始した其後事業は豫想通り好結果を齎して盛大に赴き工場は手狹を感ずるに到り

大擴張 を斷行大正七年現在の富平町に增永釀造工場を設立した其後星霜十有餘年研究と品質改良製造法の改革と不斷の實驗上の苦心を重ねて奮闘倦む所を知らず其の功は空しからずして今やその釀造高に於ても品質に於ても氏に比肩する者なく名實共に南鮮の釀造王として鮮內にその絕對的の權威を認めらるゝに至つた更に大正十年から醬油の釀造に着手しイチマ印醬油は年額一千石を下らざる盛況で玉印味淋虎印燒酎の名と共にその製品は全鮮限なく普及して到らざる處なしである然るに活動止む事なき氏は更に支那燒酎の風味が必ず鮮內の嗜好に適すべきを窺知して之れが研究に着手し自ら滿洲に出張して製造法を究む元來支那燒酎は他の燒酎に比して最も勝れた點を有して居る特に其馥郁たる芳香は萬人の好む處氏の

著眼點 は流石に鋭い即ち大正十一年十月から準備に掛り一ヶ年半の歲月を費しその間に長春、遼陽から高級技師を招聘して愈大正十二年五月初めて發賣した高粱酒が朝鮮に於て製造されたのは增永釀造工場を以て嚆矢とす發賣以來好評嘖々數名の支那人を使傭して三百石の釀造をなし各地の出荷に忙殺されて居る同工場の特色は總て機械力を使用する事で從來朝鮮人や牛馬の力を使用して居たのを電氣モーターに改革し釜の代りにボイラーを使用する等可及的生產費の輕減を計つて原價遞減に腐心して居る尙氏の令嗣昇氏が視察の結果醬油貯藏の「タンク」を使用するの利便にして從來の樽の貯藏上缺點を補ふ事を識り新しく五十石入タンク十二個を備設して醬油貯藏の

新紀元 を開いたが成績頗る良好で各鮮內の釀造家は爭つてタンクを採用するに至つたが如何に氏が釀造に關して研鑽腐心して居るかが判る尙從來の吳服部も一昨年から現金仕入を企て顧客に安價提供を實行して好成績を擧げて居る氏資性豪宕不覊細節に拘泥せず常指頗る脫俗超凡の趣きあり姑息の術策を弄せず頗る開放的で而も眞摯熱誠晉世稀なる實業家である年齡五十九歲頗る頑健で壯者を凌ぐ概がある令嗣昇氏は二十六歲大正九年早大商科出身の英才で目下釀造部を統轄して居る

⊠增永市松氏と同氏經營の增永釀造工場

圓滿なる人格の保持者 島田好松氏の事業

營業品目―雜貨糸類紐類 メリヤス類綿布製品

釜山府辨天町長手通り殷賑の好地位に店舖を置く株式會社島田商店は大正拾一年五月拾一日の創立であるから會社組織としては未だ滿

◆取締役社長 島田好松氏

努力奮闘を續けて居るそれ全く島田氏の **圓滿な人格** が齎した賜で總ては會社事業の成績に

く今や全鮮到る處に華客を有し大連の遠きに及ぶ盛に時勢に順應して組織を改め大賣本主義の下に **薄利多賣主義** を以て着々と好果を收めて居る年齡不惑に達せず前途洋々たるものである監査役に倉橋定藏氏日加田平三郎氏を推し取締役に讚岐屋商店主石川五平氏あつて協力す氏の信用の大以て知るべしであると共に益々將來を嘱望されて居るが氏の克己心と奮闘努力は必ずや店員諸子の共助と相俟つて大成功を期すべく釜山青年實業家中の錚々たるものであり既に成功者の一人と目されて居る要するに氏の如き堅實にして働き盛りの實業家は **釜山の中堅** を爲すもので同時に獨り實業界と云はず將來府のあらゆる方面に於て活躍貢獻を期待すべきもの多く之等中堅人物の輩出に依つて釜山は益々榮えて行くのである

⊠株式會社島田商店⊠

蔘精葡萄酒の創製と 田原寬一氏の經營振

名聲嘖々たる鶴印人蔘葡萄酒

機略縱橫の店主田原寬一氏の明智の閃は總て氏一流の斬新な廣告法となり澁たる店の營業法となり常にキビ〳〵した營業振りを見せて居る明治三十六年釜山に於て洋… 立腕したが其の後各種の人蔘葡萄… 麾し工場製造月四百圓を下らざり し云ふ內地は勿論遠く西伯利亞に我が野戰病院の用命を受けて其の滋養飲料として有效顯著な事を

06
조선의 대표적 사업
1923년 6월 8일 1면 6단

수수하지만 확고한 지위를 다져가고 있는 데라다야스타로상점寺田安太郎商店
점주 데라다寺田 씨는 의리 있고 덕망 있는 사람

조선설탕계는 주로 대일본정당大日本精糖 메이지제당明治製糖 타이완정당臺灣精糖 3개 회사로 분할되어 있다. 따라서 조선에 있어서 설탕계 분야도 이들 회사와의 관계 밀도에 따라 정해진다. 우리 데라다야스타로상점이 실력으로 조선 전체에 중요한 위치를 차지한 것은 바로 대일본, 메이지 두 회사와 옛날부터 밀접한 관계가 있기 때문이다. 그의 설탕에 대한 경영방침은 어디까지나 건실주의로 오랜 기간의 경험으로 단련된 만큼 시장 변화, 회사 사정 등에 정통하며, 굳이 모험을 시도한다는 점에 그의 진가가 있다. 화려하게 눈에 띄지 않는 대신에 수수하지만 착실하게 지위를 다져가고 있다. 다이쇼大正 11년1922 1월 재계 불황 때 출장점을 신설하여 업무 확장을 단행한 점 등은 여간한 확신과 실력을 내포한 사람이 아니면 할 수 없는 것이다. 그리고 가게의 방침은 모두 그의 생각에서 나온 것으로 완전히 독창적이다. 깊게 사색하고 항상 상략*을 짜며 지칠 줄 모르는 진격적인 태도는 완전히 그의 사업에 대한 긴 세월 함양된 관심의 발로이며, 동 상점이 지금처럼 융성한 것은 완전히 사업에 대해 그가 열심히 한 결정체라고 할 수 있다. 그는 처음 친구와 오사카 선착장에서 설탕 및 제과를 팔았

---

* 상략商略 : 상업상의 책략.

는데 메이지明治 36년1903 부산에 와서 합주동에서 제과업을 시작하였다. 그후 나가테도오리長手通り로 옮겨 가운家運의 융성과 함께 현재 장소인 벤텐마치辨天町로 옮겨 설탕도매상을 하면서, 동시에 제과 공장을 세워 일찍 당시의 최신식인 흡입가스엔진을 채택했다. 오늘날 제과상으로 조선 전체에 이름이 알려진 까닭이다. 현재 부산과자동업조합의 명예 고문으로 추천받았는데 사실은 다이쇼 9년1920 이래 제과를 그만두고 설탕전문업으로 오늘에 이르고 있다. 그의 사업에 대한 광범위한 관심은 가는 곳마다 호황을 이루었다. 울산에 광대한 산림을 사서 도미히라마치富平町에 제재부製材部를 세워 제재업을 시작으로 막대한 수익을 거두었고, 토지, 가옥 부동산이 남아 있다. 현재는 전문 설탕상 외에 대일본맥주회사 고베공익사, 미국텍사스석유, 모리나가제과, 도쿄과자회사 등 다수의 특약점과 대리점을 겸업하고 있는데, 이것은 그의 신용이 바탕이 된 것이다. 그의 심중에는 더 큰 사업이 항상 잠재되어 있는데 어지간한 확실성과 전망이 없으면 착수하지 않는 점은 그의 견실주의를 잘 말해준다. 현재는 조선을 통틀어 설탕도매상으로 쟁쟁한데 시대가 변함에 따라 실력 있는 그의 사업에 대한 안목이 주변으로 펴지는 것은 대단히 흥미로운 일이다. 또 그는 몇 번인가 공직 후보자로 추천받았지만 모두 사퇴하고 오직 가업을 운영하는 것 외에 다른 곳을 뒤돌아보지 않는 점은 바람직하다. 상업에 대한 식견과 근거 있는 견해가 있으며, 말이 많지 않다는 점은 참된 실업가다운 태도라고 할 수 있다. 그는 메이지 6년1873 오사카 히가시나리군東成郡에서 태어났다. 성격이 근엄하고 사업에 대해서는 너무나도 엄격한 반면 정 많은 사람으로 의리가 단단하고 덕망이 있다. 사업 범위는 조선 전체에 걸쳐 부동의 큰 단골이 있고 대구 출장점은 철도 연안을 따라 활발하게 활동하고 있다. 역시 설탕 상점 중 거상이라고 할 수 있는 동 상점은 조선에서 최고급 상점과의 거래가 아주 빈번하여 중급 이하 상점과는 거래하지 않는다고 할 만큼 성황이다.

어망연사撚絲*계의 중진 후쿠시마겐지로상점福島源次郎商店

최신식 동력기 채용과 제3차 확장

부산부 미나미하마마치南濱町 한 구석에 광대한 점포를 가진 후쿠시마 상점 주인 후쿠시마 겐지로福島源次郎 씨는 히로시마현 우사군 고시古市 출신. 그의 본가는 몇 대째 마사麻絲 제조를 생업으로 하며,고 현재 주인은 그의 형으로 점점 발전하고 있다. 그는 조선에 오기 전 메이지 37, 38년1904, 1905 마침 러일전쟁 당시 중국 방면을 시찰하고 그 신지식을 익혀서 조선으로 넘어와 현재 장소에 점포를 내었다. 상업기회를 보는데 예민한 그는 조부에게 배운 제마업과 조선 특유의 수산업을 융합하여 어망제조를 개시했는데, 그의 계획은 예상대로 들어맞아 어망의 수요가 시간이 갈수록 격증하여 마침내 대구에 어망제조공장을 설치하기에 이르렀다. 다이쇼 8년1919에 이르러 다시 어망용 및 어구용 연사제조를 개시하고 마키노시마牧島**에 공장을 지어 활발하게 판로를 확장하여 이제는 전 조선 연안, 각 도를 통해 거래액도 막대한 숫자에 이른다. 그 외 내지內地에서 제조원과 특약을 맺고 자가 제품을 합하여 판매하고 있는데 다이쇼 10년1921부터 다이쇼 12년1923에 걸쳐 제3차 확장을 기획하고 현재 진행 중이다. 마키노시마에 있는 연사공장은 약 1만 평 부지에 연사기 50대를 설치하고 그중 30대를 운전하고 있다. 나머지 25대는 최신식 동력기를 설치중이다. 참신하면서도 건실한 그는 경영의 장점을 살리기 위해 이입세 철폐 후 오늘날도 자가 제품인 연사 및 어망으로 충분히 내지품內地品에 대항하며 지금 자족이 가능하다는 것을 보여주고 있는 점은 참으로 대단하다. 경남 제1회 공진회 및 시정 5년 공진회에서 후쿠시마상점 마크가 들어간 어업연사가 모두 1등상 금패의 영예를 얻은 것은 마땅하다고 말

---

* 연사(撚絲) : 몇 가닥의 실을 꼬아서 만든 실. 강도가 높고 탄성이 좋다.

** 부산영도.

할 수밖에 없다. 본점 및 각 공장에는 간부 이하 약 20명의 점원이 있는데 모두 10년을 하루같이 부지런히 주인을 위해 분골쇄신의 노력을 다하고 있다. 그는 다이쇼 2년1913에 부산상업회의소 평의원이 되었고, 다이쇼 9년1920 이후 부산부협의회 의원이 된 이래 오늘까지 그 직분에 맞게 부산부를 위해 여력을 공헌하는 한편 부산상업은행, 부산신탁, 부산식료품주식회사의 중역으로 실업계에서도 중요한 역할을 맡고 있다. 다이쇼 9년 이래 재계의 대변동에도 건실한 그의 경영법은 거뜬히 그 난관을 극복하였다. 스스로 진두에 서서 지휘하고 충실한 점원을 독려하면서 어떤 타격에도 무너지지 않고 더욱 사업 확장의 기운을 넓혀가고 있다. 과거 십수 년에 걸친 풍부한 경험은 착착 사업으로 나타나고 있는데 앞으로 그의 활약이 기대된다.

본점 및 공장

후쿠시마福島 상점 부산부 미나미하마마치南濱町

후쿠시마 상점 대구공장

후쿠시마 상점 마키노시마牧の島연도공장

주요 내지內地특약처

도쿄東京제강주식회사

후지富士가스방적주식회사

세이비모지오리西備綟網주식회사

ある寺田商店

場に於て砂糖及び製菓を商なつてゐたが明治三十六年來釜し瀛洲洞で製菓業を開始した後長手通りに移り家運の隆昌と共に現商所の辨天町に移り糖粉卸問屋たると同時に製菓工場を設け早くも當時の最新式たる吸入瓦斯エンヂンを採用した今日尚製菓商として全鮮に其の名を轟かしてゐる所以である現

て今日に及んでゐる氏の事業に對する廣汎な趣味は往く處可ならざるなく好況時代に蔚山に廣大なる山林を買ひ富平町に製材部を設けて製材業を始め莫大なる收益を擧げ今日尚土地家屋の不動産として

の推移に從つて實力ある同氏の事業に對する着目は那邊に延びるやは頗る興味ある事である尚氏は幾度か公職の候補者にも推薦されたが總て辭退し專ら家業を勵んで他を顧みぬ處は頼母しい商業に對し

図 牧島福島撚糸工場 図

捗中である牧の島に於ける撚糸工場は約一萬坪の敷地を有し撚糸機五十臺を据付目下其の内三十臺を運轉してゐるが餘の二十五臺は目下最新式の動力機据附中である斬新にして而も堅實なる氏の經營其の宜しきを得たる爲め移入稅撤廢後の今日に於ても自家製品たる撚糸及び漁網を以て優に

内地品に對抗

し明かに自給自足の可能なるを示

張の機運を釀成してゐる過去十數ケ年に亘る豐富なる經驗は着々其の事業の上に現はれつゝあるが今後に於ける氏の活躍こそ注目に値する

本店及工場
福島商店　釜山府南濱町
福島商店　大邱工場
福島商店　牧ノ島撚糸工場

主要なる内地特約先
東京製鋼株式會社
富士瓦斯紡績株式會社
[illegible]

朝鮮の代表的事業

地味で確乎たる地歩を占めてゆく

寺田安太郎商店

店主寺田氏は義理堅く徳望の人

朝鮮砂糖界は主として大日本精糖明治製糖東洋製糖の三大會社に依つて分輸されて居る從つて朝鮮に於ける糖界の分野も之等の會社との關係の密度に依つて定まるのである我が寺田安太郎商店が實力に於て全鮮の重鎭たるは即ち大日本明治兩會社と古くから密接な關係があるからである氏の砂糖麥粉に對する經營方針は飽迄堅實主義で流石長年月の經驗で鍛へ上げた丈け相場の推移會社の事情等には精通してゐるが敢て冒險を遂行せざる處に氏の眞價がある從つて華々しい眼立つた所がない代りに地味ではあるが着々と確乎たる地歩を占めて行く大正十一年一月財界不況裡に大邱に出張店を新設して業務擴張を斷行した點などは餘程の確心と實力を抱藏した者でなければ出來ないことである而して店の方針は總て氏の方寸から割出されて全く獨創的である其の深く思案し常に商略を廻らして倦む事を知らない眞摯な態度は全く氏の事業に對する永年涵養された趣味性の發露で同商店が今日の隆昌は全く事業に對する氏の熱き心の結晶に外ならない氏は始め令兄と大阪船

に釜山菓子同業組合の名譽顧問に推されてゐるが事實は大正九年以來製菓を中止して糖粉専門業とし

残されてゐる現在は専門の糖粉商の外に大日本麥酒會社神戸公益社米國テキサス石油森永製菓東京菓子會社等數多の特約店代理店を兼業して居るが之れは同氏の信用を裏書するものである氏の腹の裡にはもつと大きな仕事が恒に潜んで居るが餘程確實と見込まなければ着手せぬ處などは堅實主義の同氏を雄辯に物語るものである現在は朝鮮に於ける内外糖粉の卸商として錚々たる一方の雄であるが時代

健實に發展し　地歩を固めつゝ

ては見識もあり抱負ある意見も把持して居るが餘り多く語らぬ處に却つて眞商の實業家らしい態度がある氏は明治六年大阪東成郡に生る資性勤儉事業に對しては頗る嚴格であるが一面情の人で義利堅い徳望の人である其の事業の範圍は全鮮に亘り動かすべからざる大華である

客筋を有し大邱出張店は鐵道沿線に盛んに活動して居る流石糖粉商中の巨商たる同商店の事なれば全鮮に亘つて第一流商店との取引も頗る頻繁で中流以下の商店は取引關係を結ばざる所なしと云ふ盛況

漁網撚絲界の重鎭

福島源次郎商店

最新式動力機採用と第三次擴張

釜山府南濱町の一角に廣大なる店舗を有する福島商店の當主福島源次郎氏は廣島縣字佐郡古市の出身氏の本家は數代麻糸製造を生業とし現主は氏の令兄之れが衝に當り事業は益々發展してゐる氏は渡鮮前明治三十七八年恰も日露戰爭當時支那方面を視察し其の新智識を齎して渡鮮現在の地に店舗を構え商機を見るに敏なる氏は父祖傳來の製麻業と朝鮮特有の水産業とを結びつけ玆に漁網製造を開始したが氏の計畫は案の如く圖に當り漁網の需要日に月に激增遂に大邱に

漁網製造工場

を設置するに至つた斯くて大正八年に至り更に漁網用並に漁具用撚糸製造を開始し牧の島に工場を設け盛んに販路を擴張し今や全鮮沿岸各道を通じて其の取引高も莫大な數字に上つてゐる其の他内地に於ける製造元と特約を爲し之れに自家製品を合して販賣してゐるが大正十年から大正十二年に亘つて第三次擴張を企畫し目下夫れが進

してゐる處は眞に偉いものである慶南第一回共進會並に始政五年共進會に於て福島商店のマークある漁網撚糸が共に一等賞金牌の榮冠を贏得たる亦宜なる哉と云はねばならぬ本店及び各工場には幹部以下約二十名の店員が居るが皆十年一日の如く孜々營々として主家の爲め粉骨碎身の勞を盡してゐる。氏は大正二年選ばれて釜山商業會議所評議員となり大正九年以來釜山府協議會議員となり爾來今日まで其の職に在つて釜山府の爲め其の

餘力を貢獻し

てゐる一方釜山商業銀行釜山信託釜山食料品株式會社の各重役に任じ實業界に於ても隱然重きを爲してゐる大正九年以來財界の大變動に際會しながらも堅實なる氏の經營法は優に其の難關を切りぬけ氏自ら陣頭に立ちて採配を振り忠實なる店員を督勵しながら何等の打撃も蒙ることなく多々益々事業擴

07

조선의 대표적 사업

1923년 6월 9일 1면 7단

부산 일대 담배공급의 본원本源인 부산담배판매주식회사

전체의 약 7할은 부산에 공급

다이쇼大正 10년1921 7월 조선총독부 전매령에 따라 조선에 담배 매수인의 지정이 규정되었다. 이 명령으로 조선 내 각지에 담배판매주식회사가 설립되었다. 부산담배매수회사 창립은 같은 해 6월 자본금 300,000원으로 부산에서 구舊 담배 도매상이 모여 설립한 것이다. 목적은 제조 담배의 판매와 부속 사업으로 관내 판매는 담배전매령으로 규정된 부산부, 동래군, 울산, 김해, 양산, 장승포, 울릉도에서 현재 관내 지정된 소매판매인은 총수 약 2,000명이었다. 부산부를 제외한 다른 곳은 모두 영업소를 통해서 소매인에게 판매한다. 영업소는 9개소로 동래, 구포, 울산, 방어진, 김해, 진영, 양산, 장승포, 울릉도에 두고 영업소에서 각 소매점에 판매하도록 하였다. 동 회사는 그 이름이 나타내는 것처럼 전매국의 담배를 전부 공급하는 본원이면서 거래는 모두 현금 제도를 택하고 있으므로 이렇게 확실한 회사는 달리 없을 것이다. 다이쇼 11년1922 하반기 즉 10월부터 금년 3월까지의 성적을 보면 매상 금액 530,000여 원으로, 크게 나누면 궐련 325,000원, 양절兩切* 163,000원, 기타 아사히朝日, 시키시마敷島, 마코マコー, 마쓰카제松風 순서이

* 양절(兩切) : 양 끝을 자른 채, 흡입구나 필터가 붙어 있지 않은 종이 궐련.

다. 매상 지방별로는 부산이 1위로 전체 매상액의 7할을 차지하며 남은 3할은 기타 관내 구역에 분배 소비되고 있다. 동 회사는 창립 후 아직 얼마 되지 않았지만 지배인 모리 긴지森謹爾 씨는 알려진 대로 오랫동안 전매국에 근무하여 고등관까지 된 사람이다. 이 업계의 권위자로 문화 발달에 따른 담배수요와 맞물려 사업이 성대하여 사운의 발전은 눈부시다. 덧붙여 동 회사 사장은 무라카미 이쿠조村上幾藏 씨이고, 이사는 도요이즈미 도쿠치로豐川德治郎 씨, 야마다 소시치로山田惣七郎 씨, 히가시하라 가지로東原嘉次郎 씨, 감사는 이노우에 다몬타井上多聞太 씨, 도미하라 겐지富原研二 씨라는 쟁쟁한 부산 실업가로 조직되었다. 무라카미 씨, 야마다 씨, 히가시하라 씨, 도미하라 씨 4명은 구舊 동아담배회사 시대에 제1 특약점이며, 도요이즈미 씨와 이노우에 씨는 동아담배 이외의 담배회사 특약점으로 모두 조선에 있어서 담배 보급과 판매에 대한 공로자이며 권위자이다. 현재 지방에 있는 담배판매회사 영업소는 과거 이 사람들의 단골처였다. 또 현재 회사의 주주는 대부분 당시 제2 특약점 사람들이 소유하고 있다고 한다.

식료품연구가 미카도점주ミカド店主
와다 나라사쿠和田奈良作 씨와 진격적인 경영 태도

주인 와다 나라사쿠 씨의 식료품에 대한 깊은 경험과 연구심과 취미가 합해져서 아름다움과 영양을 중시하는 미카도양식부 요리는 부산 양식洋食업계에서 일찍이 찬사받는 곳이다. 가정이라는 것을 넓게 생각하여 인간 생활과 식량품을 관계지어 그의 이상을 구체화한 미카도와요ミカド和洋식료품부는 부산 사람에게는 하루도 없어서는 안 될 점포라고 해도 과언이 아니다. 이곳의 판매품 종류는 일본 방방곡곡의 유명한 산물은 물론 멀리 구미欧米*의 세련된 것들을 모아 큰 만족을 사고 있는 것은 누구나 아는 바이다. 이 점포의

영업방침은 어디까지나 품질 중심으로 조악한 물건이나 내용이 빈약한 물건은 절대 팔지 않는다. 부산에서 만드는 빵에 만족할 수 없어서 굳이 경성에서 가져오는 것을 보아도 얼마나 그가 열심이며 성실한지 알 수 있다. 주인 와다 나라사쿠 씨는 오사카에서 태어나 오카야마岡山중학교를 졸업한 후 독일인 헬만 크라마 씨를 따라 미국에 가서 식료품에 관해 많은 연구를 하였다. 그 후 교사가 되어 일본요리를 강연하거나 마산에서 직접 요리를 하여 고故 이왕 전하에게 대접하는 영광을 누릴 만큼 식료품 요리에 관한 지식은 과연 조선에서 권위자이다. 문화의 발전과 함께 그의 사업이 점점 융성하는 것은 필연적인데 그가 바란 것은 오히려 이상으로 하는 식료품과 인간 생활의 접근이 한 걸음 한 걸음 구체화하는 것이라고 보는 것이 지당할 것이다.

기탄없이 듣는 이시타니 와카마쓰石谷若松 씨의 사업
수산 제염 운송 각 사업에 관계

언론의 정확하고 거리낌 없는 말, 그 진리를 풀기에 열심인 조선수산계의 영웅 이시다니 와카마쓰 씨는 업계의 인격자이다. 부산수산회사의 중개업에 종사한 지 20년. 그동안 그가 부산주요해산물조합 간사로서 현저한 공적을 남긴 점에서 수산계의 고참이면서 중진이다. 그는 직접 정치망 어업에도 종사하였고 시이노키시마椎ノ木島의 어획권도 갖고 있는데 지금은 매입사업에 투자를 하는 외에 어업에서 일체 손을 빼고 단지 중개업으로 확실한 실업 방면에만 종사하고 있다. 나이는 많지만 70여 명의 중매업자 중 매년 구매자에서 1, 2위를 다툴 만큼 대단하며, 조선과 만주 및 내지內地에 넓게 판로를 가지고 있다는 점에서도 조선 굴지의 도매상이다. 부산상업회의소 평의원, 경

---

* 유럽과 미국.

상남도수산회 총대, 조선수산수출회사 감사, 원산수산회사 감사 등 수산계의 중역을 맡은 외에 다이쇼 4년1915부터 부산 마키노시마牧之島에서 아라이시구미新石組제염소의 공동 경영과 마루카이丸海운송점의 사무도 보고 있다. 이후 해륙운송업제함업製函業으로 인식된 부산 마루교丸漁합자회사와 밀접한 관계를 맺고 다이쇼 3년1914부터 다이쇼 11년1922 말까지 대표사원으로서 활동하였다. 현재는 무한책임사원으로서 출자하고 있는 외에 범선으로 칭다오靑島에서 조선 연안 및 내지內地로 소금, 잡곡을 실어 활약하고 있다. 그는 히로시마현廣島縣 아가마치阿賀町 사람으로 청일전쟁 후 바로 조선에 와서 메이지 35년1902 입영을 위해 사단師團에 들어갔으나 계속하여 러일전쟁에 소집되어 만주를 전전하고, 39년 다시 부산에 와서 오늘에 이른다. 열정적인 사람이며 선배나 지인도 없는 기개 있고 남성적인 신사인 한편 정 있는 사람이다. 종일토록 분투하고 있다. 올해 42세로 활발하게 일하고 있으며 재부在釜히로시마현인회 중진이다. 취미가 많고 다재다능한데 특히 바둑, 장기를 좋아하고 장기는 2단 면허증을 가지고 있다. 최근 그는 만주의 중요 산물을 부산에 가지고 와서 부산 장래의 발전을 도모하기 위해 장거리 철도운임 인하 문제에 대해 부산상업회의소를 통해 당국을 움직이려 하고 있는데 얼마나 그가 부산 아니 공공을 위해 열심인지 얼마나 진취적 기상이 풍부한지를 이야기하고 있다.

部供給する本源で且つ取引は總て現金制度を採つて居るから此んな確實な會社は他にあるまい大正十一年下半期即ち十月から本年三月迄の成績を見るに賣揚金額五十三萬餘圓で大別すると口付三十二萬五千圓兩切十六萬三千圓其他で朝

何れも朝鮮に於て煙草普及その販賣に對する功勞者であり且權威者であつて現在元賣捌會社地方に於ける營業所は過去に於て是等諸氏の當時の得意先である又會社現在の株主は大部分當時の第二特約店の諸君が所有せらるゝといふ

南濱町 石谷若松商店

なる功績を有する點に於て水産界の古參株であり且一方の重鎭である氏は曾て自ら大敷網漁業にも從事し椎ノ木島の漁獲權をも握つて居たが現今では仕込事業に投資をして居る外に、漁業から一切手を引いて單に仲買業さして確實な商業方面のみに從事して居る流石元老だけに七十有餘名の仲買業者の中に毎年買方に於て一二を爭ふ驍將で鮮滿及内地に汎く販路を有する點に於ても全鮮屈指の卸問屋である釜山商業會議所評議員慶尚南道水産會總代朝鮮水産輸出會社監査役元山水産會社監査役等水産界の重役を務むる外に大正四年より釜山牧之島洲岬に於て新石組製鹽所の共同經營をなし丸海運送店の事務をも執つて居る傍ら海陸運送業製函業を以て識られた釜山丸魚合資會社ご密接なる關係を有し

爭後間もなく來鮮して明治三十五年入營の爲め歸國したが引續き日露戰爭に召集されて滿洲の野に轉戰し三十九年再度來釜して今日に及んで居る脊性熱情の人自信の前には生殺知人もない氣慨ある男性的な紳士で而も一面情の人である終日營々さして奮鬪を續けて居る本年四十二歲の働き盛り在釜廣島縣人會の重鎭である娛樂は多趣味で多藝通せざるはなしであるが特に圍碁將棋を好み將棋は二段の免狀を有して居る最近氏は滿洲の重要産物を釜山に集中せしめ以て釜山將來の發展を期せんが爲め長距離鐵道運賃遞下問題に就て釜山商業會議所を通じて當局を動かさんさ務めて居るが如何に氏が釜山否公共の爲めに熱心あるが如何に其し進取的氣象に富んで居るを物語つて居る

朝鮮の代表的事業

釜山一帯の煙草供給の本源たる 釜山煙草元賣捌株式會社

全體の約七割は釜山に供給

大正十年七月朝鮮總督府專賣令に依つて朝鮮に於ける煙草の元賣捌人の指定が規定された此の改令で鮮内各地に煙草元賣捌株式會社が設立されたのである釜山煙草元賣捌會社の創立は同年六月資本金三十萬圓で釜山に於ける舊煙草卸商が集まつて設立したのである目的は製造煙草の販賣とその附屬事業で販賣管内は煙草專賣令で規定されて居る即ち釜山府東萊郡蔚山金海梁山長承浦鬱陵島で目下管内指定の小賣販賣人は總數約二千名である釜山府を除く外は總て營業所の手を通じて小賣人に賣下げて居る營業所は九箇所で東萊龜浦蔚山方魚津金海進永梁山長承浦鬱陵島に置き營業所から各小賣店に出賣りをする事になつて居る同社は其の名の示す通り專賣局の煙草を全日敷島マコー松風と云ふ成績順である賣揚地方別では釜山が第一で全賣揚高の七割を占め殘り三割が其他の管内區域に分配費消されて居る同會社は創立後日未だ淺いが支配人森護爾氏は人も知る通り永年專賣局に勤務高等官までなつた人で斯界の權威者であるから文化の發達に依る煙草需要と相俟つて事業は漸次盛大に社運の發展は顯る目覺しいものがある因に同社の取締役社長は村上幾藏氏で取締役は豐泉德治郎氏山田惣七郎氏東原嘉次郎氏監査役は井上多聞太氏富原研二氏と云ふ釜山實業家の錚々たる人々を以て組織されて居る村上氏山田氏東原氏富原氏の四氏は舊東亞煙草會社時代に於ける第一特約店で豐泉氏と井上氏は東亞煙草以外の煙草會社の特約店として

釜山佐藤町 釜山煙草元賣捌株式會社

食料品研究家 ミカド店主

和田奈良作氏と眞摯なる經營振

主人和田奈良作氏の食料品に對する深い經驗と研究心が持つて生れた趣味性と融合し美化した滋養本位のミカド洋食部の料理は釜山洋食通の夙に賞讃する所であるが更に廣く家庭と云ふ方面から考へて人間生活と食糧品といふ事に關して氏の理想を具體化したミカド和洋食料品部は釜山人士に一日も無くてならない店舗であるといつても過言ではない同部販賣品の種類は日本津々浦々の名產は固より遠く歐米の粹を蒐め大方の滿足を買つて居る事は人の知る通りである從つて同店の營業方針は飽迄品質本位で粗惡な品や内容貧弱な物は絕體に賣らない釜山に出來るパンに滿足出來ず態々京城から取寄せてゐるとを以て看ても如何に氏が熱心且眞面目であるかが推知される主人和田奈良作氏は大阪に生れ岡山中學卒業後獨逸人ヘルマンクラマ氏に從ひ米國に遊び食料品に關して大に研究されたが其後或は教師となつて割烹を講じ或は馬山に於て自ら庖丁を取つて故李王殿下の御料理を調進するの光榮に浴した事などもあつて食料品料理に關する智識は蓋し朝鮮に於ての權威者である文化の發展と共に氏の事業が益々隆昌を來すは必然であるが氏の望む處は寧ろその理想とする食料品と人間生活接近が一步一步具體化して行く事にあると見るが至當であらう

◇ミカド食料品店◇

侃々諤々の雄辯を以て聞ゆる 石谷若松氏の事業

水產製鹽運送各事業に關係

言論の正確侃々諤々の言其の眞理を說くに熱心なる事に於て朝鮮水產界の雄物石谷若松氏は斯界の人格者である釜山水產會社の仲買業に從事する事二十年其の間氏が釜山主要海產物組合幹事として驅大正三年から大正十一年末迄代表社員として活動したが現在は無限責任社員として出資して居る外に帆船を有し青島から朝鮮沿岸並に内地に雜穀を積んで活躍して居る氏は廣島縣阿賀町の人で日清戰

08

조선의 대표적 사업

1923년 6월 12일 1면 7단

반도잡화계의 거성 메이지야상점明治屋商店 사업

사장 도요이즈미 도쿠지豊泉德次郎 씨의 경영 태도

시대의 변천과 시세의 추이는 시시각각 멈추지 않는다. 이것을 통찰하고 여기에 순응한 시의적절한 대책을 세워야만 장래의 희망발전을 바랄 수 있다. 창업 20년의 빛나는 역사를 가진 메이지야明治屋 본점이 시류에 따라 다이쇼大正 8년1919 주식회사로 조직을 바꾸고 더욱 활동력있는 진전을 도모했다. 마침내 다이쇼 9년1920 조선 남부의 신흥도시로 물산의 집산지인 대구에 지점을 세워 기초를 탄탄히 하였다. 비범한 경영 수완을 지닌 사장 도요이즈미 도쿠지 씨의 부단한 노력은 기회를 보고 변화에 따르며 기략이 적중하지 않을 수 없는 밝은 통찰력과 함께 사운社運은 점점 커져서 조선 굴지의 큰 도매상으로 명성을 떨치게 되었다. 사장인 도요이즈미 씨의 이름은 몰라도 주식회사 메이지야의 조직은 몰라도 마루모모丸百 메이지야 본점의 이름과 상품은 조선 전체에 알려져 있다. 최근 멀리 만주와 몽골 방면에도 판매확장을 위한 큰 계획이 있다고 한다. 한편 동 회사의 업무 방면을 보면 질서정연한 출하와 빈틈없는 장부와 다른 사람들이 신경 쓰지 않는 곳까지 신용을 다하는 것이 잠재되어있다. 물론 사장의 주도면밀함과 고결한 인격이 반영되어 내외의 거래처에 대한 마루모모 메이지야 본점은 철두철미하여 신뢰할 수 있는 도매상이라는 인상을 깊게 심어주었다. 이번 이입세 일부 철폐의 보존을 위해 항간에 어림짐작으로 분분한 중에 혼자 솔선하여 재고품 가격에 대한 세율을 인하하였다. 당일 즉시 이것을 단행하거나 혹은 종래 상거래에서 상당한 변동이 있음을 예상하고 재빨리 오사카에 출장소를 세워 매입의 편리를 도모하는 등 만사에 민첩하고 꼼꼼하여 실로 천마가 하늘을 가르는 것처럼 신중하였다. 또 동 회사에서는 기관지 『메이지야상보明治屋商報』를 발행하였는데 조선 내 해당 업계에서 절대적인 권위가 있었다. 동 기관지의 보도는 지방에 있는 해당 사업자의 좋은 친구가 되었고, 동 기관지에서 발표하는 가격은 조선 전체에 있어서 표준가격이 될 만큼 중요하였을 뿐만 아니라 항상 참신하고 정선된 양질의 제품을 더구나 저가로 제공하였다. 오랜 시간에 걸쳐 만들어진 일대 노포老鋪로서 신용의 위대함을 말해준다. 이처럼 도저히 추격을 허용하지 않는다는 점에서 동 회사의 자랑일 뿐만 아니라 처음 매입처를 선택하는 것에 따라 영업성적에 중대한 관계를 미치는 지방 사업자의 충분한 신뢰를 넓히고 있기 때문이다. 이처럼 건실하고 친절한 모범적인 도매상을 가진 것은 반도실업계를 위해 큰 의의를 갖기에 충분하다. 최근 발행된 『메이지야상보』를 보면 동 회사의 선언으로 3개 조항을 발표하였다.

1. 고객중심을 표어로 하고 확실, 간절, 신속을 생명으로 한다
2. 시대에 순응하고 적극적으로 업무를 쇄신하고 내용 충실에 태만하지 않을 것
3. 오사카출장소를 신설하여 끊임없이 본점과의 연락을 유지하면서 내지 상황의 보도기관으로 할 것

이것을 봐도 동 회사의 경영방침이 고객 중심이며, 적극적인 방침을 채용하고 있는 것을 알 수 있다, 그리고 동 회사가 취급하는 상품은 수천 개를 헤아리는데 지금 주요한 특약품을 열거하면 다음과 같다. 또한 『메이지야상

보』는 언제라도 신청하면 순차 발송하고 있음을 부기해 둔다.

주요 특약품

▶ 동양성냥주식회사 원元판매점

▶ 오사카고무창버선ゴム底足袋회사 대리점

▶ 제국제사製絲회사 특약점

▶ 다이몬표大門票 양랍洋蠟 특약점

▶ 클럽 화장품 대리점

▶ 레트 화장품 대리점

▶ 스완 만년필 대리점

▶ 덴구도天狗堂 카루타 대리점

▶ 일본버선足袋주식회사 대리점

▶ 임금님표王樣印 클레이션 대리점

▶ 미카쓰美活 비누 조선대리점

▶ 하마타니제모濱谷製帽회사 특약점

▶ 미와표三輪印 메리야스 특약점

▶ 리퍼 비누회사 특약점

▶ 미와표三景印 필묵 특약점

▶ 돼지표猪印 호랑이표月虎票 벼룩약 특약점

▶ 지요다千代田 향유 특약점

▶ 시라기 세수비누 발매원

▶ 독수리표鷲票 소다 발매원

조선 양조계의 원조 야마모토양조부山本釀造部 활약상과 메이지明治 22년1889 창립된 포목부

고향 야마구치현山口縣 구마게군熊毛郡에서 된장, 간장 양조업을 시작, 200여 년의 오래된 역사를 가진 야마모토양조부는 조선에서도 이 사업의 선구자로, 메이지 18년1885 5월부터 부산에서 제조하고 있다. 조선에서 간장, 된장 제조를 시작한 것은 이 가문이 효시로, 이후 이주하는 일본 사람들이 매해 늘어나고 청일, 러일 두 전쟁에 이어서 한일합병이 되고 나서는 이주민의 수도 격증하였다. 더욱이 교통기관의 완비는 그 판로를 조장하여 이제 수요는 해마다 끝을 모를 만큼 성황으로 세상이 발전함에 따라 설비 개선, 공장 확장과 맞물려 제조능력은 점점 증진되었다. 더욱이 증기기관 및 흡입가스발동기를 이용하게 되면서 노력과 생산비를 절약하게 되어 동 가게의 업무는 더할 나위 없이 번영하게 되었다. 여기에서 메이지 22년1899 사이와이마치幸町로 옮기고, 다시 메이지 45년1912 현재 장소인 니시마치西町에 점포 및 공장을 신축하고 포목부를 별도로 분리하여 설비를 완성하고, 위생을 고려하여 이상적으로 여러 설비 시설을 갖추었다. 현대 탱크를 설치하여 시험중인데 성적을 보고 나서 탱크의 수를 증대 확장할 예정이다. 제조처인 야마혼표ヤマホン印 간장과 된장은 긴 역사를 지닌 만큼 판로는 널리 조선 전체에 걸치며 품질 우량한 점에서 시장에 버금가는 성과를 획득하고 있다. 그중에서 연안 및 조선 북부에서는 타의 추종을 불허하는 토대를 구축하였다. 이미 다이쇼박람회, 평화박람회 등 다수의 박람회, 공진회, 품평회 등에 출품하여 항상 명예로운 상패, 상장을 받고, 후에는 황송하게도 궁내청에서 매입하는 영예를 입은 영광의 역사를 가지고 있다. 또 메이지 22년 창립된 포목부는 메이지 40년1907 사이와이마치에서 업무 확장에 따라 현재 장소에 웅장하고 아름다운 점포를 신축해서 독립한 것이다. 이곳 물품은 모두 원산지에서 직접

공급받았기 때문에 가격이 저렴한 것은 물론 품질을 중시해서 물품을 엄선하고 특히 무늬의 참신함은 이 상점의 자랑으로 그 명성은 부산뿐만 아니라 조선에서 최고로 쟁쟁한 지위를 획득하였다. 점주 야마모토 슌이치山本純一 씨는 다이쇼 5년1916 4월 퇴임하고 현 점주 요리스케賴助 씨에게 전부 물려주었다. 현재 주인은 가업을 잘 물려받아 세상의 발전에 순응하면서 가운은 점차 융성하고 부산 굴지의 대상점으로서 더욱더 가업 발전에 노력하고 있다. 이전에는 몇 개의 공직을 가지고 있었지만 가업이 바빠짐에 따라 그 업무를 완성할 수 없는 것을 걱정하여 지금은 부산부협의회원을 제외한 다른 것은 모두 그만두고 오직 가업에 집중하고 있다.

のである創業二十年の光輝ある歴史を有する明治屋本店が時流に拔んでて大正八年株式會社組織に改め益々活動力の進展を圖ると愼に大正九年南鮮の新興都市にして物産の集散地たる大邱に支店を設け愈其の基礎を固むるに及び非凡なる經營の手腕を有する社長

屈指の大卸問屋としての聲名を擅にするに至つた社長豊泉氏の名は知らなくとも株式會社明治屋の組織は知らなくとも丸百明治屋本店の名と其の商品は全鮮に亘つて喧傳されてゐる最近に於ては遠く滿蒙方面にも販賣擴張の大計畫ありと云ふ扨て一方同社の業務方面を看るも秩序整然たる出荷と云ひ毫厘の間違ひなき帳簿と云ひ餘人の氣附かざる處に信用を博する原因が伏在してゐる之等は勿論社長の周到なる注意と高潔なる人格の反映であつて

内外の取引先

に對し丸百明治屋本店は徹頭徹尾信賴するに足る問屋であると云ふ印象を深からしめた所以である這般移入稅一部撤廢の報傳はるや坊間の揣摩臆測區々たる裡に獨り率先して在庫品の價格に對し稅率引下げを聲明し即日之を斷行せるが如き或は從來の商取引に相當の變動あるべきを豫想して逸早く大阪に出張所を設け仕入の便を圖りたる等萬事に敏活にして拔け目なき點に天馬空を驅けるの慨がある尙ほ同社では機關紙

『明治屋商報』

を發行してゐるが半島斯業界に絕大の權威ある同紙の報導は地方斯業者の好伴侶となり又同紙發表の價格は全鮮に於ける標準値段として重きを爲してゐるのみでなく常に嶄新精選せられたる良品を而も安價に提供しつゝあることは多年に亘つて築かれたる一大老舗としての信用の偉大さを語るものであ

改善

工場の擴張

と相俟つて製造能力は益々増進し更に蒸氣汽罐及吸入瓦斯發動機を利用するに及び勞力と生産費の節約となつて同店の業務は彌が上にも繁榮に赴いた之れより先明治二十二年幸町に移り更に明治四十五年現箇所の西町に店舗及び工場を新築して呉服部を別に分離せしめ設備を完成し衛生上の見地から勉めて理想的に諸設備の施設を爲してゐる目下タンクを設け試驗中であるが成績を見てからタンクの數を增大擴張する筈である其の製造する處のヤマホン印醬油と味噌は永き

（上）山本商店呉服部
（下）同　醸造部

たもので同部の品物は總て原産地から直接に供給を受けて居るので價格低廉なるは勿論品質本位を旨として品物を精選し特に柄行きの嶄新なるを同店の誇りとして居る爲めその名聲は釜山のみならず朝鮮に於ける一方の旗頭として錚々くたる地位を獲得して居る店主

山本純一氏

は大正五年四月退隱して現店主耕助氏に全部を讓つたが當主は良く祖業を繼ぎ時勢の進運に順應して行くので家運愈隆昌釜山屈指の大商店として多々益々祖業の發展に努力して居る以前は幾多の公職を有してゐたが家業繁忙の爲めその職を完くせざるを懼れ今日では釜山府協議會員を除き總て他を辭して專ら家業にいそしむでゐる

朝鮮の代表的事業

半島雜貨界の巨星
明治屋商店の事業
社長豐泉德次郎氏の經營振り

時代の變遷と時勢の推移は時々刻々と歇む時がない之れを洞察し之れに順應した機宜の策を樹てゝこそ茲に將來の希望發展は望まれる

豐泉德次郎氏の不斷の努力は機に臨み變に應じて機略的中せざるなき洞察の明さ相俟つて社運益々隆盛に赴き全鮮

明治屋本店と店主豐泉德治郎氏

る斯の如きは到底他の追隨を許さぬ處で同社の誇りのみならず又一面仕入先を選擇することに依つて營業成績に重大なる關係を有する地方斯業者の十分なる信頼を博しつゝある所以である斯の如く堅實にして親切なる模範的問屋を有することは

半島實業界の

爲め大いに意を強うするに足る譯である最近發行の『明治屋商報』を見るに同社の宣言としての三ケ條を發表してゐる

一、顧客本位を標語とし確實懇切迅速を以て生命とす

二、時代に順應すべき積極的業務の刷新と內容の充實に怠らざる事

三、大阪出張所を新設して絕へず本店との連絡を保ち且つ又內地商況の報導機關とする事

之れに依つて見ても同社の經營方針が顧客本位で而も積極的方針を採用してゐる事が判る而して同社の取扱ふ商品は數千を以て數ふべく今主要なる特約品を列擧すれば左の如くである尙『明治屋商報』は何時でも申込次第進呈することになつてゐる事を附記して置く

主要特約品

▲東洋燐寸株式會社元賣捌店
▲大阪ゴム底足袋會社代理店
▲帝國製絲會社特約店
▲大門票洋蠟特約店
▲クラブ化粧品代理店
▲レート化粧品代理店
▲スワン萬年筆代理店
▲天狗堂かるた代理店
▲日本足袋株式會社代理店
▲千槍印クレイシヨン代理店
▲美活石鹼朝鮮代理店
▲濱谷製帽會社特約店
▲三輪印メリヤス特約店
▲リバー石鹼會社特約店
▲三景印筆墨特約店
▲猪印月虎票蚤取粉特約店
▲千代田香油特約店
▲シラギ洗石鹼發賣元
▲鶯票曹達發賣元

朝鮮に於ける釀造界の元祖
山本釀造部活躍振
と明治二十二年創立の吳服部

郷里山口縣熊毛郡に於て味噌醬油釀造業を開始してから二百有餘年の古い歷史を持つて居る山本釀造部は朝鮮に於ても斯業の先驅者で明治十八年五月から釜山に於て製造して居る朝鮮に於て醬油味噌の製造を開始したのは同家を以て嚆矢とする爾來邦人の移住する者逐年其數を增し日淸日露の兩役となり並いで日韓合倂となつてからは移住民の數も激增し更に交通機關の完備はその販路を助長して今や需要は累年底止する所を知らざる

歷史を有する丈けに販路は

廣く全鮮に 亘り品

質優良な點に於て市場に冠たるの聲價を獲得して居る就中沿岸及び北鮮に於ては他の追從を許さぬ根底を築上げて居る既に大正博覽會平和博覽會等幾多の博覽會共進會品評會等に出品して常に名譽ある賞牌褒狀を受け曩には畏くも宮內省御買上の光榮に浴した光輝ある歷史を有して居る尙明治二十二年創立の吳服部は幸町より明治四十年業務の擴張に際し現ケ所に壯

09

조선의 대표적 사업

1923년 6월 14일 1면 5단

선차船車연대운송의 본가 만주철도와 이어진 사와야마상회澤山商會

철도망이 미치는 곳 지금은 세력범위 아닌 곳이 없다

조선선朝鮮線 연선沿線 각지는 물론 멀리 만주연선 및 철도성선鐵道省線 등까지 세력을 미치고 있는 부산 오쿠라마치大倉町 주식회사 사와야마澤山형제상회는 다이쇼大正 7년1918 종래의 해륙운송사업을 적극적으로 확장하였다. 만주철도회사와 손잡고 먼저 조선선에 대한 만철사와야마滿鐵澤山 연대운송을 개시하고 이어서 만주선으로 확장하고, 다시 중앙철도의 영업 개시와 동시에 이들과도 연대를 계약하여 지금의 조선과 만주에 이르는 곳에 족적을 남기고 있고 철도선로가 있는 한 방방곡곡까지 철저하게 망라하여 성황리에 입도하게 되었다. 한편 이것과 연락해야 하는 해운선은 먼저 한신阪神항로에 야마마루山丸(11,000,000톤), 히라오平雄(17,000,000톤) 2개의 강철선을 배치하여 월 4회 항해하는 정기선으로 하였다. 또한 다시 금년 4월 1일부터 실시하는 규슈연대는 부산하카타釜山博多 간에 쓰시마상선의 쓰시마對馬, 덴세天晴, 마찬가지로 나가사키항로에 덴진마루호天眞丸를 배치하여 두 항로 모두 월 7회 왕복하는 정기선이다. 이들 연대 항로 개시와 동시에 종래 부산을 통과하지 않고는 거의 나올 수 없었던 압록강 목재가 연일에 걸쳐 엄청나게 부산진, 초량 부두에 산적된 듯한데, 요즘 규슈연대만 해도 하루 7화차貨車 150톤 평균의 화물은 괜찮다. 이들 연대운송으로 동 상회가 최근 3년간 취급한 수이출입화물의 통계를 들어 보면 다음과 같다.

수이출(발)

9년 (1920)	18,900톤
10년(1921)	32,410톤
11년(1922)	37,534톤
12년(1933) 4월까지	13,288톤

수이입(수)

9년 (1920)	6,712톤
10년(1921)	6,410톤
11년(1922)	6,564톤
12년(1933) 4월까지	5,504톤

해마다 취급 화물이 증가한 이유는 연대구역 확충과 함께 특수화물운임의 체감에 따른 것이기도 하지만, 동 상회가 노력한 것에 대한 선물이라고 할 수 있다. 물론 이상의 취급화물 중 수이출의 7할은 곡류이며, 다이쇼 10년1921 9월부터의 만철사와야마 특정 운임에 따라 목재가 엄청나게 나오게 되었다. 한편 수이입품의 대부분은 조면繰綿, 고물, 성냥개비, 우피, 각종 잡화이고, 만주행은 면포 정도이다. 무엇보다도 이상은 조선 내 상호간 및 만주행에 대한 한신阪神의 거래 관계이며, 그 외 규수연대로는 한달에 1,000톤 평균의 화물이 있다. 하지만 올해 4월까지의 성적을 계속한다면 수입품과 이입품과 같이 거뜬히 작년의 3배를 취급하는 것이다. 수출품과 이입품이 이렇게 격증한 것은 원래 이입세 일부의 철폐를 예상한 것으로 생각되는데 실로 사와야

마상회가 마음을 단단히 먹고 노력하여 오늘날 신용 있다는 평가를 얻었기 때문이다. 이처럼 날이 갈수록 번창해 가는 동 상회 내부 조직은 사업이 민활, 신속 또 확실을 필요로 하는 해륙운송업이기 때문에 사람과 설비 배치에 만전을 기하는 것은 물론이다. 즉 내부 조직을 연대, 선박, 육송, 통관, 작업의 5부로 나누고 부속된 각종 사업도 겸영하였다. 연대부의 주임은 미즈노 구마타로水野熊太郎 씨로 동시에 육송, 통관 두 부서의 주임을 겸하고, 선박부 주임은 가쿠 주지加來忠治 씨, 작업부의 주임은 고바야시 히사시小林久 씨로 모두 경험과 지식을 쌓은 원만한 사람들로 약 70명에 이르는 각 부하를 통솔하는 것에 힘쓰고 있다. 계산 착오가 없도록 만전을 기하고 분초를 다투며 촌각을 소홀히 하지 않기에 본사업이 조금씩 넓게 뿌리 깊게 지반을 다지고 타의 추종을 불허하는 성공의 경지에 도달한 것이다. 이들의 각 부의 주임 위에 전무이사 사와야마 도리히코澤山寅彦, 지배인 나가마쓰 세이슈永松清秀 두 사람이 일심동체가 되어 오늘날 융운隆運을 가져와 장래에 더욱더 번성할 상서로운 기운을 가지게 된 것이다. 덧붙여 출장소는 오사카大阪, 고베神戶, 모지門司, 다롄大連의 4곳에 있고, 취급점으로는 오노미치尾道, 고니시회조점小西回漕店*이 이것을 취급하고 있다.

견실한 메리야스잡화점 노로야마규타로상회野老山久太郎商會

재계 회복 후 멋진 활약

부산 노로야마野老山상회 주인 노로야마 규타로野老山久太郎 씨는 고치현高知縣 사람으로 가업인 포목도매상을 고치시高知市에서 경영하다가 메이지明治 34년1901 처음으로 조선에 건너왔다. 대전에서 메리야스를 제조할 목적으로 공장

* 회조점(回漕店) : 해운업자와 하송인 사이에서 화물운송에 관한 일을 영업으로 하는 상점.

을 세우는 동시에 대구와 목포에 지점을 개점하였다. 제조품의 판로를 확장하기 위해 본점을 부산에 옮기고 다이쵸마치大廳町에 점포를 두었다. 현재 동 상회에서 취급하는 메리야스는 모두 와카야마현和歌山縣에서 유명한 전속공장 2곳의 제품으로 독특한 기공으로 제작한 우량품을 이입하여 조선 전체에 출하하고 있다. 해당 제품인 염소표山羊印, 사쿠라표櫻印는 타의 추종을 불허할 만큼 그 판로가 대단히 넓어 조선 전체에 걸쳐 공급처가 4백 곳에 이른다. 그 외 모자, 모직물 및 잡화 일반, 모든 고등 잡화를 도매로 판매하고 있다. 또한 대구, 목포 각 지점에서는 포목을 겸업하는데 판매품은 모두 원산지에서 가지고 와서 가격이 저렴한 물건을 제공하고 있다. 이처럼 상회의 영업방침은 고객 중심으로 가능한 한 저렴한 가격을 제공하기 때문에 조선남부 연안인 호남선에서 동 상회의 토대는 매우 단단하다. 상회 주인인 노로야마 씨는 일찌감치 상업계에 몸을 담았기 때문에 상업적인 기회를 보는 것이 대단히 민첩한 데다가정밀한 두뇌를 가지고 항상 본점에서 상업 전략을 획책하며 그의 동포는 각 지점에서 그의 사업을 도와주고 있다. 가운이 나날이 융성해가는 것은 필연적으로 견고한 지반을 구축하고 있기 때문이다. 나이는 불혹을 넘긴 42세로 전도양양한 미래가 있는 젊은 실업가이다. 그는 현재를 장래에 활약하기 위한 준비 시기로 삼아 다른 사업 등은 일체 쳐다보지 않고 마음을 다해 본업에 몰두하고 있으며 재계의 회복을 기다리면서 큰 비약을 계획하고 있다.

し引續き滿洲に及ぼし更に中央鐵道の營業開始と同時に之れとも連帶を契約して今や鮮滿到る所に足跡を印せざるなき狀態となり鐵道線路のあらん限り眞に津々浦々までも徹底網羅するの盛況に立到つたのである一方これと連絡ずべ

眞丸を配し兩航路とも月七往復の定期船であるがこれ等の連帶航路開始と同時に從來釜山を通過しては殆ど出なかつた鴨綠江材の如きが連日に亘つて夥しく釜山鎭草梁の埠頭に山積すると云ふ有樣で昨今九州連帶

市に於て營みたるが明治三十四年初めて朝鮮に渡り大田に於てメリヤス製造の目的を以て工場を設け同時に大邱と木浦に支店を開店したがその製造品の販路擴張の必要上本店を釜山に移し大廳町に店舗を構へた目下同商會で取扱ふメリヤスは總て和歌山縣に於ける有名なる專屬工場二ケ所の製品で獨特なる技工を以て製した優良品を移入し全鮮に亘つて出荷してゐる其

◇野老山商店◇

の製品向山羊印櫻印は他の追隨を許さぬ特色がある從つて其の販路も頗る廣く全鮮に亘り供給先きは四百軒に及んで居る其他帽子毛織物及び雜貨一般總ての高等雜貨を卸販賣して居る尚ほ大邱木浦の各支店では太物を兼業し販賣品は總て原產地から取寄せるので價格の

來る限り低廉なる値段を提供してゐるので南鮮沿岸湖南線に於ける同商會の根底は頗る強固である商會主野老山氏は流石早くより商界に身を投じたるが故に商機を見ることを頗る敏而も太ッ腹の中に精密なる頭腦を有して常に本店に於て商略を畫策し氏の同胞は各支店にありて氏の事業を助くるあり家運日々隆昌に赴くは必然着々と堅固な地盤を築き上げてゐる年齡未だ不惑を越ゆる二歲前途洋々未來ある壯年實業家である氏は現在を將來活躍の準備時代となし他の事業等は一切顧みず專心本業に沒頭してゐるが財界の恢復を俟つて大に飛躍を目論んでゐる

伊藤庄之助氏の彰德牌

（前號一面續き）

伊藤庄之助氏は朝鮮水產界の元老として活躍してゐる一面鄕里の爲めに力を致す事を忘れない鄕黨には常に溫かい熱情を以て對して居るが其の一例として曾て大正八年四月三日出身地である三重縣四日市在若松村に氏の人格的表彰の彰德碑を建てられた而して此の日村民及地方有志は氏を主賓として其の功績を讚へたのであつたあの殺伐な經濟界の中に此の溫かさを有することを以つて氏の事業を推すことさへも出來る（昨紙寫眞は其の當時の記念撮影である）

朝鮮の代表的事業

船車連帶輸送の本家
滿鐵と結んだ澤山商會
鐵道網の及ぶところ今やその勢力範圍ならざるなし

朝鮮線沿線各地は勿論遠く滿洲沿線並に鐵道省線等にまで勢力を延ばしてゐる釜山大倉町株式會社澤山兄弟商會は大正七年從來の海陸運輸事業を積極的に擴張すべく滿鐵と相結んで先づ朝鮮線に對する滿鐵澤山連帶輸送を開始き海運業は先づ阪神航路に山丸(千百噸)平雄(千七百噸)の兩鋼鐵船を配し月四航海の定期船として更に本年四月一日より實施せる九州連帶は釜山博多間に對馬商船の對馬、天晴、同じく長崎航路に天

◇澤山商會釜山支店◇

のみでも一日實に七貨車百五十噸平均の貨物は大丈夫である而してこれ等の連帶輸送に依つて同商會が最近三年間に取扱つた輸移出入貨物の統計を上げて見ると

輸移出(發)

九年	一萬八千九百噸
十年	三萬二千四百十噸
十一年	三萬七千五百三十四噸
十二年四月まで	一萬三千二百八十八噸

輸移入(受)

九年	六千七百十二噸
十年	六千四百十噸
十一年	六千五百六十四噸
十二年四月まで	五千五百四噸

であるが斯く累年取扱ひ貨物の增加する所以は連帶區域の擴充と共に一面特に貨物運賃の遞減に依ると雖も其茲に至らしめたるは全く同商會努力の賜と謂はねばならぬ勿論以上の取扱ひ貨物中輸移出に於ては其七割は穀類で大正十年九月からの滿鐵澤山特定運賃に依つて木材が夥しく出るやうになつたのであるが一方輸移入品の大宗は繰綿、ボロ、燐寸軸木、牛皮、諸雜貨、滿洲行きとして綿布位である尤も以上は阪神對鮮內相互間並に滿洲行の取引關係であるが外に九州連帶としては一箇月千噸平均の荷物がある而して本年四月までの成績に徵し此の狀態を持續するならば輸移入品の如き優に昨年の三倍を取扱ふであらう輸移入品の斯く激增したる所以は固より移入税の一部撤廢を見越しての事と思はれるが又實に澤山商會が鋭意努力よく今日の信用と聲價を博したが爲めである斯くの如く日を逐ふて隆昌に赴く同商會內部の組織は其事業が敏活、迅速且確實を要する海陸運輸業なるが故に人と設備と配置の上に十全を期してをる事は勿論である即ち內部の組織を

連帶、船舶、陸送、通關作業

の五部に分ちこれに附屬する各種の事業をも兼營して居るのである而して連帶部の主任は水野熊太郎氏で同時に陸送、通關兩部の主任を兼ね船舶部主任は加來忠治氏、作業部の主任は小林久氏であるが何れも其道の經驗と智識を積んだ圓滿なる人々で約七十人に亘るそれ〴〵の配下を統御精勵せしむる事に萬遺算なきを期して居るされば こそ分秒を爭ひ寸刻を忽にすべからざる本事業の如きが歩一歩廣く根强く地盤を堅め他の追隨を許さぬ成功の彼岸に到達しつゝあるのであるこれ等の各部主任を通じて更に其上に

專務取締役　澤山寅彦
支配人　永松清秀

の兩氏一身同體となつて能く今日の隆運を來し將來益々榮え繁らんとする瑞祥を把持しつゝあるのである因に出張所は

大阪、神戸、門司、大連

の四箇所にあり扱店としては尾道小西回漕店が之に任じて居る

堅實なるメリヤス雜貨商
野老山久太郎商會
財界恢復後の活躍が見物

釜山の野老山商會主野老山久太郎氏 低廉なる品を供給してゐる[illegible]

10

조선의 대표적 사업

1923년 6월 15일 1면 5단

조선은행 부산지점 지점장 고우타 이와오古宇田嚴 씨

조선은행은 특수은행으로서 조선 및 만주의 중앙은행으로, 국고금 취급 및 지폐발행권을 갖고 있으며 그 자본금은 실제로 80,000,000원에 이르는 대은행이다. 현재 동 지점의 활약 발전은 굳이 말할 필요도 없지만 메이지明治 43년1910 4월 개점 당초에는 단순히 이른바 중앙은행의 직책을 고집하고 타 은행의 영업과 저촉되지 않으려고 노력하고, 직접적인 상업금융은 주로 종래의 5개 은행에 맡겼기 때문에 해당 지역 경제계에 기여하는 것은 많지 않았다. 그러나 부산의 발전과 주위 사정이 해당 지점의 침묵을 길게 허락하지 않고 자연스럽게 적극적인 활용을 요구해왔다. 그래서 해당 지점도 대세에 순응하여 직접적으로 상업 금융과 교섭하게 되어 점차 활동 영역을 넓힌 지 얼마 되지 않아 동일 업자 중에서 패권을 차지하게 되었다. 부산지점은 메이지 43년1910 5월 개업하고 일반 은행 사무를 취급하고 있는데 지금 해당 은행의 적립금은 7,650,000원에 이른다. 은행장 미노베 준키치美濃部俊吉 씨, 부산지점장은 고우타 이와오古宇田嚴 씨이다. 그는 42년 도쿄대학東京大學 출신 법학사로 일찍이 이사로 승진하고 조선은행의 추축이 될 사람이다.

제일은행 부산지점 지점장 마쓰무라 슈이치松村守一 씨

주식회사 제일은행 부산지점의 본점은 도쿄시東京市 가부토마치兜町에 있다. 메이지 6년1873 시부사와澁澤 자작, 미이三井 남작 등에 의해 건립되었다. 당시는 국립 은행으로서 활약하였는데 빛나는 역사는 일본 은행사에서 손꼽을만한 자격을 충분히 가지고 있다. 부산지점은 메이지 11년1878 5월 설립되었는데 조선에 있어 은행업의 원조다. 설립 이래 오랫동안 조선에서 은행권의 발행권을 보유하였는데 42년 해당 권리를 조선은행에 양보하였다. 현재는 자본금 50,000,000원, 불입금 44,000,000원, 적립금 30,500,000원, 예금 350,000,000원, 대부금 28,000,000원, 예금준비금 35,500,000원, 종업원 1,500명의 대은행이 되어, 오는 9월에는 설립한 지 만 50년에 이른다고 한다. 올내년 중에는 다시 1억 원으로 증자할 계획이라고 한다. 부산 지점의 특색은 남아메리카, 아프리카, 남태평양을 비롯해 세계 곳곳에 거래처를 만들어 외국무역업자의 편의를 도모하는 것이다. 현재 은행장은 사사키 유노스케佐々木勇之助 씨, 부산지점장은 마쓰무라 슈이치 씨이다. 현재 조사부를 확장하여 동 은행 각 지점 소재지와 연락하여 물자 수급의 편의를 꾀할 큰 계획을 세우고 있다고 한다.

식산은행殖産銀行 부산지점 지점장 미요시 도요타로三好豐太郎 씨

조선식산은행은 다이쇼大正 7년1918 10월 조선식산은행령에 따라 설립되어 자본금 30,000,000원, 불입 15,000,000원의 대은행으로, 현재는 이미 적립금 1,403,000원, 예금 35,000,000원, 저축예금 3,026,000원을 갖고 있다. 대출에 있어서는 공공대부 42,357,000원, 산업대출 61,336,000원, 상업대출 47,624,000원, 채권발행액 11년 말에 82,550,000원이라는 좋은 성적을 보이고 있다. 특히 동 은행은 공공 및 산업 방면에 장기간에 걸쳐 대출하여 조선 산업 개발에 노력하고 있다는 점이 두드러진다. 다이쇼 11년1922 하반기와 같이 은행계에 있어 성가신 해였음에도 현저하게 신장하였다. 구舊농공은행 체화* 기타 상각**을 실시하여 1,190,000원의 순이익을 올렸다. 대표는 아리가 미쓰토요有賀光豊 씨, 이사는 새 얼굴인 오타니 가헤에大谷嘉兵衛, 야스다 젠사부로安田善三郎, 기무라 유지木村雄次, 조진권趙鎭眷 등 여러 명이 신임 업무의 발전을 기획하고 있다. 부산지점장 미요시 도요타로三好豐太郞 씨는 온후한 신사로 성실하기로 이름이 높다. 덧붙여 동 은행은 조선 각 도에 58개 지점 및 출장소를 두고 활동하고 있다.

18은행十八銀行 부산지점 지점장 니시무라 소이치西村宗一 씨

주식회사 십팔은행은 국립 은행으로서 메이지 10년1877 창설되었다. 오랜 역사를 가지고 있는데, 동 은행 지점은 102은행과 합병하여 메이지 30년1897 7월 신설되었다. 동 은행은 자본금 15,000,000원, 불입금 6,500,000원, 적립금 2,000,000원을 가지고 있다. 본점 소재지인 나가사키시長崎에 2곳의 지점 외에 같은 현에 10곳, 오사카大阪, 구마모토熊本, 사세보佐世保에 각 1곳의 지점 출장소를 세웠다. 조선에서는 경성, 용산, 부산, 인천, 원산, 목포, 군산, 나주 등 주요한 장소에 지점 또는 출장소를 세우고 특히 규슈와 조선의 상업 거래에 공헌하고 있다. 대표는 나가사키시의 실업가 마쓰다 세이치松田精一 씨, 중역은 모두 같은 시의 유력자를 망라하고 있다. 부산지점장 니시무라 소이치 씨는 나가사키상고長崎商高 제2회 졸업생으로 졸업과 동시에 동 은행에 입사하여 각지의 지점에서 수년간 실무를 담당하였다. 조선에서는 경성지점 차석次席으로 약 3년 충분히 솜씨를 발휘하고 곧장 원산지점장으로 부임하여 원산 금융계에 큰 역할을 수행한 바 중요한 사람이 되었는데, 최근 부산지점

* 체화(滯貨) : ① 불황에 의한 수요의 감소나 생산 과잉 등으로 생산자 · 유통 시장에 묵혀 있는 상품 ② 수송이 잘 되지 않고 밀려 있는 짐.

** 상각(償却) : 보상하여 갚아줌.

장으로 영전되었다. 부산금융계에 있어 그의 수완은 아직 미지수지만 지금까지의 경력에 비춰 봐도 우리들의 기대를 저 버리지는 않을 것이라 생각한다.

130은행百三十銀行 부산지점 지점장 우노 규자부로宇野久三郎 씨

주식회사 130은행 부산지점은 본점이 오사카시大阪市 히가시구東區에 있고 야스다계安田系의 대은행인 것은 모두 아는 바이다. 동 지점은 메이지 42년1909 4월에 창립하여 자본총액 20,000,000원, 적립금 4,500,000원, 대표에 야스다 젠고로安田善五郎 씨, 부대표에 오가와 다메지로小川爲次郎 씨를 두고 있다. 최근 대장성大藏省의 은행합동안에 찬성하여 은행왕 야스다가安田家에서는 가문과 관계있는 은행 중 24개를 합병하여 모범을 보일 계획이 있다고 밝혔다. 그 첫 번째 시도로 지난 5월 8일 대주주 총회에서 합병 상담회를 열고 야스다安田제3메이지상업은행, 비고備後공동일본상업은행, 130은행, 112은행, 네무로根室의 98은행, 시나노信濃의 11은행을 합병하였다. 그 결과 일약 150,000,000원의 야스다은행이 되었고, 올해 10월경에는 설립 자본 금액으로는 일본 최고를 실현할 수 있을 것이라고 한다. 영업과목은 물론 일반 은행 업무이며, 동 은행은 옛날 그대로의 견실함을 앞세운 방침을 앞세우고 있는데 이것은 전혀 다른 곳에서는 볼 수 없는 점일 것이다. 설령 150,000,000원의 대은행이 되어서도 의연히 이 방침으로 운영하기 때문이다. 부산지점장 우노 규자부로 씨는 이른바 호젠샤형保善社型 신사로 은행업의 사회적 방면에 특히 신경을 쓰며 결코 가볍게 예금 흡수책이나 대출 등을 하지 않는 것은 감탄할 만하다.

한성은행 부산지점 점장 마쓰다 후미오松田文雄 씨

주식회사 한성은행 부산지점은 본점을 경성에 두고 그 주식은 내지인內地人

206명, 조선인 353명으로 합병하여 출자되었다. 메이지 38년1905 설립으로 부산지점은 다이쇼 7년1918 5월 개설되었고, 자본총액 6,000,000원 불입액 3,750,000원의 대은행이다. 대표는 한상룡韓相龍 씨고, 부산지점에는 마쓰다 후미오松田文雄 씨가 지점장으로 활약하고 있다. 그 외 수원, 평양, 대전, 개성, 경성, 대구, 동막, 오사카, 도쿄 등에 지점 또는 출장점을 세웠다. 특히 도쿄, 오사카 두 지점은 예금 성적이 특히 좋아서 내지 자금을 조선의 사업자금으로 유용하는 일이 많아 항상 5,000,000원을 내려가지 않는다고 한다. 조선 내에서 동 은행의 세력은 이것을 봐도 그 정도를 짐작할 수 있다. 이번 궁내성에서 특별한 호의를 갖고 동 은행의 주식 2,000주를 매수하는 영광을 얻기에 이르렀다.

조선상업은행 부산지점 지점장 하마이 데이濱井定 씨

주식회사 조선상업은행은 본점을 경성에 두고 메이지 32년1899의 창립되었다. 처음에는 대한천일은행으로 불리며 은행장에 영친왕 전하를 추대하여 정부에서 태환권 발행의 특권을 부여받았다. 메이지 45년1912 조선상업은행으로 개칭하고 한성공동창고주식회사를 합병하여 자본금 575,000으로 창고사업을 겸업하였다. 다이쇼 6년1917 주주의 자격으로 내지인과 조선인의 구별을 철폐하고 자본금을 1,000,000원으로 증자하였다. 다행하게도 점점 융성하여 다이쇼 8년1919에는 자본금을 2,000,000원으로 증자를 단행한 이래 매 결산기마다 연 1할의 배당을 계속하며 현재에 이른다. 동 은행의 특징은 정부 소유 주식 2,679주株에 대해 배당을 면제하고, 정부 대하금* 20만 원을 무이자로 사용하고, 창고업을 겸업할 수 있는 3대 특권을 가지고 있다는

* 대하금(貸下金) : 정부가 금융기관에 대여하는 돈.

것이다. 다이쇼 11년1922 부산에 지점을 개설하고 이번에는 원산 및 청진에 지점을 세워 오는 6월부터 개점한다. 적립금은 627,000원에 이르며 성황이다. 대표는 조진태趙鎭泰 씨이고, 부산지점장은 하마이 데이 씨이다. 주요 주주는 정부가 2,679주, 이李왕가 1,510주라는 것에서도 동 은행의 세력을 짐작할 수 있다.

부산상업은행 전무이사 겸 지배인 이즈미 스에지泉末治 씨

주식회사부산상업은행은 다이쇼 2년1913 3월 6일에 창립되었다. 자본금 1,500,000원, 불입금 750,000원, 적립금 73,000원으로 고故 하기노 야사에몬萩野彌左衛門 씨의 손에 의해 만들어졌다. 어디까지나 부산 상인들의 금융기관으로 조선 내의 환換거래처가 가는 곳마다 있어 금융상 많은 공헌을 하였다. 다이쇼 10년1921 4월 전前 이사와 감사가 모두 사임하고 같은 해 5월 개선 결과 전무이사 겸 지배인에 이즈미 스에지 씨, 이사에 하자마 후사타로迫間房太郎 씨, 오이케 주스케大池忠助 씨, 가시이 겐타로香椎源太郎 씨, 감사에 마쓰오 시게노부松尾重信 씨, 후쿠시마 겐타로福島源太郎 씨가 새로 취임하였다. 다이쇼 11년1922 11월 혼마치本町 1쵸메1丁目 현 장소에 당당히 건물을 신축하고 고토히라마치琴平町로부터 이전과 동시에 영업을 확장하여 진해, 울산, 통영, 방어진에 각 지점을 세웠다. 다이쇼 8년1919 이래 성적은 대단히 눈부시며 그 후 괄목상대하게 발전하여 해마다 건실함을 더해 갔다. 특히 연안 무역 발달을 위해 계속 노력하고 있다. 최근 부산 도미히라마치富平町에 출장소를 설립하고 특히 특별당좌예금으로 유휴자금을 모아 어디까지나 부산 사람들이 이용할 수 있도록 노력하는 전무이사 이즈미 씨의 건실주의는 성실히 효과를 내고 있다.

주식회사 경남은행 대표 송태관宋台觀 씨

주식회사 경남은행은 메이지 45년1912 6월 구포에서 설립되어 처음에는 구포은행이라고 불렸으나 다이쇼 2년1913 3월 부산지점을 개설, 다이쇼 4년1915 2월 경남은행이라 부르게 되면서 구포은행부산지점은 본점이 되었다. 그 후 개설된 마산, 하동 및 본점인 구포를 각각 지점으로 하였다. 이후 동양척식 및 조선은행과 거의 동시에 경영상의 사정으로 마산지점을 폐쇄하였다. 자본총액 1,000,000원, 불입 750,000원, 적립금 11여만 원 정도로 재계 변동 이래 어디까지나 견실주의를 취하며 대출을 긴축하고 내용의 충실을 도모하였다. 본래 조선인을 주요 거래처로 하였기 때문에 부산에 본점을 둔 유일한 조선인 은행으로 조선 전체에서 중요시되고 있다. 내지의 주요 도시는 물론 만주 방면에도 거래 은행이 있고, 내지인과 조선인과의 상거래에 공헌하는 바가 크다. 다이쇼 7년1918 10월 주일은행을 합병하고 다이쇼 11년1922 12월 따로 부산진에 출장소를 세웠다. 최근에는 혼마치本町에도 지점을 설립하여 점점 부산금융계에서 비약할 계획이라고 한다. 중역은 대표에 송태관 씨, 상무이사에 김양준金錫準 씨, 윤상은尹相殷 씨, 구자욱具滋旭 씨, 이사에 오이케 주스케大池忠助 씨, 하자마 후사타로迫間房太郞 씨, 오태환吳泰煥 씨, 문상우文尙宇 씨, 감사에 이규직李圭直 씨, 강복순姜復淳 씨 등 여러 사람이며 실무 총괄은 민첩하고 수완이 좋기로 이름 높은 구자욱 씨가 지배인을 담당하고 있다.

五千萬圓拂込金四千四百萬圓積立金三千五十萬圓預金三億五千萬圓貸付金二億八千萬圓所金準備金三

現頭取は佐々木勇之助氏釜山支店長は松村守一氏である目下調査部

十八銀行 釜山支店

支店長 西村宗一氏

株式會社十八銀行は國立銀行として明治十年創設せられた古い歴史を有する銀行であるが同行支店は百二銀行と合併明治三十年七月新設されたものである同行は資本金千五百萬圓拂込金六百五十萬圓積立金二百萬圓を有してゐる本店所在地長崎市に三箇所の支店を有する外同縣下に十箇所大阪熊本佐世

百三十銀行 釜山支店

支店長 宇野久三郎氏

朝鮮商業銀行 釜山支店

支店長 濱井定氏

寫眞說明

△上段右より朝鮮銀行支店第一銀行支店殖銀支店
△中段右より十八銀行支店百三十支店漢城支店
△下段右より朝鮮商銀支店釜山商業銀行慶南銀行

朝鮮の代表的事業

釜山金融界の諸星

朝鮮銀行 釜山支店

支店長 古宇田嚴氏

朝鮮銀行は特殊銀行として將又朝鮮及滿洲に於ける中央銀行として國庫金取扱ひ紙幣發行權を有し其の資本金實に八千萬圓を擁する大銀行である現在同支店の活躍發展は敢て傳さするに足らぬが明治四十三年四月開店當初は單に所謂中央銀行の職責を固執し他銀行の營業に抵觸せざらんことを努め直接商業金融は主として在來の五銀行に委した觀があつたので當地經濟界に寄與する所も勢ひ貶かざるを得なかつた譯である然るに釜山の發展と四圍の事情は永く同店の沈默を許さず自然積極的の活動を要求して來たので同店も大勢に順應し直接商業金融に交涉するようになり徐々と活動の步を進むるに至つたのであるが間もなく同業者中に覇を唱ふるに至つた釜山支店は明治四十三年五月開業し一般の銀行事務を取扱つてゐる今や同行の積立金は七百六十五萬圓に達してゐる總裁美濃部俊吉氏釜山支店長は小宇田嚴氏である氏は四十二年東大出の法學士で早晚理事に昇進し鮮銀の樞機に參ずべき人である

第一銀行 釜山支店

支店長 松村守一氏

株式會社第一銀行釜山支店の本店は東京市兜町にある明治六年澁澤子爵三井男爵等に依つて設立せられ當時は國立銀行として活躍したものであるが其の光輝ある歷史は我國銀行史の數頁を飾るべき資格を十分に持つて居る釜山支店は明治十一年五月の設立で朝鮮に於ける銀行業の鼻祖である設立以來久しく朝鮮に於ける銀行券の發行權を保有してゐたが四十二年該權利を朝鮮銀行に讓つた現在は資本金千五百五十萬圓從業員一千五百人と云ふ大銀行となり濟ましてゐるが來る九月には設立滿五十年に達すると云ふ今明年中には更に一億圓に增資する計畫があると云はれて居る釜山支店に於ける特色は南亞米利加阿弗利加南洋を始め世界至る所に取引先を有し外國貿易業者の便宜を計つて居る點にある

をさつて物資需給の便を計る大計畫を樹て、居ると云ふ

殖産銀行 釜山支店

支店長 三好豐太郎氏

朝鮮殖產銀行は大正七年十月朝鮮殖產銀行令に依つて設立せられ資本金三千萬圓拂込千五百萬圓の大銀行で現在では既に積立金百四十萬三千圓貯金三千五百萬圓貯蓄預金三百二十萬六千圓を有し貸出に於ては公共貸付四千二百三十五萬七千圓產業貸出六千百三十三萬六千

保に各一箇所の支店出張所を設け朝鮮では京城龍山釜山仁川元山木浦群山羅州等樞要な箇所に支店又は出張所を設け特に九州と朝鮮との商業取引に貢獻してゐる頭取は長崎市の實業家松田精一氏で重役は全部同市の有力者を網羅して居る釜山支店長西村宗一氏は長崎高商第二回卒業生で卒業すると同時に同行に入社各地の支店に數年間實務に當り朝鮮では京城支店次席として約三ケ年充分腕を練り直に元山支店長として赴任元山金融界に盡す處甚大なるものがあつたが最近釜山支店長に榮轉して來た人

大銀行となつても依然この方針で進む由である釜山支店長宇野久三郎氏は所謂保善社型の紳士で銀行業の社會的方面に特に注意し決して輕々なる預金吸收策や貸出等をやらないことは敬服に値する

漢城銀行 釜山支店

支店長 松田文雄氏

株式會社漢城銀行釜山支店は本店を京城に有しその株式は內地人二百六名朝鮮人三百五十三名と云ふ合併的出資になつて居る明治三十八年の設立で釜山支店は大正七年

本金を二百萬圓增資を斷行し爾來毎決算期每に年一割の配當を續けて今日に及んで居る同行の特質としては政府持株二千六百七十九株に對して配當を免除され政府貸下金二十萬圓を無利息で使用し倉庫業を兼營し得る事の三大特權を有して居ることである大正十一年釜山に支店を開設したが更に今回元山商業銀行を合併して元山及び清津に支店を設け來る六月から開店の筈である積立金は六十二萬七千圓に達して居る盛況である頭取々締役は韓鎬泰氏で釜山支店長は濱井定氏である其の重なる株主は政府の二千六百七十九株李王家一千五百十株と云ふのでも同行の勢力が推知される

釜山商業銀行

專務取締役兼支配人 泉末治氏

株式會社釜山商業銀行は大正二年三月六日の創立であるが資本金百五十萬圓拂込金七十五萬圓積立金七萬三千圓故荻野彌左衛門氏の手に依つて生まれたものである內地釜山商人の金融機關であるが鮮內のコルレス先きも至る所にあり金融上多大の貢獻を爲しつゝある大正十二年四月前取締役全部辭任し同年五月改選の結果專務取締役兼支配人に泉末治氏取締役迫間房太郎氏同大池忠助氏香椎源太郎氏監査役松尾重信氏同福島源次郎氏就任內容を一新し大正十一年十一月本町一丁目の現在所に堂々たる建物を新築して琴平町から移轉すると同時に營業を擴張し統營南山方魚津に各支店を設けてゐる大正八年以降の成績は頗る目覺しく其後の發展振りは括目に價するものあり年々健實味を加へてゐる特に沿岸貿易發達の爲めに行是として努力を續けてゐる最近釜山富平町に派出所を設立し特に特別當座預金で遊金を集め飽まで釜山人士の利用に努力し專務取締役泉氏の堅實主義は着々効果を收めて居る

株式會社 慶南銀行

頭取 宋台觀氏

株式會社慶南銀行は明治四拾五年六月鳩浦に於て設立され始め鳩浦銀行と稱してゐたが大正二年三月釜山支店を開設大正四年二月慶南

11

조선의 대표적 사업

1923년 6월 16일 1면 7단

고故 하기노 야자에몬萩野彌左衛門 씨의 유지를 잇다

주식회사 부산상선조합의 발전

부산보험계에도 특수한 지위를 차지하다

주식회사 상선조합은 처음에 메이지明治 23년1890 오사카大阪상선주식회사 부산대리점으로서 고 하기노 야자에몬 씨의 개인경영으로 창립되었다. 다음해 메이지 24년1891 동 회사가 부산지점을 개설함에 따라 동 회사의 전속 중개점이 되어 계속 오늘에 이르고 있다. 다이쇼大正 2년1913 주식회사 상선조합으로 조직명을 개편하고 변함없이 상선회사 중개점으로 수이출하는 입하물을 독점적으로 취급하며 이것을 매각하여 영업하는 외에 일반적인 해륙운송업 통관사무취급 및 보험대리점을 주요경영과목으로 부산운송업계로 뻗어 나갔다. 자본금 10만원 전액 입금 완료한 이 조직은 역시 깊은 역사를 가진 만큼 영업방식은 건실, 간절*을 목표로 화객華客**을 대하는 방침이 철저하게 스며들어 조직과 고객과의 관계는 객관적으로 봐도 부러울 만큼 밀접하게 엮여 있다. 현재는 미이三井물산, 아사노淺野시멘트, 오쿠라大倉조합, 셀프레저, 진▨양행 일본에 있는 대표적인 대회사와 특약을 체결하고 그 물건들을 거래하기 때문에 취급하는 물건 수는 막대하다. 또 별도로 몇몇 회사, 대

---

* 간절(懇切) : 지성스럽고 절실함.

** 화객(華客) : 단골로 오는 손님.

상점과 거래 관계를 맺고 보험사업도 겸영*하고 있다. 주된 것은 요코하마橫濱화재해상보험, 오사카해상화재보험, 교도共同화재보험, 다이쇼大正해상화재보험, 주오中央화재상해보험 등으로 야마나카 데쓰조山中鐵造 씨는 아주 열심히 연구적인 태도로 이것을 선전하는데 종사하고 있다. 특히 종래 보험회사는 범선을 취급하지 않았지만 해상보험에서는 조선선박의 선체 및 발동기, 부속 어선에도 보험을 들게 하고, 먼 거리를 왕복하는 선박 운송 화물도 취급하였다. 이처럼 광범위한 해상보험을 다루는 대리점은 유례가 없었기 때문에 해당 대리점의 취급액은 현재 부산에서 해상보험계약 총액의 대부분을 차지하며 부산무역상의 9푼까지 해당 조합 보험부가 취급하고 있다. 철도 화물을 다루는 운송보험, 신용을 담보하는 신용보험 등 부산에서는 유례없는 각종의 보험업을 대리하는데 최근 포항의 어부 조난을 계기로 주오상해보험회사와 계약을 맺고 종래 직업의 종류에 따라서 계약하는 것이 불가했던 위험사업에 종사하는 직업의 사람들에게도 보상할 방침으로 회사와 특약을 맺게 되어 어부의 상해를 보장하게 되었다. 이것은 실제로 사회 봉사적인 유의미한 사업이다. 특히 해상보험에 있어서 아사히朝日해상과 특약하고 부등부不登簿 범선체帆船體보험을 계약할 수 있었다. 더욱이 그 보험율은 겨우 100원인 데 비해 1년에 부산 목포 간 12원이라는 낮은 이율을 적용하는 등 부산 보험계에 철저하게 활동하여 엄연히 이 계통의 패권을 쥐었다. 원래 해당 조합은 하기노 씨의 온정주의의 아래에서 양성된 사람들이 주로 일하고 있어서 근무 태도는 다른 곳에서는 볼 수 없는 진지함이 있다. 근속 7년 이상인 점원도 적지 않다. 현 전무이사 니시모토 에이치西本榮一 씨는 자주 고故 하기노 씨의 유지를 이어 어디까지나 온정주의로 시종 조합 내의 상하관

---

* 겸영(兼營) : 둘 이상의 사업을 겸하여 경영함.

계도 신경 쓰지 않는 진실로 현대의 모범적 회사이다. 한편 고인 하기노 야자에몬 씨의 유덕*을 본받은 사장은 하기노 가쓰지萩野勝治 씨, 전무이사 니시모토 에이치西本榮一 씨, 이사 요시모토 에이키치吉本永吉 씨, 감사 오쿠라 한자부로小倉伴三郎 씨, 난코 쓰네키치南光常吉 씨다. 상하가 협력하고 끊임없는 건투가 해당 조합을 마침내 융성하게 하였다. 지배인 모리야스 쓰나타로森安網太郎 씨는 따뜻하고 열성적인 사람으로, 인격이 좋아 조직 내 점원들이 따르고 있으며, 니시모토 전무이사를 보좌하여 모든 업무를 보고 있다.

대구토목계의 중진 와타나베 간이치渡邊勘一 씨의 사업
그는 순박하고 겸손한 사람이다

와타나베 간이치 씨는 에히메현愛媛縣 사람으로 대구에 거주한 것은 메이지 40년1897이다. 그는 성격이 순박, 겸손하고 정말로 사람을 좋아하는 성격을 지니고 있다. 여하튼 토목청부업자에게 흔한 교만한 태도는 꿈에서도 볼 수 없을 정도로 원만한 그의 태도를 접한 사람들은 생각하지도 못한 일종의 쾌감을 느낀다. 무슨 일이든 공功을 자신보다 노력한 부하에게 돌리는 점에서 그에게 감동을 받은 부하들이 기꺼이 그의 곁에 모이는 것이다. 또 그는 겸양 순박의 덕을 지닌 일종의 의협적인 정신의 소유자이다. 그가 오늘날 이름을 날리는 것은 ▨▨▨(원문훼손)

8백 건평 189평의 대건축물로 본관 강당도 전부 철근 콘크리트로 벽돌을 쌓고 다시 콘크리트로 하고, 지붕은 모두 슬레이트로 하여 장대한 느낌을 준다. 특기할 것은 이 강당은 단지 학교로 전용되는 것이 아니라 철저하게 쇄신하여 민중적으로 사회교화의 용도로 제공한다는 점이다. 이른바 넓은 의

---

* 유덕(遺德) : 죽은 사람이 남긴 덕. 후세에 남긴 은덕.

미의 공회당이다. 청순한 부민들의 교육장이면서 위안장慰安場이다. 이를 위해 600여 명을 수용할 수 있는 벤치를 갖추고 1,500촉의 전등 설비도 되어 있다. 공사비는 본관 17,100원 ▨▨▨(원문훼손)

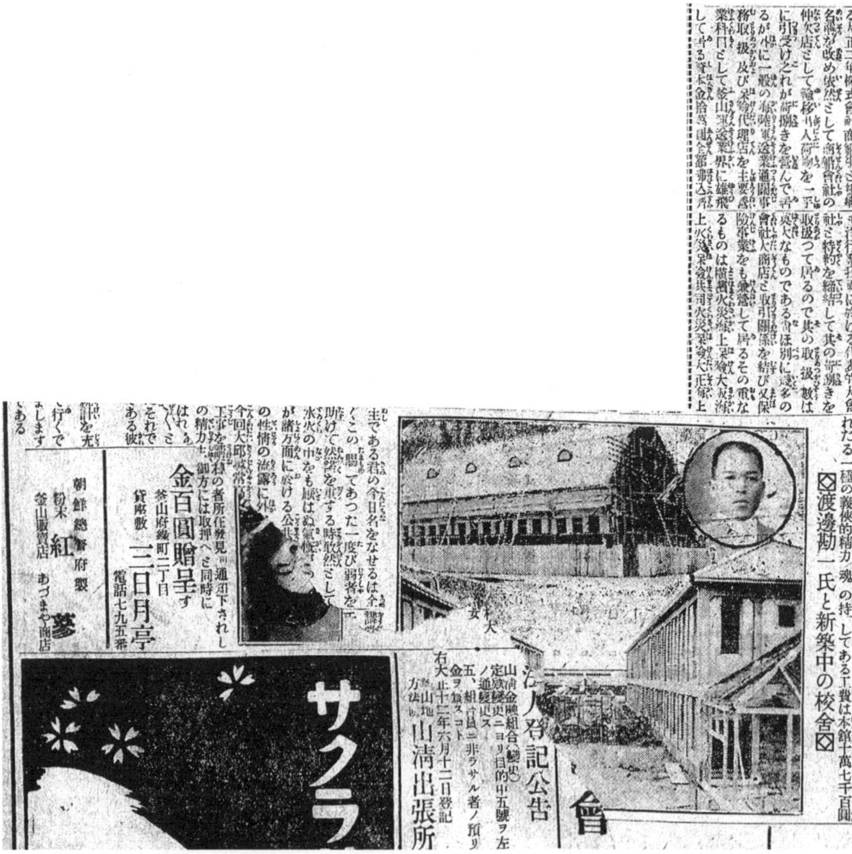

☒渡邊勘一氏と新築中の校舍☒

法人登記公告

山淸出張所

金百圓贈呈す

三日月亭

サクラ

朝鮮の代表的事業

故荻野彌左衛門氏の遺鉢を繼ぐ 株式會社釜山商船組の發展

釜山保險界にも特殊の地位を占む

◇荻野家經營の商船組◇

株式會社商船組は始め明治二十三年大阪商船株式會社釜山代理店として故荻野彌左衛門氏の個人經營に依つて創立せられたものであるが翌明治廿四年同會社が釜山支店を開設するに當り同會社の專屬仲次店となり引續き今日に及んで居

である同組は流石に古き歴史を有する丈けに營業振は堅實懇切を旨として取扱ふ方針が顧客に徹底的に沁込んで居るので組と客との關係は他眼にも羨ましい位密接に結ばれて居る現在は三井物産淺野セメント大倉組セールフレーザー進

火災保險中央火災傷害保險等で山中鐵造氏は頗る熱心に研究的態度で之が宣傳に從事して居る特に海上保險では帆船は從來保險會社の全然顧みなかつた朝鮮船舶の船體及び發動機附屬の漁船にも保險を附し又隔地間を往復する船舶の運送貨物も取扱つてゐるかゝる廣汎な海上保險を取扱ふ代理店は他に類例なき爲め同店取扱ひ高は現在釜山に於ける海上保險契約總高の其の大半を占め釜山貿易商の九分までは同組保險部取扱ひにかゝると言ふ鐵道貨物を附する運送保險使用人の信用を擔保する信用保險等釜山にては類例少き各種の保險業を代理してゐるが最近補項の漁夫遭難に鑑み中央傷害保險會社と契約を結び從來職業の種類に依つて契約することの出來なかつた危險事業に携はつてゐる職業の人々にも及ぼす方針で會社と特約を結び漁夫の傷害に保險を附する事になつたが斯業のごときは實際社會奉仕的の有意義な事業である殊に海上保險に於て朝日海上と特約して不登簿帆船船體保險の契約が出來る然もその保險率たるや僅百圓に對して一ケ年釜山木浦間十二圓の如き低率を以てこれに應じて居る等釜山保險界に徹底的に活動し儼然として斯界の覇權を掌握して居る元來同組は荻野氏の溫情主義の下に養成された人々が主となつて執務してゐるのでその執務振りには他に見られない眞摯さがある勤續七年以上の店員も尠くない現專務取締役西本榮一氏は良く故荻野氏の遺跡を繼いで飽迄溫情主義で終始し組內上下の情誼麗はしく其處に同等諦まりもない眞の現代の模範的會社であるこれ偏に故人荻野彌左衛門氏の遺德の然からしむる處である社長は荻野勝治氏專務取締役西本榮一氏取締役吉木永吉氏監査役小倉伴三郎氏同南光常吉氏である上下協力一致不斷の健鬪は同組をして愈隆昌に赴かしめて居る支配人森安綱太郎氏は溫厚熟誠な人その人格は克く組內店員を心服せしめ西本專務取締役を補佐して一切の業務を脊て居る

大邱土木界の重鎭・渡邊勘一氏の事業

氏は醇朴謙讓の人である

渡邊勘一氏は愛媛縣の人大邱に居住したのは明治四十年であつた君は性醇朴謙讓にして誠に人好きのする性格を有してゐる兎角土木請負業者に有勝ちなる驕傲の態度は夢にも見ることの出來ない程圓滿なる君の態度に接した人々は先ず一種の快感を覺へるのである何事をなすにも功を自己に歸らず努めて部下の人々を推奬する所に君の感化があり部下の人々が悅服して君の膝下に集まるのだ君は又此

謙讓醇朴の德に包ま

八間建坪百九十八坪の

大建築物 で本館講堂共全部鐵筋コンクリートに煉瓦を疊み更にコンクリートとし屋根は全部スレートにて一見壯大の感に打たるゝのである殊に特筆すべきは此の講堂は單に學校で專用するのでなく徹底的に碎けて民衆的に社會敎化の用に供する點にある云はゞ廣義の公會堂である清純なる府民の敎育場であると共に慰安場である是が爲六百人餘を容るゝベンチを備へ千五百燭の電燈設備も

12

조선의 대표적 사업과 인물

1923년 6월 19일 1면 6단

대일본맥주주식회사 부산판매조합의 착실 온건한 상전商戰* 태도

오늘날 대일본맥주주식회사가 아직 삿포로 맥주, 에비스 맥주, 아사히 맥주의 3사에 맞설 당시 우리 부산에도 각 회사 전속 특약점이 있어서 각각 따로 판매하고 있었다. 즉 하기노萩野상점, 니시모토 에이치西本榮一 씨는 삿포로 맥주를, 다카세 세이지로高瀨政治郎 씨, 이마니시 미네사부로今西峰三郎 씨는 에비스 맥주를, 하세가와 가메타로長谷川龜太郎 씨, 야마모토 쇼지로山本正二郎 씨, 사이토 기사부로斎藤器三郎 씨는 아사히 맥주를 판매하고 있다. 그러나 메이지明治 40년1987 3사社 합병하여 대일본맥주주식회사를 창립하기에 이르러 이들 각 판매점은 동시에 합동하여 비로소 대일본맥주주식회사 부산판매조합이 상기 여러 사람들에 의해 설립되었다. 그러나 당시 삿포로 맥주는 조선 총 이입액의 7할을 차지하고 있었기에 하기노 야자에몬 씨를 조합장으로 추천하였다. 다이쇼大正 10년1921 12월 그의 퇴임 후 니시모토 씨가 그 뒤를 계승하여 조합장에 취임하여 오늘날에 이른다. 이 조합이 판매하는 삿포로, 에비스 맥주의 품질이나 이름값이 호평인 것은 새삼스럽게 말할 것도 없다. 이 조합의 판매조합은 물론이고, 조선 내의 어떤 산간어촌이라도 두루 미치지 않는 곳이 없었다. 이후 조합원은 다소 변천을 겪은 뒤 오늘날에 이른다. 즉 니시모

---

* 상전(商戰) : 상업상의 일로 싸움. 또는 상업상의 경쟁.

토 에이치西本榮一 씨, 히가시하라 가지로東原嘉次郎 씨, 다하라 간지田原寛二 씨, 아베 히데치阿部彦治 씨, 아카사카 쇼이치赤坂庄一 씨, 데라다 야스타로寺田安太郎 씨, 야마니시 다케지로山西武次郎 씨, 다나카 다케지로田中竹次郎 씨로 8명이다. 조합장인 니시모토 씨의 헌신적 노력은 각 조합원의 견고한 지지와 격려와 함께 성적이 두드러져서 지금은 조선 총 이입 맥주액의 반 이상을 차지하는 좋은 성적을 내고 있다. 본사 대일본맥주회사는 도쿄부 시모메쿠로무라下目黒村에 있는 자본금 4천만 원의 대회사로, 사장은 고시쿄 다이헤이越恭泰平 씨이다. 조선의 활동 본부로서 경성에 출장소를 세우고 신진 수완가이며 법학사인 가와가미 겐川上健 씨를 주임으로 주재시켜 이 회사의 판매조합을 총괄하고 있다. 또 이 회사에서 제조한 리본시트론* 및 최근 팔기 시작한 리본라즈베리는 고급 음료수로서 명성이 자자하여 여름철 가정의 필수음료가 되었다. 그 밖에 소다수, 리본탄산 등 신사용 음료수도 취급하고 있다.

* 시트론(프, citron) : 레몬즙 따위를 탄산수에 타서 만든 청량 음료.

各販賣店 は同時に合同して茲に始めて大日本麥酒株式會社釜山販賣組合が上記の諸氏に依つて設立されたのである併し彌時札幌麥酒は朝鮮總移入高の七割を占めて居つた關係上荻野彌左衛門氏を組合長に推してゐたが大正十年十二月同氏逝去後西本氏其後を繼承して組合長に就任し今日に及んでゐる同組合の販賣する札幌惠比須麥酒の品質聲價の江湖に好評なることは今更喋々するまでもない同組合販賣組合は勿論のこと鮮内如何なる山間漁村と雖も行き渡らざるはなしである其後組合員は幾多の變遷を經て今日に及んでゐる即ち

西本榮一 氏東原嘉次郎氏田原寛二氏阿部彦治氏赤坂庄一氏寺田安太郎氏山西武次郎氏田中竹次郎氏の八氏である組合長西本氏の獻身的努力は各組合員の堅固な地盤と相俟つて其の成

寫眞は釜山隨一の高等寄席太平館である館主並に經營者は富平町の有力者として製菓並に原料商を營んで居る塚本宇三郎氏である氏は本館現在の所在地たる幸町元朝日座跡を如何にもして建設せんと鋭意努力の結果内地の各都市を視察して設計に着手すると共に大正十年十月工を起し翌十一年五月を以て竣工したのである工費實に三萬圓京阪間劇場の粋を蒐めたもので内部の構造設備の如き實に至せり盡せりの觀がある定員約六百名日を逐ふて發展しつゝある模範的好寄席である

朝鮮の代表的事業と人物

大日本麥酒株式會社
釜山販賣組合
の着實穩健なる商戰振り

今日の大日本麥酒株式會社が未だ札幌麥酒惠比須麥酒旭麥酒の三社に鼎立せし當時我釜山に於ても各會社専屬の特約店があつて個々別に販賣して居つた即ち荻野商店西木榮一氏は札幌麥酒を高瀨政治郎氏今西峰三郎氏は惠比須麥酒を長谷川龜太郎氏山本正二郎氏齋藤器三郎氏は旭麥酒を販賣してゐた然るに明治四十年三社合併して大日本麥酒株式會社創立せらるゝに及んで之等の

續著しきものあり今や朝鮮總移入麥酒高の半以上を占むる好成績を示してゐる本社大日本麥酒會社は東京府下目黒村に在り資本金四千萬圓の大會社で社長に馬越恭平氏を戴き朝鮮に於ける活動の本部として京城に出張所を設け新進敏腕の法學士川上催氏を主任として駐在せしめ朝鮮の同會社販賣組合を統轄して居る尚ほ同社製造のリボンシトロン及び擬製出したりボンラスベリーは

高等飲料 水として名聲嘖々たるものあり夏季の家庭に無くてはならぬものとなつて居る外にソーダ水リボンタンサン等紳士用の飲料水も取扱つて居る

大日本麥酒 釜山販賣組合

13

조선의 대표적 사업과 인물

1923년 6월 20일 1면 6단

이시하라 겐지로石原源三郞 씨를 중심으로 활약하는 부산식량품주식회사

판로는 전 조선과 기타큐슈北九州에 뻗어 있다

부산식량품주식회사를 언급하기 위해서는 사장인 이시하라 겐지로 씨와의 관계를 분명히 할 필요가 있다. 그만큼 이시하라 씨와 회사는 밀접한 관계가 있다. 메이지明治 34년1901 경부선 속성공사 기사로 아오키青木 씨와 같이 가사이笠井 박사를 따라서 조선에 왔다가 일시 귀국하였지만 우연히 메이지 40년1907 당시 농산회사가 파산에 처하였을 때 열정적인 노력으로 회사를 구제하였다. 이후 기리오카桐岡 씨와 같이 정식으로 회사를 계승하여 메이지 40년 부산식량품주식회사를 조직하였다. 그리고 당시는 하물주荷主에 대한 부채 정리 때문에 영업 확장은 아주 힘들었으나, 이시하라 씨는 수완 좋게 이 난관을 빠져 나와 점차 진전하였다. 이것은 완전히 그의 공적으로 오늘날 이 회사가 점점 발전하고 있는 것은 그의 엄청난 노력의 산물이라고 밖에 생각할 수 없다. 이렇게 하여 다이쇼大正 4, 5년1917, 1917경부터 주주배당을 하기에 이르렀다. 영업 품목은 활어 이외의 모든 식료품으로, 생과, 야채, 곡물, 통조림, 절임, 잡곡, 종자, 비료, 기타 위탁판매이다. 다이쇼 2년1913의 시장령규칙으로 한 구역에 하나의 시장 이상 설립하지 못하게 되자 그 이익이 확실하면서도 영구적으로 이어져 점점 하물주에게 신용을 받게 되었다. 동 회사 시장규정을 보면 그 상품 판매 방법은 경매, 시담* 판매, 위탁 판매의 3가지 방법이 있는데, 실제로는 경매 방법으로만 경매하며 하물주에게 공평하게 판매해 온 점이다. 이점이 지금은 절대적으로 이 회사의 신용으로 이어져 점점 더 하물주에게 신용을 받게되었다. 판매에서도 열성적인 사원의 노력으로 이어져 그 명성은 조선은 물론 기타규슈 부근까지 퍼졌으며 지금은 조선에서도 모범적인 큰 시장으로 명실공히 칭해지고 있다. 이 회사 간부는 사장 이시하라 겐지로石原源三郎 씨, 전무이사 이시하라 가오루石原香 씨, 이사 후쿠시마 겐지로福島源次郎 씨, 기리오카 긴조桐岡金三 씨, 감사 가토리 나루오香取成男 씨, 하라다 다케지로原田武治郎 씨, 지배인은 야스히로 고이치安廣是一 씨다. 야스히로 지배인은 올해로 14년 근무해 온 민첩하고 수완이 좋은 사람으로, 능숙하게 이시하라 씨를 도와 일체를 휘어잡았다. 그 결과 작년 하반기에 재계가 불황이었음에도 1할 5푼을 배당하였다. 이 회사에서 중매인의 손을 거쳐 취급하는 수량은 평균 한 달에 11만 5, 6천 관貫으로 그 중 지방에 3푼을 공급하고 나머지 7푼 내지 6푼은 부산에 공급한다고 한다. 이 회사원의 활약은 완전히 헌신적이며 대부분 연중무휴 상태이다. 이 사업의 성격에도 기인하지만 무엇보다 이시하라 씨를 시작으로 야스히로 지배인의 덕망도 빼놓을 수 없다.

부산재목상조합장 시마즈에 게타島末慶太 씨의 사업

그는 천성이 근엄하고 실천궁행하는 사람이다

혼자 힘으로 건투한 30년 마침내 부산재목계의 거상이 된 시마즈에상점 주인 시마즈에 게타 씨는 이곳에서 성공한 사람 중 한 명이다. 그는 어디까지나 견실주의로 모험적인 사업에는 일체 귀 기울이지 않고 오로지 착실하

---

* 시담示談 : 민사상의 분쟁을 재판 이외에 당사자 간에 해결하는 일. 또는 그 화해 계약. 이 말은 우리나라에서는 쓰이고 있지 않음.

게 자기 사업에만 힘써서 조금씩 확실하게 이익을 이루어냈다. 그 착안점은 역시 준민俊敏*하여 일시적인 이익으로 치닫지 않고 장래에 주목한 점이다. 확실성을 지닌 대상인으로서의 소질을 엿볼 수 있다. 처음에는 오로지 일본 재목을 취급하였는데 후에 압록강목재에 착안하여 솔선해서 이것을 들여왔다. 현재는 거의 전문적으로 취급하고 있다. 중요한 것은 강원도 소나무라고 불리는 유송油松인데 조선북부산北鮮産 외에 홍송, 삼송 등. 압록강목재 거래는 1년에 약 15,000톤 이상에 이른다. 부산재목계를 주름잡는 한편 오사카大阪 지방의 바닥재 즉 화장재료化粧材料 예를 들면 흑단, 주단, 철도목, 앵두나무와 삼나무를 손질한 통나무 등을 이입하였다. 별도로 오이타현大分縣에서 분고豊後석탄을 이입하고, 시모노세키下關에서 청죽靑竹을 이입하여 판매하였다. 판매 구역은 주로 조선남부 방면이다. 최근 생각한 바가 있어 종래와 같이 원산지에서 사들여 이것을 창고에 넣거나 창입비, 창고료 등의 잡비가 필요할 때는 시대에 맞지 않은 판매 정책으로 많이 일하고 적게 벌었다. 소매제도를 일체 중지하고 모두 도매상을 상대로 화차貨車거래를 채용하여 박리다매주의로 판매하는 방침을 고수하여 실행하였다. 또 부덕한 상인 때문에 어지러워진 상거래를 원활하게 하기 위해 일반적인 시세에 순응한 상거래 관점에서 재목材木의 위탁업 및 보관업을 개설하여 순수한 도매상으로 방침을 변경하였다. 영업 방면 이외에는 그의 여력을 모두 확실한 방면에 투자하여 각지에 있는 토지, 가옥 등 부동산이 적지 않다. 김해 부근에는 5만여 평의 농장이 있어 관리인을 두고 경영하고 있다. 그는 오이타현大分縣 하야미군速見郡 사람으로 천성이 엄격하고 언제나 견실하게 실제로 몸소 이행 하는 사람이다. 더욱이 공공심이 뛰어나고 고결한 인격의 소유자로 마을 소학교에 봉안전

---

* 준민(俊敏) : 머리가 날카롭고 날렵함.

을 건설하여 기증하는 등 숨겨진 공적이 많다. 현재 부산재목상조합장으로 추대되었다. 취미는 노래이다. 지배인 나카노 게사지中野今朝次 씨는 유년 시절부터 그를 따라 고생을 함께하면서 그의 사업을 도와 이름을 알렸다. 힘을 다하여 부지런히 일하는 점원의 모범이다. 주로 사장을 대신해서 바쁜 가게 일을 총괄하고 있다. 현재 사카에마치도오리栄町通り에 있는 점포는 재작년 신축한 곳으로 과연 재목계의 거상이라고 고개를 끄덕이게 할 만한 건축이다.

大正四五年頃から株主配當を看る
に到つた其の營業品目は生魚を除
く食料品全部で即ち生菜野菜穀物
鑵詰漬物雜穀種子肥料其他委託賣
買であるが大正三年の市場々令規
則で一區域に一市場以上設立を許
可せぬ事になつたのでその利益は
確實性と永久性とを兼ねて今や牢
固たる勢力を築上げた同社では今

同會社

市場規定を

存するに

その商品販賣方法は糶賣示談販賣
委託販賣の三種方法となつて居る
が實際は糶賣方法のみに依つて競

の幹部は社長石原源三郎氏專務取
締役石原磊氏取締役福島源次郎氏
同桐岡金三氏監査役香取成男氏原
田武治郎氏で支配人は安原是一氏
である安原支配人は今年を以て十

の頃から青竹を移入して販賣して
ゐる其の販賣區域は主として南鮮
方面である最近考ふる處あり從來
の如く原産地より引取つて之れを
倉庫に入れ或は倉入貸倉庫料等の
雜費を要するが如きは時代に適せ

◆釜山榮町　島末商店◆

實にして實践躬行の士である而も
公共心厚く高潔な人格の所有者で
郷里の小學校に奉安殿を建設して
寄附せる等隱れたる功績が多い現
に釜山材木商組合長に推されて居
る趣味は謡曲である支配人中野今

ざる販賣政策で勞多くして利少き
を鑑み小賣制度を一際中止して總て
問屋を相手に賣小扱ひを採用して
薄利多賣主義の下に販賣する方針
を執り之を實行した又不德なる商
人の爲め惱まされた商取引を圓滑
にする爲め又一般的時勢に順應し
た商取引の見地から材木の委託業

朝次氏は幼少の頃より氏に從ひ辛
酸を共にしよく氏の事業を助けて
令名あり劉者精勵店員の模範たり
主として主人に代りて多忙なる店
務を總轄してゐる現在の榮町通り
の店舗は一昨年新築する所にして
弦に材木界の巨商と點頭かれる次
第である

朝鮮の代表的事業と人物

石原源三郎氏を中心に活躍せる

釜山食糧品株式會社

販路は全鮮北九州に亘つてゐる

釜山食糧品株式會社を說くには社長石原源三郎氏との關係を明かにする必要があるそれ程石原氏と會社とは密接なる關係がある明治三十四年京釜鐵道速成工事の技師として青木氏と共に笠井博士に從ひ來鮮し一旦歸國したが偶々明治四十年當時の農產會社が破產に瀕した際に之れに關係したのが始めで同氏の熱誠なる盡力で之れを救濟し茲に同氏は桐岡氏と共に公然と之れを繼承し明治四十年釜山食糧品株式會社を組織した而も引繼ぎ當時は荷主に對する負債の整理の爲め營業擴張は頗る困難であつたが石原氏の敏腕はよく此の難關を切り拔け次第に進展の機運に向つた之れ全く氏の功蹟で今日同會社が隆々として發展して居ては氏の奮鬪努力の賜物に外ならぬのであるかくて

◆釜山食糧品株式會社及市場◆

甚し荷主に對して公平に販賣し來りたる點は今や絕大なる同會社の信用となり益々荷主の信用加はると共に販賣に對して愈々熱誠なる社員の努力と相俟つてその聲價は鮮內は勿論北九州附近にも響いて今や朝鮮に於ける模範的大市場として名實共に認められて來た同社

石原氏を輔けて

四ヶ年勤續したる敏腕家でよく石原氏を輔けて一切を切り廻して居る從つて昨年下半期の財界不況の際にも拘らず一割五分の配當をした同會社で仲買人の手を經て取扱ふ數量は平均一ヶ月十一萬五六千貫でその內地方處である

に三分を供給し殘り七分乃至六分は釜山に供給すると言ふ同會社員の活動振りは全く獻身的と殆ど年中無休暇の狀態である此れ事業の性質にも因るが一つは石原氏を始め安藤支配人の德望の然らしむる

釜山材木商組合長

島末慶太氏の事業

氏は資性謹嚴實踐躬行の人である

獨力奮鬪三十年遂に釜山材木界の巨商となつた島末商店主島末慶太氏は當地に於ける成功者の一人である氏は飽迄堅實主義で冒險事業には一切耳を傾けず只管着實に自己の業を勵んで徐々に確實に利を收めて行つたのである而も其の着眼點は流石に俊敏である一時の利に走らず將來に着目する處氏の確實性を帶びた大商人としての素因が窺はれるのである始め專ら內地の材木を取扱つてゐたが其後鴨綠江材に着目し他に率先して之れを移入した現在に於ては殆ど專門的に取扱つてゐる重なるものは江原道松と稱する油松が北鮮產である外に紅松杉松等鴨綠江材の取扱ひは一年約一萬五千噸以上に達し釜山材木界の覇を握つてゐる、その外大阪地方に於ける床材即ち化粧材料例へば黑丹朱丹タガヤサン櫻杉の磨き丸太擇材等を移入し別に大分縣から專ら石灰を移入し下

及び保管業を開設する事にして純粹の卸問屋に方針を變更した營業方面以外に於ける氏の餘力は總て確實な方面に投資され各地に有する土地家屋等の不動產も尠少ならず金海附近には五萬餘坪の農場ある監理人を置いて經營してゐる氏は大分縣速見郡の人資性嚴格簡潔

14
오사카에서 조선에 비행기로

1923년 7월 11일 3면 1단

오사카에서 조선에 비행기로 여객을 수송

아사노 소이치로淺野總一郎 씨 비행 회사 창립

제1기는 도쿄 오사카 간에 실시한다

아사노 소이치로 씨는 이번에 기본금 500만원으로 비행기주식회사를 신설할 계획을 세우고 23일 중으로 창립총회를 열 계획이다. 창립위원장에는 우치다 가키치內田嘉吉 씨 사카타니 요시로坂谷芳郎남작 등이 맡게 되었다. 제1기 계획은 도쿄東京 오사카大阪 간, 제2기에는 오사카 조선 간의 여객 수송이 계획되어 있으며, 여기에 사용될 신식 비행기 2대는 오는 11월 프랑스에서 도착할 예정이다(도쿄전보).

大阪から朝鮮へ飛行機で旅客を輸送

淺野總一郎氏飛行會社創立

第一期は東京大阪間に實施する

淺野總一郎氏は今回基本金五百萬圓で飛行機株式會社を新設する計畫を樹て二三日中に創立總會を開き創立委員長に内田嘉吉氏坂谷芳郎男等が當る事となつたが第一期計畫として東京大阪間第二期には大阪朝鮮間の旅客輸送計畫になつて居るがこれに使用の新式飛行機二臺は來る十一月佛國から到來の豫定である（東京電報）

つた私としても實は近況を心配してゐた矢先飛んでもない出來事があつたものです（東京電報）

15

조선의 자랑 훌륭한 과실류

1924년 10월 11일 2면 6단

묘목은 잇달아 이입移入 잔교棧橋*에서 으뜸가는 과일

부산에서 내지內地로 보내는 선물이라고 하면 아주 최근까지는 사탕으로 한정되어 있었다. 부두 부근의 매점은 물론 역전부터 나가데도오리長手通り 상점에서 신문지로 싼 5, 10근의 사탕봉지가 돌처럼 굳어져 쌓여있던 것은 알고 있을 것이다. 이것은 부산의 명물도 조선의 명물도 아닌 단순히 관세가 쌌기 때문에 간단한 선물로 상당히 많이 팔렸다.

하지만 최근 이 독점적 지위를 빼앗아 여행가방이나 포장봉지에 담아 내지의 선물로 선택받아 연락선으로 운반되는 것이 있다. 그것은 조선산 과실 중 특히 사과다. 순수 조선산이라 자랑하기에 충분한데, 아직 그 범위가 멀리까지 미치지 않는 것은 유감이다. 잘 팔리기 때문에 연락선 안에서 바구니가 비어 버리는 일도 적지 않다.

그러나 해마다 조선에 과수원이 증가하고 있으므로 산출액도 증가하고, 우량 품질의 가격이 싸다는 점에서 일본산과 경쟁하게 되었다. 참고로 부산세관 식물검사계에서 최근 5년의 사과 묘목 이입량을 조사하니 다음과 같았다.

---

* 잔교(棧橋) : 부두에서 선박에 닿을 수 있도록 해놓은 다리 모양의 구조물. 이것을 통하여 화물을 싣거나 부리고 선객이 오르내린다.

다이쇼 8년1919	12만 그루
다이쇼 9년1920	16만 그루
다이쇼 10년1921	28만 그루
다이쇼 11년1922	29만 그루
다이쇼 12년1923	62만 그루

위의 조사 결과에서 알 수 있듯이 다이쇼 12년(작년 4월부터 올해 3월까지)은 전년도보다 배 이상의 급격한 증가를 보이고 있다. 묘목 이입증가는 과실의 생산증가로, 이것은 사과뿐만이 아니라고 하니 더욱 든든하다. 그리고 사과 생산량이나 이출량이 다른 과실(밤, 배 등)에 비하면 우수하기 때문에 조선 사과의 이름이 내지에 방방곡곡 알려지는 것도 먼 미래의 일이 아닐 것이라고 한다.

사과가 이처럼 장려되는 것은 조선의 기후풍토가 적절하다는 것도 이유의 하나라고 할 수 있겠지만, 사과는 저장이 편리하여 먼 곳에 출하하여도 상하는 일이 없고, 사과 묘목은 다른 묘목에 비해 좋은 가격으로 잘 팔린다는 점에서 대환영을 받는다고 한다. 이것이 또 사과 산출을 늘리는 하나의 원인이라고 한다.

어쨌든 작년에는 부두에 가면 10명이면 10명 모두 새빨갛고 반들반들한 사과 바구니를 들고 있는 것이 눈에 띄었으며, 부두 뒤에서는 사과 묘목이 잇달아 이입되어 실리고 있었다. 덧붙여 말하면 묘목의 이입은 10월 초순부터 11월 말까지, 그리고 2월부터 4월까지라고 한다.

朝鮮の誇り……◇

素晴しい果實類

苗木はドン〳〵移入
棧橋で得意の果物

釜山から内地へ土産と言へばツイ近頃までは先づお砂糖に限られてゐた棧橋附近の賣店は勿論驛前から長手通りの商店で新聞紙に包んだ五斤十斤の砂糖袋が石のやうに堅くなつて積まれてあつた事は御存じであらうそれは釜山の名物でも朝鮮の名物でもなく單に關稅の關係で安かつた爲め手土産として隨分威勢よく賣れたものだつた◇

然るに最近この獨占的地位を奪つてトランクや信玄袋の御供して内地の土産に盛んに連絡船に持ち運ばれる物が現はれたそれは朝鮮産果實就中林檎である而も純朝鮮産であるから鼻を高うするに足りるのだが未だその範圍が遠くに及ばないのは遺憾である早いのになると連絡船中で籠が空になつて仕舞ふのが尠くない◇

而し年々鮮内の果實園が增加して行く事は事實であつてその産出額も增加し品質の優良價格の低廉の點で大いに母國産と競爭し得るやうになつた試みに釜山稅關植物檢査係りで最近五ケ年の林檎苗木移入高を訊ねると左の如くになつてゐる

大正八年	十二萬本
同九年	十六萬本
同十年	廿七萬本
同十一年	廿九萬本
同十二年	六十二萬本

◇右の表に依つても解るが昨年四月から本年三月迄の十二年度表に依ると前年度から倍以上の激增を示してゐる苗の移入增加は果實の生産增加でこれは獨り林檎のみでないと云ふから甚だ心強い譯である而し林檎の生産高も移出高も他の果實——栗梨等に比して群を抜いてゐる相で軈て朝鮮林檎の名が内地津々浦々に響くのも遠い將來ではないだらうと云はれてゐる

◇林檎がかく奬勵されるのは朝鮮の氣候風土が適してゐるのも一つであるが他に林檎は貯藏が利くので遠地に出荷しても痛む事がないしその苗木は他の苗木に比して値がよく賣れると云ふ二つの點で大歡迎を受ける爲だ相であるそれが又林檎産出を增す一原因ともなつてゐると云ふ◇

兎角昨今棧橋に行けば十人が十人まで眞紅な艶々しい林檎籠を提げてゐるのが眼に付くと同時に棧橋裏にはその御代りとして林檎苗木がドンドン移入陸揚されてゐる因に苗木の移入は十月初旬から十一月一杯でそれから二月から四月までゞあると云ふ

16

조선술에 압도되어 일본술 수요가 감소하였다

1926년 1월 31일 3면 5단

작년 부산 이입주는 약 17,000석으로 가격은 1,000,000원

부산은 일본 및 외국 간에 대하여 조선에서 중요한 위치에 있다. 관계 상무역 기타 모든 방면에 걸쳐 특수한 기록을 남겼다. 현재 다이쇼大正 14년도1925년의 부산항의 내지內地 및 외국술의 수이입의 상황을 보면 역시 특이한 성적을 거두고 있다. 부산 세관의 통계에 의하면 청주의 총 이입은 16,808석* 6두** 7승*** 으로 그 금액은 실제 114,204원에 이르고 있다.

또한 이것을 작년과 비교하면 조선주가 점차 개량되어 일본주를 능가하게 되었기 때문에 그 양 및 이입 가격은 감소해지는 경향이다. 이것을 각 주류별로 제시하면 다음과 같다.

주정(알코올)	704석 2두(3,217원) 해당 발송지는 시모노세키下關, 모지門司이다.
청주	200,065석 5승(22,129▨원) 해당 발송지는 주로 오사카大阪, 고베神戶, 시모노세키, 모지이다.

---

* 석(石) : 부피의 단위. 곡식, 가루, 액체 따위의 부피를 잴 때 쓴다. 한 석은 한 말의 열 배로 약180리터에 해당한다.

** 두(斗) : 부피의 단위. 곡식, 가루, 액체 따위의 부피를 잴 때 쓴다. 한 두는 한 되의 열 배로 약 18리터에 해당한다.

*** 승(升) : 부피의 단위. 곡식, 가루, 액체 따위의 부피를 잴 때 쓴다. 1승은 한 말의 10분의 1, 한 홉의 열 배로 약 1.8리터에 해당한다.

기타 청주	288석 2두 8승(42,331원) 주요 발송지는 고베, 오사카이다.
미림	129석 ▨두 4승(12,966원) 주요 발송지는 오사카, 고베이다.
맥주	5,359석 7두 2승(461,700원) 주요 발송지는 고베, 오사카, 후쿠오카福岡, 모지, 요코하마横濱, 도쿄東京, 시모노세키이다.
포도주	250석 9두(70,375원) 주요 발송지는 오사카, 고베, 도쿄이다.
위스키	43석 7두 2승(1,035원) 주요 발송지는 오사카, 고베이다.
소주	3,940석 ?두(12,445원) 주요 발송지는 고베, 오사카, 시모노세키이다.
기타 함유주	17석 3두 1승(3,403원)
합계	16,808석 6두 ▨승(114,104원)

또한 수입 상황을 보면 중국술支酒은 거의 없고 포도주, 위스키 등은 합계 15석 6두 1승이고 가격은 3,507원에 불과하다. 이에 대하여 모 관계자는 최근 조선술의 발흥이 실로 눈부시므로 앞으로 수입되는 술의 양은 더욱 감소할 것이라고 하였다.

朝鮮酒に壓倒されて
內地酒の需用が減つた
昨年中の釜山移入酒は
約一萬七千石で價格は百萬圓

釜山は朝鮮對內地及び外國間に於ける樞要の地位にある關係上貿易其の他總ての方面に亘り特殊な記錄を殘して居る今大正十四年度の釜山港に於ける內外酒の輸移入の狀況を見るに之れまた特異の成績を收めてゐる釜山稅關の統計によれば清酒の總移入一萬六千八百八石六斗七升でその金額實に百一萬四千二百四圓に上つてゐる而之を昨年に比する時は朝鮮酒の漸次改良され內地酒を凌ぐ樣になつて來るので其の量並に移入價格は減少して來る傾きがある之を各酒類別にすれば

酒精 七百四石二斗（三萬二千十七圓）其の仕出地は下之關門司

清酒 二十萬六十五石五升（二十二萬一千二百九十 圓）其の仕出地は主として大阪神戸下之關門司である

其の他の清酒 二百八十八石二斗八升（四萬二千三百三十一圓）其の主なる仕出地は神戸大阪である

味淋 百二十九石 斗四升（一萬二千九百六十六圓）其の主なる仕出地は大阪神戸である

麥酒 五千三百九十九石七斗二升（四十六萬一千七百圓）其の主なる仕出地は神戸、大阪、福岡門司、橫濱、東京、下之關である

葡萄酒 二百五十石九斗（七萬三百七十五圓）其の主なる仕出地は大阪、神戸、東京である

ウイスキー 四十三石七斗二升（一萬三十五圓）其の主なる仕出地は大阪神戸である

燒酒 三千九百四十石六斗（十六萬四百四十五圓）其の主なる仕出地は神戸、大阪、下之關である

其の他含有酒 十七石三斗一升（三千四十二圓）

合計 一萬六千八百八石六斗七升（百一萬四千二百四圓）

尙輸入の狀況を見るに之れは殆どない支酒と葡萄酒ウイスキー等合せて十五石六斗一升であつて其の價格三千五百七圓に過ぎない之れに就き某係員の談によれば今日の朝鮮酒の勃興は實に目覺しいものであるから今後は更に移輸にあたり酒の量は減じて行くであらふ

17

조선의 풍토에 적합한 과수 채소 재배(3)

1926년 2월 24일 1면 2단

아오야마 데쓰시로青山哲四郎 씨

(1) 겨울철부터 발아 전까지 즉 11월부터 3월까지는 농한기이므로 이 기간을 이용하여 과수원을 깨끗하게 치울 것

가) 전정*을 할 때는 밑에 다다미 2, 3장 정도 크기의 마포 봉투를 이용하여 깔고 그 위에 가지를 잘라 놓고 한곳에 모아 소각할 것

나) 가지와 줄기를 청소하면서 나무껍질이 벗겨진 것, 찢어진 봉투나 남은 과일 등 매달린 것을 소각할 것

다) 과수원 주위의 잡초, 낙엽 등을 모아 소각할 것

라) 가능한 한 해빙기에 겉흙을 얕게 갈아서 심식충이나 기타 해충을 한기에 노출시켜서 동사凍死시킬 것

(2) 과실에 봉지를 씌우는 것은 6월(초 · 중순)에 끝내도록 할 것

(3) 5월(중 · 하순)에 과실 저장 창고 안의 우화**한 성충을 잡아 죽일 것

---

* 전정(剪定) : 식물의 겉모양을 고르게 하고 웃자람을 막으며, 과실나무 따위의 생산을 늘리기 위하여 곁가지 따위를 자르고 다듬는 일.

** 우화(羽化) : 곤충의 번데기가 변태하여 성충이 되는 일.

朝鮮の風土に適す果樹蔬菜の栽培【三】

青山哲四郎氏談

(一)冬期より發芽前まで即ち十一月より三月までの間は農閑期でありますから此の期間を利用して果樹園の清潔法を行ふ事

(イ)剪定を行ふ際は下に疊二枚三枚位の大きさの麻布袋利用のものを敷き其上に枝を切り落し一箇所に集め燒却すること

(ロ)枝幹の清掃としての樹皮の離脱せるもの破袋殘果等の附着せるものを燒却すること

(ハ)園の周圍の雜草落葉等を集め燒却すること

(ニ)出來る限り解氷期に表土を淺耕して心食蟲や其他害蟲を寒氣に晒し凍死せしむること

(二)袋掛は六月初中旬に終了する樣行ふこと

(三)五月中下旬果實貯藏庫内に羽化する成蟲を捕殺すること

18

상하이까지 손을 뻗친 조선산 사과

1926년 12월 9일 3면 7단

상하이시장에서 조선 사과는 크기, 모양, 빛깔이 미국산에 뒤떨어지나 가격 면에서 저렴하기 때문에 소매상에서 비교적 환영받고 있다. 그러나 수량이나 품질에서나 캐나다 및 미국산에 밀리고 있다. 즉 다이쇼大正 14년1925의 동항同港 수입 상황은 다음과 같다.

수출지	홍콩	조선	일본	캐나다	미국
수량(단위 : 擔*)	47	577	425	3,078	9,803
가격(단위 : 圓)	3,76	3,823	3,23	34,2140	140,188

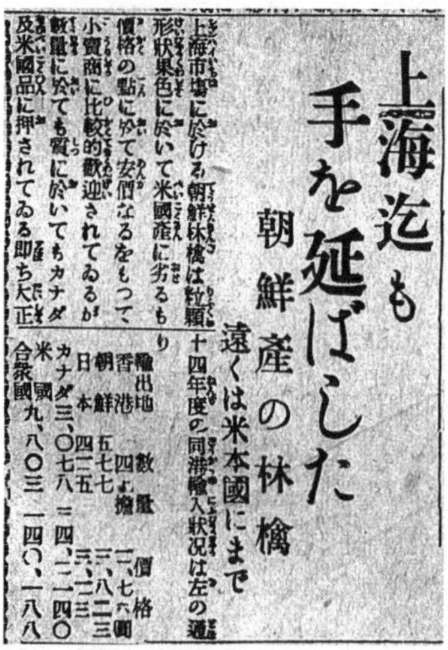
上海迄も手を延ばした
朝鮮産の林檎
遠くは米本國にまで

上海市場に於ける朝鮮林檎は粒顆形狀果色に於いて米國産に劣るもの價格の點に於て安價なるをもつて小賣商に比較的歡迎されてゐるが數量に於ても質に於いてもカナダ及米國品に押されてゐる即ち大正十四年度の同港輸入狀況は左の通

輸出地	數量	價格
香港	四七擔	三、七六圓
朝鮮	五七七	三、八二三
日本	四二五	三、二三
カナダ	三、〇七八	三四、二一四〇
米合衆國	九、八〇三	一四〇、一八八

* 담(擔) : 용량(容量) 1석(石) 혹은 중량(重量) 100근(斤)을 '一擔'이라 함.

19

조선의 전화 보급

1929년 6월 11일 2면 5단

내지인內地人 1,000명당 11대 비율

조선에 있어서 전화가입자수는 증설기增設機 및 사설 접속을 합하여 총수 38,340 가입, 즉 조선의 총인구 19,000,013명에 비하면 인구 1,000명 당 전화기 1대의 비율이다.

만약 조선 거주 내지인만을 대상으로 한 보급률을 보면 조선 거주자 455,000명에 대해 전화기 20,197대 즉, 1,000명당 60대의 비율이다. 일본내지의 전 화기수는 648,091대 즉, 1,000명당 11대의 비율이다. 이것을 주요국의 보급 상태에 비교하면 전 세계 전화기의 50%이상을 차지하는 미국의 전화기 수는 17,406,000대로 인구 1,000명 당 153대에 해당하며, 이어서 독일, 영국, 캐나다, 프랑스, 일본의 순위로 일본은 6위이다. 다음은 주요도시별 전화 보급 상태를 보면 경성은 인구 1,000명당 36대, 부산은 29대, 인천은 24대이다. 또한 도쿄東京는 인구 1,000명당 59대, 오사카大阪는 98대의 비율이다. 이것은 해외주요도시의 상황과 비교하면 전화보급이 잘 되어 있는 샌프란시스코는 인구 1,000명당 319대, 뉴욕은 253대, 베를린 106대, 파리는 99대, 런던은 71대의 비율이므로 조선에서의 보급 상태는 다른 외국에 비교하면 아직 현저히 뒤떨어진다.

朝鮮の電話普及

內地人千人につき十一個の割合

朝鮮における電話加入者數は增設機および私設接續のものを合せて總數三萬八千三百四十加入即ち朝鮮の總人口一千九百十三人に對比して人口一千人につき電話機一個の割合であるが若し在鮮內地人のみに對する普及率によるときは在住者四十五萬五千人に對し電話機二萬二百九十七個即ち一千人につき六十個の割合であるのかして日本內地における電話機數は六十四萬八千九十一個即ち千人に就いて十一個の割合であつてこれを主要國の普及狀態に比較すると世界における電話の五〇%以上を占めて居るといはれてゐる米國の電話機數は一千七百四萬六千個人口千人につき百五十三個の率であつてこれに次ではドイツ英本國カナダ佛國日本の順位で日本は第六位にある次に主要都市別に電話の普及狀態を比較すると京城は人口千人につき三十六個釜山は二十九個仁川は二十四個であり又東京は同千人につき五十九個大阪は九十八個の割合であるがこれが海外主要都市の狀態に比較すると最も電話の普及せるサンフランシスコで人口千人につき三百十九個ニユーヨークは二百五十三個ベルリン百六個メヨーは九十九個ロンドンは七十一個の割合で朝鮮における普及狀態は諸外國にくらべては未だ著しき遜色がある

20

조선의 대외무역 갑자기 미증유의 기록

1939년 11월 5일 1면 5단

재무국 조사에 따른 10월 중 조선 대외 무역액은 수출 22,890,000원, 수입 9,760,000원 합계 33,650,000원으로 수출초과 13,120,000원으로 전년 동기에 비해 수출 6,460,000원(3할 9푼), 수입 1,030,000원(1할 2푼) 합계 7,440,000원 3할의 증진을 보여주었다.

그리고 1월 이후 합계액은 수출 238,500,000원, 수입은 131,540,000원 합계 360,060,000원으로 수출초과 96,960,000원이며, 이것을 전년 같은 기간과 비교하면 수출 98,320,000원(7할 6푼), 수입 24,270,000원(2할 3푼) 합계 122,600,000원(5할 2푼)이 각각 증가하여 수출초과액 또한 전년 같은 기간에 비해 4배에 달했다.

朝鮮の對外貿易
俄然未曾有の記錄
出超實に千二百餘萬圓

財務局調査に依る十月中朝鮮對外貿易額は輸出二千二百八十九萬圓輸入九百七十六萬圓合計三千三百六十五萬圓で輸出超過一千三百十二萬圓で前年同期に比し輸出六百四十六萬圓（三割九分）輸入百三萬圓（一割二分）合計七百四十四萬圓三割餘の增進を示した

而して一月以降累計額は輸出二億三千八百五十萬圓輸入億億三千百五十四萬圓合計三一六千六萬圓で輸出超過九千六百九十六萬圓を計上し之れを前年同期に比すると輸出九千八百三十二萬圓（七割六分）輸入二千四百二十七萬圓（二割三分）合計一億二千二百六十萬圓（五割二分）を夫々增加し出超額又前年同期に比し四倍餘に達した

기획기사

4

01

우습기 짝이 없는 미신(1)

1914년 11월 4일 93면 5단(한국사데이터베이스에는 1914년 11월 14일 93면 분류)

조선인의 가축에 관한 개념, 풍습에 대해서는 주로 미신, 구전, 속설에 의한 것이 많고 너무 우습기 짝이 없어 웃음을 참을 수 없는 것이 있다. 당국이 조사한 주된 것을 기술하겠다.

1. 소가 폐사할 경우 다른 소를 키우는 자는 당분간 그 집 출입을 꺼리는 풍속이 있다. 이것은 예부터 수역獸疫이 유행하여 감염으로 힘든 경험을 겪었기 때문이다.
2. 소에 흑백의 얼룩무늬 털이 있으면 농사에 손해가 있다고 하여 그것을 꺼린다.
3. 음력 1월 1일 외양간에 밥 또는 반찬 종류를 올려서 소가 먼저 밥에 입을 대면 흉년이라고 한다. 반찬 종류부터 먼저 먹을 때는 풍년이라 하여 기뻐하는 풍속이 있다.
4. 말의 콧방울을 절개하여 콧구멍을 확대시켜 소리를 좋게 하는 것은 호흡 보조의 목적으로 호흡의 길을 크게 열어두는 것이며, 이는 자연적인 필요에 의한 것으로 따르지 않으면 안 된다고 믿고 있다.
5. 4월에 태어난 말은 눈이 보이지 않으므로 귀를 자르면 이것을 예방할 수 있다는 미신이 있다.
6. 말을 서쪽 방향에 두면 병에 걸린다고 하여 년1회 길일을 택하여 각 마

구간 입구 기둥에 붉은색 종이에 "馬似龍牛(似)▨山虎"라고 기입하여 붙여두면 소와 말이 함께 건강하다는 미신이 있다.

7. 말이 눈을 크게 떠서 희번덕하고 사지가 희면 주인을 교살하는 버릇이 있다. 또한 당나귀는 매일 5천 리를 달린다고 하며, 하루 세 차례 주인을 교살하려 한다고 전해진다. (미완성)

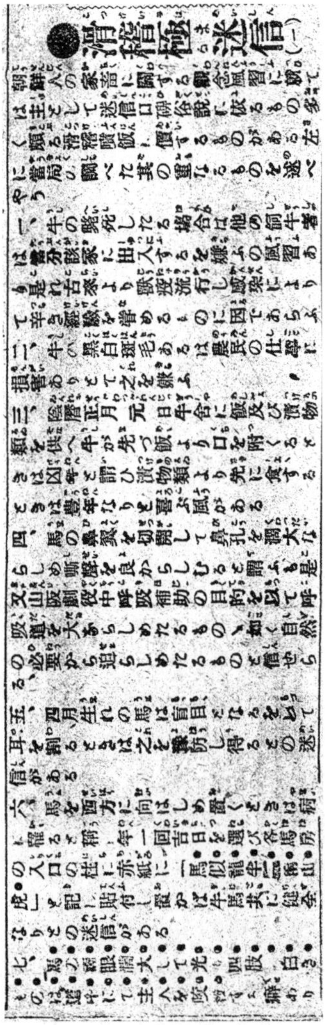

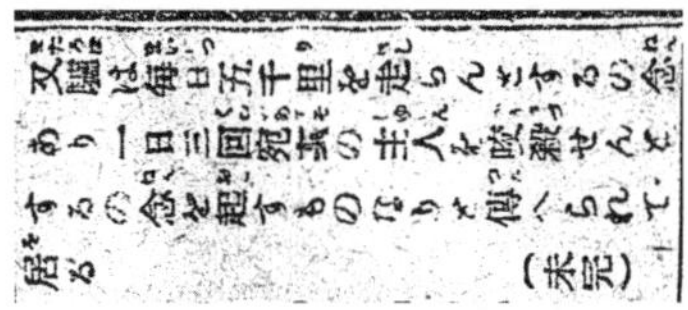

02

우습기 짝이 없는 미신(2)

1914년 11월 5일 93면 4단

8. 말고기를 먹은 자는 다른 마을로 추방하는 풍습이 있지만 최근에는 모두 없어진 것 같다.
9. 염소고기는 부인의 질병에 효과가 있고 자식 없는 부인에게 약효가 있다고 하여 사용된다.
10. 양, 돼지가 축사의 짚을 쌓으면 비가 내릴 전조라고 한다.
11. 돼지의 4 다리가 흰 것은 그해 하는 일이 틀어진다하여 꺼린다.
12. 개고기는 결혼식장에 빠트리지 않고 사용되며, 1년 중 초복, 중복, 말복에 먹으면 그해는 재난을 모면할 수 있다고 한다.
13. 개는 조선인 아이가 장소를 가리지 않고 배분한 것을 청소한다. 그래서 일종의 청결을 담당하기 위해 사육하기도 한다.
14. 음력2월은 풍신風神에게 제사를 지내기 때문에 개와 같이 불결한 것을 도살하면 좋지 않은 일이 생긴다.
15. 개가 밥을 먹지 않고 풀을 먹을 때에는 3일 이내에 비가 온다고 한다.
16. 개가 지붕위에 올라간다든지 땅을 파는 것은 그 집안사람 중에 죽거나 아픈 사람이 나온다든지 강도절도를 당할 전조라고 한다. (계속)

●滑稽極まる迷信（二）

八、馬肉を食したるものは他郡に放逐するの風習ありたるも近來は一掃せられた様である

九、山羊の肉は婦人の疾病に効あり、殊に子なき婦人に薬効ありとして用ひらる

一〇、豚が巣の中に寝藁を堆積するは風雨の兆ありと謂ふ

一一、豚の四足白き[illegible]ものは其の年の事業を破ると[illegible]

一二、犬肉は[illegible]は缺ぐべからざるものと[illegible]られ、一ヶ年中初伏、中伏、末伏の間に食せば其の年は災難を免れると云ふ

一三、犬は鮮童の處嫌はず排糞するを掃除する一具即ち一種の清潔掛りとして飼養すると云ふ事である

一四、陰暦二月は風の神を祭るを以て犬の如き不潔なるものを屠殺すると神の穢れとなると云ふ

一五、犬が飯を食せず草を食するときは三日以内に降雨ありと云ふ

一六、犬が屋上に登るか土を掘るは其家人中に死人又は病人を出すか強窃盗の來る前兆なりと稱せり

03

우습기 짝이 없는 미신(3)

1914년 11월 6일 1면 4단

16. 개의 꼬리 끝부분에 흰색 털이 있으면 일가一家에 화를 부르므로, 분만을 할 때 그 꼬리를 절단한다. 또 개의 몸 전체가 백색인 경우는 일가를 망하게 하는 전조로 즉시 폐살한다고 한다.
17. 개는 7년에서 10년 이상 기르면 그 집에 화를 끼친다. 서둘러 죽이거나 또는 매각하는 풍속이 있다.
18. 요괴가 출현할 경우는 흰색 개 또는 닭을 기르면 이를 방지한다고 한다.
19. 고양이는 요괴라고 하여 조선인은 꺼려하여 기르지 않는다고 한다. 고양이는 영리하고 일종의 마력을 가지고 있으며 항상 산신山神과 통하기 때문에 만약 고양이를 해코지하면 산신의 재앙이 있다고 한다(고양이와 인연이 있는 사람은 일종의 마력을 가진다. 이것에 관계하면 산신의 재앙이 있다고 하는 것은 우리들도 새겨야 할 것 인가).
20. 고양이의 못된 장난을 혼내면 들에 가서 뱀을 잡아 머리를 가지고 와서 몰래 주인의 허벅지 사이에 넣어 주인을 죽음에 이르게 한다는 전설이 있다.
21. 고양이가 새끼 1마리를 낳을 때에는 1번, 2마리를 낳을 때에는 2번의 대홍수가 있다고 한다. (완결)

●滑稽極まる迷信(三)

一六、犬の尾端に白色の毛あるものは一家に禍を爲すものとして分娩の際其の尾を切斷し又全身白色あるものは一家を亡すの兆ありとして直に撲殺すると云ふ

一七、犬は七年及び十年以上飼ふものは其家に災ひすとて早く撲殺又は賣却するの風がある

一八、妖怪の出現するときは白色の犬及び鷄を飼ふときは之を防止すと云ふ

一九、猫は妖怪なりと鮮人一般は之を嫌ひ飼養せず曰く猫は怜悧にして一種の魔力を有し常に山神と交り若し之を懲戒するときは山の神の祟りがあると云ふ、(猫に緣ある奴は一種の魔力を有し之に關係すれば山の神の祟りありとは吾人も服膺すべき言なるか呵々)

二〇、猫の惡戯をするときは之を懲らせば原野に至り蛇を喰ひ其の頭部を持來り竊に飼主の股間に入れて其の飼主を死に至らしむるとの傳說がある

二一、猫の子一頭を產するときは一回二頭のときは二囘の大洪水ありと云ふ(完)

04

조선인의 결혼에 대하여(상)

1916년 7월 6일 91면 4단

안동보통학교장 담화

조선인의 조혼 풍습이 예부터 이어진 폐습이라는 것은 말할 것도 없는 사실이지만 이에 대하여 문경부 안동 보통학교장은 이렇게 말하였다.

▶보통교육의 목적의 하나로서 "예로부터 이어진 미풍양속을 잃지 않는 것에 유의하는 것"과 동시에, "예로부터 이어진 악 폐습을 개선"하는 것도 필요하다고 생각하기에 저번에 이 두 방면에 대해 제가 보고 들은 것을 글로 써서 훈육자료로 교원들에게 회람시킨 적이 있습니다. 지금 그중에서 "조혼早婚의 폐해弊害"에 대해 의견을 말씀드리고자 합니다.

▶조선인, 특히 남자는 예로부터 조혼한다고 하는데, 이는 기후 관계상 조숙하기 때문에 그리 신기하게 여길 일은 아닌 듯합니다. 그러나 조선의 풍습은 실로 부자연스러움의 극치라고 생각합니다. 이 이상한 풍습은 언제부터 생겼는지는 모르지만, 아시는 바와 같이 조선에는 배우자의 유무에 따라 인격의 높낮이를 판가름한다고 하는 이상한 풍습이 있습니다. 그래서 아내가 없는 자는 가령 상당한 학식과 수완이 있더라도 소위 총각이기 때문에 사회적 대우를 받을 수가 없습니다. 따라서 빨리 한 사람으로서의 인격을 갖추고 싶다는 생각에 급히 결혼을 서두르는 풍습에 익숙해진 것일 거라고 생각이 됩니다.

▶하지만 인격이라는 것은 배우자라든가 가문이라든가 재산 같은 것과 같이 외부에서 부여받아 얻어지는 것이 아닙니다. 사회에 나가 마땅한 일을 할 수 있다면 겉모습은 총각일지라도 인격 면에서는 실로 훌륭한 것입니다. 양반 귀족이라는 칭호만을 가지고 있고 실제는 태평히 아무런 직업도 없이, 노동하지 않고, 기술도 없어 천직에 종사하지 않는 비생산적인 자들에 비하면 인격이 있는 총각 쪽이 얼마나 소중한 존재일지 모릅니다.

●鮮人の結婚に就て（上）

▲安東普通學校長談

鮮人の早婚の風習が古來の弊習たることは云ふ迄もなき事實なるが、之に就て開慶郡安東普通學校長は語つて曰く

■普通教育の目的の一として「舊來の良風美俗を失はざらんことに留意」すると同事に、「舊來の弊風陋俗を改良」することも必要だと思ひますから先般來此二方面に就て私が見聞したことを書き列べまして訓育資料として職員に回覧させたものがありますが今其中で「早婚の弊害」に就て意見を申して見ませう

■朝鮮人……殊に男子……に於ては古來早婚するそうですが、此は氣候の關係上早熟するから敢て異とするに足りないことですが、朝鮮のは實に不自然の極だと思ひます、此の變テコな風習は何時地から起つたかは知りませんが、御承知の通り朝鮮には配偶の有無によつて人格の高下を評定するといふ是亦一種變テコな習慣があります、それで妻の無い者は假令相當の學識手腕があつても所謂總角としていつまでも一人前の社會的待遇を受くることが出來ないですから早く一人前の人格を備へたいとの考から遂に結婚を急ぐといふ習慣を馴致したのであろうと思はれます

■併しながら人格なるものはそんな配偶とか門閥とか財産とかで外界より附與せられ得べきものではありません、社會に立ちて相當の働きを爲し得るならば其外形は總角であつても其人格に於ては實に立派なものです彼の徒らに兩班貴族の稱號だけを持つて居て其實際は悠々閑々一定の職業なく勞働なく技能なくて其天職を盡し得ざる非生産的の者に比べたら人格ある總角の方がどれほど尊いか分りません

05

조선인의 결혼에 대하여(중)

1916년 7월 7일 91면 4단

안동보통학교장 담화

결혼이라는 것은 인생의 최대 행사의 하나로 예로부터 관혼상제라 합니다. 그런데 우리가 하는 결혼의 목적은 건전한 가족제도를 확립하는 데 있기 때문에 조상을 섬기며 자손에게 계승해 나가게 하는 것입니다. 그래서 우리들이 배우자를 맞이할 시기는 먼저 기본적인 수양을 갖추고, 사회국가에 나가 독립할 정도의 자격을 가진 뒤여야 할 것입니다. 그런데 조선의 실태를 보면 그 빠르기가 겨우 약 10세인 경우도 드물지 않습니다. 이들은 아직 부모의 보살핌이 필요하며 독립하여 자립할만한 자격이 없으며, 두 번째로 아직 심신의 발육이 없고, 심적인 면에서는 아무런 사리 분멸도 없고 부부간의 애정 따위는 관심도 없을 때입니다. 신체적으로는 말을 할만한 것도 없는 시기이며, 더욱이 아내 될 사람은 대부분이 몇 살 연상이라고 하니 실로 모순적이며, 오히려 웃기기까지 합니다. 저의 학교 학생들의 현재 상황에 대해 조사한 결과를 참고로 말씀드리겠습니다. 다음 표를 봐주십시오.

학생 결혼 당시 연령 조사표

남편 아내	10세	11세	12세	13세	14세	15세	16세	17세	18세	計
12세					1					1
13세			1							1
14세	1								1	2
15세			1	3	2		1			7
16세		1		2		2	1	1		7
17세					1		2	2		5
18세					2	1				(2)* 3
計	1	1	2	(6) 5	(4) 6	3	4	3	1	(25) 26

10살에 14살의 아내에게 장가간 학생이 1명, 11살에 16살의 아내에게 장가간 학생이 1명, 12살에 13, 15살의 아내에게 장가간 학생이 각 1명씩 있다는 것을 제시하고 있습니다. 이 표에 의하면 결혼 당시의 평균 연령은 남편 쪽이 14세 3개월, 아내 쪽이 15세 7개월로 역시 아내 쪽이 나이가 많다는 것을 알 수 있습니다.

* 괄호의 숫자는 오기로 추정되나, 원문대로 기입해 두었다.

●鮮人の結婚に就て（中）

▲安東普通學校長談

■結婚といふことは人生の最大典の一で昔より冠婚葬祭といつてあります、而して吾人が結婚の目的は健全なる家族制度を確立するにあるので此を以て祖先に事へ子孫に繼承して行くのであります、夫で吾人が配偶を得べき時期は先づ一通りの修養を積み社會國家に立つて獨立獨行し得べきだけの資格を得た後にあるべき筈でせう、然るに朝鮮の實際を見れば早きは僅か十餘歲の者も珍らしくないのです、此等はまだ親がかりの時代で第一に獨立自活の資格がない第二には未だ心身の發育がぜろです心的方面にては何等の思慮分別もなく夫婦間の愛情なんぞ丸で無頓着な時代です、身的にては何ともお話にならない時代で而かも其婦たる者が多くは數歲の年增と來てるから實に矛盾寧ろ滑稽の極といはねばなりません、私の學校生徒の現在について調査した結果を參考のためにお話しませう此表の成績を見るのです

生徒結婚當時年齢調

妻＼夫	十歲	十一歲	十二歲	十三歲	十四歲	十五歲	十六歲	十七歲	十八歲	計
十二歲					一					一
十三歲			一							一
十四歲	一								一	二
十五歲			一	三	二		一			七
十六歲		一		二		二	一	一		七
十七歲					一		二	二		五
十八歲					二	一				二
計	一	一	二	六	四	三	四	三	一	二五

十歲で十四歲の妻を娶つた生徒が一名、十一歲で十六歲の妻を娶つたのが一名、十二歲で十三歲の妻を娶つた者及び十五歲の妻を娶つた者各一名宛あるといふことを表はしたるものです、此表に依て結婚當時の年齢を平均すると夫が十四年三月强で妻が十五年七月强となり矢張妻の年齢が多きを示して居ます

06

조선인의 결혼에 대하여(하)

1916년 7월 8일 90면 4단

안동보통학교장 담화

저는 평소에 조혼이라는 폐습을 염두에 두고 학생들을 관찰하며, 또한 일반사회를 관찰하고 있습니다. 학생들 쪽에서는 대체로 나태하고 성적 불량은 조혼자에게 많습니다. 또 기혼자로 겨우 춘정을 발동하려 하는 학생은 대체로 신체가 나약한 것처럼 보입니다. 그리고 일반 조선인을 관찰해보면, 유년 시절에는 비교적 활발하지만 성장함에 따라 점점 동작이 둔해지고 심리상태도 느려져 결국은 여보식*으로 변해버리고 마는 것 같습니다. 예부터 조선인이 세계적 위인, 대미술가, 대발명가, 문호정치가를 배출해낸 적 없는 것은 이 조혼 폐습도 분명히 그 원인 중 하나라고 믿고 있습니다.

그래서 이 악습은 하루빨리 개선하지 않으면 건전한 가족제도는 기대할 수 없을 것입니다. 식견있는 분들은 부디 분발하여 이것이 교정되도록 노력하지 않으면 안 됩니다. 특히 우리들 교육자는 사회의 선각자로서 충분히 학생들의 사상 세계를 자극하여 이 폐혜를 깨우치게 해야만 합니다. 하지만 오래된 인습은 짧은 기간의 노력으로는 개선되지 않는 것이기에 저는 항상 이 사실을 마음속에 새기고 점차 이 폐해를 배제하기 위해 역할을 다할 생각입니다. (완결)

---

* 여보식 : 스스로 하지 않고 여보라고 부르며 부인에게 의존하는 사람을 뜻하는 표현으로 추정됨.

●鮮人の結婚に就て（下）

▲安東普通學校長談

■私は日常此早婚の弊といふことを念頭に置て生徒を觀察し又一般社會を觀察して居ますが、生徒の方面に於ては概して懶惰な成績不良なのは早婚者に多きを認めます、且又既婚者で漸く春情の將に發動せんとする位の生徒は大抵身體が孱弱であるように見ゑます、又一般鮮人を觀察すると、幼年時代にありては比較的活潑機敏であるが長ずるに從つて漸次に動作が鈍くなり心理狀態も亦段々弛んで來て遂に全くヨボ式に化してしまうように見ゑます、古來朝鮮人として世界的偉人大美術家大發明家文豪政治家を生み出したことのないなどは其原因固より多々ありませうが、此早婚の弊習も確かに其一因を爲して居るのであろうと信じます

■それで此惡習は一日も早く改良一掃しなければ到底健全なる家族制度は望まれません、具眼者は是非とも奮起して此が矯正に努力しなければなりません、特に吾人教育者は社會の先覺者として十分に生徒の思想界を刺戟して其弊害を覺知せしめなければなりません、併し因習の久しき一朝一夕の努力では中々改良の實を見ることは出來ませんから私は常に此事を念頭に刻んで漸次に此弊を芟除するに勉める積りです（完）

07

조선과 유교(1)

1917년 7월 14일 1면 4단

어느 은둔자 씀

1. 서설　조선 도덕의 의의

조선인의 사회적 생활에 있어서 관습은 모두 의식적으로 유교 교학을 받아들이고 정치적 능력을 빌려 만들어진 참 유교적 관습이다. 이것이 마침내 조선인 사회의 예의범절이 되고 다시 정치력을 가지고 제도적으로 되어져 조선인들에게 도덕의 권위를 가지게 되었다. 윤리학자는 도덕의 기원을 풍속 습관에서 왔다고 하였다. 즉 영어의 모럴, 독일어의 지쓰토리쓰히카이트Sittlichkeit라는 단어도 그 어원은 풍속 습관이라는 의미이며 공자孔子가 "누군들 나갈 때 문을 거치지 않고 나갈 수 있는가, 그런데 어찌하여 이 도道를 따르는 이가 없는가"라고 말하였다. 그러나 조선인의 현재 도덕은 예부터 내려오는 조선 민족의 풍속 습관으로 갖추어진 것이 아니라 도덕학道德學을 이입하여 그 도덕에 따라 풍속 습관을 갖춘 것이다. 즉 송유宋儒 이래 송자宋子 등의 도덕학은 그 풍속 습관의 원형이다. 따라서 조선인을 이해하려면 유교를 알지 않으면 안 된다. 이것을 정리하면 다음과 같다.

일반 인류의 도덕

제1기 습관　……　무의식적

제2기 예의범절 …… 의식

제3기 도덕 …… 제재制裁적

이러한 순서로 변해왔지만 조선인의 현재 도덕 기원은 다음과 같이 완전히 정반대이다.

조선인 도덕

제1기 …… 재래 풍속 습관의 타파 …… 제재적

제2기 …… 유교 도덕의 보급 …… 제재적

제3기 …… 입법적 예의 범절 …… 의식적

제4기 …… 현재의 풍속 습관 …… 무의식적

이것은 지금으로부터 500~600년 전후 위정자가 절대적으로 불교를 배척하며 도교 박멸 및 재래 풍습을 폐지하고 유교를 조선 민족에게 보급하여 오늘에 이르고 있기 때문이다.

이와 같이 조선인의 도덕은 정치적 세력에 의한 사회적 기원을 가지고 있기 때문에 다른 인류의 도덕과는 취지를 달리하는 것은 당연하다. 그 사상은 완전히 모방적이면서 맹종적이고 형식적이다. 현재 조선인이 의관 의복을 동일하게 하거나, 3년 상을 지내는 것은 모두 독창적인 것이 아니다. 조선인의 도덕이란 유교 그 자체라고 해도 틀리지 않을 것이다.

2. 조선인 도덕의 특색

조선인의 도덕은 유교를 따르기 때문에 동양 윤리의 일부분이라는 것은 말할 필요도 없다. 더구나 동양 윤리와 서양 윤리는 각각 다른 특색을 갖고 있다는 것도 말할 필요도 없으며 소크라테스와 공자의 인격과 언동은 자연히 다르다. 지금 조선의 윤리 및 도덕의 특색을 설명하기에 앞서 동서 윤리를 비교해 보자. 이를 위해 소크라테스와 공자의 교육법을 예로 들면

1. 동양 윤리

공자孔子…는 3천의 제자가 있었는데 지적 방면의 인물을 쉽게 찾을 수 있다. 즉 증자曾子, 안회顔回, 자하子夏 모두 덕행에 중점을 두었다……감정적……창의력 없음.

2. 서양 윤리

소크라테스…지적 탐구를 중시하며 그 제자로는 플라톤, 아리스토텔레스와 같이 모두 지식에 중점을 두었다……지적……독창적…….

이 차이를 보아도 바로 알 수 있듯이 공자의 가르침에 근원을 둔 조선의 윤리 도덕이기 때문에 물론 지적 창의력이 있을 리가 없다. 특히 조선에서는 선현先賢, 성인聖人의 가르침에 절대복종이라는 조건이 있었기 때문에 독창적인 윤리학설을 세우려는 자가 있으면 즉시 단죄에 처해질 정도였다. 자연과학 같은 것도 중국인의 조박을 핥고* 있는 정도라서 이렇다 할 독창적인 것은 없다. 따라서 조선의 윤리 도덕을 다른 것과 비교하면 (1) 서양 윤리와의 비교는 물론 동양윤리 대 서양윤리로 동일하게 추려 말할 것도 없고 (2) 일본 윤리와는 아주 큰 차이가 있다. 즉 일본의 현재 윤리는 서양의 자연과학 및 윤리와 동양의 그것을 절충하고 순수한 일본 풍속과 혼합한 것으로 세계에 견줄 것이 없지만, 조선의 윤리는 완전히 유교밖에 없고, (3) 중국 윤리와

* 조박(糟粕)을 핥다 : 남의 학설이나 수법의 모방에 그쳐 새로운 맛이 없다.

동일하지만 다소 차이가 있다. 조선 윤리 도덕의 특색은 대략 다음과 같다고 할 수 있다.

1. 송유이기宋儒理氣 학설의 감화感化
2. 주자학의 감화
3. 비선비불非仙非佛인 단교檀敎의 감화
4. 형식적 예의범절 정비
5. 효孝, 제悌 도리의 발달
6. 장유長幼의 순서 정비
7. 남녀 구별의 비교 정비

이 내용에 대해서는 순차적으로 설명하기로 한다. (미완성)

朝鮮と儒教（一）

序説　某隱者述

朝鮮道德の意議

朝鮮人が社會的生活上に於ける慣習は全く意識的に儒教の教學を容れて政治的能力を借つて拵へ上げた眞の儒的習慣である而して之れが聽て鮮人社會の禮義作法となり更に政治の力を以て制裁的となされ朝鮮人道德の權威を生むたのである、倫理學者は道德の起源を繹ねて風俗習慣から來て居ると云ふ即ち英語のモーラル獨逸語のジツトリツヒカイトなる言葉も其の語源は風俗習慣と云ふ意味であり又漢字の道と云ふことも人の踏む道と解せらるゝ孔子の「誰か出づるに戸に由らざらん何んぞ斯道に由るなからん」と。然しながら朝鮮人現在の道德は朝鮮民族古來の風俗習慣で拵らへられたのでなく他から道德學を移入して其の道德に依り風俗習慣を拵へられたものである即ち宋儒以來朱子等の道德學は其の風俗習慣の原型である、故に朝鮮人を理解せんとせば儒教を知らなければならぬ今之れを表記すれば

一般人類の道德
- 第一期慣習……無意識的
- 第二期禮義作法－意識
- 第三期道德……制裁的

此の如く順序に變化して來て居る然るに朝鮮人現在道德の起源は

鮮人道德
- 第一期…在來風俗習慣の打破……制裁的
- 第二期…儒教道德の普及……制裁的
- 第三期…立法的禮義作法……意識的
- 第四期…現在の風俗習慣……無意識的

とまるで正反對である之れは即ち今より五六百年前後から爲政者が絶對に排佛棄釋、道教撲滅及在來の風習を廢止して、儒教を朝鮮民族に普及して今日に及むだからである斯くの如く朝鮮人道德が政治的勢力を以て起されたる社界的起源を有して居るから他の人類の道德なるものと頗る趣を殊にして居るのは當然で其の思想は全く摸倣的であると共に盲從的・形式的なることは必然である現在朝鮮人が衣冠衣服を同一にせるが如き、三年の喪に從ふが如き其の總ては更に獨創的なるものなく朝鮮人道德とは儒教其のものなりと云ふて差しつかへはない

二、鮮人道德の特色

鮮人道德は儒教に則つとるが故に東洋倫理の一部分なることは云ふま

でもない、而かして東洋倫理と西洋倫理とは各異る特色を有するは云ふまでもなく、ソクラテスと孔子との人格言動は自から異つて居る、今朝鮮の倫理及道德の特色を述ぶるに先ち東西倫理の比較を見やう而して之れをソクラテスと孔子の教育法に例を取れば

一東洋倫理

孔子……は三千の弟子が有つたが智的方面の人物を見出さぬ即ち曾子、顔回、子夏等悉く德行に重きを置いた……感情的……無創見……

二西洋倫理

ソクラテース……智的探究を重んず其の弟子にはプラートアリストートルの如き悉く智識に重きを置いた……智的……獨創的……。

此の相違を見てもすぐ判ることで有るが、孔子の教に源を發せる朝鮮の倫理道德のこと故、無論智的創見の有らふ筈はない殊に朝鮮では先賢聖人の教に絕對服從と云ふ條件が有つたから獨創的な倫理學說を建てるものが有つた時は忽ち斷罪に遭ふた位である、自然科學の如きも支那人の糟粕を嘗めて居る許りで之れと云ふ創見はない依て朝鮮の倫理道德を他と比較すると

一西洋倫理との比較

は無論東洋倫理對西洋倫理と同一で取立てゝ云ふまでもなく(二)日本の倫理とは大變な相違がある即ち日本

現今の倫理は西洋の自然科學及倫理を東洋の其れとを折衷して純大和風俗と混和した世界無比のものであるが朝鮮倫理は全く儒教一手であるてと(三)支那倫理とは同一であるものゝ又其の間に多少の相違があるそこで朝鮮倫理道德の特色は大略左の如きものであらふ

一、宋儒理氣の學說の感化
二、朱子學の感化
三、非仙非佛の檀教の感化
四、形式的禮義作法の整備
五、孝、悌の道の發達
六、長幼の序の整備
七、男女の別の比較的整備

等である此の內容に到りては順次說明することゝしやうゝ(未完)

08

조선과 유교(2)

1917년 7월 15일 1면 5단

어느 은둔자 씀

(3) 서설 조선 윤리 연구의 필요

조선인 1500만 명은 새롭게 동포로서 우리 일본 제국의 인민이 되었다. 제반 설비는 유감없이 정비되어 왔다. 그러나 조선인의 심리상태 연구는 쓸모없는 짓으로 여겨져 아무도 이에 대해 세밀한 주의를 기울이지 않는다. 참으로 개탄스러운 일이다. 이뿐만 아니라 일반인은 동양 윤리조차 권위 없는 것으로 생각하고 헛되이 서양 논리에 심취해가는 형국으로 우리가 동양인이라는 것을 잊어버린 것 같다. 더욱이 우리는 무의식적으로 그 은택으로 살아가고 있는 것도 잊고 있다. 나는 먼저 동양 윤리 연구의 필요를 역설하는 동시에 조선인의 윤리 도덕 관념觀念 및 풍속 습관 연구가 긴급하다고 생각하는데 그 이유를 기술하면 다음과 같다.

제1. 정치상 새로운 동포 백성이 어떠한 도덕에 살고 있는가, 그 사상은 어떠한가를 연구하지 않으면 반도半島를 완전히 통제하는 것은 도저히 기대하기 어렵다. 이것을 세계의 식민지정책에서 예를 들면 이슬람교가 왕성한 인도에서 갑자기 기독교의 논리 관념에서 갈라져 나온 정책을 수행한다면 좋은 결과는 얻을 수 없다. 또 남태평양 원주민에게 낡은 관습을 타파하고 가장 진보한 서구 문명을 심는 것도 곤란하다. 조선도 마찬가지로 갑자기 순 일본식 정치를 행하는 것은 불가능하다. 그러므로 먼저 1,500만 명 국민이 사상근저思想根底를 이루는 유학 사상을 계몽유화啓蒙誘化하는 방침으로 나가야 한다.

제2. 국민도덕상 우리 국민 특유의 도덕은 중국의 윤리 사상과 깊은 관계가 있다. 따라서 중국사상 그대로를 계승하고 있는 조선인과는 밀접한 관계가 있다. 그러므로 재래의 조선인 사상을 지금 조금 유도한다면 순수한 일본국민 도덕은 즉시 조선인에게 심어지게 되므로 내선동화內鮮同化에 대단히 편리할 것이다. 가장 빨리 이것에 도달하기 위해서는 조선인의 유교를 일본적 사업으로 바꾸어야 한다.

제3. 교육상 조선인 교육을 가장 신속하게 하려면 유교의 형식을 취하는 것이 최대로 편리한 것은 말할 것도 없다.

이와 같이 어떤 방면에서 봐도 조선인을 이해하고 내선동화를 서두르려면 우리가 먼저 조선인의 윤리 도덕, 즉 조선인의 유교를 알아야만 한다.

●朝鮮と儒教（二）

序說　某隱者述

（三）朝鮮倫理研究の必要

朝鮮人一千五百萬民は新附同胞として我日本帝國人民となり諸般の設備は遺憾なく整ふて來た。然し乍ら朝鮮人の心理狀態の研究は無用の閑事業かの如く考へられ何人も之に對して精細な注意を拂はない、誠に慨嘆すべきとで有つて之れのみならず一般人は東洋倫理すら權威なきものとして徒らに西洋倫理に心粹して行くの有樣で有つて吾人は東洋人であるてふことも忘れたかの如くである然るあることをも忘れている余は先づ東洋倫理研究の必要を力說すると共に此の朝鮮人の倫理道德觀念及風俗習慣の研究が緊急なることとして左に其の理由を述ぶる

第一、政治上　より云はんか新附同胞の民が如何なる道德に生きつゝあるか、其の思想は怎うであるかと云ふ一事を究めねば到底半島統御の完全は期し難い。之れを世界の植民地政策に就て見るに例へば回々敎の盛な印度人に俄かに基督敎の倫理觀念から割り出された政策を遂行する如きは迚も善良な結果は得られない又南洋の土人に最も進步した西歐文明を直に舊習を打破して植付くるも困難である、朝鮮の如きも俄かに純日本式な政治を行ふは不可能である而して先づ一千五百萬民の思想の根底をなす儒敎思想を啓發誘化する方針に出でなければならぬ

第二、國民道德上　我國民特有の道德は支那の倫理思想と淺からざる關係がある。從つて支那思想そのまゝを享けて居る鮮人とは密切な關係を生じて居るが故に、在來の鮮人思想を今少しく誘導せば純粹な日本國民道德は直に鮮人に植付けらるゝので有つて此の點に於て內鮮同化上頗る便利を有し最も早く之れに到達するには鮮人の儒敎を日本的事業に轉化せしむるにある

第三、敎育上　鮮人敎育を最も速やかならしむるには儒敎の形式を取るを最大便利とする之れは多く云ふまでもない

敍上の如く如何なる方面より見るも鮮人を理解し內鮮同化を早からしむるには吾人先づ鮮人の倫理道德即ち鮮人の儒敎を知らねばならぬ

09

조선과 유교(5)

1917년 8월 4일 1면 6단

어느 은둔자 씀

개설 조선인의 가족주의

조선에서 유교에 감화받은 것 중에서 가족주의만큼 깊게 들어간 것은 없다. 중국민족의 제천祭天풍습 및 조상에게 제사를 지내는 풍습은 일본 민족과 조선 민족에게 많은 감화를 주었다.

조선인은 특히 조상에게 제사 지내는 것과 부모를 모시는 것이 가장 중요한 인생의 행위라는 마음가짐을 지니고 있다(후절 조선인 풍속과 유교 참조).

그러나 가족 중에서는 부부가 중심이다. 중국은 옛날 남녀 간의 관계도 비교적 엄격하지 않았는데 유교가 생겨난 이래 부부라는 것이 상당히 의미있는 것이 되었다.

조선인의 부부 관계에 대한 사상은 완전히 주역周易에 기인한다. 즉 서괘전序卦傳에 천지天地가 있고 후에 만물萬物이 있다. 만물이 있고 후에 남녀가 있다. 남녀가 있고 후에 부부가 있다. 부부가 있고 후에 부자父子가 있다. 부자가 있고 후에 군신君臣이 있다. 군신이 있고 후에 상하上下가 있다. 또 하단전下彖傳가인괘家人卦(원문은 下彖傳家人封)에는 "집안 사람은 여자가 안에서 자리를 바르게 하고家人女正位乎內" 등 이하는 오늘날 조선인의 가족주의의 근원이다.

가족이 중심이 되려면 반드시 자식이 필요하다. 자식은 처가 임신하는 것이므로 임신하지 못하는 처는 떠난다. 조선에도 부인 칠거七去 제도가 있는데 이것은 매우 중요하다.

그러나 근대 조선인은 처가 임신하지 못하면 첩을 둔다. 첩은 2명이든 3명이든 둘 수 있다. 언뜻 일부다처주의를 띠고 있다. 내지內地에서는 '첩'을 가진다는 것은 그 사람의 가치를 떨어뜨리지만 조선인은 일반적으로 '첩'을 가지는 것을 일종의 자랑처럼 생각한다.

그리고 많은 조선인을 보면 처첩妻妾이 같이 산다. 예를 들면 어떤 양반 집에는 본처 외에 첩을 3명이나 두었다. 더욱이 4명의 여자는 양반 한 사람을 두고 화목하게 지냈다. 만약 이런 일이 내지에서 있었다면 본처와 첩이 같이 사는 것은 불가능 한것이 틀림없다. 그것을 불가능하게 하는 것은 '질투'다. 그러나 조선인들 사이에는 부덕婦德으로서 질투만큼 나쁜 것은 없다고 한다. 이것이 바로 유교의 감화이다. 주남교목周南膠木에 이르기를 '메뚜기 날개소리 많고 많은데 마땅히 그대의 자손 더욱 떨치네'라고 하여 질투하지 않는 것을 찬미하였다. 이 찬미는 조선에서 처첩이 같이 사는 것과 잘 맞아떨어지는 내용으로 오늘날 많은 조선인 여자는 질투심이 없는 것이 거의 선천적이라고 말할 정도이다. 그래서 조선인은 이 사상으로부터 질투방지법까지 생각해 냈다. 이른바

▲…… 질투하는 것을 …… 말라

(用意以仁七介作索雄雌象以婦人髮貫之納衣領中原不妬.)

이것은 질투를 막는 방법이다.

이상과 같이 처첩이 같이 산다든지 질투를 방지하는 것에 이르기까지 모두 중국 유교의 가족주의에서 온 것이다.

朝鮮と儒教（五）

概説　某隠者述

▲鮮人の家族主義

朝鮮に於ける儒教の感化中に於ては此の家族主義程深入りをして居るものはないのである、支那民族の祭天の風及、祖先を祭る風は日本民族と朝鮮民族とに多大の感化を與へた

朝鮮人は殊に祖先を祭ることと父母を祀ることが最も重大なる人生の行事と心得で居る（後節鮮人風俗と儒教參照）

而して家族の中では夫婦が本位である支那の大古は男女間の關係も比較的嚴格でなかつたとの事であるが儒教生れて以來、夫婦なるものは非常に有意義のものとなつた

朝鮮人が夫婦の關係に對する思想は全く周易に起因して居る即ち序封傳の

天地有りて後萬物あり、萬物ありて後男女あり、男女在りて後夫婦あり夫婦ありて後父子あり父子ありてのち君臣あり君臣ありて後上下あり

又は下彖傳家人の封の「家人女正位乎内」云々以下等は今日鮮人は家族主義の根元である

家族の本位としては必ず子供を要する子供は妻の妊孕に依る故に妊孕せない妻は去る。朝鮮に於ても婦人七去の制に大に主んぜられて居る所が近代の朝鮮人は妻が倘し孕妊せなければ妾を置く妾は二人でも三人でも置くことが出來る一見一夫多妻主義を帶びて居る内地では「妾」を持つと云ふことは其の人の價値を下げるのであるが朝鮮人は「妾」を持つことが一種の誇りであるかの如く一般に思ふて居る

而して多くの鮮人の從來を見ると妻妾が同居して居た例へば或る兩班の家には本妻の外に妾が三人も置いてある然も四人の女は一人の兩班を守つて仲睦じく暮して居る倘し之れが内地でもあつたならば本妻と妾との同居なぞは迚も不可能事に相違ない。其の不可能とは「嫉妬」である。

然るに朝鮮人間には婦徳として嫉妬位惡いものはないとせられて居る。●●●之れ即ち儒教の感化であつて周南膠木に曰く

●螽斯羽。洗々今宜爾子孫振々今

と云つて嫡妬せないのを讃美した。其の讃美は朝鮮の妻妾同居には甚だしく都合がよかつたので今日多くの鮮人女は嫉妬心なきこと殆ど先天的とでも云ひ度い位である

で朝鮮人は此の思想からして嫉妬止めの法まで案出してある曰く

▲止……妬……

用意以仁七介作索雄雌象以婦人髮貫之納衣領中原不妬。

之れ嫉妬止めの方法である

叙上の如く妻妾同居とか又は嫉妬止めとか云ふものに到るまで悉く支那儒教の家族主義より來たれるものである。

10

조선과 유교(7)

1917년 8월 7일 3면 5단

어느 은둔자 씀

1. 개설 조선인의 계급

당국자가 말하기를 조선에서는 개국 503년 개혁* 때에 이르기까지 왕족인 종친 외 사족士族, 서민 및 천민의 구별이 인정되었다. 사족은 양반兩班이라고 부르며 문반과 무반의 의미로 문무관文武官으로 임명된 자와 일족을 칭한다. 문무관의 임용은 과거제에 따르며 양반은 사회적 상위에서 여러 특권을 누렸는데, 문반을 동반東班, 무반을 서반西班이라 칭하였다. 또 지방 호족을 토반土班이라 칭하였다. 서민은 상민常民이라 칭하고 농상공農商工에 속하며, 상인 중 별도로 중인中人을 구별하였는데 의醫, 역관譯官, 서리胥吏 등이 여기에 속한다. 천민은 공천公賤과 사천私賤으로 나누는데, 공천에는 관노비, 관기官妓, 역졸 등이 있고, 창부娼婦, 무당, 승려, 사노비私奴婢 등은 사천私賤에 속한다. 그리고 조선인은 모두 성姓을 가지고 있지만, 노비는 성을 가지지 못하고 단지 이름만을 사용한다. 또 양반이 토지나 가옥 등을 매매할 때는 특히 노비의 이름을 사용하게 되므로 토지대장인 양안量案에는 소유자로서 노비의 이름을 사용하는 것을 예로 들 수 있다. 그러나 이들 제도와 풍습은 개화 때부터 점차

---

* 1894년 갑오개혁을 의미한다.

없어지고 병합 후에는 왕족 및 귀족 외 구별하지 않고 국민이라고 칭한다. 또 국민 중에 백정이 있는데 13도道 각 곳에 부락을 이루어 산재한다. 일종의 천민으로 대우받으며 피혁, 정육, 신발 등의 제조 판매를 생업으로 하였는데 지금은 구별하지 않기에 이르렀다고 한다.

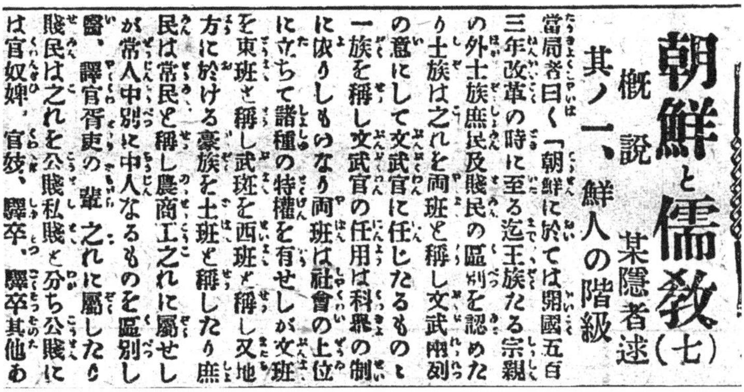

朝鮮と儒教(七)

概説　某隠者述

其ノ一、鮮人の階級

當局者曰く「朝鮮に於ては開國五百三年改革の時に至る迄王族たる宗親の外士族庶民及賤民の區別を認めたり士族は之れを両班と稱し文武兩列の意にして文武官に任じたるものと一族を稱し文武官の任用は科擧の制に依りしものなり両班は社會の上位に立ちて諸種の特權を有せしが文班を東班と稱し武班を西班と稱し又地方に於ける豪族を土班と稱したり庶民は常民と稱し農商工之れに屬せしが常人中別に中人なるものを區別し醫、譯官胥吏の輩之れに屬したり賤民は之れを公賤私賤と分ち公賤には官奴婢、官妓、驛卒、驛卒其他あ

り娼婦、巫覡、僧尼、私奴婢の類は私賤に屬したり、而して朝鮮人は皆姓を稱せしも奴婢は之れを稱せず唯名のみを用ひたり又両班が土地家屋等を賣買するに當りては特に奴婢の名を用ひ隨つて土地臺帳たる量案には所有者として奴婢の名を用ゆるを例としたり然るに是等の制度風習は改革の時より漸次廢滅し併合後に於ては王族及貴族の外、族稱上の區別を認めず隨つて國民なる稱呼亦存せず、又國民中に白丁なるものあり十三道中各所に部落をなして散在し一種の賤人として待遇せられ皮革、獸肉、履物等の製造販賣を生業とせしが今は其の區別を認めざるに至れり云々

11

조선과 유교(8)

1917년 8월 8일 93면 5단

어느 은둔자 씀

4. 개설　관례와 신체발부

조선의 관례에 대해 당국의 기술記述에 "조선에서는 남자는 반드시 관례를 올려야 한다. 관례는 어린아이가 성인의 영역으로 들어가는 의식으로 다른 말로 원복元服이라고도 한다. 본래는 15세를 지나 행하였으나 조혼 풍속에 따라 11, 12세에 하는 자도 있다. 관례를 치르기 전에는 머리카락을 땋아 뒤로 늘어뜨리는데 이것을 총각이라고 칭한다. 그리고 관례를 치른 뒤에는 상투를 틀고 갓을 쓰고 어릴 때의 이름을 본명으로 바꾸는데 이것을 관명冠名이라고 한다. 관명은 오행상생五行相生, 즉 목생화木生火, 화생토火生土, 금생수金生水, 토생금土生金, 수생목水生木에 따라 만약 아버지가 화火의 글자를 사용한다면 아들은 토행土行의 문자를 사용한다. 문자의 오행은 편偏, 방旁, 미尾, 획劃, 의義를 표준으로, 예를 들면 근根이라는 글자는 목편木偏이기 때문에 목행木行에 해당하고, 열烈이라는 글자는 화미火尾이기 때문에 화행火行이 된다. 요즘은 단발을 한 사람이 조금 많아졌지만 관례를 올리려는 관습은 개선되지 않았다 등" 조선인의 관혼상제는 완전히 유교식이라는 것은 다시 말할 필요도 없기 때문에 길게 말하지 않겠지만, 여기 재미있는 이야기가 있다.

최근 조선인이 단발을 하고부터 신新조선어 '치발이' 혹은 '치바리'라는 속어가 유행하고 있다. 즉 "치바리요"라고 하면 곤란하다. "아주 두 손 들었습니다"처럼 본의가 아닌 것을 나타내는 말이다. 그런데 이 '치바루'는 '제발除髮'의 조선음과 상통하고, 조하쓰除髮의 음도 '치바루'에 가깝다. 그래서 곤란한 일 중에 단발하는 것이 가장 곤란하기 때문에 "제발除髮입니다"를 "곤란합니다" 대신에 사용하게 되었다고 할 수 있다. 이것이 바로 형식적인 유교 풍속의 상징으로 여전히 유학을 따르는 조선인은 산발散髮을 거부하고 있다.

언젠가 조선인에게 "왜 당신은 단발을 하지 않는가, 왜 상투를 없애지 않는가"라고 물어보니 조선인이 대답하기를 "이것은 관례 때 부모가 직접 묶어 주신 것이다. 평생 간직해야 한다. 유자儒者가 이르기를 신체발부身體髮膚는 부모에게 받았다는 말이 있다. 즉 단발을 하는 것은 부모에게 불효이기 때문에 …"라고 대답하였다.

이것은 조선인이 유학에 들어와서 유학에 나쁜 영향을 받은 것으로 특별히 단발이 부모에게 불효하는 것도 아닌데 많은 조선인은 머리카락을 잘라버리는 것을 죄라고 여기고 있다. 반대로 이것을 보면 조선풍속이 얼마나 유교에 깊이 자리 잡고 있는지는 말할 것도 없다(뒤의 유교와 관혼상제 참조).

또 그외는 들어가 유교와 풍속 부분에서 상술하기로 한다. 요컨대 조선인과 유교는 이 정도까지 깊은 인연이 있다는 것을 알았으면 한다.

朝鮮と儒教（八）

概説　某隱者述

（其の四）冠禮と身體髮膚

朝鮮の冠禮に就て當時の記述に曰く「朝鮮に於ては男子は必ず冠禮を行ふこととなれり冠禮は童幼が成人の域に入るの禮にして一に元服とも云ひ本來は齢十五才を過ぎて之れを行ふべきものなるも風俗早婚を競ひ十一二才にして之れを行ふ者さへあり冠禮を行ふ前に在りては此髮を編みて後に垂れ之を總角と稱す然るに冠禮行ひたる後は髻を結び漆笠を戴き冠禮と共に幼名を本名に改め之れを冠名とも云ふ冠名は五行相生即ち木生火、火生土　金生水、土生金、水生木により父が倘し火字を用ゆれば子は土行の文字を用ゆる文字の五行は偏旁尾劃義を標準とし例へは根の字は木扁故に木行とする烈字は火尾なる故火行とする、今日は斬髮を行ふもの漸く多けれど冠禮を習ふの習は革らず云々」云ふまでもなく朝鮮人の冠婚葬祭は全く儒式なることゝ

は贅言するまでもないから多くは申さぬが玆に面白い話がある

最近朝鮮人が斷髮を行ひ出してから新朝鮮語「チーパルイ」又は「チーパリ」と云ふ俗語が流行つて居る即ち「チーパリヨ」と云へば困ります「大に閉口します」などと不本意を表す語である、所で此の「チーバル」とは「除髮」の鮮音と相通じ除髮の音も「チーバル」に近い故に困るものゝ内で一番斷髮さるのが困るが故に「除髮です」を「困ります」の代りに用ゆることとなつたと云ひ得る之れが即ち形式的儒教風俗の象徴であつて儒學味を帶びた鮮人は散髮を拒んでゐる

或る時鮮人に對して

「何故貴方は斷髮せないか何故髻頭（チヨンマゲ）を取らないか」と聞いた所が鮮人曰く

「之れは冠禮の際父母が自から結ふて呉れた終生のものである儒者の言に身體髮膚之れを父母に受く云々の語がある即ち斷髮をなすは父母に不孝である故に……」と答へた

之れ鮮人が儒學に入つて儒學に毒せられたもので何も斷髮が親不孝にもなるまいが多くの鮮人は髮の毛を斬り捨つるを罪と心得ている、飜へつて之れを見れば如何に朝鮮風俗が儒教に深きかは多くを云ふまでもない

（後〻儒教と冠婚葬祭參照）

尚其他の　は本論に入つて儒教と風俗の處で詳述する要するに朝鮮人と儒教とは之れ程までに深い因縁を存することを玆で知つて貰へば好いのである

12
조선과 유교(11)

1917년 8월 16일 90면 5단

어느 은둔자 씀

1. 본론 조선인과 공자

2) 박문약례博文約禮*

이상과 같이 '인仁'에 대한 조선인의 이해를 한 마디로 표현할 수는 없지만, 요컨대 조선인에게 인은 크게 모든 선이 총괄된 것이다. 즉 공자孔子 전체가 인이라는 것에 귀착한다. 다만 현재 조선인이 받아들인 '인'에 대한 감화는 다소 '인의 지적 방면'으로 치우쳐 있다. 예를 들면

"강직하고 의연하며 절박하고 과묵함은 인仁에 가깝다."

라는 말이 있다. 그러나 조선인의 인은 말하는 것이 거침이 없고 사변四辯과 팔음八音으로 사람을 설복시키는 것처럼 지적인 덕행가德行家를 지향하는데 가깝다. 전술한 바와 같이 '철哲'과 같은 의미이기 때문이다. 덕분에 조선인은 내지인보다 상당히 웅변이 좋다. 이 점은 조금 조선인을 이해하는 것으로 반드시 조선인이 내지인內地人 이상으로 웅변을 농락할 수 있음을 시인하는 것인데 이것이 반드시 인仁의 진짜 의미가 아닌 것은 물론이다. 하지만 재미있는 것은 인이 있는 사람 '어진 사람'이라는 것을 조선의 시골 등에서는 훌

---

* 박문약례(博文約禮) : 논어에 나오는 말로 널리 학문을 닦아 사리를 연구하고, 이것을 실행하는 데 예의로써 하여 정도에 벗어나지 않게 한다는 뜻이다.

륭한 철인哲人이나 성인聖人과 반대로 말이 많고 거짓인 사람 '어질한 사람'이라 부른다.

이것은 물론 일본어로 바보를 가리켜 대장이나 두목이라고 부르는 것과 비슷한데 그렇다고 해도 조선의 유교가 인仁으로서 지智로 치우쳐 있는 것을 알 수 있다. 만약 내지內地의 인과 조선인의 인을 문자상으로 비교해 보면

(德)강직하고 의연하며 절박하고 과묵함은 인에 가깝다 – 내지인

(德)교묘하게 잘 말하는 것이 인에 가깝다 – 조선인

라고 할 것이다. 덕德이라는 점은 변하지 않지만 이 덕을 행하는 데 있어 전자는 실천적이고 후자는 성리적인 것을 드러내는 것으로 이 인仁에 도달하기 위해서는 '박문약례'하지 않으면 안 된다. 즉

공자가 말하기를 군자가 글을 널리 배우고 예로써 단속한다면 또한 도에 어긋나지 않을 것이다.

옹야편(雍也篇)

넓게 배우는 것은 공자의 근본으로 잡학으로 빠지지 않기 위해 예로써 하라는 것이다. 그런데 조선의 유교는 주자朱子를 따르기 때문에 오직 심성이기心性理氣의 연구로 들어가기 위해 대단히 고루한 학문을 낳았다. 공자의 '박문博文'은 완전히 등한시되어 전혀 '박문'하는 것 없이 헛되이 약례約禮를 약례로만 좇아 조선인은 옛날부터 심하게 형식적이고 편협한 유학적 식견에 익숙해져 있어서 정말이지 어쩔 수 없는 상황이다. 그러므로 조선인들이 본 공자는 '인仁의 반쪽', '박문약례'의 '박문'이라는 일면을 등한시한 작은 공자일 뿐이었다.

朝鮮と儒教（十一）

某隱者述

▲本論

一 朝鮮人と孔子

其ノ二 博文約禮

叙上の如く「仁」に對する鮮人の理解は一言にして盡すことは出來ないが要するに鮮人をして云はしむれば仁は廣大にして萬善の總括されたものであると云ふ即ち孔子の全體が仁であると云ふに歸着する、唯然し現在鮮人の受けた「仁」の感化は多少「仁の智的方面」に流れて居る例へば

「剛毅朴訥は仁に近し」

と云ふ言葉がある然しながら鮮人の仁は雄辯滔々として四辨八音を以て人を說伏するやうな智的德行家を指すに近いそは前述の如く「哲」に同意味であるからである其のお影で鮮人は內地人より數等雄辯である此の點は少しく朝鮮人を解するものは必ず鮮人が內地人以上に雄辯を弄し得ることを是認するのであるが之れは必ずしも仁の眞意でないことは勿論である然し玆に面白いのは

仁なる人「オヂルハルサラム」と云ふことを或る朝鮮の田舍などでは立派な哲人聖人の反對に

多辯詐妄の人「オヂルハンサラム」

と云ふて居る

之れは勿論內地語で馬鹿を稱して大將と云ひ御大と申すのに類するが其れにしても朝鮮の儒教が仁をして智に傾かしめて居ることが判る假に內地の仁と鮮人の仁とを文字上で比較して見れば

（德）剛毅朴納仁に近し——內地人

（德）巧言能辯仁に近し——鮮人

となる德の點に於ては變らぬが此の德を行ふ點に於て前者は實踐的であり後者は性理的であるを表明するので此の仁に到達するには「博文約禮」でなければならぬ即ち

子曰く、君子博學於文。約之以禮亦可以弗畔矣（雍也篇）

である博く學ぶは孔子の本領であるか雜學に流れない爲に禮を以てする所で朝鮮の儒教は朱子の流れを汲むだために一圖に心性理氣の研究に入りために固陋極まる學を生み孔子の「博文」は全く閑却されて終ひ全く此の「博文」の風なく徒らに約禮に約禮を以てし從つて朝鮮人は古來から甚だしき形式的な偏狹な儒學的見識に馴らされたので、誠に是非もない次第である故に朝鮮人より見たる孔子は「仁の半面」「博文約禮」の「博文」の一面を閑却された少さい孔子であつたのである

13

조선과 유교(14)

1917년 8월 19일 92면 6단

어느 은둔자 씀

4. 본론 송유宋儒*의 감화

전술한 바와 같이 조선에는 노자老子의 감화가 있었던 것이 명백하다. 그런데 이 노자 및 송유의 이기理氣 학설과 함께 불교를 섞어 만든 것이 단교檀教이다. 주로 송유를 중심으로 하기 때문에 특별히 여기에 단교를 설명하고 다음으로 넘어가기로 한다.

단교에 대해서

본▨은 특히 초안이므로 구어체로 되어 있는 것을 양해 바란다.

1. 머리말

— 조선인이 일본인이 된 지 벌써 7년이 됩니다. 그동안 여러 종교를 믿게 되었습니다만 그중에서 가장 널리 믿고 있는 것이 비선非仙 비불非佛인 삼신단교三神檀教입니다.

— 조선에 거주하는 내지인內地人은 30만명이라는데 아직 한번도 조선인의 종교에

* 송유(宋儒) : 정호(程顥) · 정이(程頤) · 주희(朱熹) 등 중국 송나라 때의 학자.

대해 발표한 사람이 없습니다. 따라서 조선인에게는 특유의 종교라고 할 만한 것이 있다는 것을 아는 사람이 적습니다.

— 그래서 나는 조선인 특유의 종교, 비선비불인 삼신단교에 대해 내지인 학자, 종교가의 연구를 알고 싶어서 그 역사, 전설, 교리 등에 대해 조선인들 사이에서 전해지거나 믿어지고 있는 그대로와 각 방면의 기록, 서적과 내가 직접 보고 들은 것을 합하여 글로 엮어 쓰기에 이르렀습니다.

— 1,500만 조선인 누구라도 믿는다고 시인하는 이 종교가 얼마만큼의 가치가 있고 얼마만큼의 진리가 있는지를 감히 내지의 학자분들에게 연구를 부탁하고, 다시 조선인의 종교적 심리상태가 어떤지를 보고자 합니다.

2. 단군과 단국檀國 (상)

— 단군세기에 따르면 조선이 개국한 것은 다이쇼大正 6년1917보다 4373년 앞섭니다. 그 당시 환인, 환웅, 환검*이라는 세 신이 있었는데 상원갑자上元甲子 10월 3일에 세 신 중 환검이 변신하여 천부삼인天符三印을 가지고 현재 조선의 함경북도와 만주의 경▨ 백두산의 단목檀木 밑에 내려왔다고 합니다. 그리고 신교神敎를 세우고 백성을 가르쳤는데 이때 백성들이 교화되어, 돌아가서 신시씨神市氏라고 칭하였고 3,000명의 무리를 이끌게 되었습니다.

— 이 세 신을 환인, 환웅, 환군이라고 합니다. 그 이유는 환검이 백두산에 내려가 백성을 가르치고 나서 125년이 지난 그해戊申 10월 3일에 그 나라 사람들이 단검을 추대하여 임금으로 삼았습니다. 즉 단군이면서 백두산 단목 아래로 내려왔기 때문에 이렇게 이름을 지었습니다. 그리고 국호를 배달倍達(…조선음으로 배달)이라고 하였습니다. 이것이 조선 개국의 시초이며 또한 종교의 원조가 되

---

* 환검(桓儉) : 단군(檀君)을 신격화하여 이르는 말.

는 것입니다.

– 단군은 원래 세 신 중 하나로 조선 인민을 깨우치게 하고 또 전 세계 진리의 영혼을 인간의 몸에 깃들게 하여 백두산으로 내려와 세계 종교의 원조라고 할 수 있는 마치 석가가 도솔천궁을 버리고 사바세계로 내려온 것처럼 단목 밑에 나타났습니다. 이렇게 120년 지나 그 나라 사람들이 한 나라의 왕으로 존경하게 되고 나서 장가를 갔는데 비사갑匪四岬 하백의 딸을 왕비로 삼았습니다. 그리고 부루扶婁라는 태자를 낳았습니다.

朝鮮と儒教（十四）

▲本論　某隱者述

四　宋儒の感化

前述の如く朝鮮には老子の感化が有つたと云ふことが明白である、然るに此の老子及び宋儒理氣の學說並に佛敎とを混じて出來たのが檀敎である重に宋儒を主とするから特に玆に檀敎の說明をなして次に移ることゝする

△檀教に就て

本文は特に起草せるもの故口語體を以て乞諒之

一、はしがき

◎朝鮮人も日本人に成つてから、もう七年に成ります其の間には種々の宗敎を信ずる樣になりましたが其の中で最も汎く信ぜられて居ますのは非仙非佛る三神檀敎と申します

◎朝鮮に在住する內地人は三十萬人とも稱せられて居りますが未だ一度も朝鮮人の宗敎の事に就て發表した人が有りません、從つて朝鮮人には特有の宗敎と云ふものが有ると云ふ事は多く知つて居る人が尠ないので御座います

◎依て私は朝鮮人特有の宗敎、非仙非佛の三神檀敎なるものに就て地人の學者宗敎家の研究を希翼はうと思ひまして其の歷史、傳說、敎理に就て鮮人から傳へられ、且つ信ぜられたる其の儘を玆に各方面の記錄書籍やら私の實地見聞したものとを合せて書き綴ることと致しました

◎一千五百萬の朝鮮人が何人でも信仰し是認する此の宗敎が幾何の價値が有り幾何の眞理が有るかを敢て、內地の學者先生に御研究く願ひ、更に朝鮮人の宗敎的心理狀態の如何なるもので有るかを見て頂き度いと思ふ次第で有ります。

二　檀君と檀國（上）

◎檀君世紀に依りますると朝鮮の開初年を大正六年より四千三百七十三年の往古だとして有ります而して其の當時、桓因桓雄桓儉と申します三神が有りまして上元甲子十月三日に三神の中なる桓儉が以神化身して天符三印を持つて現在朝鮮咸境北道と滿洲との境に屹ゆる白頭山の檀木の下に降つたと申されて居ります而して神敎を設けて民を敎へました時の人民は化を被つて歸するもの市の如く神市氏と稱されました、乃ち三千團部を置いたのであります

◎此の三神を一つに桓因、桓雄、桓君とは申しますが其の理由は桓儉が白頭山に降つて民を敎ゆる事一百二十五年に及びました後其歲（戊申）十月三日に國人が件の檀儉を推戴して壬儉と爲しました是即ち檀君で有りまして白頭山の檀木の下に降つたが故に依う名けました、而して國號を又は倍達（…朝鮮音でペエダル）とも申しました之れが朝鮮開國の當初と申すので尙ほ又宗敎の元祖となるので有ります

◎檀君は元來、三神の中の一神ですけれども朝鮮人民を開發し尙ほ全世界の眞理の靈を人身に宿して白頭山に下り世界宗敎の元祖たるべく恰も釋迦が兜率天宮を捨てゝ娑婆世界に降つた樣な意味で檀木の下に現はれました、斯くて百二十有餘年を經過して國人が一國の王として尊稱する樣になりましてから娶るに匪西岬河伯女を以てし之れを后と致しました、而して扶婁と云ふ太子を生んだのであります

14

조선의 술(상)

1918년 9월 28일 1면 4단

부록 부산 주조酒造 상황

부청府廳 구사비草場 재무주임 담화

1. 보건과 주류

주류가 인체에 유해한지 아닌지는 잠시 제쳐두고 눈을 세계로 돌리면 유럽 전란의 결과 금주령을 발포하거나 혹은 국가 정책상 주류를 직접 통치한 나라도 없지는 않다. 그러나 절대적인 금주는 어기기 쉽고 행하기 힘들다. 독일인의 맥주, 프랑스인의 포도주, 영국인의 위스키, 러시아인의 보드카, 이탈리아인의 베르무트, 일본인에게 청주가 있는 것처럼 각 민족 특유의 국가적 음료로 발달하고 있는 것은 부정할 수 없다.

그중 일본 청주에 함유된 알코올 성분은 100분의 7이하를 유지하고 있으며 정부는 국민의 위생을 생각하여 예전의 음식물 방부제 단속 규칙을 실시하여 일정량 이하의 살리틸산酸 이외의 다른 약품 사용은 전면 금지하였다. 그런 까닭에 국민 보건상에 일대 진보를 이루었다고 할 수 있다.

애초 남성적인 청주의 효용은 일본 민족의 기운을 북돋우고 희생적 정신을 함양시키는 것으로 능률 증진에도 이바지하는 바가 적지 않은 특성이 있다. 이것이 사실로 밝혀진 이상 어쩌면 그 음용은 쉽사리 버릴 수 없는 운명에 있다고 말할 수 있을 것이다.

2. 쌀 가격과 청주 양조량

청주를 마시는 것을 절대로 포기할 수 없다면 당연히 그 발달을 촉구하고 비교적 저렴한 순량주의 윤택한 공급을 바랄 수밖에 없는데 일본 청주는 주로 국내 소비에 머문다. 양조량은 4,000,000석이라고 하는데 본래부터 경제계의 사정에 좌우되는 등 종종 관계에 있어서 일진일퇴를 면하지 못하였다. 지금 과거 40년간 내지內地에서의 청주 양조량 성쇠를 조사하여 일제히 제공하면 다음과 같다.

연도	양조량	연도	양조량	연도	양조량
	만석		만석		만석
5	296	6	326	7	361
8	311	9	249	10	286
11	385	12	501	13	449
15	489	16	306	17	313
18	257	19	284	20	3[illegible]0
21	3[illegible]5	22	303	23	334
24	352	25	377	26	263
27	400	28	461	29	414
30	439	31	419	32	398
33	461	34	404	35	330
36	361	37	315	38	379
39	416	40	436	41	413
42	392	43	386	평균	347

●朝鮮の酒（上）

▲附、釜山酒造狀況

▲府廳草場財務主任談

一、保健と酒類

酒類が人體に有害なるや否やは暫らく之を世說に讓りて眼眸を世界の大勢に注ぐときは歐洲戰亂の結果禁酒令を發布し或は國家の政策上酒類を官營に移したる國なきに非ざれども絕對的の禁酒は往々破れ易くして行はれ難く彼の獨逸人の麥酒、佛蘭西人の葡萄酒、英國人のウ井スキー、露國人のウオツカー、伊太利亞人のヴエルモツト、日本人の清酒に於けるが如く各民族特有の國家的飲料こして侵々こして發達しつゝあるを否むべからず就中日本清酒の含有酒精分は百分の七以下なるに比し頗る中庸を保ち居るに加へて政府は國民の衛生に鑑み往年飲食物防腐劑取締規則を實施し一定量以下のサリチール酸以外の他の藥品の使用は絕對に禁ぜるが故に國民の保健上に一大進步を來したるものこ言ふべく抑も男性的なる清酒の效用は日本民族の元氣に培ひ犧牲的精神を涵養するものにして能率の增進にも亦裨益すること少からざるの特質を有するの事實明かなる以上蓋し其の飲用は容易に廢すべからざる運命に在りこ言ふことを得べき矣

二、米價と清酒

造石高

清酒の飲用にして絕對に廢すべからずこせば勢ひ其の發達を促し比較的廉價なる醇良酒の潤澤なる供給を希はざるを得ず我日本に於ける清酒は主こして國內の消費に止まり其造石高は四百萬石こ稱せらるゝも素より經濟界の事情に左右せらるゝの外種々の關係ありて一進一退を免かれず今過古四十年間の內地に於ける清酒造石高の消長を調査して一粲に供すれば左の如し

年度	造石高（萬石）
五	二九六
七	三六一
九	二四九
一一	三八五
一三	四四九
一五	四八九
一七	三一三

年度	造石高（萬石）
六	三二六
八	三一一
一〇	二八六
一二	五〇一
一四	四八九
一六	三〇六
一八	二五七

一九	二八四
二一	三[illegible]五
二三	三[illegible]四
二五	三七七
二七	四〇〇
二九	四一四
三一	四一九
三三	四六一
三五	三三〇
三七	三一五
三九	四一六
四一	四一三
四三	三八六

二〇	三[illegible]〇
二二	三〇三
二四	三五二
二六	三六三
二八	四六一
三〇	四三九
三二	三九八
三四	四〇四
三六	三六一
三八	三七九
四〇	四三六
四二	三九二
平均	三七四

15

조선의 술(하)

1918년 9월 29일 1면 3단

부산 주조酒造상황

부산서무주임 담화

반대로 조선 주조계酒造界의 추세를 보면 현재 조선에 이입되는 일본주日本酒의 많고 적음에 따라 영향을 받는 것이 적지 않다. 그뿐만 아니라 소비자는 원기가 넘치는 젊은이들이 다수를 차지하는 상황이므로 앞으로의 양조량을 예상하는 것은 매우 어렵다.

원래 조선 내의 소비량은 약 60,000석인데 그중 30,000만 석은 조선 내에서의 생산주이며, 나머지 30,000 석은 일본으로부터의 이입으로 수급의 평형을 유지하고 있는 상황이었다. 그러나 매년 조선 내 양조량은 늘어나는 한편 일본주의 이입은 줄어들어 결국 다이쇼大正 6년도1917에는 조선 전역의 청주 양조량은 40,000만 석을 돌파하고 다시 3,500여 석을 초과하는 상황에 이르렀다. 더구나 양조기법의 개선으로 품질이 현저하게 발전하였다.

바야흐로 일본 순량주醇良酒와 견주어도 손색 없는 경지에 이른 것은 토속주地酒를 배척하는데 앞장선 이입주 취급업자들이 인정하는 상황으로도 알 수 있는데 조선 산업계를 위해 경하하지 않을 수 없다. 다행히 수요자는 오래전의 선입관을 배척하고 그 지방 청주地清酒를 음용하는데 주저하지 않는 것도 묘한 일이다.

3. 기호의 변천과 소주 양조량

국민경제의 궁핍을 알리자마자 알코올이 희박한 청주보다는 알코올이 강렬한 소주를 이용하여 음주 욕구를 충족시키려는 기운이 싹트기 시작하였다. 이것은 특히 주목할 만한 현상으로 항상 200,000~300,000석 이하였던 일본에서 소주 양조상이 다이쇼 6년도1917에 이르러 660,000석으로 급증한 것은 지난번 소식을 살펴 볼 만한 유력한 증거라고 할 수 있다.

조선의 소주 소비량은 대량으로 고량주라고 하는 중국의 소주 수입에 의존하는 것 외에 주정酒精 공급에 의존하였다. 그러나 근래 주당酒糖가격이 눈에 띄게 올랐기 때문에 순소주시대로 역행하여 갑자기 그 수요를 환기시켜 해당 업자는 이 상황에 따라 품질을 선택하는 한편 여름철 양조를 계획하는 등 소주를 제조하려는 열기가 현저하다.

다이쇼 6년도1917의 제조량은 274석이 되었으나 다이쇼 7년도1918는 741석에 달할 전망이어서 전도는 매우 유망하다. 옛 조선인은 위장 진통제로 중히 여겨 그 효험이 현저히 크고 기호의 변천과 함께 큰 발전을 이룰 수 있을 것이다.

4. 주류의 소비량

주류소비량의 관찰 방법은 단순하지 않으나 복잡함을 피하기 위해 양조량 면에서 보면 일본 남녀노소의 1년 소비량은 불과 9승升* 2합合**. 탁주, 백주, 미림, 소주, 맥주, 포도주, 기타 알코올 함유 음료를 합치면 평균 1두斗*** 2,

---

* 승(升) : 부피의 단위. 곡식. 가루, 액체 따위의 부피를 잴 때 쓴다. 1승은 한되로, 한말의 10분의1, 한홉의 10배로 약 1.8리터에 해당된다.

** 합(合) : 부피의 단위, 곡식, 가루, 액체 따위의 부피를 잴 때 쓴다. 1합은 한홉으로 한되의 10분의 1로 약 180ml에 해당된다.

*** 두(斗) : 부피의 단위. 곡식. 가루, 액체 따위의 부피를 잴 때 쓴다. 1두는 한되의 10배로 약 18리터에 해당된다.

3합은 내려가지 않는다. 조선에서 생활하는 내지인內地人 1인당 1년 청주소비량을 어림하면 1두 8승一斗八升남짓이다. 이것에 청주 이외의 주류 소비량을 더하면 엄청나게 많은 양으로 내지의 소비량에 비해 비율이 높다. 이것은 자타가 인정하는 바인데 생각해보면 식민지 기운의 발로일 수밖에 없다.

5. 부산의 생산량

조선의 다이쇼 6년도1917 청주 주조량은 43,500여 석으로, 다이쇼 5년도1916 양조량 33,600여 석과 비교하면 약 10,000석이 증가하였다. 이것만 보아도 현저한 발달을 보인다고 말하지 않을 수 없다.

부산의 다이쇼 6년도 청주 주조량은 8,400석으로 조선 전체의 약 2%에 해당되며 창고 당 양조량이 약 500석인 것은 부산주釜山酒가 가장 자랑하는 것이다. 각 주조가들은 음으로 양으로 술의 질을 개선하고 판로확장에 뜻을 모아 계책을 게을리 하지 않는다. 매상 또한 호황으로 이어져 조선 전 국토에서 부산주의 앞날은 밝다고 단언할 만하다. 아래에 다이쇼 7년도1918 양조량을 들어 독자의 판단에 맡기겠다.

청주 양조량 7,621, 탁주 양조량 257("원문대로" : 二高五七), 소주 양조량 741, 재제주再製酒양조량 74석, 백주 2석, 미림 325석, 포도주 88석, 위스키 42석, 규나소포도주 2석, 인삼보명주 8석, 백옥주 5석, 계 9,051.

朝鮮の酒（下）

▲釜山酒造狀況
▲釜山庶務主任談

翻つて朝鮮酒造界の趨勢を観るに現時の朝鮮に在りては移入内地酒の多寡に移り其影響を受くること少からざるのみならず消費者は殖民地元來の横溢せる少壯者多數を占むる狀況なるが故に將來の造石高を豫想することは頗る難しとする所なれども由來鮮内の消費量は約六萬石と唱へられ内三萬石は鮮内の生産酒に依り爾余の三萬石は内地よりの移入に仰ぎ相俟ちて需給の平衡を維持しつゝありたる狀況なりしが頃年鮮内造酒石高の増進する一面内地酒の移入は減退に傾き遂に大正六年度の朝鮮全土に於ける清酒造石高は四萬石を突破し尚三千五百余石を剩すの盛況を呈し而も醸造操技の改善に依り品質に著しき進展を觀今や内地醇良酒の壘を摩し敢て遜色なき域に達したるは地酒排斥の急先鋒たりし移入酒取扱ひ業者等の認めつゝある狀況にして朝鮮産業界の爲め慶賀すべきことゝ言はざるべからず幸に需用者は舊來の先入的觀念を排し地清酒の飲用に一歩を進むるも妙なるべし

（三）嗜好の變遷と燒酎造石高

國民經濟の窮迫を告ぐるや酒精分稀薄なる清酒よりは酒精分強烈なる燒酎を用る飲酒慾を充たさんとする氣運の萌發しつゝあるは特に注目に價する現象にして常に二、三十萬石以下なりし内地に於ける燒酎造石高が大正六年度に至り一躍六十六萬石に激増せるは這般の消息を窺ふに足るべき有力なる證左と言はざるべからず

朝鮮に於ける燒酎の消費料は極めて多量にして高粱酒と稱する支那燒酎の輸入に依るの外酒精の供給に俟ちつゝありしが近時酒精價ハ奔騰著るしき爲め純燒酎時代に逆進し頓に其の需用を喚起しつゝあるを以て當業者は此の形勢に應ずべく品質を精選し一面夏季釀造を企つる等燒酎釀造熱の勃興著るしきものありて大正六年度の製造高二百七十四石なりしも大正七年度は七百四十一石に達すべき見込にして前途頗る好望なり古鮮人は腸胃の鎮痛藥として尊重し其の効驗著大なれば嗜好の變遷と相俟ちて益大なる發展を遂ぐるなるべく豈奇しが事實ならずや

四、酒類の消費量

酒類消費量の觀察方法は單一ならざれども複雜を避くる爲め石數の方面より觀るに内地に於ける老幼男女を通じたる一京當一箇年の消費量に僅に九升二合濁酒。白酒。味淋。燒酎。麥酒、葡萄酒其の他の酒精含有飲料を加ふるときは平均一斗二、三合は下らざるも朝鮮在住内地人一人當一箇年の清酒消費量の概算は一斗八升餘台之に清酒以外の酒類の消費量を加ふるときは頗る多量に上り内地の消費量に比し高率なるは自他の認めつゝある所にして案ずるに殖民地元氣の發露に外ならざるべし

五、釜山の生産高

朝鮮に於ける大正六年度の清酒造石高は四萬三千五百餘石にして之を大正五年度の造石高三萬三千六百餘石に比するときは約一萬石の増加なれば之れのみにても著しき發達を示し侮るべからざる狀勢にありと言はざるべからず

釜山に於ける大正六年度の清酒造石高は八千四百石にして全鮮の約二割に相當し一藏當の造石高約五百石なるは釜山酒の最も誇となす所にして各酒造家共陰に陽に酒質の改善販路の擴張に意を注ぎて奮勵怠りなく實行また好況にして朝鮮全土の主産地を以て目するに足り釜山酒の前途多幸なりと斷ずることを憚らず左に大正七年度の造石見込高を擧けて讀者の判斷に委せん

清酒造石高七、六二一濁酒造石高二五十燒酎造石高七四一再製酒造石高七四 白酒二石、味淋三二五石、葡萄酒八八石、ウヰスキー四二石規那燒葡萄酒二石人蔘保命酒八石、白玉酎五石計九、〇九一

16

조선의 여성(1)

1924년 1월 8일 1면 4단

다나카 도쿠타로田中德太郎

서문

지금으로부터 18년 전 제가 도쿄에서 조선어를 배우고 있었을 때의 일입니다. 우리 선생님이었던 고故 자작 조중응趙重應 씨가 강사직을 그만두고 조선으로 귀환하게 되었습니다. 조 선생님은 한국의 명문 출신으로 소론파의 쟁쟁한 정치가였습니다. 메이지明治 30년1897 법부 형사국장 재임 중 모 관계에 연루되어 당시의 정부로부터 눈에 나서 일본으로 망명했습니다. 그러나 외로움의 극복과 교육상의 연구로 잠시 도쿄외국어학교에서 조선어 강사로 근무하게 되었습니다.

그 당시 제국은 러시아와 전쟁을 하여 연전연승으로 종극을 고할 때 한국은 제국의 보호 밑에 있었고 이토伊藤 후작은 통감에 임명되어 한국으로 부임하게 되셨기 때문에 이미 후작의 인정을 받은 선생님은 후작의 알선으로 마침내 귀국하시게 되었습니다. 그래서 선생님의 가르침을 받고 있었던 우리 일동은 하룻밤 모처에서 선생님을 초대해서 송별연을 열었습니다. 그 자리에서 선생님은 인사를 겸한 말씀에 "나는 귀국貴國에 망명해서 벌써 10년이 지났습니다. 그동안 귀국의 문물제도 인정 풍속을 보고 감동 받은 점이 적지 않습니다, 그중 가장 감동받은 것은 여성의 활동입니다. 귀국의 여성은 가정의 일원으로 가사를 다스리고 사회의 일인으로 융화의 열쇠입니다. 흔히 남자가 미치지 못하는 곳에 힘을 보태어 직·간접으로 국가사회에 공헌하는 바가 아주 큽니다. 오늘날 일본의 발전은 여성에 의지하는 바가 아주 크다고 말하지 않을 수 없다고 생각합니다.

반면 우리 조선의 여성을 보면 예로부터의 인습에 얽매여 규방 깊은 곳에서 생활하여 사회와 접촉할 수 없고 세상 물정에 밝은 곳이 없습니다. 가정에서는 불만스러운 것이 많고 사교상으로 전혀 도움이 되지 않는다고 말할 정도이니 참으로 유감스럽기 짝이 없습니다. 그래서 제가 이번에 귀국하면 여자교육에 힘을 써서 이 방면부터 고국의 개발을 위해 노력해보고 싶습니다. 교육에 관해서는 이미 연구를 하고 있습니다. 그러나 오히려 조금 부족한 점이 있습니다. 즉 젊은 남성 여성관이 어떠한 것인지는 중요한 문제인데 나 자신만으로는 결코 단정하기 어렵습니다. 바라건대 오늘 저녁 제군들과 회합會合한 것을 좋은 기회로 여겨 제군의 가르침을 청하고 싶습니다. 부디 각자의 생각을 거리낌 없이 말씀해 주십시오"라고 말했습니다.

일동은 선생님의 기발한 인사에 깜짝 놀라 잠시 아무 말도 못했습니다만 선생님의 열정에 움직여 제각각의 생각을 말하기 시작했습니다. "아이 때부터 남녀를 한곳에 두면 좋을 것입니다"라든지 "처음에는 폐해도 있겠으나 자유 교제를 허락하면 좋다"라든지 "남녀별거의 관습을 먼저 고쳐야 한다"라든지 꽤 엉뚱한 의견도 있어서 선생님을 놀라게 했습니다. 웃고 수긍하면서 이야기가 활기를 띠며 시간이 11시가 지났습니다. 5시 30분경부터 시작하여 6시간을 대부분 여성에 관한 이야기로 종결했습니다. 선생님이 여자교육에 힘쓰는 것을 보고 감격함과 동시에 조선 여성의 생활 상태에 대해 적잖은 지식을 얻었습니다.

朝鮮の婦人（一）

田中德太郎

はしがき

今は十八年の昔私が東京に於て朝鮮語の稽古をして居つた時のことであります私共の先生であつた故子爵趙重應氏が講師の職を辭して朝鮮へ引揚げられることになりました趙先生は韓國に於ける名門の出で少論派の錚々たる政治家でありました明治三十年法部刑事局長在任中某關係より時の政府から睨まれ日本へ亡命しましたが淋しさ凌ぎと教育上の研究より暫らく東京外國語學校に鮮語の講師として勤められたのであります時に其の勤務中帝國は露國と干戈を交へ連戰連勝を以て終極を告げ韓國は帝國保護の下に置かれ伊藤侯爵は統監に任じて韓國へ赴任せらるゝことになつたので豫て侯の知遇を得たる先生は、侯の斡旋に依りて彌々歸國せらるゝことになつたのであります そこで先生の教を受けて居つた私共一同一夕某所に先生を招待して送別の宴を開いたのでありました其の席上先生の挨拶を兼ねての話に『私は貴國に亡命してより既に十年を經ました此の間貴國の文物制度人情風俗を見て感心した點が尠くありませぬ中に就いて最も感心したのは婦人の活動であります貴國婦人は家庭の人としてよく家事を治め社會の人としては融和の鍵でありますよく男子の及ばざる所に力を添へ直接に間接に國家社會に貢獻すること極めて大なるものあり今日日本の發展は婦人に負ふ所多大なりと謂ふも不可なしと思ふのであります 翻つて我朝鮮の婦人を見れば古來の因襲に捉はれ内房深く幽居して社會と接觸せず世情に通ずる所なきより家庭に在つては不滿の點多く社交の上には全然役に立たぬと云ふ有様眞に殘念至極の次第でありますそこで私が此度歸國せば女子教育に力を用ゐ此の方面より故國の開發に努力して見たいと思ひます教育のことに就ては豫て研究をして居ますが尚少し不充分の點がある即ち若き男性の女性觀が如何なものであるか這は大切な問題でありますが私自分だけでは斷じ兼ぬるのであります願くば今夕諸君と會合したのを好機とし諸君の教をこひたいのですどうぞ御名々の御感想を遠慮なく述べて下さい』と云ふのであります一同は先生の奇拔な挨拶に喫驚して暫らく言葉も出ませぬでしたが先生の熱心に動かされやがて思ひ〳〵の考へを述べ始めました『子供の時から男女一所に置いたら宜しいでせう』とか『初めは弊害もありませうが隨意の交際を許せば宜しい』とか『男女別居の風を改めてからでなくては駄目だ』とか中には隨分突飛な意見も出て先生を驚かしたり笑はせたり頷かせたりしまして話が大にはづんで時が十一時を過ぎました五時半頃から始めて六時間をば大部分婦人の話で終結しましたが先生の女子教育に熱心なのを見まして感服しますると同時に朝鮮婦人の生活狀態に付き尠からず知識を得ました

17

조선의 여성(2)

1924년 1월 10일 1면 4단

다나카 도쿠타로田中德太郎

놀라운 급변

그다음 해 5월 나는 한국에 건너왔습니다. 출발할 때 연준延浚이라는 선생님의 간다神田에 있는 임시거처를 방문했습니다. 연 선생님은 조중응趙重應 선생님의 후임으로 지난해 오셨습니다. 나에게 조선에 가게 된 이상 어학 연구를 위하여 당분간 조선인 가정에서 지내는 것이 좋은데 자기 집은 방이 많이 있고 가족이 적으니 귀형貴兄 한사람 뒷바라지를 못할 것도 없을 것이니 자기 집에 있으면 어떻겠냐고 권유하셨습니다. 그래서 경험 삼아 조선에 건너와 잠시 선생님 댁에서 신세를 졌습니다. 장소는 남부 죽동 지금의 영락정永樂町 2가二丁目 안쪽에 위치한 곳으로 니시혼간지西本願寺 주변이었습니다.

이 댁에서 조선어를 듣고 말하는 연습을 하면서, 익히 들었던 조선 여성의 풍속 습관에 관해서도 연구를 시작했습니다. 선생님의 부인은 나이가 드셨으나 의외로 트인 분이셨습니다. 특히 부군으로부터 분부가 있었는지 나와 담화를 할 때는 웃기도 하셨으나 조선인 남자 손님은 일절 만나지 않았습니다. 드나드는 여성은 나에게도 얼굴을 보이지 않는 것은 물론, 담화를 나누지 않았습니다. 젊은 여성이 놀러 왔다가도 남자가 있는 줄 알면 바로 사라져 모습을 감추고 문틈으로 엿보며 무언가 속삭이고 있는 모습, 집 밖을 나가면 흰옷에 검은 갓을 쓴 남자가 도로가 좁을 정도로 왕래하면서 여성의 왕래는 거의 드물었습니다. 하얀 천으로 만든 하카마袴* 같은 것(치마)이나 녹색 비단에 홍색 끈을 단 겹옷 같은 것(장의)을 눈만 내고 머리부터 뒤집어쓴 여성이 여기저기 보이고, 상류 여성으로 보이는 가마를 탄 여성이 가끔 보이는 정도였습니다. 그것도 안이 확실히 보이지 않아서 여성이 타고 있을 것으로 생각하지만 상상에 지나지 않습니다. 상점에 물건을 사려고 해도 여성이 오지 않고 사람이 방문하여도 여성은 절대 나가지 않습니다. 실수로 내방에 얼굴이라도 내밀면 심하게 꾸지람을 들을 정도이니 참으로 이상하게 느껴졌었으며, 조 선생님이 개탄하신 것도 무리가 아니라고 생각되었습니다.

어느 일요일 조 선생님을 방문하였습니다. 조 선생님과 응접실에서 인사를 한 후 "방금 내방에 얼굴을 내밀어 실례했습니다. 선생님 댁도 아직 여전히 구식입니다"라고 말하였더니 "그렇게 갑자기 바뀌는 것이 아니라 점차 개선되는 것이다"라며 쓴웃음을 지으셨습니다. 구舊한국시대의 여성의 상태는 실로 이와 같았습니다.

그런데 놀랍게도 한국의 새 황제(지금의 이왕 전하)가 어쩔 수 없이 단발을 단행한 이후 "신체발부 이것을 부모에게 받아 감히 손상하지 않도록 하는 것이 효의 시작이다"라는 말을 성인의 교훈으로 생각해오던 사람들이 수천 년 관례로 해오던 상투를 밑동부터 뚝 잘라버리고 "오, 상쾌하다"를 외쳤다. 이에 따라 여성의 얼굴을 천으로 가리던 것도 시대에 뒤떨어진다고 생각했는지 양산으로 대체하더니 어느새 완전히 없어지고, 지금은 국면이 일변하여 상류층 부인의 외출용 가마는 혼인 출가할 때 외에는 사용하지 않습니다. 치

---

* 하카마(袴): 일본 옷의 겉에 입는 주름 잡힌 하의.

마, 장의는 헌옷 가게 앞에 처참한 잔해로 쌓여 있으며 깊은 규중의 귀부인은 노골적으로 자동차를 탑니다.

朝鮮の婦人（二）

田中德太郎

急變驚くべし

其の翌年五月私は渡韓しました出發に際し延浚と云ふ先生を神田の寓所に訪ねました延先生は趙先生の後任として前年に來られた人でありました私に對し朝鮮に行かれた上は語學研究の爲當分朝鮮人の家庭に居らるゝがよからう自分の家は室が澤山あつて家族が少いから貴兄一人ならば世話が出來ないこともなからう自分の家に居つてはどうかと勸めて呉れましたので渡鮮後暫らく先生の宅に厄介になりました塲所は南部竹洞今の永樂町二丁目の奥まつた所今の西本願寺の邊りでありました此の宅に居つて朝鮮語の耳の練習と口の練習に努める傍ら傚て聞いて居つた朝鮮婦人の風俗習慣に付いても研究を始めました先生の奥樣は識さつた方にも似ず案外開けた方で殊に夫君よりの言ひ付けもありますので私と談話を交され時には笑ひもせられるが朝鮮人の男客には一切會はれません言葉も交されませぬ出入りの婦人は私にも顔を見せませぬ無論談話を交しませぬ若い婦人が遊びに來て居ますが男子來れりと知るや忽ち走つて姿を隠し戸の際間より覗いて何やら囁いて居ると云ふ有樣戸外に出づれば白衣黑冠の男子が道路狹きばかりに往來するけれども婦人の往來は極めて少く白布で作つた袴樣のもの（チマー）や綠色の絹で作つて紅色の紐を付けた袷樣のもの（長衣）を目の所だけ出して頭から被つた婦人がそこゝに見え上流の婦人とも思はるゝ轎輿に乘つた婦人が稀に見える位それも中がさつぱり見えぬので婦人が乘つて居るだらうと想像するに過ぎませぬ商店の物買ひにも婦人が來ず人が訪ねても婦人が一切出ませぬ誤つて内房へ顔でも出さうものなら散々御叱りを頂戴すると云ふ始末實に内地から來たての私には異樣に感ぜられ趙先生の慨歎せられたのも寔に無理ならぬことゝ思はれました或る日曜日趙先生を訪ねました應接間で趙先生と挨拶を交した後『只今内房へ顔を出して失禮しました先生の御宅もまだ依然舊式ですな』と申しましたら『さう俄に改まるものでない漸次改めるのだ』と云はれて苦笑されましたが舊韓國時代に於ける婦人の狀態は正に斯の如くでありましたそれが驚くべし韓國新皇帝（今の李王殿下）には斷髮を斷行せられし以來『身體髮膚之を父母に受く敢て毀傷せざるは孝の始なり』の語を聖人の教訓と頑張つた人達が數千年慣行のチョンマゲを根元よりふつゝりと斷つて捨て『オ、爽快だ』を叫ぶに伴れ婦人の覆面は時代後れと思つてか蝙蝠傘の中繼を經ていつしか全廢せられ今や局面一變して上流婦人外出用の轎輿は婚姻輿入の時の外には用ゐられずチマー、長衣は古着屋の店頭に哀れなる殘骸を留め深窓の貴婦人はむき出しの顔で自動車を驅ります

18

조선의 여성(3)

1924년 1월 11일 1면 2단

다나카 도쿠타로田中德太郞

유교의 여성관

우리 일본인 중에는 내지인內地人과 조선인은 원래 근원이 같고 일본의 스사노오노미코토素盞嗚尊와 조선의 단군은 동일인이므로 이 신을 모시고 내지인과 조선인에게 배례拜禮하게 한다면 내선융화는 이루어진다고 말하는 사람들도 있습니다. 그러나 그렇게 한다고 해서 진실로 고맙다고 생각할 사람이 조선인 중에는 한 명도 없습니다. 조선인에게 "제군의 기억 속에서 제일 위대한 사람은 누구인가"라고 묻는다면 중년 이상의 거의 전부가 요순堯舜과 공자孔子와 맹자孟子를 든다. 단군은 최근에 일부 사람들에게 신神의 대우를 받고 있으나 일반 조선인은 조선 초기의 군주라고 알고 있을 뿐 위대하거나 감사하다고도 생각하지는 않습니다. 진실로 인애지상의 근본은 요순이며 공자나 맹자는 요순의 길을 이어받아 그것을 후세에 전달하고 있는 것이라고 생각하고 있습니다. 어쩌면 조선은 예부터 중국 세력하에 속해 모든 제도문물이 중국으로부터 이입되었으며 불교가 매우 번성한 시대도 있었습니다. 그러나 고려 말엽 이래 유교가 득세하고, 다시 조선에 이르러서는 정치와 교육 모두 유교의 뜻을 살피고 진실로 이에 반하는 것은 완전히 배척하였습니다. 소위 오륜의 효 "부자유친, 군신유의, 부부유별, 장유유서, 붕우유신 4례禮의의儀(관혼상제)"로부터 음악, 형법 등에 이르기까지 하나같이 유교와 유교주의에 따르지 않은 것이 없습니다. 중국인은 "동방은 예의의 나라다"라고 말하는 것은 실로 까닭이 있는 것으로 조선 500년 동안 유교를 그대로 받아들여 철저하게 실행한 것은 본 고장인 중국인으로 하여금 경탄을 금치 못하게 합니다. 이러한 까닭으로 조선인의 오늘날 사상 풍속은 주로 유교에서 온 것임은 새삼스레 언급할 것도 없으며 이미 알고 있을 것으로 생각합니다.

그러면 유교의 여성관에 대하여 언급하면 시경의 소아편 사간斯干의 시에 "(一)乃生男子. 載寢之牀. 衣之裳. 弄之璋. 泣喤喤. 朱布斯皇. 家名王. (二)乃生女子. 寢之地. 衣之裼. 載弄之瓦. 無非無儀. 唯酒食是議. 無父母詒罹". 이것을 번역하면

(1)은 남자아이가 태어나면 침대에 누이고 옷을 제대로 입히고 구슬로 만든 장난감을 가지고 놀게 하여라. 우는 소리가 우렁차면 장차 귀한 사람이 될 것이니 홍색 옷을 입혀 훌륭한 사람으로 자라게 해야 한다 (2)는 여자아이가 태어나면 땅바닥에 누이고 허름한 옷을 입히고 실패을 갖고 놀게 하여라. 순종하며 부엌에서 술 담그는 것과 밥하는 것을 의무로 여기고 부모님의 근심거리가 되지 않게 하라. 그리고 (1)에는 남자를 존중하는 뜻이라는 주가 있고 (2)에는 여자를 멸시하는 뜻이라는 주석이 붙어있습니다.

朝鮮の婦人（三）

田中德太郎

儒教の婦人觀

吾々内地人中には内鮮人は元來同源同本である日本の素盞嗚尊と朝鮮の檀君とは同一人であるから此の神樣を祭つて内鮮人に拜ませたらば内鮮融和は期せずして成るべしなど〻云つて居る人もありますがそんなことをしたとて眞に有難いと思ふ者は朝鮮人中一人だつてありません朝鮮人に向つて「諸君の記憶の内で一番偉い人は誰か」と問ふたら中年以上の殆ど全部が堯舜と孔子と孟子を擧ぐる檀君は近年になつて一部の人に神樣扱ひをされて居るけれども一般朝鮮人は朝鮮初期の君主と知るだけで偉いとも有難いとも思つて居はしませぬ實に仁愛至上の本尊は堯舜で孔子や孟子は堯舜の道を受けて之を後世に傳へられたのだと思つて居るのであります蓋し朝鮮は古來支那の勢力下に屬しあらゆる制度文物が支那から移入され時に佛教の殷盛を極めた時代もありましたが高麗の末葉以來儒教が勢力を占め更に李朝になつてからは政教悉く儒教の旨を採り苟も之に反するものは絕對に排斥したのであります所謂五倫の教『父子の親、君臣の義、夫婦の別、長幼の序、朋友の信四禮の儀（冠婚喪祭）より音樂刑律等に至るまで一として儒教と儒教主義に則らないものはありませぬ支那人は『東方は禮儀の國なり』と云つたいも誠に謂ある哉で李朝五百年の間儒教を鵜呑みにして徹底的に行つたことは本場の支那人をして驚嘆措かざらしめたのであります斯樣な譯でありますから朝鮮人の今日の思想習俗は主として儒教から來て居ることは今更述べる迄もなく既に御承知の事と思ひます

然らば儒教の婦人觀はどうであるかと云ふに詩經の小雅編斯干の詩に

（一）乃生男子。載寢之牀。載衣之裳。載弄之璋。其泣喤喤。朱芾斯皇。室家君王。

（二）乃生女子。載寢之地。載衣之裼。載弄之瓦。無非無儀。唯酒食是議。無父母詒罹。

之を譯しますと（一）は男子が生れたならば床寢臺の上に寢せ裳のおる着物を着せ璋を弄ばせる其の泣く聲が喤々と勇ましく其の朱芾（着物）がかゞやき家中の君王である又（二）は女子が生れたならば地（坐る所）に寢せ之に裼褓を着せ瓦を弄ばせる是なるもなく非なるもなく唯だ御臺所で食事のことをして父母に心配をさせぬことであると云ふのであります而して（一）には男を尊ぶの意なりと註を付け（二）には女を卑しむの意なりと註が付けてあります

19

조선의 여성(4)

1924년 1월 12일 1면 2단

다나카 도쿠타로田中德太郎

남존여비

이 시는 주나라 선왕宣王이 궁묘를 건축하고 낙성하였을 때 읊은 시이므로 지금으로부터 2,750년 전(진무神武 천황 즉위로부터 160여 년 전)의 것입니다. 중국인의 양성관兩性觀은 고대에 이미 남존여비가 정해져 있어 사간斯干의 시를 보면, 즉 남자는 이와 같고 여자는 이와 같다고 분명히 정의를 내린 것 같습니다. 조선인은 현재 출산 때 축사에서 출생한 아이가 남자이면 '농장지경弄璋之慶'*이라고 하고 여자이면 '농와지경弄瓦之慶'**이라고 합니다. 아직도 이런 말을 사용하고 있으니 조선인의 양성관은 즉 유교의 양성관에서 유래한 것임은 조금도 의심의 여지가 없습니다.

또 예기禮記의 교특편郊特編에 "남자가 여자를 인솔하고 여자는 남자를 따르는 부부의 의義는 여기에서 비롯된다. 여자는 사람을 따르는 법이다. 어려서는 부모를 따르고 시집을 가서는 남편을 따르고 남편이 죽으면 아들을 따른다. 남자가 여자보다 앞서는 것은 강유剛柔의 원리에 의한 것이다. 하늘은 땅

---

* 농장지경(弄璋之慶) : 구슬로 만든 장난감을 갖고 노는 경사라는 뜻으로 아들을 낳은 기쁨을 의미한다.

** 농와지경(弄瓦之慶) : 질그릇을 갖고 노는 경사란 뜻으로 딸을 낳은 기쁨을 의미한다.

보다 앞서고 임금은 신하보다 앞서는 것과 그 뜻이 같은 것이다"라고 쓰여 있습니다. 이 또한 유교의 양성관입니다. 극단적인 남자 본위인 동시에 오늘날 문명 세상에서는 너무나 여자를 모멸하는 것처럼 생각됩니다. 그러나 유가儒家는 오히려 이것을 당연히 유교의 참된 도리로 여기고 있는 것입니다. 참으로 남존여비는 자연의 이치에 기반한 관찰인 것입니다.

이것에 반해 서양 도덕의 여존남비는 강한 사람이 위에 서서 약한 사람을 지배한다는 것이 정복 관계라면 오히려 남녀 사이는 결코 이러한 관계에 있는 것이 아닙니다. 즉 강한 남자가 약한 여자를 보호하는 것은 당연하며 여자가 남자로부터 보호를 받는 권리라고 여겨지며 여자가 높고 남자가 낮다고 말하는 것은 아닐 것입니다.

물론 국민성이 곁들어져 이 관념을 발전시킨 것이겠지만 문명적이라고 말하면 문명적이지만 자연에 반한 관찰이 아닌지요? 남존여비, 여존남비 어쨌든 중용을 지킬 수 있으면 다행이며 극단으로 달리면 폐해가 생기는 것입니다. 유교의 본존本尊인 요제堯帝는 신하인 순舜이라는 인물을 아껴서 아황娥黃과 여영女英이라는 두 여자를 짝지어주었습니다. 그러나 순이 제위에 즉위한 후 누구를 황후로 삼고 누구를 첩으로 했는지는 알 수 없으며 양쪽 모두 황후로 삼았다고 해도 두 여자의 감정을 무시한 처사라고 말하지 않을 수 없습니다.

본존이 이러한 본보기를 보였기에 후에 제왕은 물론이고 제후, 대부大夫부터 선비, 서인에 이르기까지 첩을 축적하는 것이 횡행하고 미인을 주고 받는 것이 자유롭게 이루어졌습니다. 물론 조선도 똑같습니다. 그러나 이러한 인권유린적 풍습도 바야흐로 국법과 시대에 눈뜬 여자에 의해서 점차 바르게 고쳐지고 있습니다.

朝鮮の婦人（四）

田中德太郎

男尊女卑

此詩は周の宣王が宮廟を建築して其の落成したさきに歌はれた詩でありますから今より二千七百五十年前（神武天皇即位より百六十餘年前）のものであります以て支那人の兩性觀は斯かる古代に於て既に男尊女卑さ定つてあつて斯干の詩は即ち男子は斯樣女子は斯樣さ明かに定義を下したやうなものであるのであります朝鮮人は今に出産の時の祝辭に生兒が男子であれば「弄璋の慶」さ云ひ女子なれば「弄瓦の慶」さ云ひます今尚此樣な言葉を使用し居るのですから朝鮮人の兩性觀は即ち儒教の兩性觀より來て居ることは毫も疑ひを容れぬ所であります又禮記の郊特編に

男は女を帥ひ女は男に從ふ夫婦の義之より始まる

女は人に從ふものなり幼にして父母に從ひ嫁しては夫に從ひ夫死しては子に從ふ

男の女に先だつは剛柔の義なり天の地に先だち君の臣に先だつさ其の義一なり

さ書いてあります是亦儒教の兩性觀であります共に極端なる男子本位で今日文明の世に於ては餘りに女子を侮蔑して居るやうに思はれますが儒家は寧ろ之を當然さして儒教の眞諦正に是なりさして居るのであります

實に男尊女卑は自然の理に基いた觀察なのであります之に反し西洋道德の女尊男卑は強い者が上に立ちて弱い者を下に置くさ云ふことは征服關係にあるならば兎も角男女の間は決して斯かる關係にあるものでない即ち強き男が弱き女を保護するが當然であつて女子の男子より保護を受くる權利であるさ見て女子が尊く男子が卑しいさ云ふたのであります勿論國情が手傳つて此の觀念を高からしめたのでありませうが文明的さいへば文明的ですが自然に反したる觀察ではありませぬか男尊女卑か女尊男卑か何れにしても中庸を得れば宜しい極端に走れば弊害が生ずるのであります儒教の本尊たる堯帝は臣たる舜の人物にほれ〴〵して娥黄さ女英の二女をめあはせましたが舜が帝位に即いた後どちらを皇后さしどちらを妾さしたかは分りませぬ兩方共皇后にしたさころで其の女子の感情を無視した仕方さ謂はざるを得ませぬ御本尊が斯うした手本を示されたので後の帝王は勿論のこさ諸侯大夫より士庶人に至るまで妾を畜ふるこさが公行し美人の贈答が自由に行はれました無論朝鮮も同一であります併しながら斯かる人權蹂躙的の風習も今や國法さ時代に眼醒めた女子に依りて漸次革正せられつゝあるのであります

20

조선의 여성(5)

1924년 1월 13일 1면 3단

다나카 도쿠타로田中德太郎

남녀별거

조선에서는 한 집안에 남자 방과 여자 방을 만들어 각각 별거하는 풍습이 있습니다. 남자 방을 사랑이라고 하고 여자 방을 안방이라 일컬으며 남녀 별거하는 것을 내외법이라고 하며 부부를 내외라고 합니다. 내외법의 기원은 예기禮記 내측편內則編의 "예禮는 부부 사이의 도리를 삼가는 데 있으며 집을 지을 때는 안과 밖을 분별해야 한다. 남자는 밖에 있고 여자는 안에 있으며 집을 깊게 하고 문을 굳게 한다. 보초를 서는 사람이 문을 지키는데 남자는 들어 가지 않으며 여자는 나오지 않는다(이하 생략). 남자는 열 살이 되면 밖으로 나가고, 여자는 열 살이 되면 밖으로 나가지 않는다"에서 나온 풍습으로서 바꿔 말하면 남자는 바깥방에서 일상생활을 하고 여자는 안방에 거주해야 하는 것을 가리키는 것으로 중국과 조선의 여성의 유폐적 생활은 이 교훈에 의한 것입니다.

내외법이 엄하게 실행된 결과로 이전에는 여자의 외출은 친척 지인 간의 여성 방문 정도로 제한되었으며, 남자의 방문은 절대로 허락되지 않았습니다. 허락할 수 없는 것입니다. 다른 남자에게 얼굴을 보이는 것은 이미 크게 예의를 위반한 것이고 특히 양반(사족 이상의 사람)의 부녀자가 다른 남자와 한번 말을 섞으면 그 집안이 망한다는 말까지 있을 정도입니다. 그러므로 아무리 손님이 와도 남자 손님에게는 여성이 면접도 담화도 일절 금물입니다. 이와 같은 점에서 여자의 외출에는 반드시 복면覆面을 하게 되었던 것입니다.

이 복면의 기원은 예기禮記에서 "여자가 문을 나서면 반드시 얼굴을 가린다. 밤에 밖으로 나갈 때는 등불을 사용하고 등불이 없으면 나가지 않는다"에서 나온 것으로 한국에서 여성의 외출에는 상류 부인은 가마를 타고, 보통 양반 부녀자는 '치마'(흰 천으로 만든 하카마처럼 생긴 것)를 입고 그 외 부녀자는 장의(녹색 비단으로 만든 홍색 끈을 단 겹의 '가쓰키')를 입었다. 이 풍속은 오늘날 경성에서는 이미 없어지고, 겨우 서북지방에서 갈대로 만든 갓(삿갓이라고 한다)로 얼굴을 푹 뒤집어쓰고 보행하는 것을 가끔 보는 정도입니다.

내외법이 엄격하였기 때문에 옛날에는 부인이 물건을 사는 것이 일절 불가능하였으며 일상 여러 방면의 물품은 바늘과 실조차도 모두 남자를 통해 구했습니다. 이러한 내외법 때문에 여성이 아프면 남자 의사가 진찰을 제대로 할 수 없어 안타까운 마음이 있었습니다. 아무리 의사라도 남자인 이상 여성 방에 들어가는 것은 엄격히 금지되어 있습니다. 그래서 의사가 병실 옆방에 대기하면 여성은 미닫이 옆에 다가가 비단으로 손을 두르고 미닫이 틈으로 손만 조금 내밀어 맥을 짚으며 물론 얼굴이 보이지 않습니다. 그러므로 당장 빨간지 파란지 열이 있는지 없는지 알 수 없습니다. 그러므로 만약 오늘날과 같이 상반신을 벗게 하거나 배를 문지르거나 하면 큰일 납니다.

朝鮮の婦人（五）

田中德太郎

男女の別居

朝鮮では一家の内に男子の室と女子の室とを設けて各別居するの風習があります其の男子の室を斜廊と云ひ女子の室を内房と云ひ男女別居することを内外法と云ひ夫婦を内外と云ひます、内外法の起原は禮記内則編の

禮は夫婦を謹むにあり宮室を作りて外内を辨じ、男子は外に居り女子は内に居り宮を深くし門を固くし、閽寺（番人）之を守り男は入らず、女は出でず（以下略）男子は十年にして出づ、女子は十年にして出でず

より出でた風習でありまして取も直さず男子は外房に起臥し女子は内房に居住すべきことを示したもので支那朝鮮の婦人の幽閉的生活は此の教訓に因つたものであります、内外法の嚴に行はれた結果として、以前は女子の外出は親戚知人間の婦人の訪問位に限られ、男子の訪問は絶對に許されませぬ許されない所でありませぬ、他の男子に顔を見せるが既に大した禮儀違反で、殊に兩班（士族以上の人）の婦女が一度他の男と言葉を交せば其の家が亡ぶとまで云はれた程でありました、それですからたとへ來客があつても男客には婦人が面接も談話も一切禁物であります、斯様な點よりして女子の外出には必ず覆面することになつて居つたのであります、此の覆面の起原も禮記の

女子門を出づれば必ず其の顔を擁蔽す、夜行には燭を以てし、燭なければ則ち止む

より出でたのでありまして、韓國時代に於ける婦人の外出には、上流婦人は轎輿に乘り、普通兩班の婦女は『チマー』（白布にて作つた袴様のもの）を被り其他の婦女は長衣（綠色の絹にて作り紅色の紐を附けた袷様の『かつき』）を被つたもので、此の風は今日京城に於て既に廢れ、僅に西北地方に於て藁製の笠（サッカッと云ふ）頭深く被つて歩行するを散見する位のものをであります、内外法の嚴格なる爲めに往時は婦人の物買が一切出來ず、日用萬般の物品は糸針の末に至るまで悉く男子の手に依つて求められたものであります、斯うした内外法のために婦人の病氣のときに男醫の診察は、帳を隔てゝ痒きを掻く感がありました、たとへ醫者でも男子たる以上婦人の室に入ることは嚴禁であります、それで病室の次の室に控へる、さうすると婦人は障子の側に近寄り絹を以て手を掩ひ、障子を少しばかりいて其隙から手だけをちよいと出すと醫者が其行から脈を取る勿論顔が見へない、だから今赤いか青いか熱があるかないか解らない、だからもし今日のやうに肌をぬかせたりお腹をさすつたりしやうものなら大變な事になる

21

조선의 여성(6)

1924년 1월 15일 1면 4단

다나카 도쿠타로田中德太郎

남녀별거

궁중에서의 진찰은 상당히 어려워서 병상에 있는 왕비의 손목에 실을 묶어 그 한 가닥을 멀리 있는 방에 늘어트려 그것을 잡고 맥을 보았다고 합니다. 오늘의 전기 장치라면 어떨지 모르지만 이러한 형식의 진찰로 약을 먹어야 된다는 것은 내외법이 엄격하다고는 해도 걱정스럽지 않을까요?

그러나 물건을 사는 것과 진찰받는 것은 오늘날 크게 고쳐졌습니다. 상점에는 젊은 여성이 의류를 고르고 있는 모습도 보이며 병원에 다니는 여성도 흔히 볼 수 있게 되었습니다.

내외법 중에서 오늘날 여전히 행해지는 것은 남자 손님이 방문하였을 때 여성이 일절 맞이하지 않는 것과 담화를 교환하지 않는 것입니다. 조선인 사이에 행해지는 방문에는 상류층의 응접 공간(즉 사랑斜廊)이 있는 집의 방문에는 바로 그 응접실 앞에 가면 서생이나 하인이 나가서 손님이 왔음을 주인에게 전합니다. 그러나 중류 이하의 응접실이 없는 집 방문에는 문(입구)을 들어가면 바로 안방이 보이므로 남자 손님은 안내 없이 들어갈 수 없습니다. 반드시 먼저 문 앞에서 안내를 청하고 안방의 미닫이를 닫은 후 들어가는 것이 예의입니다. 그 안내를 요구할 때는 “이리오너라”라고 부릅니다. “이리오너라"는 조선어의 "이쪽으로 오너라"이며 부탁한다는 의미입니다. 남의 집을 방문해서 "이리 오너라"라고 하는 것은 무례한 말투 같으나, 하인을 부르는 말로 주인을 부르는 말이 아니므로 괜찮습니다. 괜찮을 뿐만 아니라 갑자기 주인이나 가족을 부르는 것이 오히려 무례한 것입니다. 그래서 먼저 하인을 부르고 그 안내로 들어가는 것이 예의입니다. 그런데 아예 하인이 없는 집을 방문한 경우에 하인이 있는 것처럼 부르는 것이 매우 이상해 보이나 하인을 둘 수 없는 사람에게도 하인이 있는 것처럼 말하는 것이 상대방을 존중하는 의미가 되기 때문에 오히려 이렇게 하는 것이 알맞은 예의가 됩니다. 즉 하인을 대하는 어조로 "이리 오너라"라고 부릅니다.

이때 하인이 있으면 하인이 나가고 하인이 없으면 주인이 직접 나갑니다. 하인도 없고 주인이 부재중이면 여성이 나가는가라고 하면, 내외법에 따라 나가지 않습니다. 또한 말도 나눌 수 없으므로 하나의 편법으로 가설적인 하인이 있는 것처럼 그 중개를 거치듯이 꾸미고 담화를 교환합니다. 즉

남자 손님 : "이리 오너라" (가설적 하인에게 청한다)

여성 : "어디에서 오셨는지 여쭤보거라" (가설적假設的 하인에게 이하 동일)

남자 손님 : "태평정太平町의 이李 아무개가 방문했다고 아뢰거라"

여성 : "주인은 마침 부재중이라고 아뢰거라"

남자 손님 : "그럼 내일 방문하겠다고 아뢰거라"

朝鮮の婦人（六）

田中德太郎

男女の別居

殊に宮中に於ける王妃の拜診は却々六かしく病床の王妃の手首に糸を結び其の一端を遠く次々の間に延ばし之を握つて脈を窺つたと云ふことであります今日の電氣仕掛ならいざ知らず斯かる形式ばかりの診察で藥を奉らねばならぬとは内外法の嚴なるも亦恐ろしいものではありませぬか併し此の物買と診察は今日大に改まりまして商店に若き婦人が衣類を見立て居る姿も見え病院通ひの婦人も普通に之を見受けらるゝやうになりました

内外法の内で今日以然として行はれて居るのは男客の訪問したとき婦人が一切出迎へないことと談話を交換しないことであります朝鮮人の間に行はれて居る訪問には上流の應接(間即ち斜廊)の設けある家の訪問には直に其の應接間の前に行けば書生又は下人が出て取次いで呉れますが中流以下の應接間のない家の訪問には門(入口)を入ると直に内房が見えるので男客は案内なしに入ることを許しませぬ必ず先づ門の前で案内を請ひ内房の障子を閉めた後入るを禮として居ります其の案内を請ふには「イリオナラー」と呼ぶのであります『イリオナラー』は朝鮮語の『此方へ來い』で賴むの意であります人を訪ねて此方へ來いとは失敬な言ひ方のやうでありますが下人を呼ぶ語で主人を呼ぶ言葉でないからかまひませぬかまはぬどころかいきなり主人又は其の家族を呼ぶのが却て失禮でありますそれで先づ以て下人を呼び其の案内で入るべきが禮であるのでありますところが全然下人の無い家を訪ねた場合でも下人あるが如く呼ぶのが頗るおかしいが下人を置き得ぬ人に對しても下人あるかの如く云ふのが先方を尊敬する意味にもなるので寧ろ斯くするが厚い禮となるのであります即ち下人に對する音調で『イリオナラー』と呼びます此時下人があれば下人が出下人がなければ主人自ら出ます下人もなく主人が留守であれば婦人が出るかと云ふに内外法に縛られて出て來られませぬ又言葉も交されませぬから一の便法を以て假設的の下人を設け恰も其の取次を經るものゝやうに裝ひ談話を交換するのであります即ち

男客『イリオナラー』(賴む假設的の下人に)

婦人『どちらから入らしたか伺つて見よ』(假設的の下人に以下同じ)

男客『太平町の李某が御訪れしたと申上よ』

婦人『主人只今不在だと申し上よ』

男客『それでは明日御訪ねすると申上よ』

22

조선의 여성(7)

1924년 1월 16일 1면 2단

다나카 도쿠타로田中德太郞

여학생부터 개선

이러한 표현을 하는 것입니다. 사실은 직접적으로 담화를 교환하면서 거짓으로 하인을 세워 직접 말하지 않는 형식을 취하는 것입니다. 너무 형식에 얽매여 우스꽝스러우나 조선사람은 자못 진지하게 하고 있습니다.

이 내외법은 때로는 빚쟁이를 쫓아버리는 일에도 이용되고 있습니다. "이리 오너라", "어디에서 오셨는지 여쭤보거라", "재동齋洞의 김金 아무개가 방문했다고 아뢰거라", "주인이 부재중이라고 아뢰거라", "방금 외출에서 돌아온 모습을 보았다고 아뢰거라", "그런 일이 없다고 아뢰거라"로 결말이 납니다.

아무리 화가 나도 안으로 들어갈 수 없고 문안으로 발을 들여 놓아도 안 됩니다. 울며 겨자 먹기로 단념할 수밖에 없게 됩니다. 대단히 재미있지 않습니까? 그래서 눈치가 빠른 채권자는 여성을 보내 재촉합니다. 여성이라면 문 앞의 안내 없이 바로 안으로 들어가서 "부인, 계십니까? 지난번에 쓰신 돈을 지금 받으러 왔습니다"라고 알린다. 보통의 경우 여성 손님이 보이면 주인이 피하는 것이 예의이지만 빚쟁이에 대해서는 아무리 예의라고 해도 도망칠 수가 없다. "당했다"라고 생각하면서 변제하게 됩니다.

저는 내외법을 위반한 괴로운 경험을 갖고 있습니다. 5, 6년 전의 일입니다. 공무차 어떤 중류층을 조선 친구와 함께 방문하여 문 앞에 서서 형식에 맞게 여러 번 "이리 오너라"를 외쳤습니다만 아무도 나오지 않았습니다. 이상하다고 생각하며 친구와 함께 집안을 엿보니 여성 여러 명이 우리를 보자마자 시끄럽게 떠들고, 그 안의 연장자인 여자가 목청 높여 들을 수 없는 욕설을 퍼부었습니다. 나는 "아무리 불러도 대답이 없어서요"라고 말했더니 "일본인은 풍속을 모르니 할 수 없으나 저 조선인은 도대체 누구인데 무례하기 짝이 없는가"라고 말하는 듯한 기세에 눌려 친구가 뭐라고 변명을 하자 "네 표정이 그게 무엇이냐?"라고 하며 상당히 저급하고 야비한 욕설을 하여 가만히 듣고 있었습니다. 그 사이 주인이 외출에서 돌아와 정중히 인사를 하고 우리가 온 뜻을 듣고 오히려 여성들이 떠들썩했던 이유를 이해하였습니다.

그러나 여성들은 주인이 들어간 것을 알자 오히려 심하게 떠들기 시작하였습니다. 즉 주인에게 내외법의 예의를 이처럼 엄격하게 지키고 있다는 것을 알리려는 작정이었겠지요.

주인이 참다못해 안방에 가서 몇 마디 하여 소란을 가라앉혔습니다. 우리들의 실수도 부끄러워해야 하지만 내외법이 엄격한 것이 도를 넘어 남을 욕하면 감정을 상하게 합니다. 내지인과 조선인 간의 이러한 풍속 차이는 실로 의외라고는 하나, 여성이 남자를 대하는 태도가 이와 같으면 사회에 나간들 융화의 열쇠가 되지 못할 것이라는 것을 절실히 느꼈습니다. 그러나 이러한 엄격한 풍습도 자녀의 통학으로 어느 정도 완화되어 가는 것 같으니, 지금의 여학생이 주부 시절이 되면 다시 크게 변혁하리라고 생각됩니다.

朝鮮の婦人（七）

女學生から改善

田中德太郎

斯うした言ひ方をするのでありますが事實は直接に談話を交換しながら假りの下人を立て、直接せざるやうな形式を取るのでありますが餘りに形に捉はれ滑稽じみて居ますが朝鮮人間では中々眞劍にやつて居ます此の内外法は時に借金取の追拂にも利用されて居るのです『イリオナラー』『どちらから入らしたか伺つて見よ』『齋洞の金某が訪ねたと申上げよ』『主人が留守だと申上げよ』『先刻外出先から歸つた姿を見たと申上げよ』『そんなことがありませぬと申上げよ』で終りとなる幾ら腹が立つても内房に踏み込む譯には行かず門外にぢたんだ踏んでも駄目、おめ／＼泣き寢入りをせねばならぬことになる甚だ面白いではありませぬかですから氣のきいた債權者は婦人を遣はして催促をするのです婦人なれば門前の案内なしにいきなり内房へと入り込んで『奥樣は御居でゞすか先日御用立した金を只今頂戴に出ました』で通る普通の場合婦人の客が見えると主人が避けるを禮としますが借金取りに對しては禮は禮としても逃げる譯には行かない『してやられた』と思ひつゝ返金することになるのであります

内外法違反で私は苦しい經驗を持つて居ます五六年も前のことでありますが公用を帶びて或る中流の人を朝鮮の友人と一緒に訪ねまして門の前に立ちて型の如く數回『イリオナラー』を呼びましたが誰も出て來ませぬ人聲がするのに返事せぬのは不思議だと思ひ友人と共に門の所より家の中を覗いて見たら婦人が數人居つて私共の姿を見るや忽ち沸騰し其内の年長の女が聲高々と聞くに堪へない惡罵を加へました私は『いくら呼んでも返事がないものだから』と云ひましたら『日本人は風俗を知らないから止むを得ないがあの朝鮮人は一體何者か無禮極はまるでないか』と云つたやうな調子で友人が何か申譯を云ふと『汝の顔付は何だ』とか何とか云つて頗る低級的な野卑な罵り方をするので默つて聞いて居ますと其の内主人が外出先から歸つて來て鄭重に挨拶を爲し私より來意を聞き尚婦人達の沸騰した原因を聞かされて諒解はしましたが婦人達は主人の歸つたことを知るや更に激しく騷ぎ出しましたつまり主人に對し内外法の禮儀を此樣に嚴格に守つて居ると云ふことを示すつもりであつたのでせう——主人が堪へ兼ねたと見え内房へ行つて數語をして騷ぎを取鎭めましたが私共の失態も恥入るべきですが内外法の嚴格も度を越して人を罵詈するやうでは人の感情を害することになる内鮮人間斯かる風俗の相違は實に意外とする所で婦人の男子に對する態度斯くの如くなる間は社會に出したところで融和の鍵には間に合はぬことゝしみ／″＼感じましたが斯かる嚴格なる風習も子女の通學からして幾分緩和されつゝあるやうですから今の女學生の主婦時代ともなりましたならば亦大に變革することゝ想はれます

23

조선의 여성(8)

1924년 1월 17일 1면 5단

다나카 도쿠타로田中德太郎

여자의 가정교육

조선의 여자교육은 근년 보통학교(소학교 정도)나 여자고등보통학교(고등여자학교 정도)가 각지에 설치된 이래 상하 구별 없이 과감하게 통학을 시키게 되었습니다. 한국시대("원문대로")에는 주로 개인 가정에서 어머니나 가정 교사에 의해 이루어졌기 때문에 현재도 중류 이상의 가정에서는 학교 교육에만 맡기지 않고 조선 풍속에 어긋나지 않게 신경을 쓰며, 특히 상류 가정에서는 여성으로서의 예의범절에 세심한 노력을 합니다.

학교 교육에 대해서는 잘 아시리라 생각하기에 특별히 말씀드릴 것도 없고 가정교육의 실황 특히 구시대의 가정 교육에 대해서 이야기를 하려고 합니다.

이 가정교육 또한 유교주의에 따른 것이므로 참고를 위해 유도儒道의 교의를 예로 들어봅시다. "아이가 밥을 먹을 수 있게 되면 오른손으로 먹도록 가르쳐라. 말을 할 수 있게 되면 사내아이는 '예'라고 대답하고, 계집아이는 '알겠습니다'라고 대답하도록 가르쳐라. 남자아이의 염낭은 가죽으로 띠를 하고, 여자아이는 실로 띠를 한다. 여섯 살이 되면 숫자와 방위의 명칭을 가르쳐라. 일곱 살이 되면 남녀는 자리를 함께 하지 않으며 밥을 같이 먹어서도 안 된다. 여덟 살이 되면 문을 출입함과 자리에 앉고 음식을 먹을 때 반드시 어른보다 나중에 먹게 하여 비로소 사양하는 것을 가르쳐야 한다. 아홉 살이 되면 날짜 세는 것을 가르쳐야 한다. 열 살이 되면 외부의 스승에게 나아가 공부하게 하고 바깥방에서 거처하며 잠자게 한다 등등(열 살까지는 남녀에게 똑같은 것을 가르치고 열 살이 넘으면 남녀 별거를 시켜 교육을 다르게 하라). 여자는 열 살이 되면 보모(여성 교사)가 말을 부드럽게 하고 용모를 가지런히 하고 남의 말을 정성껏 듣고 순종하는 것과 삼베와 모시 길쌈을 하며 누에를 쳐서 실을 뽑으며 비단 명주를 직조하고 실을 땋아서 여자의 일을 배움으로써 의복을 제공하며 제사에 참관하여 술과 초와 대나무 제기와 나무 제기와 김치를 올려서 어른을 도와 제례를 올리는 것을 돕게 할 것이다. 열다섯 살이 되면 비녀를 꽂고, 스무 살이 되거든 시집을 보낸다. 그러나 부모의 상을 당하면 스물세 살에 시집을 보낼 것이다. 예절을 갖추어서 맞이하여 가면 빙聘* 즉 아내가 되고, 그대로 가면 분奔** 즉 첩이 된다. 이것은 예기 내측편內則編의 말로 소학小學에도 실려있습니다. 이 규칙에 따라 태도가 온순하고 부드럽고 이르는 대로 순종하는 것 즉 현재의 말로 하면 수신修身입니다. 여자 일이라는 것도 역시 수신입니다. 그래서 편물, 재봉, 부엌일 등 여성에게 어울리는 기술을 택하여 가르치는 것입니다. 조선의 여자교육도 이 교훈에 기초해 여섯 살 정도부터 독서, 수신, 습자, 작문, 재봉, 자수, 세탁, 음식, 조리법 등을 가르칩니다.

---

* 빙(聘) : 예를 갖추어 혼인하는 것.

** 분(奔) : 예를 갖추지 않고 혼인하는 것.

朝鮮の婦人（い）

女子の家庭教育

田中德太郎

朝鮮の女子教育は近年普通學校（小學校程度）や女子高等普通學校（高等女學校程度）が各地に設置されて以來上下の別なく一般に思ひ切つて通學させるやうになりましたが韓國時代に在つては主として個人の家庭に於て母又は家庭教師に依つて施されたもので現今でも中流以上の家庭に於ては學校教育のみに任せず朝鮮の風俗に背馳せぬやうに意を用ひ殊に上流家庭に於ては婦人としての仕付けに細心の努力を致すのであります學校教育に付いては特に述べるまでもなく御承知の筈ですから之れを省略し家庭教育の實況京中舊時の家庭教育に付いて御話をしやうと思ひます此の家庭教育も亦儒教主義に則つたものでありますから御參考の爲儒道の教義を掲げてみませう

子能く食を喰へば右手を以てすることを教へ能く言へば男は唯し（はいと答へること）女は兪せしめ（左樣でございますと答へること）男の（巾着）は革女のは糸（甲斐絹などで作り繡を施したもの）六歳にして之に數と方名（方角）を與へ七年にして男女席を同じくせず食を共にせず八年にして門戸を出入し及び席に即く飲食するには必ず長者に後る始めて之に讓を教ふ九年にして之れに日を數ふるを教ふ十年にして外傅（教師）に就き外に居宿す云々（十歳まで男女同一のことを教へ十歳を越ゆれば男女別居せしめ教育を異にする）女子は十年にして姆（婦人教師）婉娩聽從を教ふ（言葉をやはらげ容貌をやさしくして聽從することを教へる）麻枲を執り糸繭を治め紝組紃を織り女事を學び以て衣服を共す祭祀を觀酒漿籩豆菹を納め禮相して奠を助け十有五にして笄し二十にして嫁す故父母の喪あれば二十三にして嫁す聘（禮儀を具へて婚姻すること）すれば則ち妻となり奔（禮儀を具へずして婚姻すること）すれば則ち妾となる云々

これは禮記內則編の語で小學にも載せてあります此の規則に依つて婉娩聽從すること則ち今日の言葉で謂ふと修身であります女事と云ふのもやはり修身でありますそれから編物裁縫御臺所の仕事など婦人にふさはしい技術を選んで教へるのであります朝鮮の女子教育も此の教訓に基き六歳位より讀書修身手習ひ作文裁縫刺繡洗濯食物の調理法などを教へる

24

조선의 여성(9)

1924년 1월 18일 1면 2단

다나카 도쿠타로田中德太郎

차가운 표정

이 중에서 가장 용의주도하게 가르치는 것은 수신修身, 예의禮儀, 작법作法 특히 여성으로서의 '예의범절'입니다. "여자의 말씨와 거동"은 어머니라는 사람이 늘 스스로 모범을 보여서 체득시키도록 역할을 다해야 합니다. 말씨와 거동 그리고 (1) 밝은 표정 가득히 붙임성 좋게 하는 것 (2) 어두운 무표정으로 무뚝뚝하게 하는 것 2종류로 구분하여 가르칩니다. 즉 (1)은 여성을 대할 때의 표정, (2)는 남자를 대할 때의 태도입니다. 여성을 대하는 표정은 여자답고 얌전한 태도로 행동거지를 바르게 하고 말은 되도록 낮은 목소리로 은방울이 굴러가는 어조로 하도록 노력합니다. 그래서 궁중에 봉사하는 내인들이나 상류층 여성의 동작이 어딘가 정숙하고 부드러워 옆에서 보더라도 마음이 좋습니다. 이에 반하여 일반가정에서 남자를 대할 때의 태도는 참으로 무표정에 무뚝뚝하여 아무리 내외법이 엄하다고는 하여도 남편에게까지 애교를 부리는 것이 불가능합니다.

부모가 계실 때는 침실 안에서도 장난치며 즐거워하지 않는다는 교훈에서 비롯된 것입니다. 그러나 정도가 지나쳐 무뚝뚝하고 무미건조하며 결국 애정의 점착력이 완전히 없어져 남편은 첩을 만들고 아내는 쓸쓸한 침실에서 울게 되는 것입니다.

남편을 대하는 태도가 이와 같은데 다른 것은 미루어 알 수 있습니다. 그래서 젊은 여성은 일부러 남자를 보지 않으려고 하고, 보아도 보지 않은 척하는 것이 예의입니다. 이 때문에 우연한 기회에 뜻하지 않게 외간 남자를 만났을 때 여자의 표정은 의아한 것을 본 듯한 표정을 하고 바로 얼굴을 돌립니다. 그래서 그러한 표정을 본 남자는 아무리 미인이었더라도 조금도 사랑하는 감정이 생기지 않습니다. 멋대로 사랑하는 감정을 일으켜도 귀찮기 짝이 없어서 일부러 사랑하는 감정을 일으키지 않으려는 행동이라고 해도 할 말이 없습니다.

그러나 조선 여성의 사상 풍속은 이쯤에서 잘 음미해보아야 하지 않을까요? 이러한 상황이니 부끄러워하며 상대하거나 얼굴에 홍조를 띄우는 요염한 표정은 지금까지의 조선인에게 요구할 수 없습니다.

특히 이상한 점은 간드러지게 교태를 부려야 할 기생(게이샤)이 손님의 술자리에 앉아서 꼬박꼬박 점잔빼며 (우리야말로 예능을 직업으로 삼은 사람으로 손님에게 술을 권하기는 하나 원래는 우리들의 본업이 아니다)라는 듯한 태도로 나오는 것은 도무지 이해할 수 없습니다. 모처럼 흥을 돋우려는 권주가(술자리에서 최초 1회 반드시 노래한다)도 듣는 사람에게 아무런 쾌감을 주지 않습니다. 술을 마시는 동안 제대로 접대도 하지 않고 한구석에 모여 사담에 빠져 있는 꼴은 점잔을 빼는지 눈치가 없는 것인지 심히 미흡한 느낌이 듭니다. "손님, 그렇게 얌전한 체하지 않아도 괜찮아요"라고 농염한 도발로 오만상을 찌푸린 남자를 활짝 웃게 만드는 애교는 기생에게 기대할 수가 없습니다.

朝鮮の婦人(九)

田中德太郎

冷い表情

この内で最も用意周到に敎へるのは修身禮儀作法殊に婦人としての『仕付』でありますが其の『女の言葉遣ひと素振り』は母たる人が日常自ら範を示して體得させることに努めるのであります、此の『言葉遣ひと素振り』それに(一)艶を付けて表情たつぷりと愛想よく出るのと(二)艶を拔きにして無表情のぶつきらぼうに出るのとの二種の使ひ分けを敎へます即ち(一)は婦人に對する場合の表情(二)は男子に對するときの態度であります婦人に對する場合の表情は女らしくしとやかな態度で坐作進退を鷹揚にし言語はなるべく低聲にさながらに銀鈴を振るやうな音調を以てするやうに努めるのですから王宮に奉仕する内人達や上流婦人の動作は何となくしとやかで其の物言がやさしく傍より見ても心地のよいものでありますが之に反し一般家庭に於ける男子に對する態度は實に無表情無愛想で如何に内外法が重いとは云へ夫に對してまでも愛嬌を使ふことが出來ぬのであります父母在せば閨門の内戯れて歡せずの敎訓から來て居るのでありませうが度が過ぎて無愛想となり乾燥無味となり終には愛情の粘着力全くうせて夫は妾を畜へ妻は空閨に泣くと云ふことになるのであります夫に對する態度が斯様な次第ですから其他は推して知るべしでありますですから若い婦人はつとめて男子を見ぬやうにし見ても見ぬ振りをするのが禮であります斯様なわけで或る機會に意はず他の男子に出會したときの女の顔付と云つたら實に怪しからぬ物を見たと云つたやうな表情をして忽ち顔を背けるので之を見せられた男は如何に美人であつても更に愛感が起りませぬ濫りに愛感を起されては迷惑至極だから態と愛感を起させぬ爲にする素振だと云へばそれまでゝすが朝鮮婦人の思想風俗は此邊に於て玩味すべきものがあるではありませぬか斯うした有様ですから羞然相對すと顔に時ならぬ紅葉を散らすなどの艶な表情は今までの朝鮮人に求められませぬ殊に異とする所は嬌媚嫺々たるべき妓生(藝者)が客の酒席に招かれながらきちんと澄まして(吾こそは藝を以て職とする者客に酒を進るが如き固より吾等の本業に非ず)と云つたやうな態度に出づるのは如何にも解し得ぬ所で折角興を添へる積りの勸酒歌(酒席に於て最初一回必ず歌ふ)でも聽く者に可等快感を與へぬばかりかろくに酒間の斡旋もせずに一隅に集まつて私話に耽り居る樣は上品ぶるのか氣が利かぬのか甚だ物足らぬ感がいたします『ねえ旦那いやに御澄ましでございませぬか』と濃艶な挑發をして苦虫の男を破顔させるやうな愛嬌は妓生に得て望むべからずであります

25

조선의 여성(10)

1924년 1월 19일 1면 4단

다나카 도쿠타로田中德太郎

차가운 표정

조선과 일본의 여성은 이와 같이 사상 풍속에 큰 차이가 있습니다. 그래서 조선인이 일본 여성을 평가하기를 너무나 표정이 농후하여 남자에게 끈적거리는 것처럼 보인다든지 애교로 값싼 친절을 부려 품위가 떨어지는 것도 개의치 않는다고 말합니다.

수년 전 나는 모 귀족들과 같이 연초 인사로 어떤 대관 댁을 방문한 적이 있습니다. 마침 그때 주인이 부재중이어서 부인이 마중 나와서 지극히 정중하게 인사를 하며 한 사람에게 4, 5회 머리를 숙이니, 귀족들이 매우 난처해 하였습니다. 나중에 술을 마시면서 일본 여성의 예가 정중하기는 하지만 머리를 숙이는 횟수가 너무 많아서 조선 여성의 예와 절반씩 하면 좋겠다고 이야기하며 웃었습니다. 실제 조선 여성의 예는 평절(윗사람에 대한 예의 몸의 상체를 수직으로 하고 정면을 향해 하체는 무릎을 펴고 웅크려 양손의 손가락을 뒤쪽으로 향해 아래로 붙이는 절)이고 입례(원래 조선의 절이 아닌데 상체를 조금 앞으로 굽히고 머리를 조금 숙이는 절)도 너무나 간단해서 인정미가 많이 부족해 보이므로 이것저것 반반씩 하면 딱 좋을지도 모르겠습니다.

단 남자에 대한 이런 무표정인 예법도 요즈음 통학 여성과 신여성이 끊임없이 새로운 공기를 전해주고 있으므로 어느새 그 변화가 이어져 앞으로 몇 년 뒤에는 흔연히 문에 마중 나와 "잘 오셨습니다. 마침 댁 이야기를 하고 있던 참입니다. 산책하십니까? 번거로우시겠지만 함께 가십시다" 등 말을 하는 시기가 필연적으로 도래할 것이라고 믿으니 굉장히 든든합니다. 미치지 못하는 것도 좋지 않으나, 지나치면 오히려 미치지 못한 것과 같으니 조금 후자를 염려하며 끊임없이 적당히 개화하기를 바랍니다.

혼례와 출산

혼례 연령은 지금으로부터 10년 전까지는 중류층 이상의 가정에서는 14, 15세가 보통이고, 빠르면 12, 13세의 신부도 드물지 않았습니다. 하층계급에서는 16세부터 19세 정도까지가 흔하였습니다. 배우자인 남자 연령은 중류층 이상에서는 여자와 동년 이거나 남자 쪽이 여자보다 1살 정도 아래인 것이 보통이었습니다. 그러나 중류층 이하 하층에 이를수록 연령의 차이가 심해져서 여자보다 남자 쪽이 5, 6세 아래인 것이 보통이었습니다.

그래서 상류층 가정에는 12, 13세의 신랑 신부가 흔하고 중류층 이하의 집에서는 12, 13세의 신랑이 18, 19세의 신부를 맞이하는 것이 일반적이었습니다.

朝鮮の婦人（十）

田中德太郎

冷い表情

内鮮婦人間斯様に思想風俗に懸隔があるものですから朝鮮人は内地婦人を評して餘りに表情が濃厚で男にべた付くやうに見えるとか愛嬌の安賣りで品位の落つるを顧みぬとか申すのであります數年前私は某々貴族と伴れ立つて年始の回禮に出て或る大官の宅を訪問したことがあります丁度其の時主人が留守で夫人が出迎へられ極めて鄭重なる挨拶をされて一人に對し四五回づゝ頭を下げたら貴族方すつかり閉口して居ましたが後で屠蘇を飲みながらの話に内地婦人の禮が鄭重ではあるが頭を下げる回數が多過ぎるから朝鮮婦人の禮と折半すれば宜しいと云つて笑はれましたが實際朝鮮婦人の禮は其の平拜（長上の人に對する禮體の上部を垂直にして正面し下部は膝を開いてしやがみ兩手の指を後方に向けて下に附くる禮）にしましても立禮（元來朝鮮の禮に非ず上禮を僅に前方に屈め頭をちよいと下げる禮）にしても餘りに簡短に失して情味がなさ過ぎるから彼此折半すれば丁度宜しいかも知れませぬ但男子に對する斯る無表情的禮法も近時通學女生と新しき婦人とに依りて絶えず新空氣を與へられつゝありますから知らず知らずの間に其の變化を受け今後幾年かの後には欣然門に迎へて『まあよく入らつしやいましたと只今御噂をして居た所なんですよ御散歩ですか御邪魔でせうけれども御一緒に』などと出る時期が必然的に到來することゝ信じ頗る心強いのですが及ばざるも不可過ぐれば猶更不可ですから聊か後者に憂いを存じて頻りに適度の開明が望みたいものであります

御嫁入りと御產

御嫁入りの年齢は今より十年前までは中流以上の家庭に在りては十四五歳を以て普通とし早いものは十二三歳の花嫁さんも珍らしくありませんでした下層階級に在りては十六歳から十九歳位までが普通でありました配遇者たる男子の年齢は中流以上では女と同歳又は男の方が女よりも一歳位下なるを普通とします中流以下下層に至るに從ひ年齢の差異が甚だしく女よりも男の方が五六歳下なるが普通でありましたそれ故上流の家庭には十二三歳の新郎新婦が珍らしからず中流以下の家には十二三歳の花婿に十八九歳の花嫁を迎へるが普通となて居つたのであります

26

조선의 여성(11)

1924년 1월 20일 1면 4단

다나카 도쿠타로田中德太郎

조혼과 연상의 아내

왜 이러한 조혼을 굳이 하였는지 또 왜 연상의 아내를 선택하는지 말씀드리자면 여기에는 제각각의 이유가 있습니다. 아시다시피 조선에서는 남자든 여자든 어린이는 거의 인격을 인정하지 않습니다. 따라서 그 대우도 아주 낮아 양가良家의 자녀에게도 "어이 이리 오너라" 라든지 "네 나이가 몇 살이냐?" 등으로 말을 합니다.

일본인이 말하는 것처럼 "도련님 드리지요"라든지 "아가씨 어서 오세요" 등과 같이 절대 말하지 않습니다. 미혼 중에 사망한 자에게는 장례식을 하지 않습니다. 장례식을 하지 않는 정도가 아닙니다. 7세 미만(반드시 7세에 한정되지는 않는다)의 아이 사체는 돗자리에 말아서 그대로 장의사에 건네어 어딘가 적당한 곳에 묻고 오라고 하는 식이며, 그 묻힌 장소조차 모르는 사람이 허다할 정도라고 합니다.

이러한 참혹한 취급은 미신에서 비롯된 것으로 장례식을 근사하게 하면 죽은 아이의 영혼이 떠나지 않아서 다음 아이가 태어나지 않으므로 이렇게 하는 것이라고 합니다.

또한 여자아이의 사체에 색깔 있는 의류를 입히면 귀신(사람이 떠받드는 신)

이 된다고도 말합니다. 그뿐만 아니라 사망한 아이는 숫자에서 제외해버리고 뒤도 돌아보지 않는다고 하니 참으로 가여운 취급을 합니다.

그런데 일단 혼인하면 나이가 많고 적음을 불문하고 성인으로 간주하며 이에 대한 대우도 달라집니다. 상당한 경어를 사용해 '영식令息'이라든지 '젊은 남편님', '며느님', '젊은 부인님' 등으로 부릅니다. 죽어서는 상당한 장례식을 꾸리고 고인을 족보에 실어 세대수에 더하며 친자가 없으면 양자를 맞이하여 그 자손을 세워 영원히 제사를 지냅니다. 그러므로 결혼을 하는 것과 하지 않는 것은 그에 따른 이해利害와 영욕榮辱을 알 수 있는 대사건입니다.

그래서 혼인을 서두르는 것과 또 하나는 노인이 있는 집에서는 빨리 손주며느리를 맞이하여 가능하면 증손자까지도 보려는 것이 이유입니다.

또 중류 이하의 조혼과 그리고 연상의 며느리를 고르는 이유는 여자의 부모로서는 딸을 시집보내면 어차피 시아버지 시어머니에게 몹시 혹사를 당하니, 가여워서 제 몫을 할 나이가 되어서 일을 익히도록 하려는 것입니다. 또 맞이하는 쪽에서는 자식이 아직 철이 없지만, 집안일이 귀찮으니 빨리 며느리를 들여 가사를 돕게 하여 점차 편안하게 지내려는 것입니다. 그래서 나이 어린 며느리는 적당하지 않고 충분히 성장해서 집안일을 이해하는 여자를 고르려는 것입니다.

이와 같이 조혼과 연상의 며느리를 맞이한 결과 청년의 신체를 허약하게 하고 아내의 성적 불만의 결과 간부奸夫를 구하여 본남편을 죽인 예도 있어 여러 가지 폐해가 동반되는 것입니다. 점차 시간이 지나 남편이 장년에 이를 즈음에는 아내가 노쇠해지면서 젊었을 때와는 정반대의 현상을 초래하여 남편의 불만은 결국 젊은 첩을 거느리게 됩니다. 부부 사이가 금세 깨지고 아내는 괴로움과 분하고 슬픈 나머지 히스테릭해져서 며느리나 하녀에게 화풀이를 하여 남을 곤란하게 하는 경우가 적지 않습니다.

朝鮮の婦人 (十一)

田中德太郎

早婚と年上の妻

何故に斯かる早婚を敢てしたか又何故に歳上の嫁を選ぶかと申しますと之には夫々理由があるのであります御承知でもありませうが朝鮮に於ては男でも女でも子供は殆ど人格を認めませぬ從つて其の待遇も甚だ低く良家の子女に對して『オイ此方へ來い』とか『お前の歳が幾つか』など、申して内地人の言ふやうに『坊つちやん上げませう』とか『御孃樣入らつしやいませ』など、は決して申しませぬ又未婚の内に死亡した者には葬儀をしませぬ葬儀をしないぐらゐの所ではありませぬ七歳未滿(必ずしも七歳と限りませぬ)の子供の死體は菰包みとして其儘葬儀夫に渡し何處か適當の所へ埋て來いと云つたやうな風で其の埋た場所さへ知らぬ者が多いと云ふ有樣であります斯うした慘酷な取扱ひは迷信から出たもので葬儀を立派にすれば死んだ子の靈が浮ばず次の子が生れぬから斯樣にするのだと云ふことであります又女の子の死體に色物の衣類を着せれば鬼神(人に祟る神)になるとも申すのであります加之死亡した子供は數の内より除いてしまつて顧みぬと云ふ實に可哀想な扱方をするのでありますところが一旦婚姻しまするや歳の多少を論ぜず成人したものと看做し之に對する待遇を變へて相當の敬語を用ゐ『令息』とか『若旦那』とか『御嫁樣』とか『若奥樣』など、呼ぶのでありますし死しては相當の葬儀を營み之を系譜に載せて代數に加へ實子がなければ養子を迎へて其の子孫を立て永く祭祀を行ふのでありますから結婚をするとせぬとは其の爲には利害榮辱の分る、大事件なのでありますそれ故婚姻を急ぐことになるのともう一つは老人のある家では早く孫嫁が迎へてあはよくば曾孫までも見せて上げやうと云ふのが原なのであります又中流以下の早婚とそれから歳上の嫁を選ぶ理由は女の親からは娘を嫁に遣せばどうせ舅姑にむごく使ひ廻されるのだから年少で遣るのが可哀想である一人前に育て上げ物事を覺えさせた上にしやうと云ふのが原因なのであります又迎へる方としては子息が未だ頑是ないが家事がうるさいから早く嫁を迎へて家事の手助けをさせ追々と樂をしやう然るに年少の嫁では間に合はないから充分成長して家事の心得のある女を選ぶと云ふのが原因なのであります然るに斯かる早婚と歳上の嫁を迎へる結果青年の身體を虛弱に導き又は妻が性的不滿の結果姦夫を求めて本夫を殺した例もあり種々の弊害が伴ふのでありますし漸く年をつんで夫の壯年に達した頃には妻が老衰に傾き若き時とは正反對の現象を來し夫の不滿が終に若き妾を畜ふるに至り琴瑟の和忽ち破れて妻の苦悶となり口惜さとかなしさの餘りヒステリックとなりて嫁や下女にあたり散らし人困らせをして居る婦人が少くないのであります

27

조선의 여성(12)

1924년 1월 21일 1면 2단

다나카 도쿠타로田中德太郎

조혼과 연상의 아내

이러한 조혼의 폐해가 오래 개선되지 않고 있어 큰일이라고 지식인으로서 한탄하였지만 이제는 지난 과거가 되었습니다. 학교 교육의 보급에 따라 근래 두드러지게 조혼자가 (이불 위에 눕힌 다음 산모의 후산 처치를 한 후)* 줄어든 것은 참으로 기쁜 현상입니다.

다음으로 혼약에 관한 것입니다. 혼약은 남자 쪽에서 중매인을 시켜 말하는 것이 보통이지만 개중에는 신붓집에서 앞장서서 움직이는 일도 있습니다. 원래부터 어느 정도 가문이 서로 어울리는 곳을 택하고 그 높고 낮음이 심한 곳은 서로 피하도록 합니다. 단 재혼의 경우는 신붓집의 가문이 남편의 가문보다 조금 아래인 것이 통례라고 합니다.

또 조선에서는 같은 성姓은 서로 결혼을 하지 않습니다. 그렇지만 성이 같더라도 본관(조상)이 다른 것은 상관없습니다. 예를 들면 똑같은 이李씨라도 전주 이씨와 우봉 이씨는 서로 통혼해도 아무런 지장이 없습니다.

이런 동성 간의 결혼이 불가능한 것은 유교의 "아내를 얻을 때는 동성과

---

* 원문 기사의 오류로 추정되며 문맥과 맞지 않아 ( )로 처리하였다.

결혼하지 않으며 구별을 확실히 할 것이다. 그러므로 첩을 살 때 그 성을 알지 못하면 바로 점을 쳐서 좋고 나쁨을 본다 (공자의 말)"라는 말에서 나온 것으로 혈족결혼을 피하려는 취지에서 온 풍습입니다. 게다가 혈족결혼을 피하는 이유도 오늘날 말하는 의학상의 견해에서 하는 것이 아니라 예의를 중시하는 의미에서 하는 것임은 의심의 여지가 없습니다.

그 증거로 남자들에 대해서는 까다로운데 비해 여자에 대해서는 조금도 돌이켜 볼 여지가 없습니다. 오히려 조선에서 같은 성씨끼리 결혼하지 않는 풍습은 유교가 아직 실시되지 않았던 신라조정과 고려조정의 중엽 이전에는 무관심해서 혈족결혼이 자유롭게 행해져 아무런 제한이 없었습니다. 그러나 유교주의를 취한 조선 시대가 되면서부터는 일체 이것을 금지하게 되었습니다.

출산 이야기

다음으로 출산에 관한 것을 조금만 서술합시다.

부녀자가 임신하면 마음을 안정시키고 기거동작을 조용히 하고 특히 한쪽 무릎을 세우고 앉는 것, 높은 곳에 오르는 것, 군중이 잡담하는 장소에 출입하는 것, 장례식에 가는 것 등을 금지합니다. 그리고 계란, 생선알, 두부, 버섯류, 주류 등의 음식을 끊고 3개월 후에는 부부가 근접을 피하고 태아의 발육에 전념합니다.

다시 3개월째 길일을 택하여 무당을 부르거나 사람을 무당집에 보내어 삼신(출산을 돕는 신으로 각 신의 이름은 불분명)에게 기도를 올려서 방 한구석에 이것을 받들어 5개월, 7개월, 9개월째 길일에 기원을 드립니다. 5개월 쯤에는 의사를 불러 진찰을 받고 산모와 태아의 보건약 '금궤당귀산金櫃當歸散'이나 '안태음安胎飮'을 구해 출산까지 격일 정도로 복용시킵니다. 빈곤자에게는 원래부터 이에 한하지 않습니다. 이렇게 하여 드디어 산달이 되면 조용한 방 한 칸에 산실을 만들어 출산에 필요한 여러 도구를 준비해두고 임산부가 산기가 있으면 함께 이 방에 들어가 시중드는 여자를 고용해 만반의 시중을 들게 합니다. 그러나 시중드는 여자를 청할 수 없는 사람은 시어머니가 시중을 들고 그것도 안 되는 사람은 혼자서 낳습니다.

출산할 때는 임산부가 짚으로 만든 돗자리 위에 누워서 머리를 방위方位 좋은 쪽에 두고 낳습니다. 출산하면 시중드는 여자가 손 빠르게 산아를 안아 올리고 가위로 탯줄을 자르고 그 끝을 실로 묶습니다. 그리고 강보(언뜻 보면 보자기 같은 것)를 입혀서 끈으로 매고 몸을 움직이도록 이부자리 위에 누이고 실내를 정돈합니다.

태반은 돗자리 속에 모아서 3일째 밤 새벽녘 집안 방위 좋은 곳에 옮겨 지푸라기나 겻불을 피워 소각합니다. 소각하고 남은 재 덩어리는 태어난 아이의 간肝의 묘약으로 보존합니다.

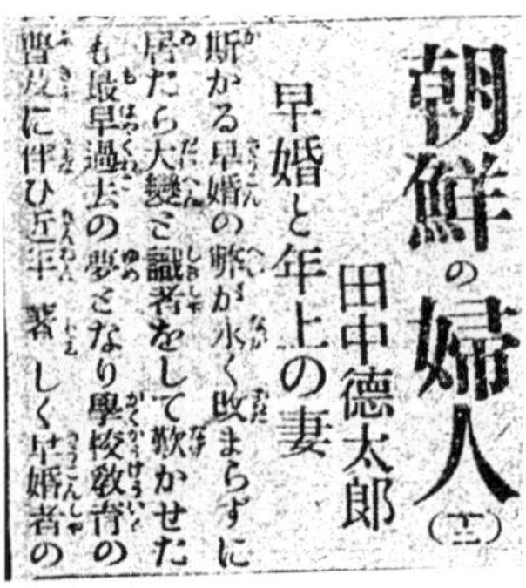
朝鮮の婦人（十三）

田中德太郎

早婚と年上の妻

斯かる早婚の弊が永く改まらずに居たら大變と識者をして歎かせたも最早過去の夢となり學校教育の普及に伴ひ近年著しく早婚者の

ぬやうにして布團の上に寢かし次に産婦の後産の仕末を爲したる後滅つたのは洵に喜ぶべき現象であります次に婚約の事でありますが婚約は男子方より媒酌人を介して申込むのは普通でありますが中には婦家より先だつて運動を起すのもあります固より家柄の相當した所を選び其の高低の差の甚だしい所は互に之を避けるやうにします但再婚の場合は婦家の家柄が夫の家柄よりも僅に下るを通例と致します尚茲に紹介せねばならぬことは朝鮮では同姓間は互に結婚を致しませぬ尤も同姓であつても本貫(組先)の異るものはかまひませぬ例へば同じく李氏でも全州の李氏と牛峰の李氏とは互に通婚して何等差支がないのであります此の同姓不結婚の習慣は儒教の

妻を取るには同姓を娶らず以て別を厚うするなり故に妾を買ふに其の姓を知らざれば即ち之を卜ふ(孔子の言)

とあるより出たもので血族結婚を避ける趣旨から來た風習であります而も其の血族結婚を避ける理由も今日稱へらるゝ醫學上の見解からするのでなく禮儀を重んずる意味からするのである事は疑を容れませぬ其の證據には男子方に付ては八釜しきに拘らず女子に付ては少しも顧みる所がないのであります尚朝鮮に於て同姓不結婚の風習は儒教の未だ行はれなかつた新羅朝と高麗朝の中葉以前には甚だ無頓着で血族結婚が自由に行はれ何等制限がなかつたのですが儒教主義を執つた李朝になつてからは一切之を禁ずるやうになりました

お産の話

次に御産のことを少し許り述べませう婦女姙娠すれば心を安らかにし起居動作を靜かにし殊に立膝に座ること高所に登ること群衆雜踏の場所へ出入すること葬式を見ること等を禁じ又鷄卵魚の卵豆腐園芋類酒類等の飲食を絶ち三箇月を

經たる後は夫婦の近接を避けて胎兒の發育に專念し更に三箇月目の吉日を卜して巫を招き又は人を巫の家に遣はして三神(御産神其各神の名は不明)に祈禱を捧げ家の室の一隅にも之を奉じ五箇月七箇月九箇月の吉日に於て祈りを爲し五箇月目頃には醫師を招いて診斷を受け母體と胎兒の保健藥たる『金櫃當歸散』又は『安胎飮』を求めて御産まで隔日位に之れを服しますが貧困者は固より此の限りでありませぬ斯うして彌々臨月となれば靜かな一室を以て産室に充てゝお用諸道具を整へ置き産婦産氣の付くと共に此の室に入り世話女を雇つて萬般の世話をさせるのですが此の世話女を頼み得ぬ人は姑が世話をしそれも及ばぬ人は一人で生むのであります

御産の際は産婦が藁で作つた菰の上に頭部を方位のよい方に向き伏

寢になつて生みます出産すれば世話女が手早く産兒を取上げ剪を以て臍の緒を截り其の尖端を糸を以て結び襁褓(一見風呂敷様のもの)を着せて糸にて括り身動きの出來布團の上に寢かせ室内の取片付を爲し後産は菰の中に纏めて三日目の夜明け方庭内の方位のよき所に運んで藁又は糠火を焚いて之を燒却するのでありますが其の燒却したる燒き殘りの灰の塊は其の子の肝の妙藥として保存します

28

조선의 여성(13)

1924년 1월 23일 1면 4단

다나카 도쿠타로田中德太郎

또 산모에게는 쌀밥과 미역국(곽탕藿湯이라고 한다)에 참기름을 넣은 것을 만들어 제공합니다. 쌀밥과 미역국은 출산 후의 회복을 돕고 모유를 늘리기 위한 것이라고 합니다. 또 신생아에게는 바로 젖을 물리지 않고 약을 먹여 위 속에 머물러있는 이물질을 토하게 하고 5, 6시간 지난 뒤에 젖을 줍니다. 젖은 대개 산모가 주는 것이 보통이지만 양가良家에서는 따로 유모를 고용하는 습관이 있습니다.

유모는 일시적인 고용 관계가 아니라 거의 영구적으로 들이는 것이어서 특히 그 아이와의 사이에 애정적 관계가 이어져 쉽게 떨어지기 어렵습니다. 아이의 성장 후에는 항상 따라다니면서 부양을 요구하고 개중에는 유모의 가족 친척까지도 부양하고 도와줘야 하는 처지에 빠지는 경우도 있습니다.

또 출산이 있는 집에서는 1주일간 일본인 출입을 금지합니다. 그중에도 상복을 입은 사람의 출입은 좋은 인연이 아니라고 해서 엄격히 출입을 금합니다. 또 1주일간은 조상의 제사도 지내지 않으며 출산한 집의 사람도 타인을 방문하지 못하게 하고 있습니다.

출산의 표시로 문(입구)에는 금줄 같은 새끼줄을 치고 그 중앙에 신생아가 남자이면 고추, 여자이면 목탄을 매다는 관례가 있는데 이 새끼줄을 인줄이라고 합니다. 인줄 밖에 문 양쪽으로 황토를 살포하는 집도 있습니다.

출산 후 3일째 되면 부드러운 면포를 미온수에 적셔서 갓난아이의 몸을 깨끗이 닦고(조선에서는 갓난아이에게 목욕을 시키지 않는다) 처음으로 배내옷을 입히고 실타래를 두르고(장수를 기원하는 의미) 쌀밥과 미역국을 만들어 삼신을 모시고 신생아의 수복을 기원합니다. 삼신제는 7일, 14일, 21일, 100일에도 지냅니다. 그러나 7일이 지나면 문에 단 '인줄'을 떼어내고 이날부터 친척 지인의 여성들이 문안을 와서 신생아의 옷감 등을 보냅니다.

산모는 3주간 일반적으로 삼칠일은 보양 기간으로 이때는 쌀밥과 미역국을 계속 먹습니다. 삼칠일이 지나면 산모는 우선 일어나서 신체를 깨끗이 하고 이부자리를 치우고 친척 지인을 초대하여 쌀밥과 미역국 약간의 요리를 올려 축연을 베풉니다. 이날 초대받은 사람은 은방울, 영아용 버선, 옷감 등을 가지고 와서 이것을 선물합니다.

또 100일째에도 친척 지인을 초대해 백반탕白飯湯 요리에 여러 가지 떡이랑 술안주를 올리고 향연을 합니다. 이날 가족 중 연장자가 갓난아이에게 이름을 지어주고 친척 지인은 시를 지어 축의를 표합니다.

朝鮮の婦人（十三）

田中德太郎

尙產婦には白飯と若布の醬油汁（羹湯と云ふ）に胡麻の油を滴したものを作つて供します此の白飯と羹湯は產後の肥立を助くる爲と乳を增す爲であるさうであります又產兒には直に乳を含ませず藥を飮ませて胃中に滯りある不淨物を吐かせ五六時間を經た後に乳を與ふるのであります乳は槪して母が與ふるを普通としますが良家に於ては別に乳母を備ふ習慣があります此の乳母は一時的雇傭關係でなく殆ど永久的に入り込むものであつて殊に其の子との間に愛情的關係が結ばれて容易に離し難く子の成長後は附き纏ふて扶養を求め中には乳母の家族親類までも扶助せねばならぬ羽目に陷るもの比々皆然りであるます

尙出產のあつた家では一週間の內地人の出入を禁じます中にも喪服を着けた人の出入は緣起でないとして嚴に之を禁ずるのであります又一週間の內は祖先の祭祀も行はず產家の人も他人を訪問せぬことになつて居ます出產の標識として門（入口）は注連のやうな繩を張り其の中央に生兒が男子であれば唐辛女子なれば木炭を吊り下げる法でありまして此の繩を（インチユル）と云ひます（インチユル）の外に門の兩側に黃土を撒布する家もあります出產後三日目になれば柔かな綿布を微溫湯に浸したもので嬰兒の身體を拭淨し（朝鮮では嬰兒に沐浴させませぬ）初めて產衣を着せ糸帶をさせ（長命を壽く意）白飯と羹湯を作つて三神を祭り生兒の壽福を祈ります三神祭は七日二七日三七日百日にも之を行ふのであります而して七日を過ぐれば門の『インチユル』を取外し此日より親戚知人の婦人達が見舞に行き生兒の衣服地などを贈る

產婦は三週間は一般には三週間を以て保養期間と爲し其の間は白飯と羹湯を繼續食用し三週間を過ぎて後產婦は一先づ起きて身體を淨め床を拂ひ親戚親人を招いて白飯と羹湯と若干の料理を供へて祝宴を張ります此日招かれた人は銀の鈴嬰兒の足袋衣服地などを携帶して之を贈ります又百日目にも親戚知人を招き白飯湯の料理に數種の餅や酒肴を供へて饗宴します此日家族中の長上の人が嬰兒に名を命じ尙親戚知人は詩を作つて祝意を表します

29

조선의 여성(14)

1924년 1월 24일 1면 2단

다나카 도쿠타로田中德太郎

조선에서는 남아의 출산을 굉장히 기뻐하는 것에 비하여 여아의 출산은 그다지 기뻐하지 않습니다. 따라서 축사 등도 남자아이면 "농장지경, 아들을 낳아 필시 만족하시겠습니다"라고 말하는 것에 비하여 여자아이면 "농와지경, 딸을 낳아 필시 서운하시겠습니다"라고 말합니다.

이것은 바꿔 말하면 남자아이를 생산하는 것은 기뻐하면서 여자 아이를 출산하는 것은 기뻐하지 않는다는 것에서 생긴 말입니다. 이러한 사상이 생긴 원인은 대개 양반의 아이가 남자이면 바보가 아닌 이상 한번은 반드시 벼슬을 하고 운이 좋으면 요직에 나아가 소위 입신양명立身揚名하여 부모를 세상에 알리는 것이 효의 마지막(효경孝經)이라는 성인의 가르침을 실현할 수가 있기 때문입니다.

부모를 세상에 알리는 것은 한국에서 종 2품 이상의 벼슬에 임명되면 조상 3대에 거슬러 올라가 품계를 내리고 감호를 하사하는 규정이 있다. 그러므로 입신은 혼자 자신의 영예에 머무르지 않고 조상에게도 효를 다하는 것입니다.

또 일반 서민도 남아는 성장 후 가업을 도와 생계를 꾸리고 가산을 일으키기도 합니다. 그러나 여아는 적당한 연령이 되면 허망하게 다른 집안으로 시집을 보내므로 자기 집에는 아무런 이익이 없다는 실리주의에서 온 것으로 조선에 데릴사위제도가 없는 것도 하나의 원인이라고 생각됩니다. (완결)

朝鮮の婦人（下）

田中德太郎

朝鮮では男兒の出產を甚だ喜ぶに反し女兒の出產を除り喜びませぬ

從つて親戚なども男兒なれば『弄璋の慶定めて御滿足でせう』と云ふに反し女兒なれば『弄瓦の慶定めて御不滿でせう』と云ふのですか之れ取も直さず男子の生產を喜び女子の出產を喜ばざる所より起つた言葉で斯かる思想の起つた原因は凡そ兩班の子は男子であれば馬鹿にあらざる限り一度は必ず官になり運よくば顯職に就き所謂立身揚名して以て父母を顯すは孝の終りなり（孝經）の聖訓を實現することが出來る此の父母を顯すと云ふのは韓國時代從二品以上の官に任ずれば父祖三代に遡つて品階を贈り鑑號を賜はる規定になつて居つたので立身は獨り自身の榮譽たるに止まらず父祖に對しても至孝なりとしたものでありますし又一般庶民に在つても男兒は成長後家業を助け生計を立て家產を興すこともあるも女兒に至つては相當年齡に達するや倉惶として他家に嫁かしめ自家の爲には何等利する所なしとの實利主義から來たので朝鮮に婿養子の制度のないのも一の原因を爲して居るものと思はれます（完）

부록

신문 전면 자료

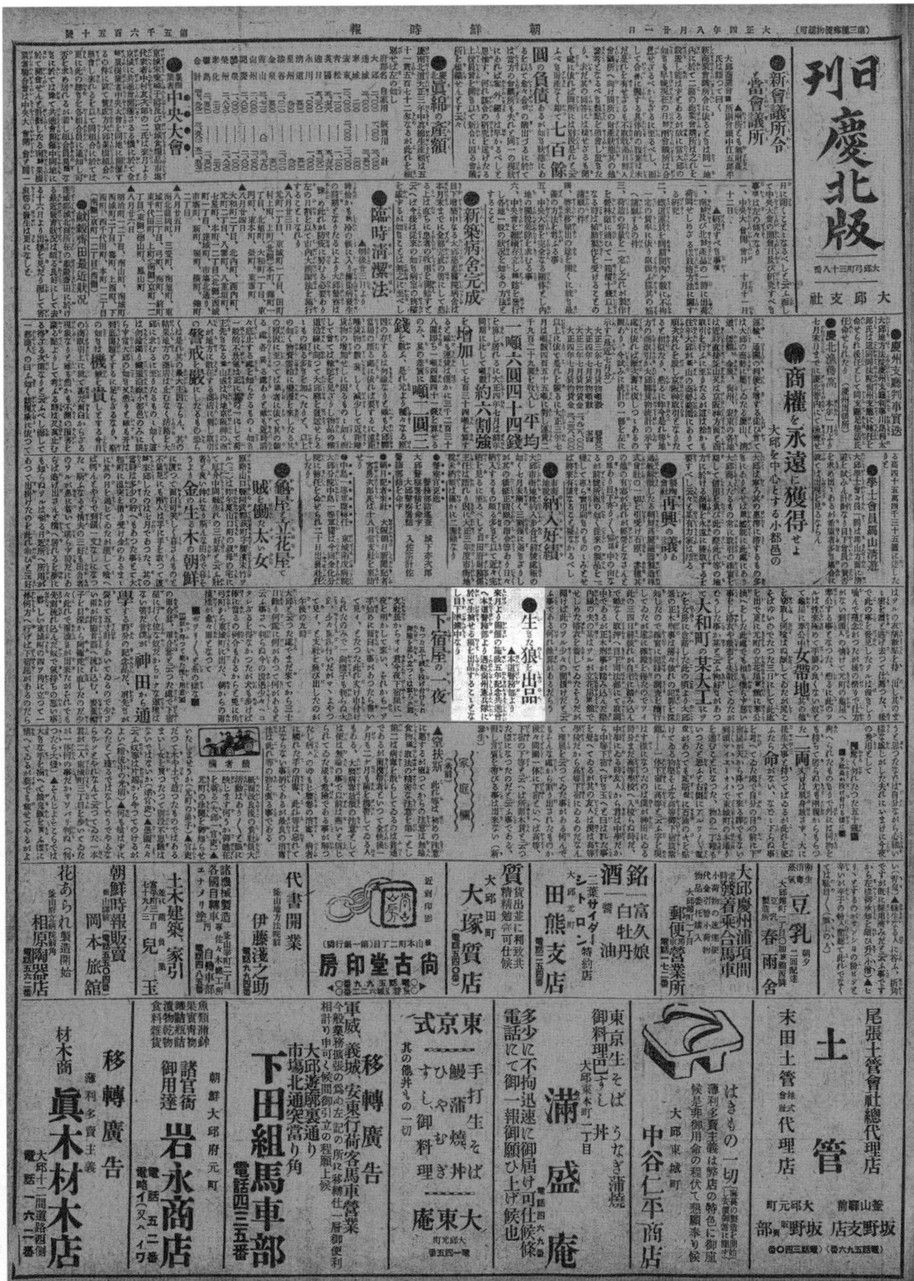
朝鮮時報
大正四年八月二十一日
日刊慶北版
大邱支社
新會議所令と會議所
中央大會
商權を永遠に獲得せよ 大邱を中心とする小都邑の
臨時淸潔法
新築病舍完成
納入好績
大和町の某大工
生きた狼を出品
下宿屋の一夜
家庭欄
尾張土管會社總代理店 末田土管 代理店 土管 坂野支店
中谷仁平商店
滿盛庵
東京式 大東庵
下田組馬車部
岩永商店
眞木材木店
尙古堂印房
大塚質店
田熊支店
豆乳 春雨舍
代書開業 伊藤淺之助
岡本旅館
相原陶器店

01 | 살아있는 늑대를 출품[1915년 8월 21일 90면 2단]

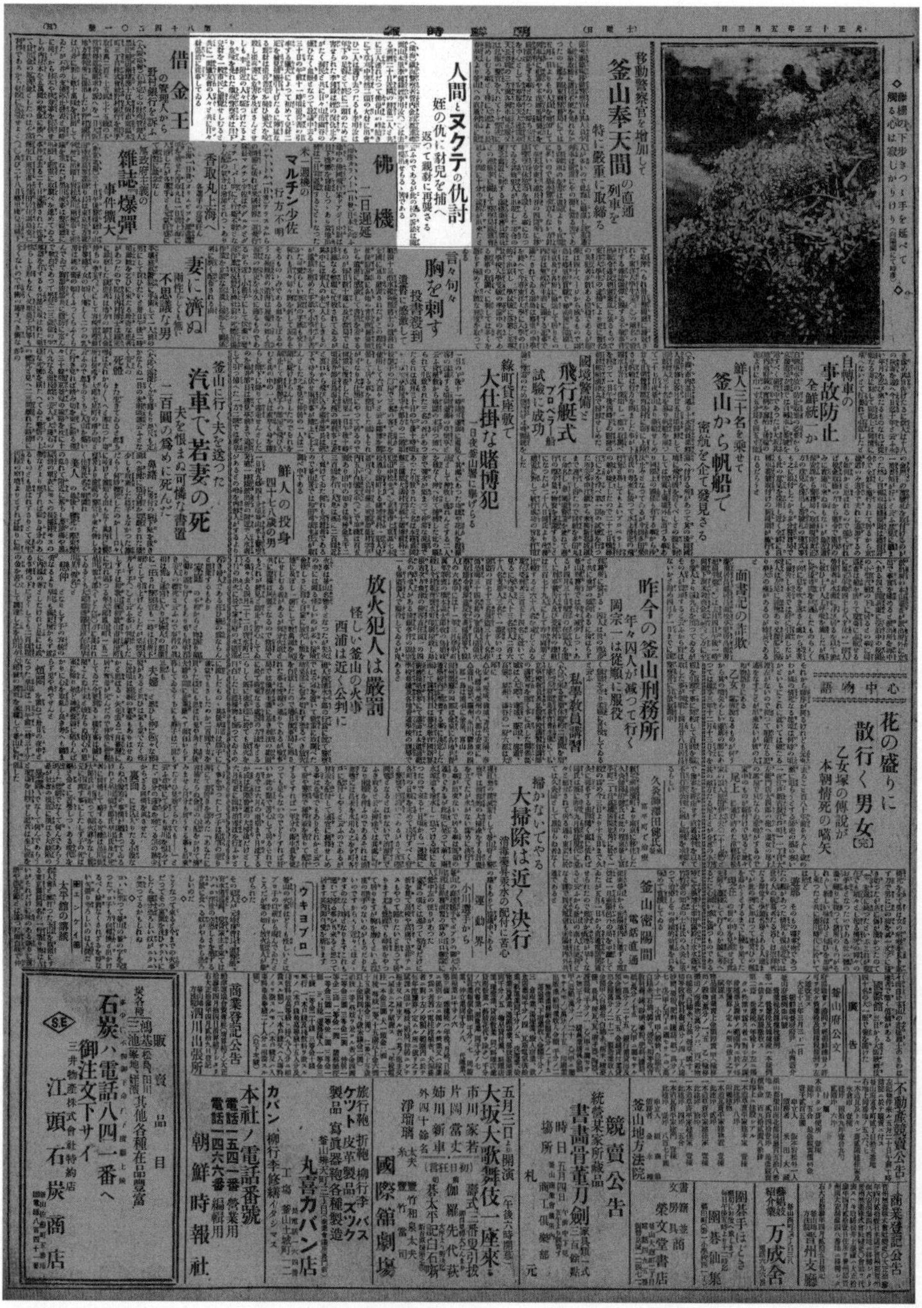

02 | 인간과 늑대의 복수[1924년 5월 3일 3면 1단]

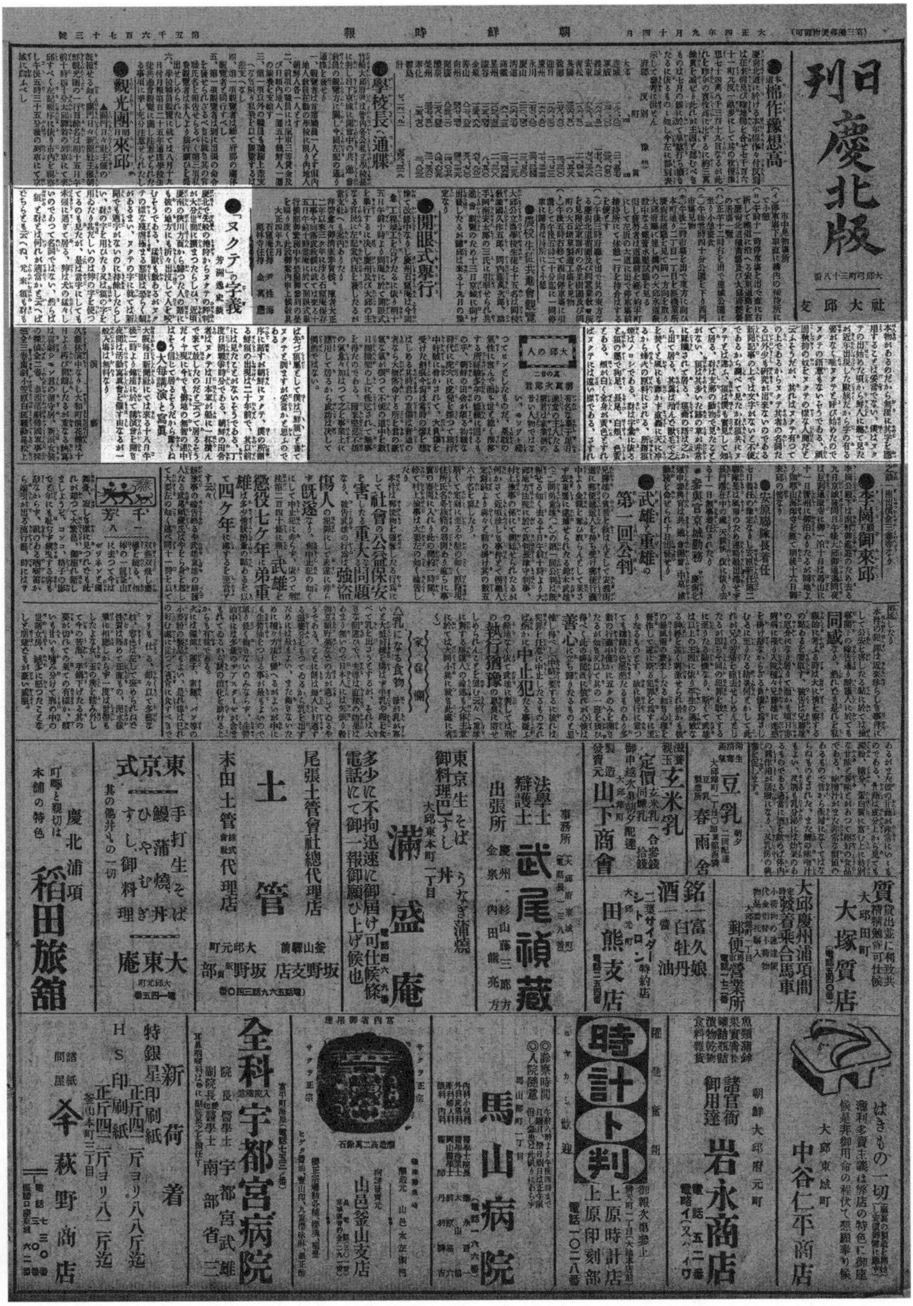

朝鮮時報　大正四年九月十四日

日刊 慶北版　大邱府本町三十八番　社大邱支

●「ヌクテ」の字義　芳洲逸史談

慶北で先般の拖狩からヌクテの評判が大分世間に廣まつたらしい、近頃慶南の陝川方面から歸つた人の話にも彼の地方にも折々出没して人を咬ひそうである、猛獣も數あるがヌクテの様な種々の悪獣は恐らく類があるまい、ヌクテの字に就ては新聞でも適字がないのに持餘したらしい、豺の字を用ひたり又は狆の字を用ゐたり甚だしいのは狼の字を使つてるのも見たが、是は當字にしても不適に過ぎて居る、狆は犬の猛々しいのであつて名詞ではない、然らば狽と豺とは何れが適當かと云へばどちらとも云へぬ、究来狽も豺も本物があるのだから無理に其字を應用することは妥當でない、僕はヌクテの出始めた頃から鮮人に聽て見たが近年出現した獸族だから字の有る筈がなく唯ヌクテと呼び始めたので、ヌクテの語意もないそうである、頑固偏抑の奴をヌクテの様な人間だと云ふそうだが、其れはヌクテ有つての上であるからヌクテ共者の名詞たる以外少しも研究が出來ないのである、新聞記事の上では文字がないと不便であるから調べて見たが豺狽共にヌクテとは違ふ、狽は僕も實見して知つて居る、豺は支那の動物で見たことがない、狽は其歩いた跡の草が非常に疑壞されて居る、獵者の話は之から出て居る、其糞は殆んど獸毛で之を焚くと風にも靡かず直ちに天に沖るから烽火の原料にされる、所謂狼煙はノロシである、豺は字彙に依ると狼の屬で狗足、長尾、白頰、色黄であると、頰が白く全身が黄色とすればヌクテには遠い様である、さすれば先づ狽屬として僕は「鮮狽」と書てヌクテと訓ますが妥當かと思ふのである

序に話すが朝鮮にヌクテ、僕の所謂鮮狽の出現は二十年前で、其以前には見たことがないそうである、朝鮮の田舍者はヌクテは日本軍が船に一杯積んで來て放したのだと云つて居るそうだイヤ現に今でも僻地の無智の連中はそう信じて居るそうだから堪らぬ

03 | '늑대'의 글자 뜻[1915년 09월 14일 92면 2단]

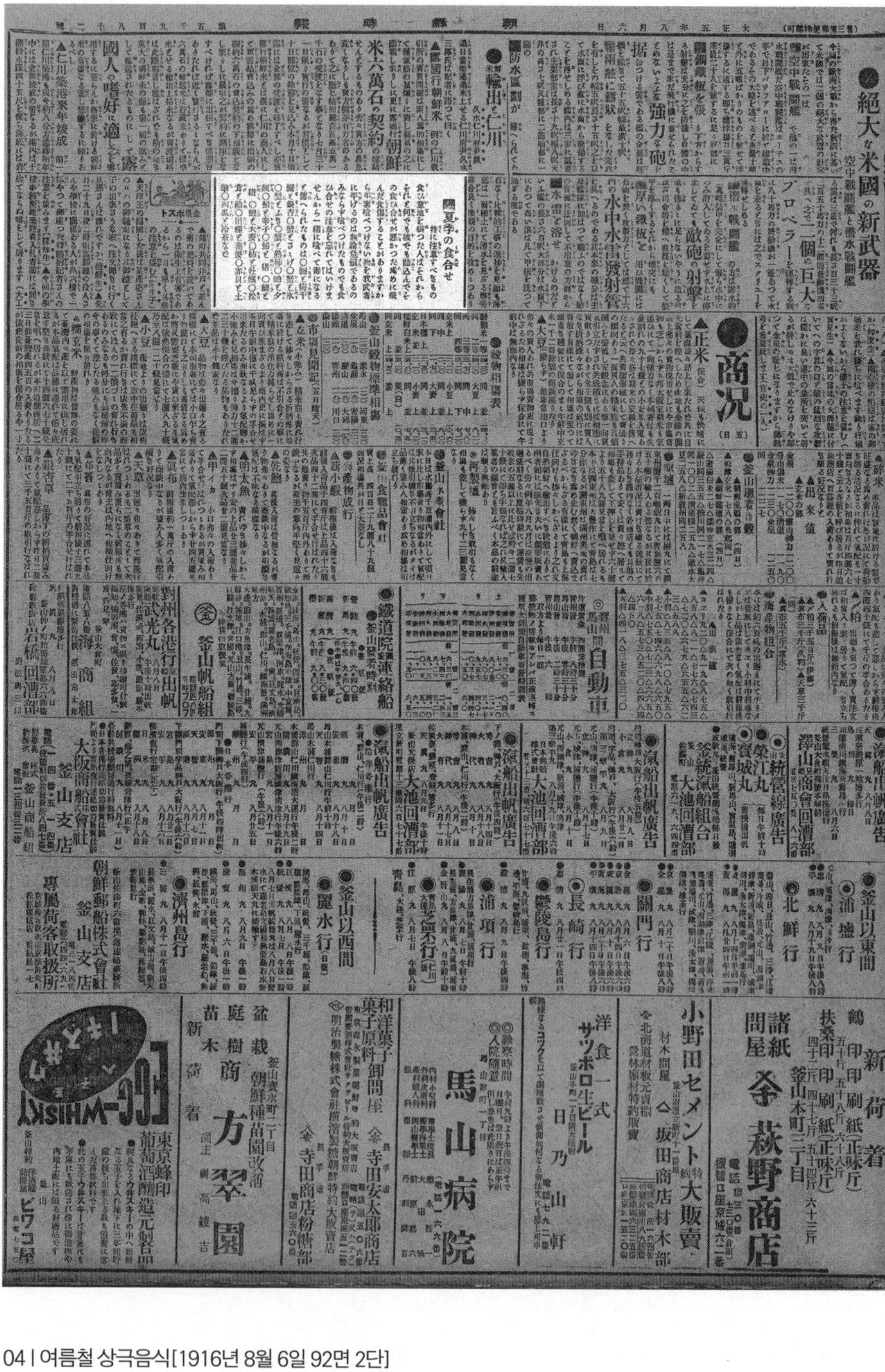

夏季の食合せ

特に注意すべきもの

食ひ意地を張つた人はそれからそれと何でも彼でも詰込んでその食ひ合せが悪かつた爲めに飛んだ食傷することがありますから平素喰べつけない物を我武者に平げるのは無論危險であるのみならず喰べつけたものでも食ひ合せの注意を忘れてはいけませんから一緒に喰べて毒になると傳へられたものは○鰻と梅干○鰻と銀杏○蟹とさゝげ○蟹と氷○蟹とふき○蟹と熟柿○蛸と夕顔○鮒と辛子○鮒と猪○鯉と猪○鯉と大麥○柿と牡蠣○松茸と飴○田螺と蕎麥○赤貝と土筆○西瓜と冷茶など

04 | 여름철 상극음식[1916년 8월 6일 92면 2단]

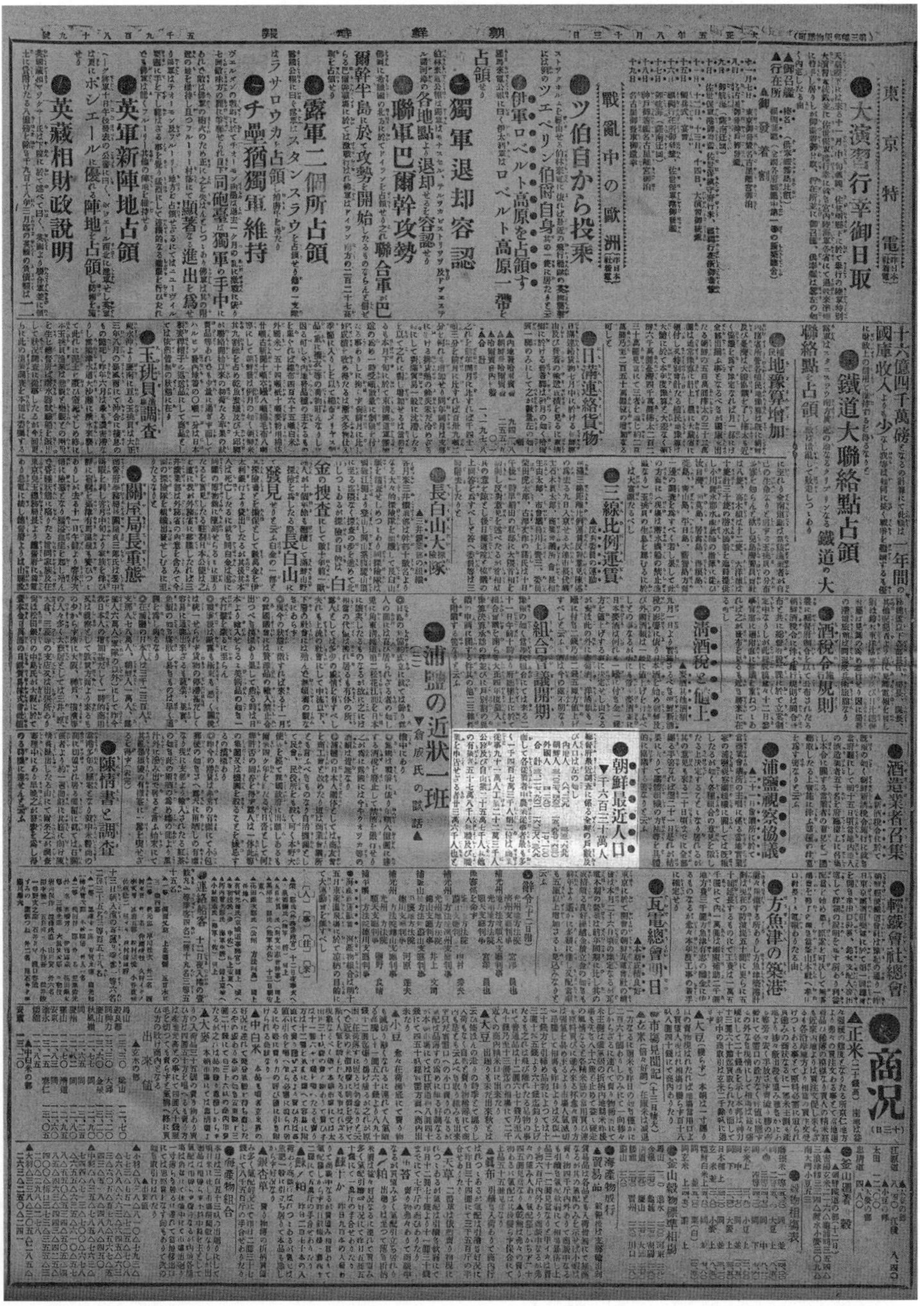
朝鮮時報　大正五年八月十三日

東京特電

大演習行幸御日取

ツ伯自から投乘

戰亂中の歐洲

獨軍退却容認

聯軍巴爾幹攻勢

露軍二個所占領

チ壘猶獨軍維持

英軍新陣地占領

英藏相財政說明

十六億四千萬傍　國庫收入より少

鐵道大聯絡點占領

地稅算增加

日滿連絡貨物

三線比例運賃

玉珧貝調査

長白山大踏査隊

關屋局長重態

酒稅令施行規則

淸酒稅の値上

組合會議開期

浦鹽の近狀一班

朝鮮最近人口　▼千六百三十萬人

陳情書と調査

酒造業者召集

浦鹽視察協議

方魚津の築港

瓦電總會期日

輕鐵會社總會

商況

05 | 조선의 최근 인구[1916년 8월 13일 95면 5단]

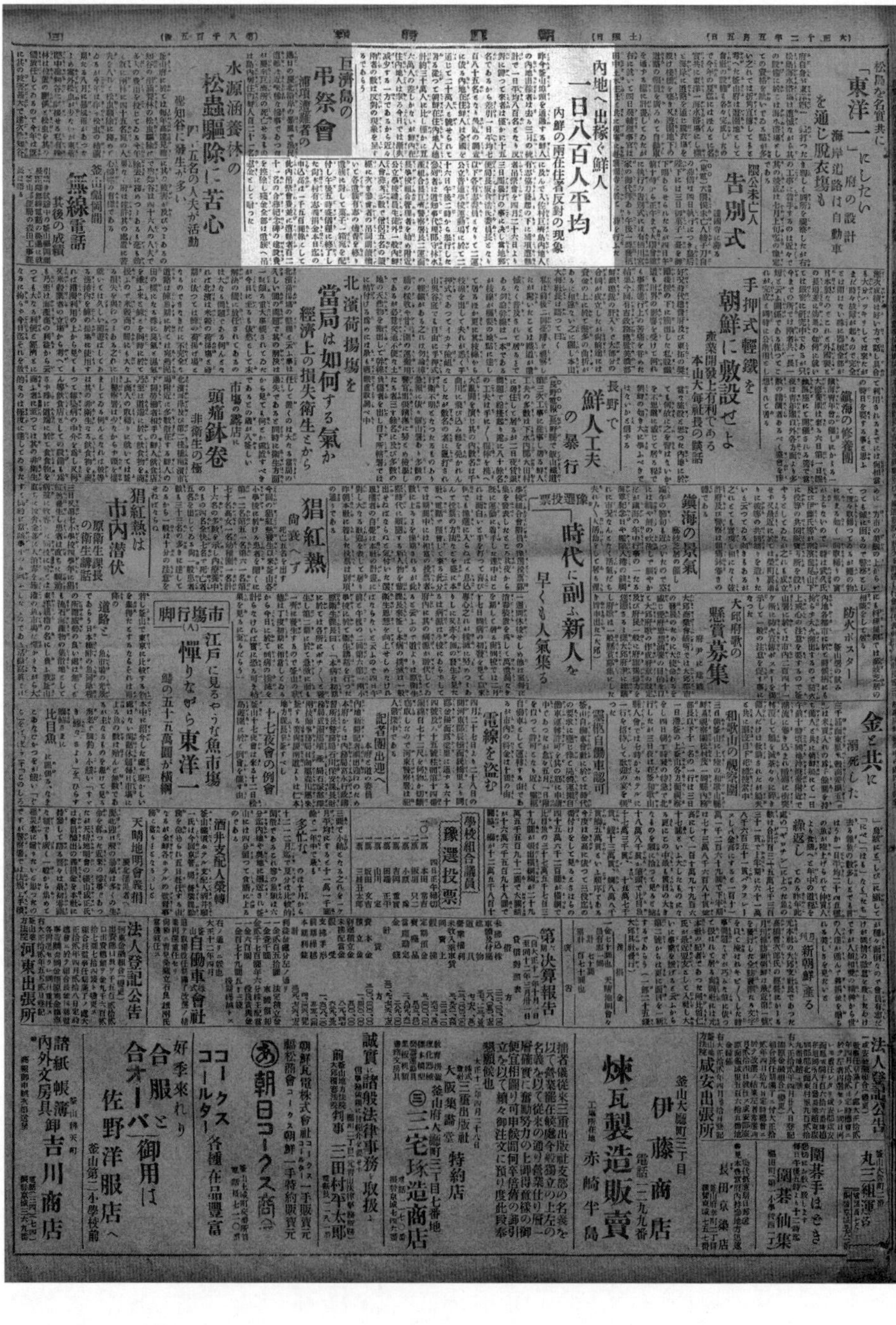

內地へ出稼ぐ鮮人
一日八百人平均
內鮮の兩在住者反對の現象

告別式

手押式輕鐵を
朝鮮に敷設せよ
産業開發上有利である
本山大每社長の談話

長野で
鮮人工夫
の暴行

時代に副ふ新人を
早くも人氣集る

北濱荷揚場を
當局は如何する氣か
經濟上の損失衛生とから

猖紅熱
猖紅熱は
市內潜伏

水源涵養林の
松蟲驅除に苦心

無線電話

電線を盜む

懸賞募集

鑛海の景氣

第一期決算報告

法人登記公告

煉瓦製造販賣

伊藤商店

朝日コークス商會

三宅琢造商店

佐野洋服店

吉川商店

06 | 내지(內地)로 돈벌이 가는 조선인[1923년 5월 5일 3면 1단]

朝鮮時報

休會中の解散は稀有事に屬す

夜の日比谷附近 物凄い空氣漲る

短刀を懷中して怪漢議場に闖入せんとして押へらる

議會闖入の暴漢 日比谷署に護送さる

議會闖入の本島は死を決して乘込む

ズブ濡れの齡長と當身を喰って 內術を受けた鐵相

議會解散！政治屋の書入時愈々來る

排日案可決

列車顚覆嫌疑者逮捕さる

氣流千尺を基礎に 飛行機の事故を防ぐ

內鮮融和の曙光 內鮮人の結婚激增 震災後の新現象

首無死體は鎭海の海難者か

首無死體 實父に引取らる

殺人、放火、强盜等の重罪犯も七年を經過すれば不起訴 刑事訴訟の時効短縮

粕谷議長陳謝

李鍝公殿下御歸鮮

故長谷川元帥の葬儀

國政執行妨害で南春日兩代議士 政府から告訴さる

初登院タッタ二時間で元の木阿彌となる 解散を食った新議員

列車顚覆事件 小松鐵相の答辯

細川守衛長

質の惡い二人道巡査

敷金等は昔の夢 多くは前家賃になり 新築貸家が多くなった 之れも經濟界の影響

猩紅熱猖獗の眞因判明 退院患者の告白で 順治病院不完備に伴ふ 中流以下の經費の苦痛

純金の大黑樣

明日に迫ったかるた爭霸戰 南鮮 會場は芳千閣に變更 午前九時より開始す

婦人かるた會は十日

昨一日の國民大會 決行さる

列車顚覆犯人は

山中の曲者

盛典寫眞 公開を終る

謝出火御見舞 廣島屋旅館 宮後元五郎

店員入用廣告 石川商店

藥

深澤商店

登記公告 釜山地方法院

商業登記公告

東萊銀行

07 | 내선융화(內鮮融和)의 서광[1924년 2월 2일 3면 3단]

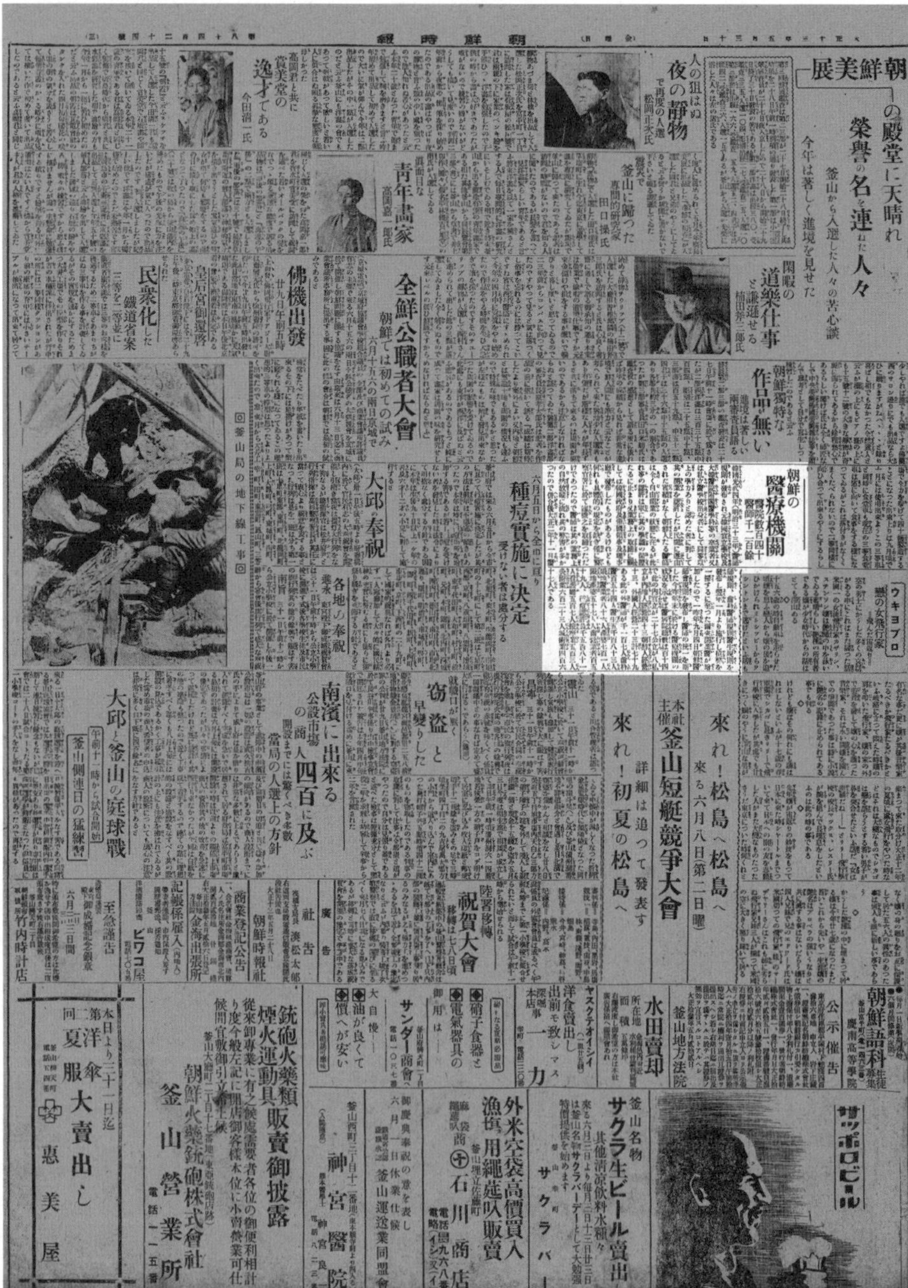
朝鮮時報

朝鮮美展 の殿堂に天晴れ 榮譽の名を連ねた人々

朝鮮の醫療機關

種痘實施に決定

全鮮公職者大會

大邱の奉祝

南濱に出來る 公設市場の商人四百に及ぶ

大邱と釜山の庭球戰

來れ！松島へ松島へ

本社主催 釜山短艇競爭大會

來れ！初夏の松島へ

サクラ生ビール賣出し

サッポロビール

08 | 조선의 의료기관[1924년 5월 30일 3면 5단]

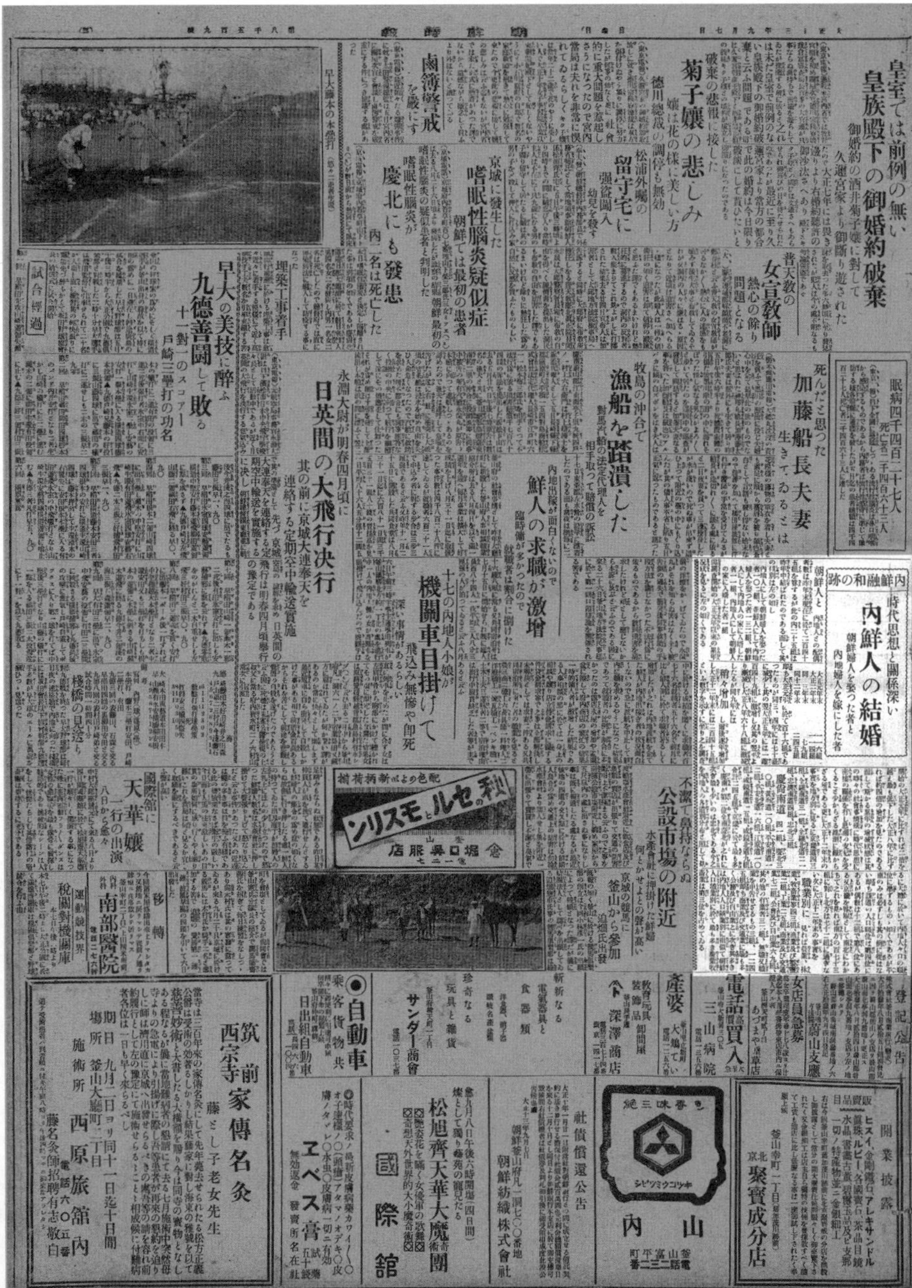

皇室では前例の無い
皇族殿下の御婚約破棄
御婚約の酒井菊子嬢に對して 久邇宮家より御斷り遊された

破棄の悲報に接した
菊子嬢の悲しみ
嬢は花の様に美しい方
德川總裁の調停も無効

普天教の女宣教師
熱心の餘り問題となる

松浦外喝の留守宅に強盜闖入
幼兒を殺す

鹵簿警戒を嚴にす

京城に發生した
嗜眠性腦炎疑似症
朝鮮では最初の患者

嗜眠性腦炎が慶北にも發患
內一名は死亡した

早大藤本の本壘打

早大の美技に醉ふ
九德善闘して敗る
十一對一のスコアー
戸崎三壘打の功名

試合經過

埋築工事着手

眠病四千四百二十七人
死亡者二千四百六十三人

死んだと思つた
加藤船長夫妻
生きてゐるとは

牧島の沖合で
漁船を踏潰した
相手取つて賠償の訴訟

內地出稼が面白くないので
鮮人の求職が激増
臨時傭が多かつたので就職者は割合に少ない

永淵大尉が明春四月頃に
日英間の大飛行決行
其の前に京城大連奉天を連絡する定期空中輸送を實施する豫定である

十七の內地人小娘が
機關車目掛けて
飛込み無慘や即死
深い事情があるらしい

內鮮融和の跡
時代思想と關係深い
內鮮人の結婚
朝鮮婦人を娶つた者と
內地婦人を嫁にした者

不潔で鼻持ならぬ
公設市場の附近
何とかせよとの聲が高い

京城の競馬に
釜山から參加

國際館に
天華嬢
一行の出演
八日から愈々

秋の色によく映る新柄揃
モスリンとセル
釜山 倉堀口呉服店

移轉
南部醫院

運動競技界
稅關對機關庫

棧橋の見送り

筑前西宗寺家傳名灸
藤さし子老女先生
期日 九月二日ヨリ同十一日迄十日間
場所 釜山大廳町一丁目
施術所 西原旅館內
藤名灸師招聘有志敬白

自動車
乘客貨物共
日出組自動車

珍奇なる玩具と雜貨
サンダー商會

新柄なる電氣器具と食器類

敎育玩具 裝飾品 卸問屋
深澤商店

產婆
大嶋てい

電話賣買入
三山病院

女店員急募

登記公告

社債償還公告
朝鮮紡織株式會社

山內

松旭齊天華大魔術團
國際館

エベス膏

開業披露
聚寶成分店

09 | 내선융화(內鮮融和)의 흔적[1924년 9월 7일 3면 6단]

朝鮮時報

近頃急に殖えた
內鮮人の『結婚』
昨年十二月末現在の配偶者數三百六十組

九年に較べて四倍强に

慶尚南道が第二位

結婚から觀た排日思想

『設備』の行き届いた內地の交換局
朝鮮の比ではない

家庭の不和から若い兄妹の家出

釜山市内に僞造銀貨

『李朝の壓迫』から衰へた朝鮮の寺院

『水饑饉』に苦しむ釜山に黄金の雨

『女の顔』を甜める『變態性慾』の少年

『財界』を攪き亂す不正頼母子講

縊死を眞似る厄介な『軍事探偵』

地主會を設けて大新洞の市區改正

殉國美談 思想善導大講演會

10 | 최근 급격히 늘어난 내지인(內地人)과 조선인의 '결혼' [1925년 7월 9일 3면 1단]

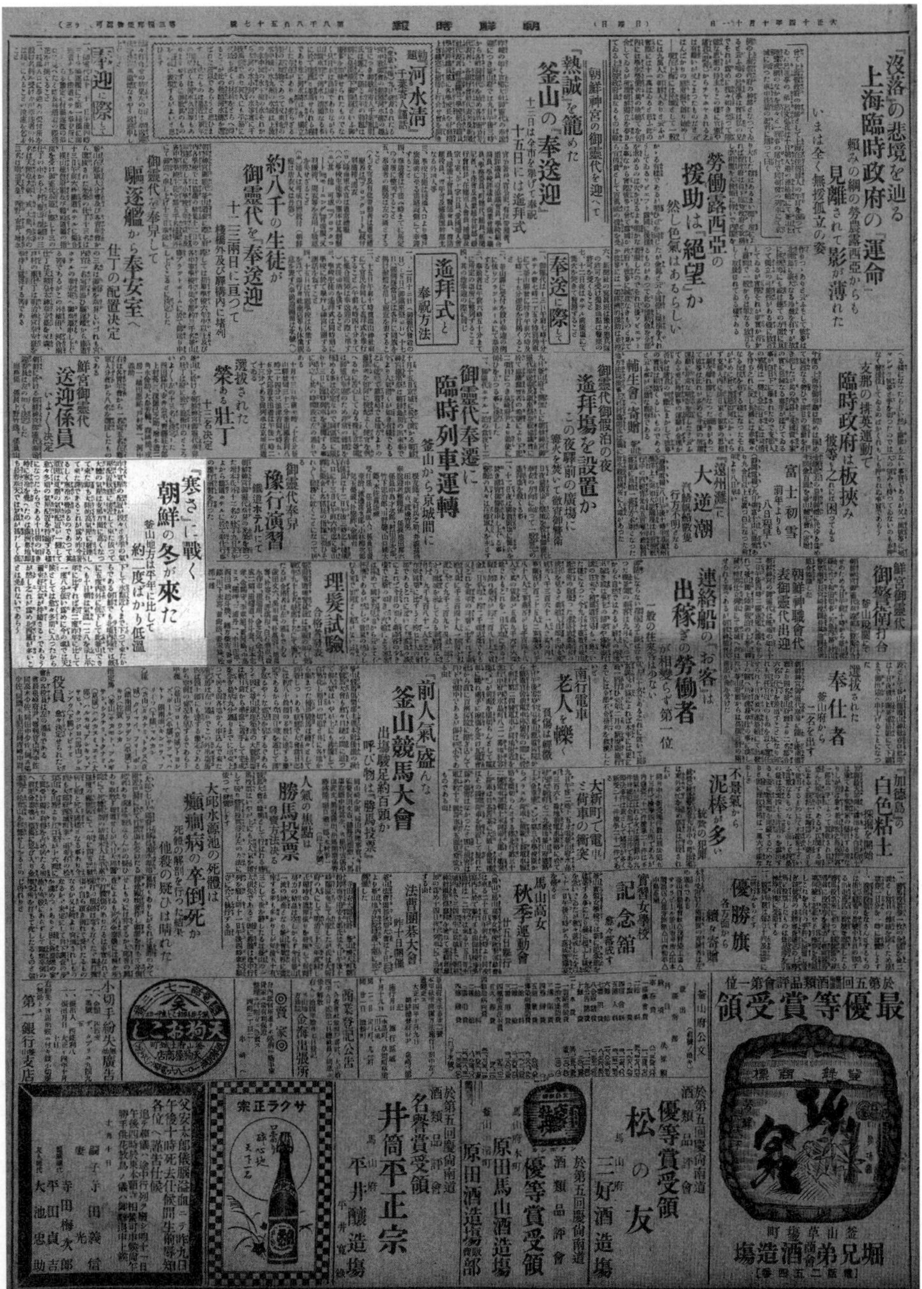

朝鮮時報

『沒落』の悲境を辿る 上海臨時政府の『運命』 頼みの綱の勞農露西亞からも見離されて影が薄れた いまは全く無援孤立の姿

勞働露西亞の援助は『絶望』か 然し色氣はあるらしい

朝鮮神宮の御靈代を迎へて 『熱誠』を籠めた釜山の『奉送迎』 十二日は全市を擧げて奉祝 十五日には遙拜式

河水清

約八千の生徒が御靈代を『奉送迎』 十二、三兩日に亘つて 棧橋外及び驛構内に堵列

御靈代は奉昇して驅逐艦から奉安室へ 仕丁の配置決定

『奉送』に際して

遙拜式と奉祝方法

支部の排英運動で臨時政府は板挾み 彼等之れに困つてる

富士初雪 前年よりも八日程早い

御靈代御假泊の夜 遙拜場を設置か この夜驛前の廣場に篝火を焚いて敬意御警衛

御靈代奉遷に臨時列車運轉 釜山から京城間に

鮮宮御靈代送迎係員 いよ〳〵決定

選抜された榮ある壯丁 十二名決定

御靈代奉昇豫行演習 鐵道ホテルにて

『寒さ』に戰く 朝鮮の冬が來た 釜山地方は平年に比して約一度ばかり低温

『遠州灘』に大逆潮

連絡船の『お客』は出稼ぎの勞働者が相變らず第一位 一般の往來は少ない

鮮宮御靈代御警衛打合

選抜された奉仕者 釜山府から二名を出す

理髪試驗

『前人氣』盛んな釜山競馬大會 出場馬は約百頭か 呼び物は『勝馬投票』

南行電車 老人を轢く

役員

人氣の集點は勝馬投票

大新町で電車と荷車の衝突

不景氣から泥棒が多い

加德島の白色粘土

大邱水源池の死體は癲癇病の卒倒死か 死體の解剖を行つた結果 他殺の疑ひは晴れた

法曹副恭大會

馬山高女 秋季運動會

實習女學校 記念館

優勝旗

於第五回醸造品評會第一位 最優等賞受領 釜山草梁町 堀兄弟酒造場

於第五回慶尚南道酒類品評會 優等賞受領 松の友 三好酒造場

於第五回慶尚南道酒類品評會 優等賞受領 原田馬山酒造場

於第五回慶尚南道酒類品評會 名譽賞受領 井筒平正宗 平井釀造場

サクラ正宗

第一銀行支店

小切手紛失廣告

11 | '추위'와 싸우는 조선의 겨울이 왔다[1925년 10월 11일 3면 5단]

朝鮮時報

釜日と瓦電=瓦電と釜日
御用記事滿載の釜日
委員の問責=社長の答辯

美くしい夫人同伴で
支那で大事業計畫樹立
マグネシアムと電氣事業

刑事と僞稱して
金員を騙取

不正漁業者征伐

誘拐專門の男

漁船の正面衝突

追々火事の季節に向ひ
市民警火心を善導し

不良少年少女團

全釜山軍の陣容

流石は儒教の國

明大敗る

道廳軍勝つ

12 | 과연 유교의 나라[1926년 10월 14일 3면 9단]

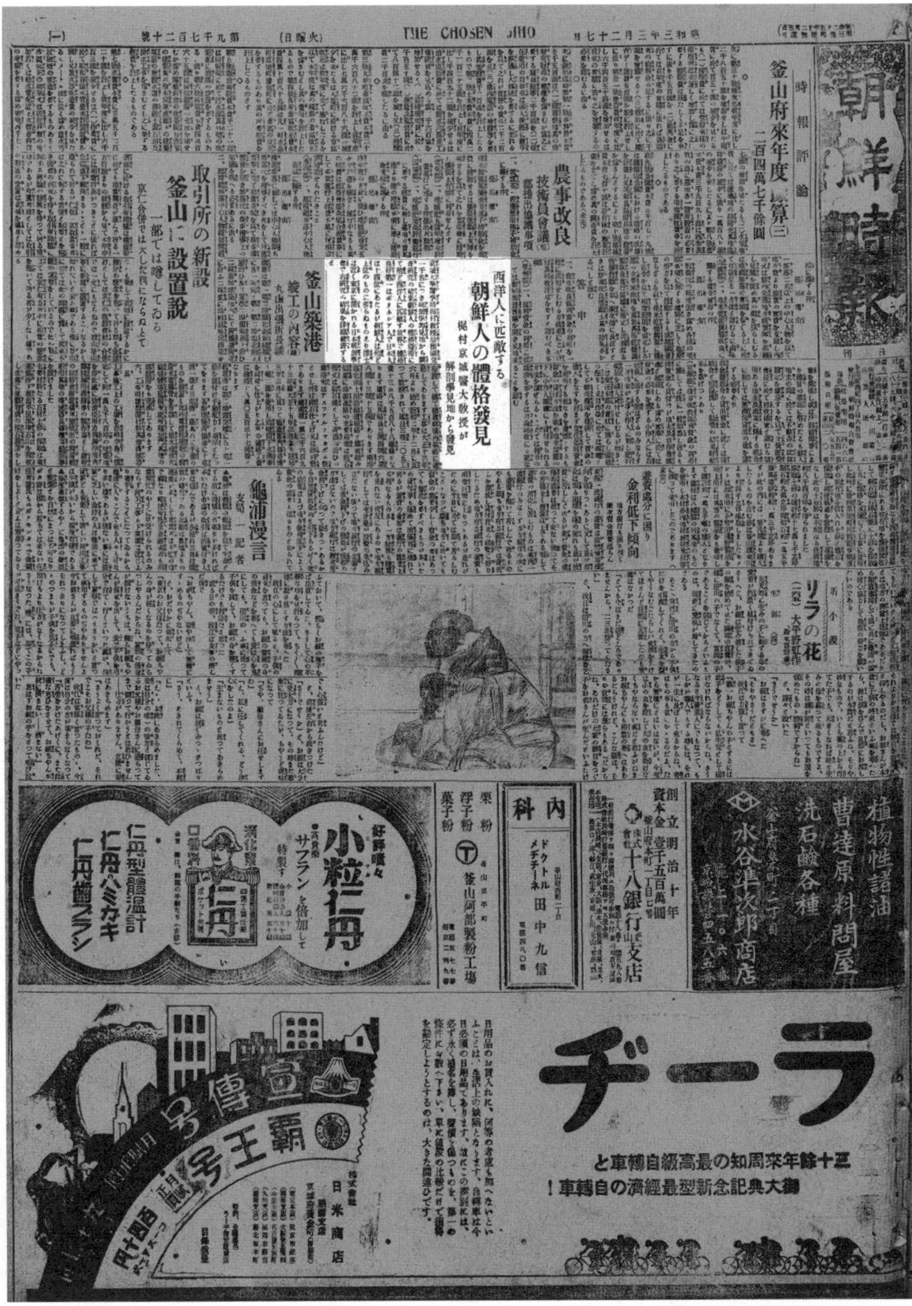

13 | 서양인에 필적하는 조선인의 체격 발견[1928년 3월 29일 1면 3단]

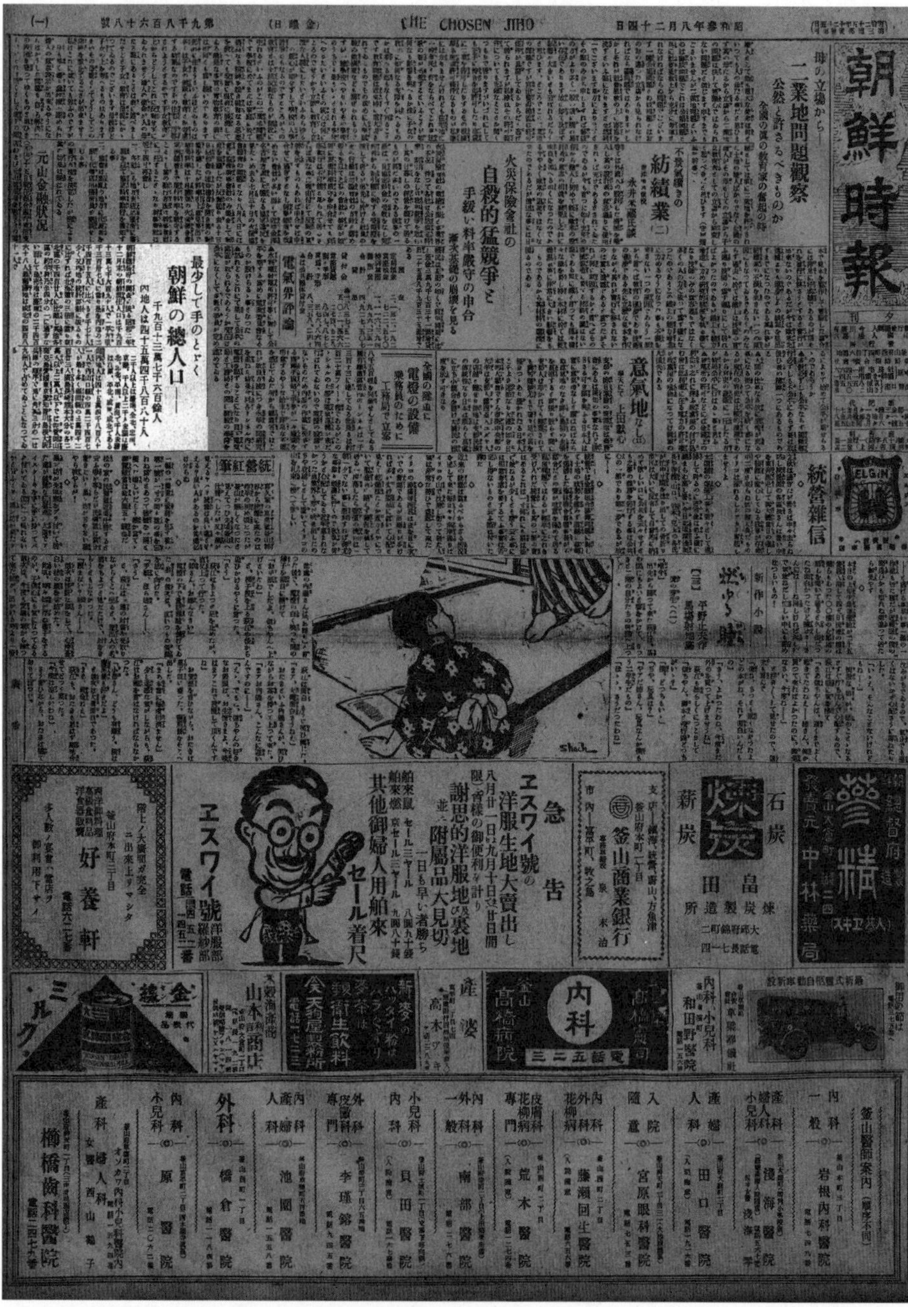

14 | 파악할 수 있는 최소의 조선 총인구[1928년 8월 24일 1면 3단]

15 | 〈생활개선〉 조선인의 백의를 색이 있는 의복 착용으로 권장[1930년 9월 22일 3면 7단]

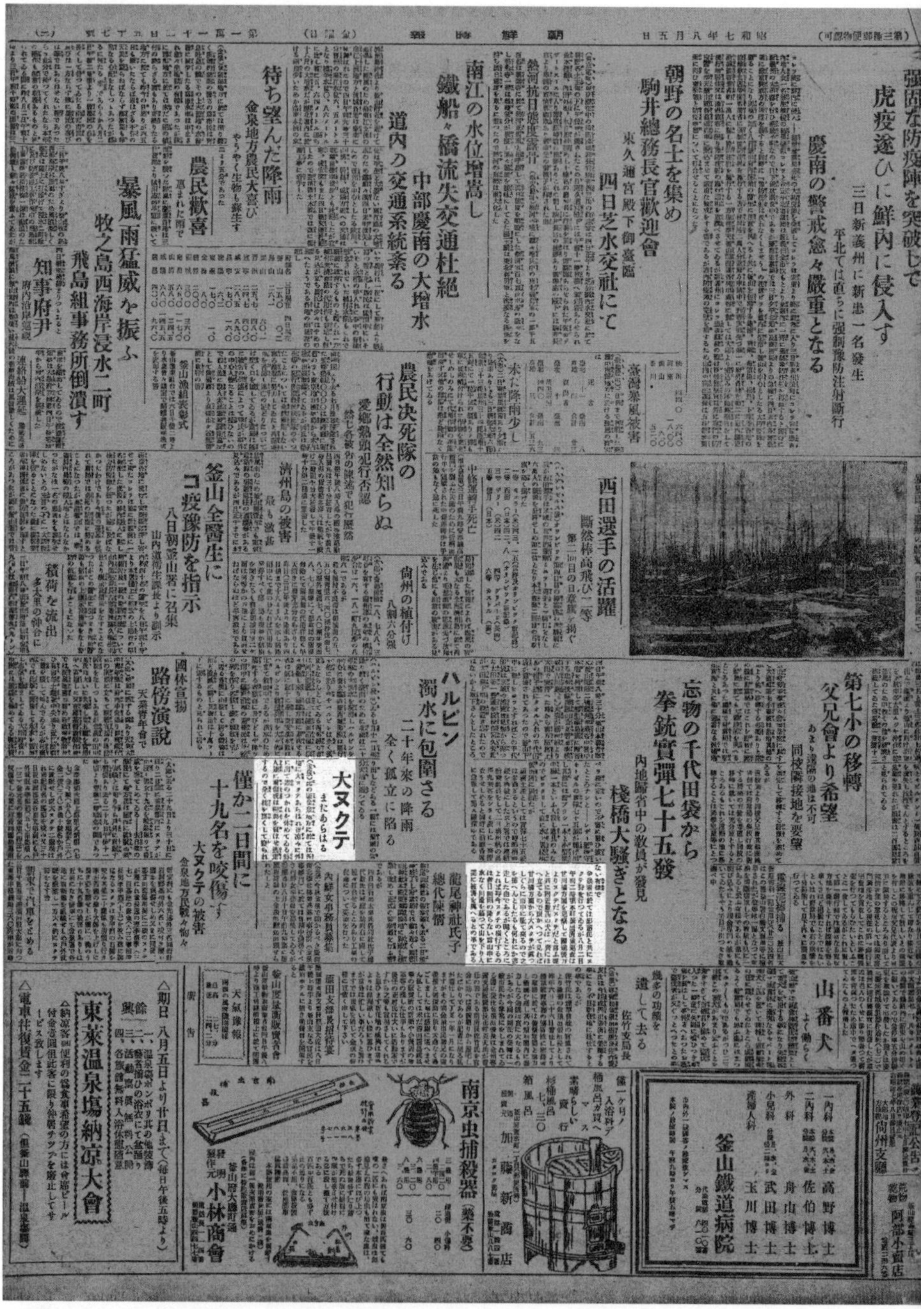
朝鮮時報 昭和七年八月五日

強固な防疫陣を突破して 虎疫遂ひに鮮内に侵入す

三日新義州に新患一名發生 平北では直ちに強制豫防注射斷行

慶南の警戒愈々嚴重となる

朝野の名士を集め 駒井總務長官歡迎會 東久邇宮殿下御臺臨

四日芝水交社にて

南江の水位增高し 鐵船々橋流失交通杜絶

中部慶南の大增水

道内の交通系統紊る

待ち望んだ降雨 金泉地方農民大喜び

農民歡喜

暴風雨猛威を振ふ 牧之島西海岸浸水二町

飛島組事務所倒潰す

知事府尹

農民決死隊の 行動は全然知らぬ

濟州島の被害

西田選手の活躍

釜山全醫生に コ疫豫防を指示

第七小の移轉 父兄會より希望

忘物の千代田袋から 拳銃實彈七十五發

棧橋大騷ぎとなる

ハルビン 濁水に包圍さる

路傍演說

大ヌクテ またあらはる

僅か二日間に 十九名を咬傷す 大ヌクテの被害

山番犬

南京虫捕殺器

釜山鐵道病院

東萊溫泉場納凉大會

16 | 큰 늑대 또 나타나다[1932년 8월 5일 3면 8단]

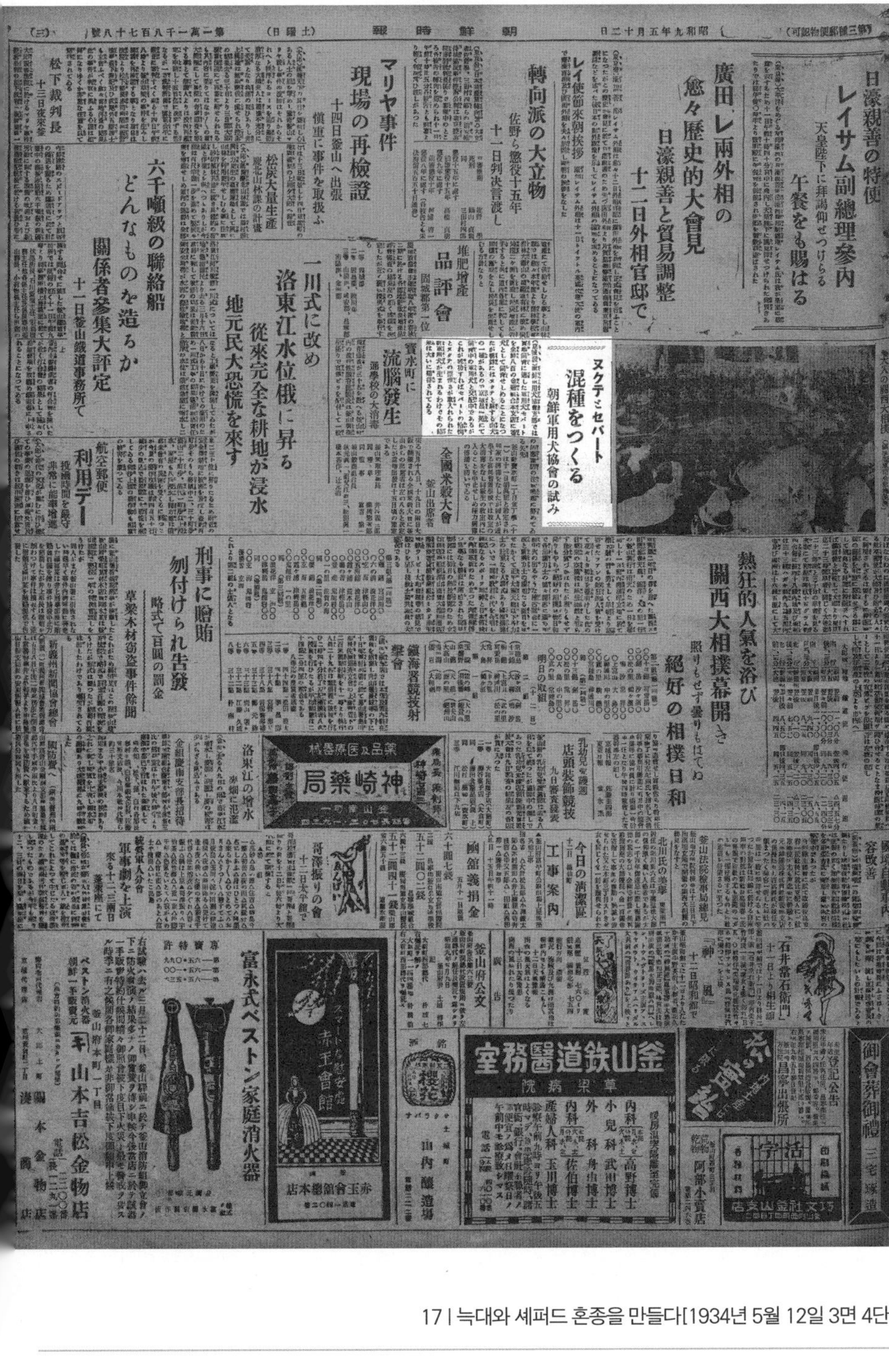
(三) 第一萬一千八百七十八號 (土曜日) 朝鮮時報 昭和九年五月十二日

日濠親善の特使
レイサム副總理參內
天皇陛下に拜謁仰せつけらる
午餐をも賜はる

廣田、レ兩外相の
愈々歷史的大會見
日濠親善と貿易調整
十二日外相官邸で

レイ使節來朝挨拶

轉向派の大立物
佐野ら懲役十五年
十一日判決言渡し

マリヤ事件
現場の再檢證
十四日釜山へ出張
慎重に事件を取扱ふ

松下裁判長
十三日夜來釜

堆肥增產
品評會
固城郡第一位

ヌクテとセパート
混種をつくる
朝鮮軍用犬協會の試み

寶水町に
流腦發生
通學校の大消毒

全國米穀大會
釜山出席者

一川式に改め
洛東江水位俄に昇る
從來完全な耕地が浸水
地元民大恐慌を來す

松炭大量生產

六千噸級の聯絡船
どんなものを造るか
關係者參集大評定
十二日釜山鐵道事務所で

航空郵便
利用デー

熱狂的人氣を浴び
關西大相撲幕開き
照りもせず曇りもはてぬ
絶好の相撲日和

明日の取組

鎭海署競技
射擊會

刑事に贈賄
剣付けられ告發
略式で百圓の罰金

草梁木材窃盜事件公判

今日の清潔區

工事案內

函館義捐金

哥澤振りの會

洛東江の增水

軍事劇を上演

北川氏の歸鮮

神崎藥局

富永式ペストン家庭消火器

山本吉松金物店

赤玉會館

山内釀造場

釜山鉄道醫務室

御會葬御禮

17 | 늑대와 셰퍼드 혼종을 만들다[1934년 5월 12일 3면 4단]

(第三種郵便物認可) 昭和九年五月三十一日 朝鮮時報 (木曜日) 第一萬一千八百九十七號 (三)

國民の熱願も遂に空し
東郷元帥再び起つ能はず
第二十九回の記念日を最後に
永劫に護國の鬼と化す
まことに追惜に堪へない

從容として死につく
英傑巨人 東郷元帥
遺言何一つせず
眠るが如くして逝く

御心痛をかけて
誠に濟みません

故元帥の國葬は
日比谷公園で盛大に
葬儀委員長は有馬大將
副委員長は堀切書記官長
閣議で正式決定

滿洲事變に對する
國民の國防獻金
夥しい額に上る

金融組合
創立記念

機關手
袋叩事件

釜山署の
武裝競爭
廿五日第一回の試みをなす

スピードアップ
第一回試運轉
六月一、二日の兩日
龍山、釜山間に於て擧行

東郷元帥の訃を悼む
宇垣總督しばし暗然
『あゝ遂にいけなかつたか
實に世界的偉人であつた
寔に痛ましい極み』

婦人の野外勤勞を
助勢する託兒所設置
慶北道の新らしい試み
乳幼兒の愛護更生に漸進

御用商人と結託
官給品を盗み出し
鎭海要港部菱乘組一等主計兵
軍法會議で懲役四ヶ月言渡し
御用商人は近く送局

氣流の亂調子
軍威義城方面に降雹
大邱測候所の發表

虎が出る

大邱競馬々券
賣上十七萬圓餘

旅館、下宿屋
一齊に臨檢

馬山修養團

レコードは
長谷川商會

漫藝座一行
太平館

漫藝座來る
サクラビール後援

忠臣藏

スーヰートビール
新発売

菊池内科
内科一般 レントゲン科

釜山鉄道醫務室

貨物運送運搬業
岩橋本店

阿部小賣店

18 | 여성의 야외근로를 돕기 위한 탁아소 설치[1934년 5월 31일 3면 5단]

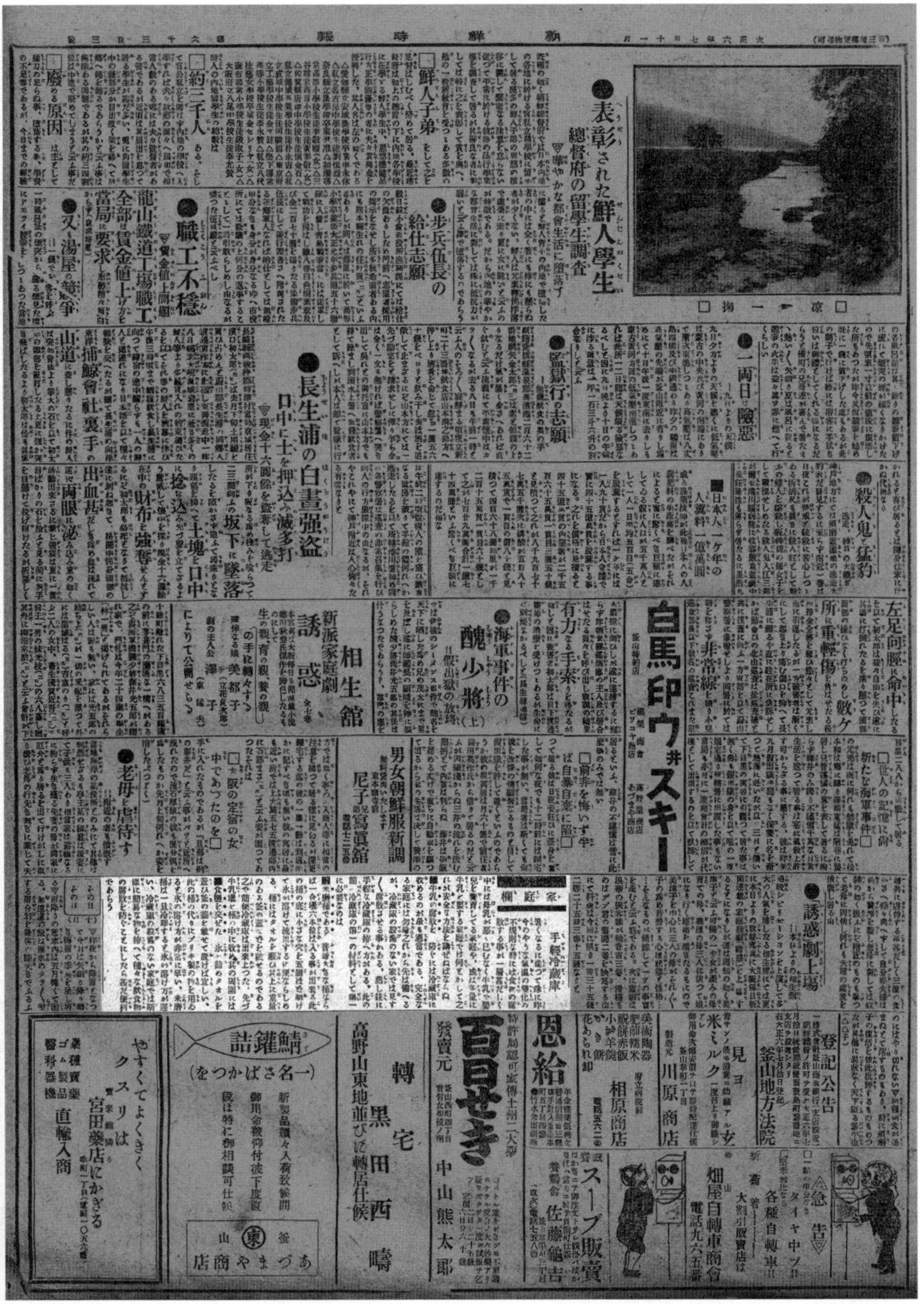
朝鮮時報

表彰された鮮人學生
總督府の留學生調査
▽華やかな都會生活に墮落す

鮮人子弟

約三千人

廢る原因

歩兵伍長の給仕志願

職工不穩
龍山鐵道工場職工
全部賃金値上ケを
當局に要求

又も湯屋の競爭

一兩日は險惡

監獄行の志願

長生浦の白晝强盜
口中に土を押込み滅多打

山道に捕鯨會社裏手の
兩眼に泌み込み出血甚し

殺人鬼と猛豹

日本人一ケ年の人糞料一億萬圓

左足向脛に命中

新たな海事件

白馬印ウヰスキー

有力なる手索

海軍事件の醜少將（上）

相生館
新派家庭劇
誘惑

男女朝鮮服新調
尼子寫眞館

前非を悔いず

老母を虐待す

誘惑劇上場

家庭欄
手輕冷藏庫

登記公告
釜山地方法院

見ヨ
米ミルク

恩給

百日せき
發賣元
中山熊太郎

轉宅
黒田西晴
高野山東地並びに轉居仕候

鯖罐詰
あづまや商店

やすくてよくきく
クスリは
宮田藥店にかぎる

急告
各種自轉車
畑屋自轉車商會

スープ販賣
佐藤龜吉

19 | 〈가정란〉 간이 냉장고[1917년 7월 11일 90면 7단]

20 | 〈가정란〉 가을 감기에 대하여[1934년 10월 21일 1면 5단]

朝鮮時報

昭和十年十二月十九日（木曜日）

社説

商工相談所設置

京城府の新しい試み

憎に面白い思ひつき

冀察政務委員會

十八日成立式を擧行

各方面の誤解をとく

成立後中外に政策聲明

最低最高米價

委員會で決定

廿四圓八十錢—

三十三圓二十錢に

調慶北農務課長

安田銀行

家庭欄

電氣アイロンの經濟的

利用に就いて

けふの料理

新作小説 青春幻想曲

龍角散

たんせき ぜんそく

世界優秀の都市にも郵薬さる

最良藥 龍角散

"RIUKAKU-SAN"

Good Medicine

For The Cough and Asthma

東京市神田區豐島町

發賣元 藤井得三郎商店

朝鮮運送 釜山支店

大阪商船 出帆廣告

朝鮮郵船 釜山支店

朝鮮汽船 出帆廣告

21 | 〈가정란〉 전기다리미의 경제적 이용에 대하여[1935년 12월 19일 1면 3단]

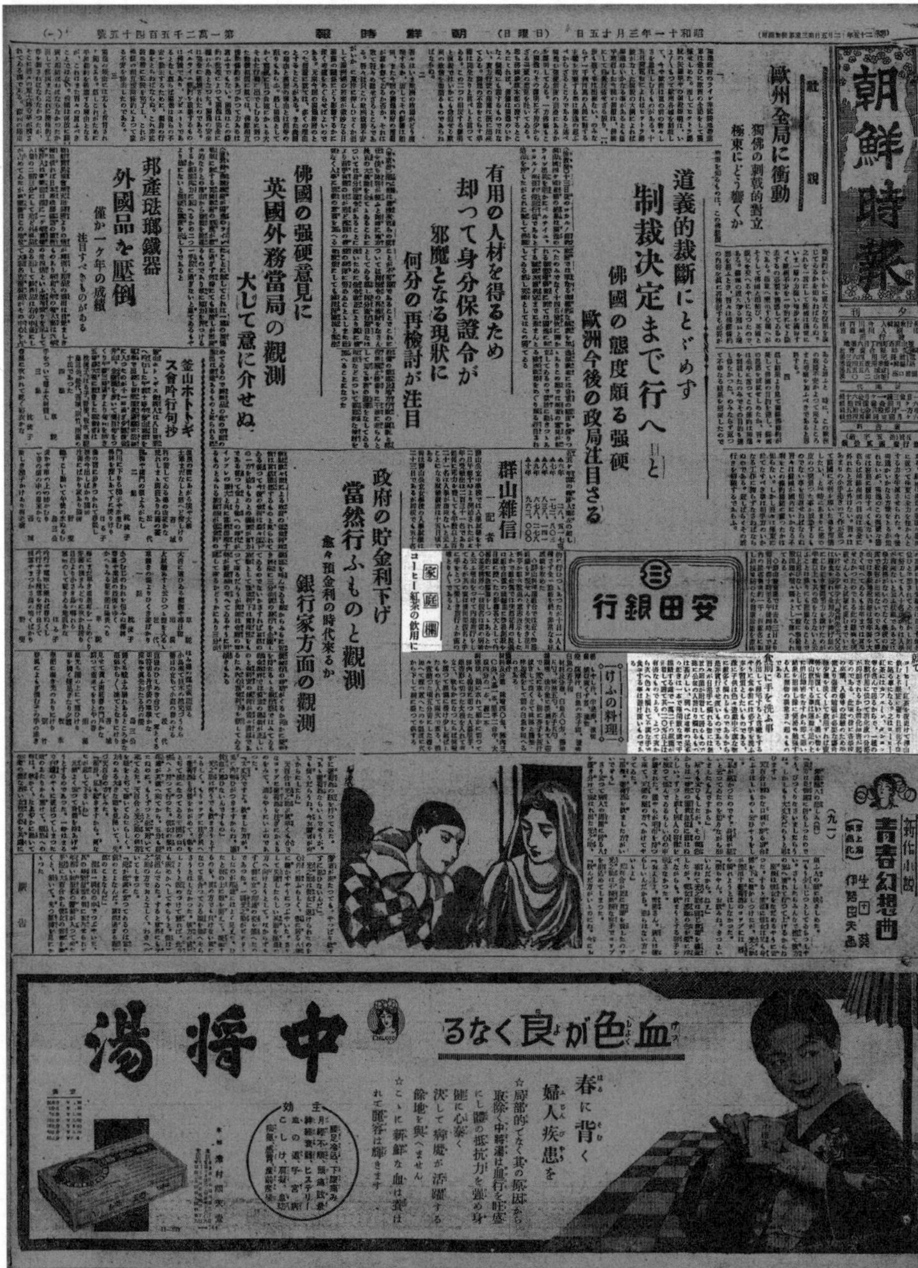
(一) 第一萬二千五百四十五號　昭和十一年三月十五日（日曜日）　朝鮮時報

朝鮮時報

社説
歐州全局に衝動
獨佛の剛毅的對立
極東にどう響くか

道義的裁斷にとゞめず
制裁決定まで行へと
佛國の態度頗る强硬
歐州今後の政局注目さる

有用の人材を得るため
却つて身分保證令が
邪魔となる現狀に
何分の再檢討が注目

佛國の强硬意見に
英國外務當局の觀測
大して意に介せぬ

邦產琺瑯鐵器
外國品を壓倒
僅か一ケ年の成績
注目すべきものがある

釜山ホトトギス會吟行句抄

群山雜信

政府の貯金利下げ
當然行ふものと觀測
愈々預金利の時代來るか
銀行家方面の觀測

家庭欄
コーヒー紅茶の飲用に

けふの料理

食前に手を洗ふ事

安田銀行

新作小說
青春幻想曲

中將湯
血色が良くなる
春に背く婦人疾患を
☆局部的でなく其の原因から取除く中將湯は血行を旺盛にし體の抵抗力を强め身體に心身を
決して病魔が活躍する餘地を與へません
☆こゝに新鮮な血は養はれて麗容は輝きます

22 | 〈가정란〉 커피, 홍차의 음용에 대하여[1936년 3월 15일 1면 6단]

23 | 〈가정란〉 양말 손질을 게을리 하지 않도록[1936년 5월 7일 1면 5단]

朝鮮時報　昭和十二年三月廿一日（日曜日）　（三）

朝鮮時報 地方版

料金の低下を圖る
合電の使命遂行
木社が京城に行たのは殘念
小倉合電社長語る

府電の西電合併
四月に入つて解決
委員會は動かぬ
桑原委員長語る

巨財を投げ出し
農民修練所擴充
に一努力した金成九氏
五萬圓を寄附す

海州邑豫算
邑會を召集
先づ内示會を開催

平壤府豫算審議
内示會を開催す
廿三日より一週間

レプラ
根絶を期し
慶北警察部の計劃

詐欺窃盜

ラヂオ解説（三月廿一日放送）
釜山より
朝鮮の市場風景
慶尚北道大邱府南門市場より中繼
緬水俊之

浪花節
宮本武蔵と
羽賀一心齋

室内樂

講談
丸塚山の怪猫退治
伊東凌潮

彼岸獅子

探偵小説 地下室

統營吉野町
郵便所開設

一、取扱ノ範圍
郵便
電信、電話
爲替、貯金
保險事務一切
（但シ集配事務ヲ除ク）
一、事務開始　三月六日
一、位置　吉野町二七〇番地

開業廣告
今般左記の通り開業仕候間御愛顧の程奉懇願候
最新流行青年靴
高級紳士向洋靴
其他附屬品一切
統營邑吉野町
昌信洋靴店
主 金益俊

24 | 부산에서 조선의 시장풍경[1937년 3월 21일 3면 8단]

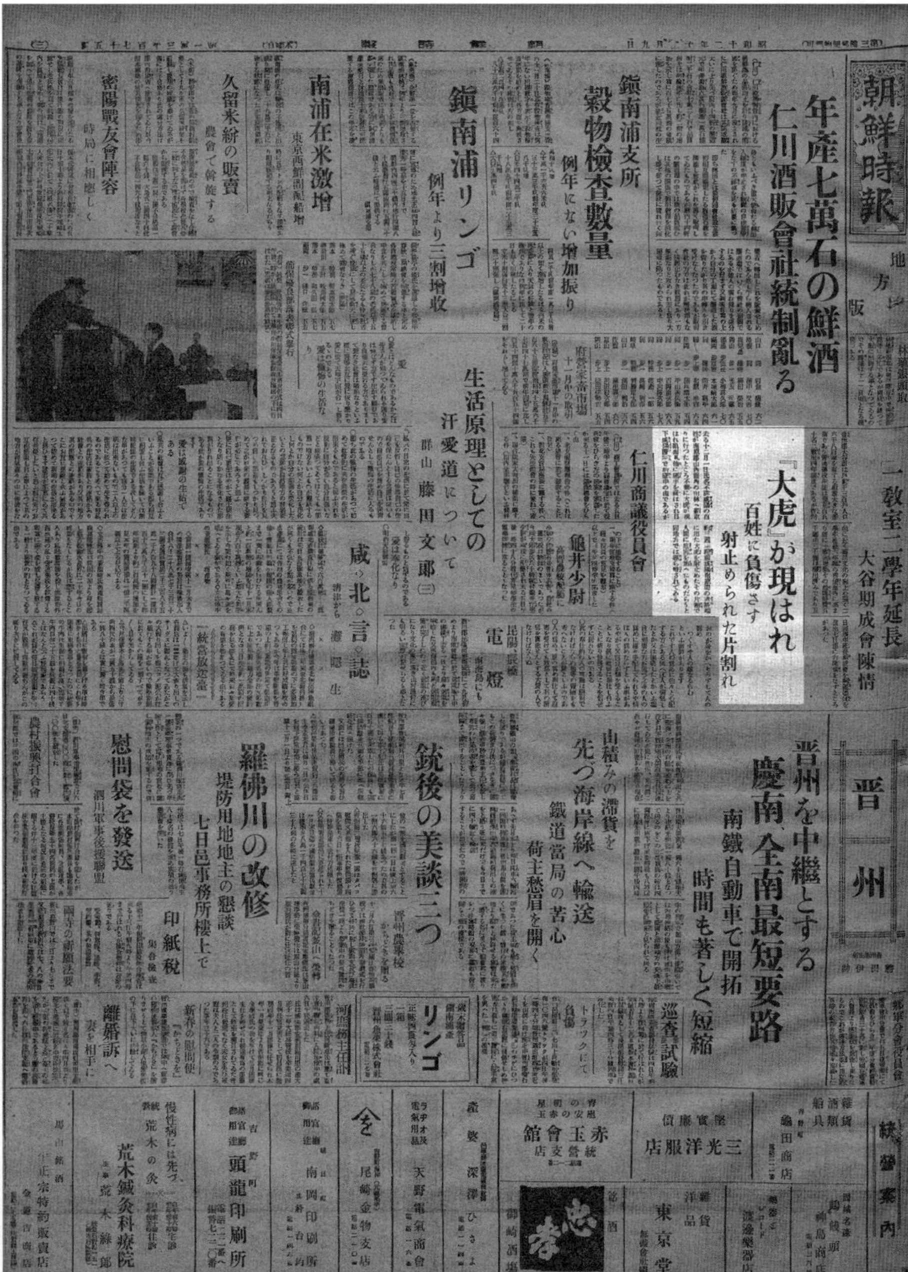

25 | '대호'가 나타나 백성을 다치게 하다[1937년 12월 9일 3면 5단]

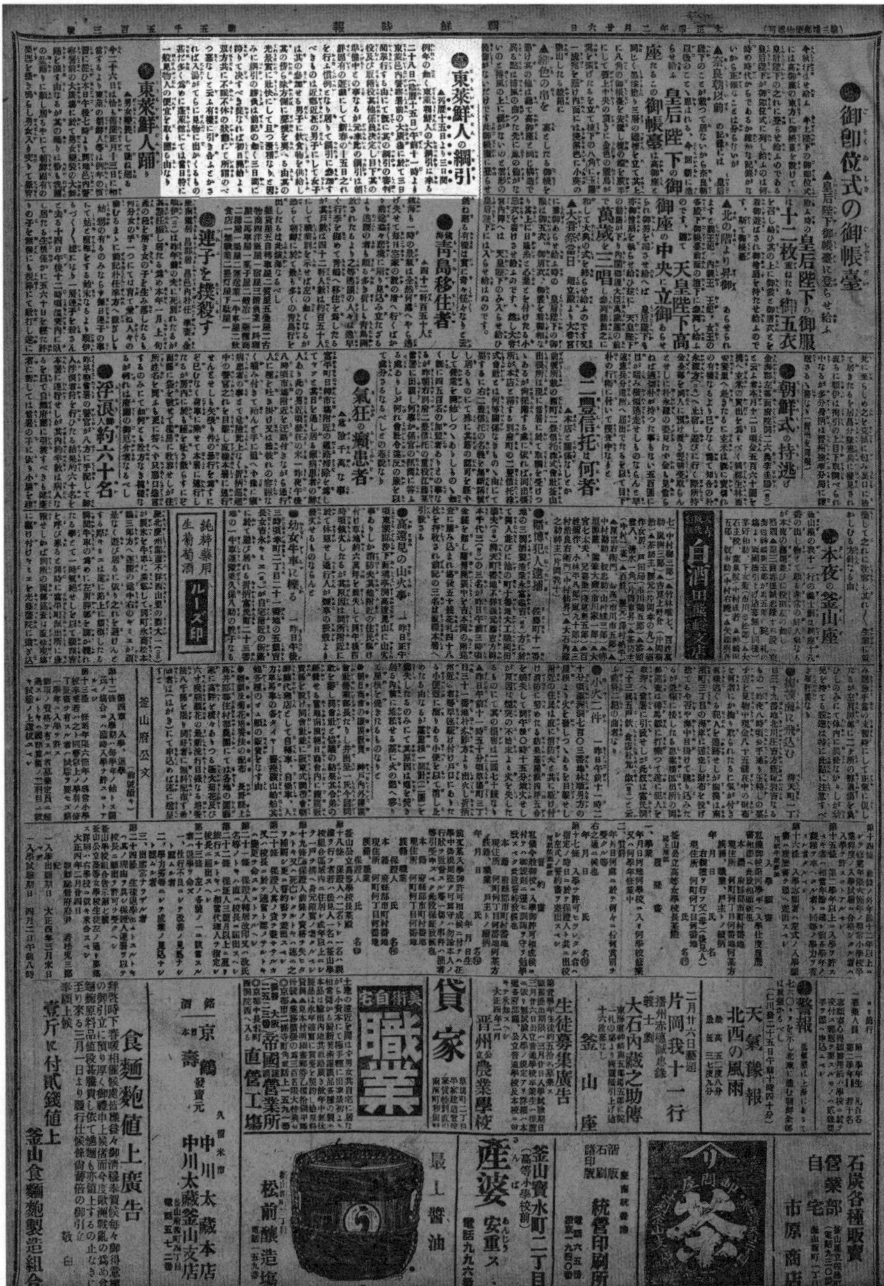
御卽位式の御帳臺

東萊鮮人の綱引

東萊鮮人踊

青島移住者

連子を撲殺す

朝鮮式の持逃げ

二豐信托と何者

氣狂の癩患者

浮浪人約六十名

本夜の釜山座

食麵麴値上廣告

01 | 동래 조선인의 줄다리기[1915년 2월 26일 94면 1단]

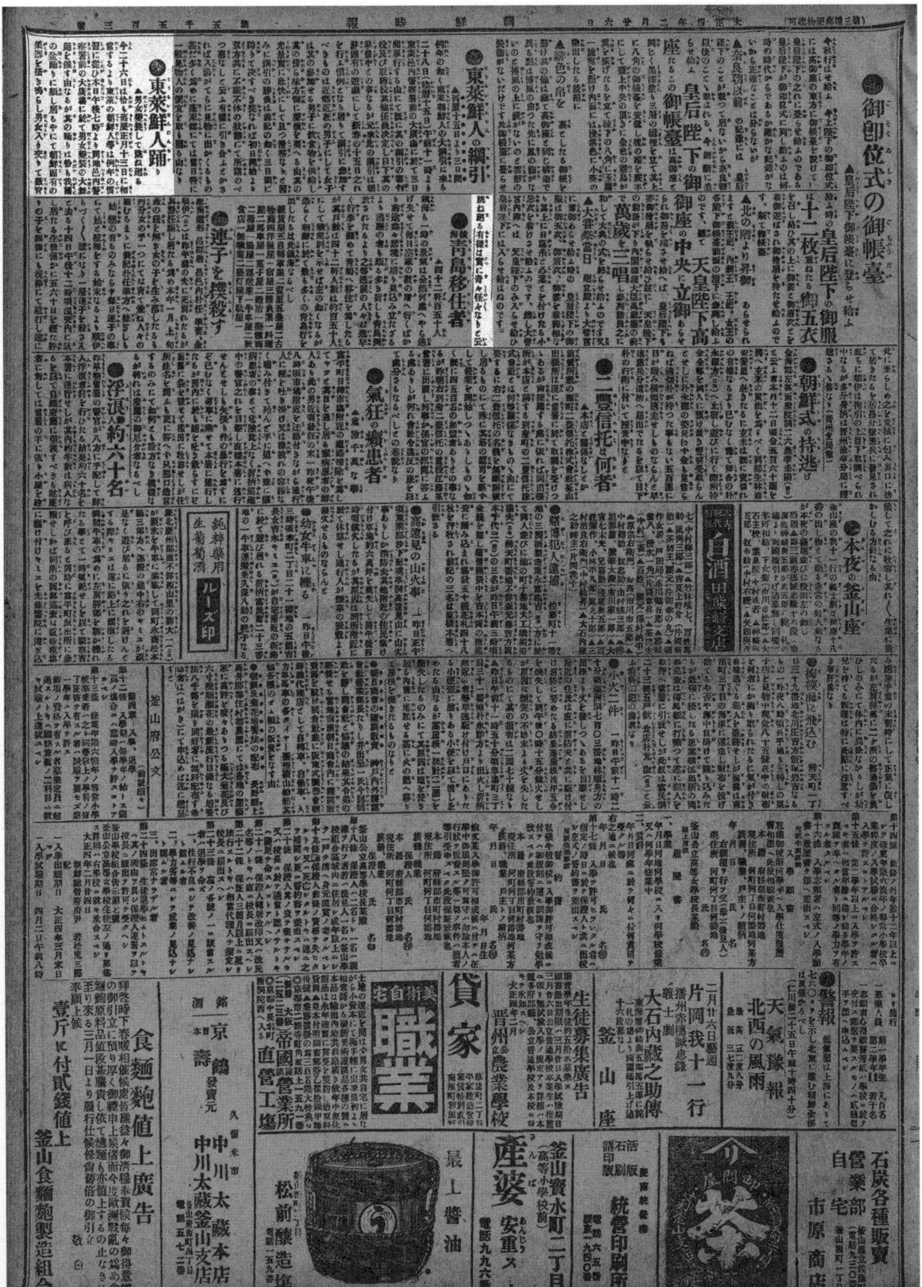

02 | 동래 조선인의 춤[1915년 2월 26일 4면 1단]

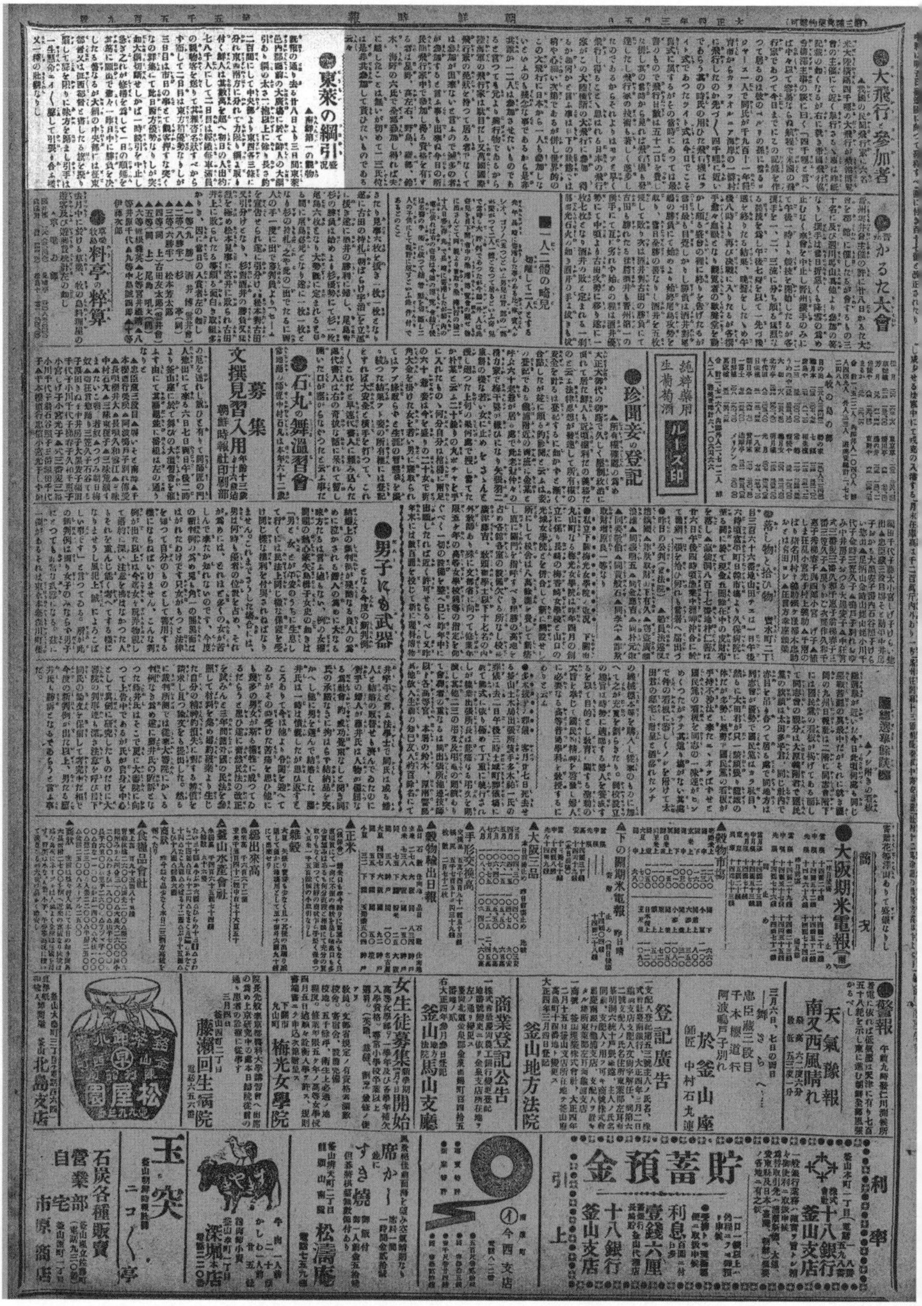

03 | 동래 줄다리기 성황[1915년 3월 5일 3면 1단]

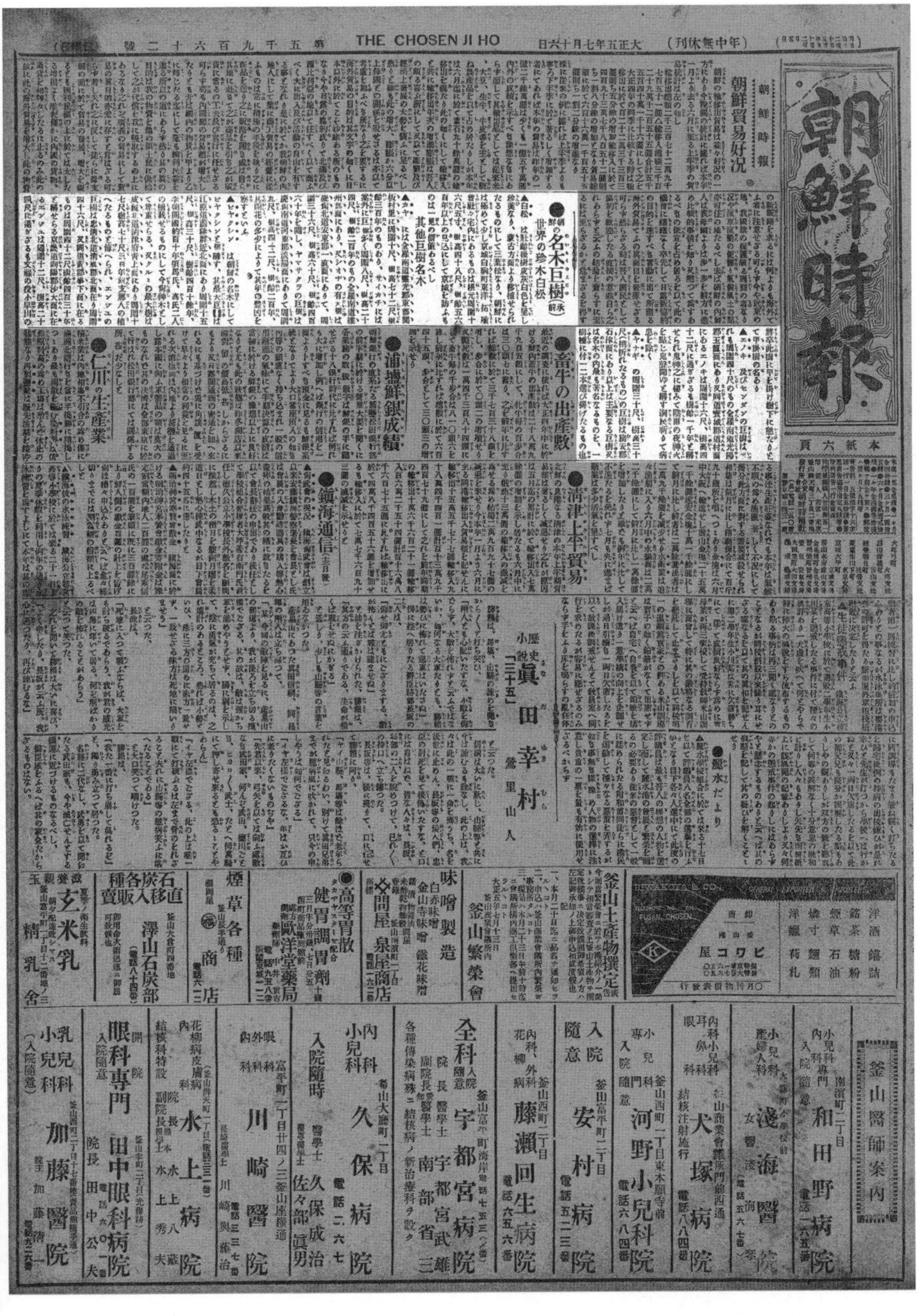

04 | 조선의 명목 거목[1916년 7월 16일 1면 2단]

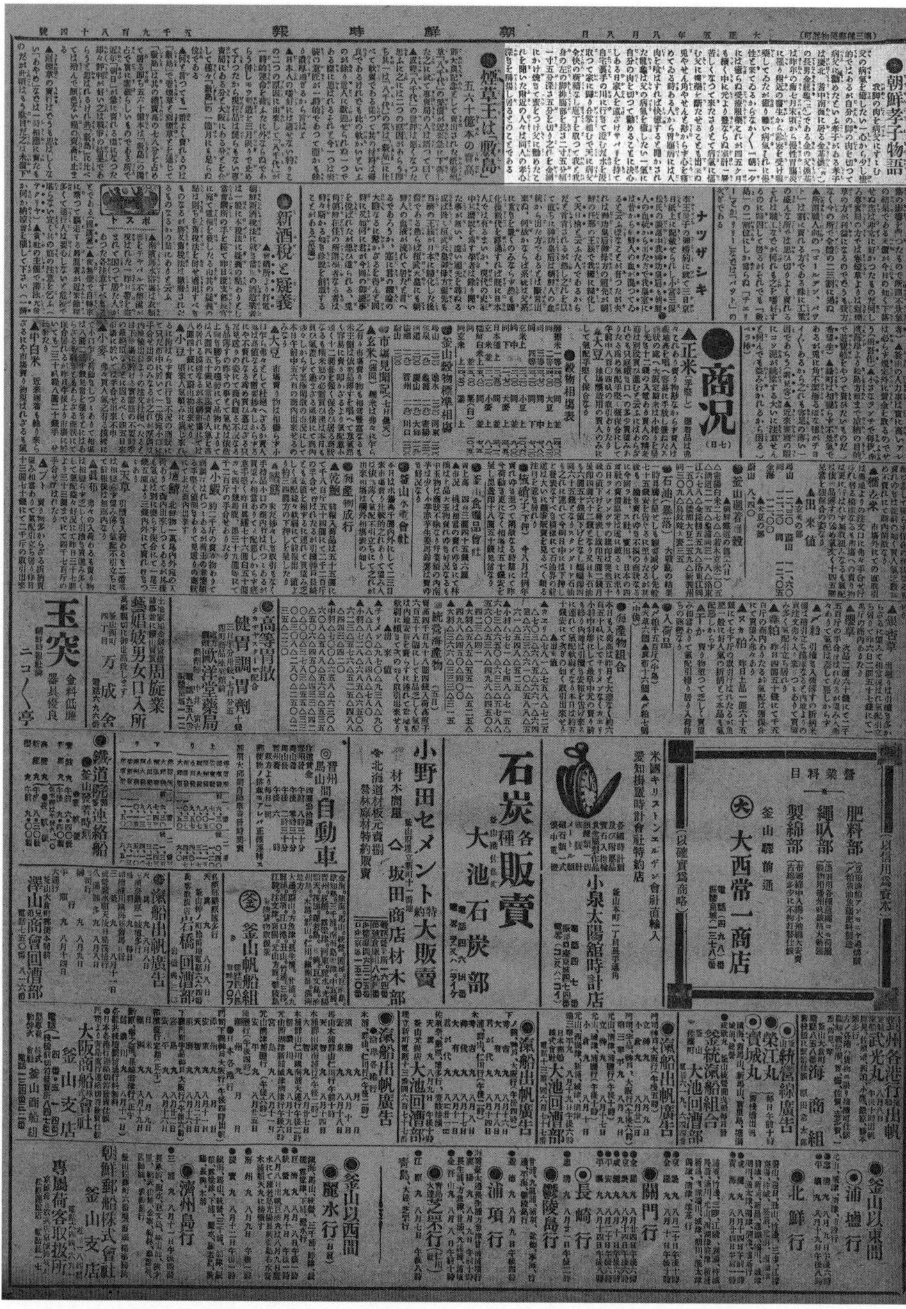

05 | 조선 효자 이야기[1916년 8월 8일 91면 1단]

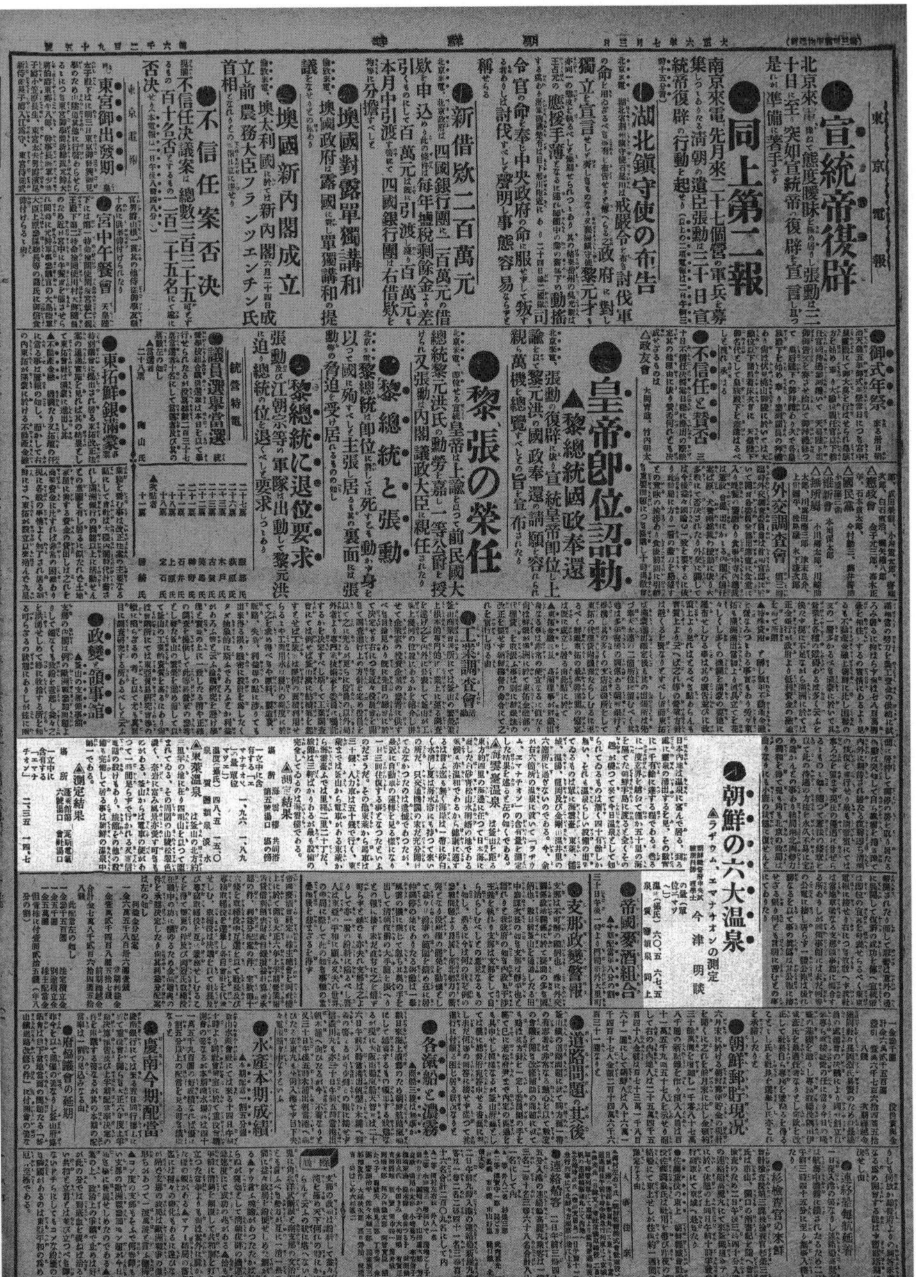

朝鮮の六大温泉

▲ラヂウム、エマナチオンの測定

朝鮮總督府中央試驗所技師 理學士 今津明談

日本内地は温泉に富んで居る、獨ろ其の數實に驚く、鑛泉の湧出するを見、その數實に一千有餘に達する程である。然るに一度玄界を越ゆれば僅か五十里の海を隔てた朝鮮半島に渡ると全くその趣が變つて來て今日温泉として知られてゐるものは漸く四十有餘しか無い、それも温泉らしい設備の出來てゐるものは單に海雲臺、東萊、儒城、温陽、龍岡及び金剛山温井里の六箇所に過ぎないのである。今、余が右六箇所の温泉に就いて「ラヂウム、エマナチオン」の含有量を測定した結果を述ぶると左の如くである。

▲海雲臺温泉 は釜山を距る東方約四里の海邊に在つて日本海に瀕した白砂青松山水明媚の地である、氣候も亦温和であるから避暑に適するは言ふ迄も無く海岸は一帶に砂白く水清し夏は海水浴にも持つて來いの所だ、只交通機關の未だ充分開けてゐなかつたのは遺憾であつたが、最近に自動車の運轉を見る樣になり一日三回往復する事となつたといふのださうだ。その他東萊から馬車は三十錢、人力車は五十錢で行く、東萊までは釜山から電車がある東萊から海雲臺ふでは里程二里二十丁だ、旅館は三軒ばかりあるが最も設備の完全してゐるのは海雲樓である。

▲測定結果

場所	海雲樓第五號湯口	共同浴場の傍
一立中に含有する「エマナチオン」の量（單位マツヘ）	一、九六	一、八九
温度（攝氏）	四八、五	二五、〇
泉質	鹽類泉	淡水

▲東萊温泉 は釜山の北方約三里半の地に在り四明山を以つて圍まれてゐる、その周圍の山腹松樹色濃く、奇岩に富み風景亦愛す可きものがある、釜山からは電車の便があつて一時間足らずで行かれる又電話の設けもあり、旅館その他の設備も完備して居る事は朝鮮の温泉中第一である。

▲測定結果

場所	蓬萊館第六號湯口	瓦斯電氣會社湯口
一立中に含有する「エマナチオン」の量（單位マツヘ）	二、三五	一四、七
温度（攝氏）	六〇、五	六七、五
泉質	鹽類泉	同上

06 | 조선의 6대 온천[1917년 7월 3일 91면 6단]

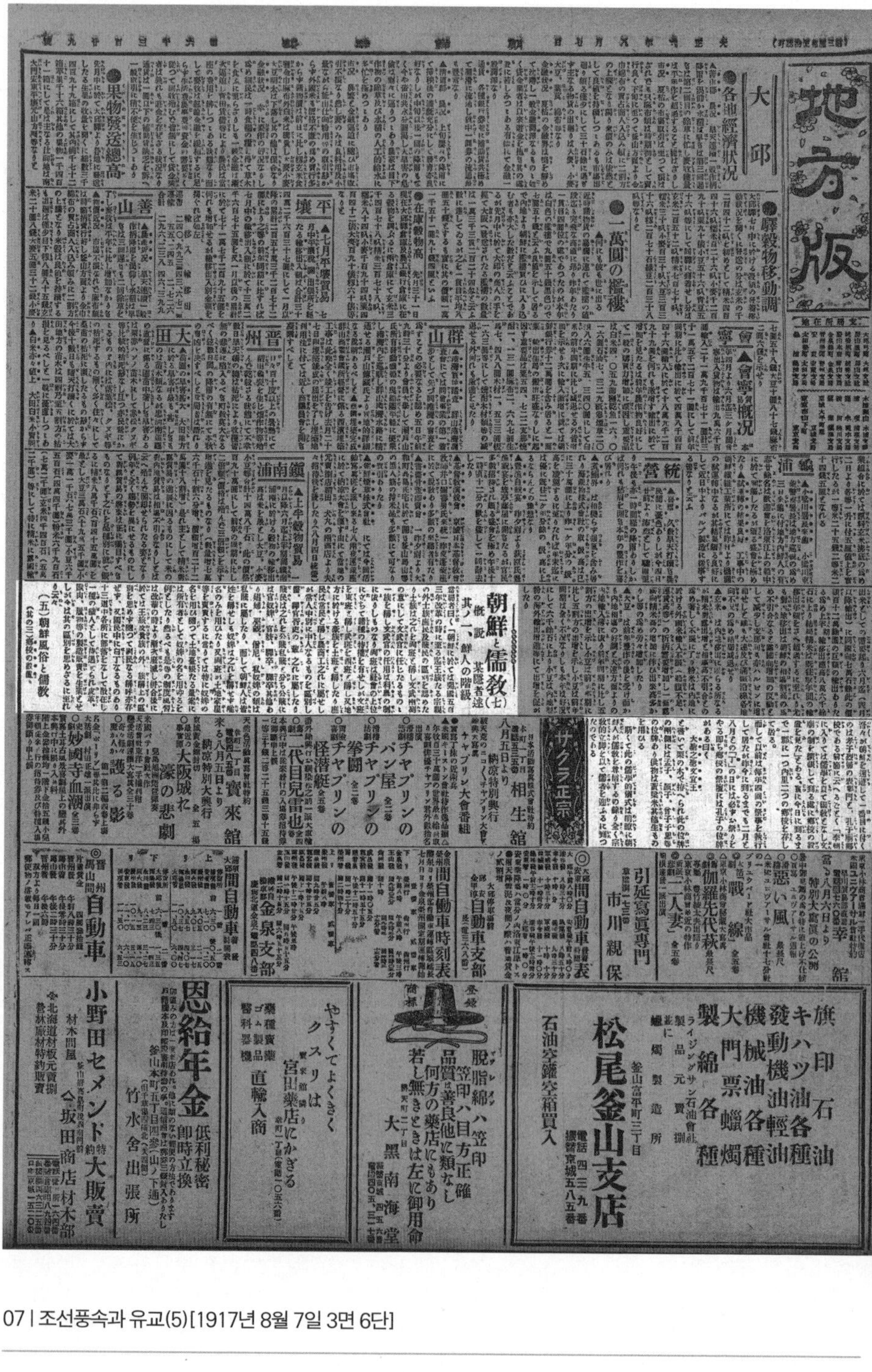
地方版

朝鮮と儒教（七）

概説　某隱者述

其ノ一、鮮人の階級

當時者曰く「朝鮮に於ては開國五百三年改革の時に至る迄王族たる宗親の外士族庶民及賤民の區別を認めたり士族は之れを兩班と稱し文武兩班の意にして文武官に任じたるものゝ一族を稱し文武官の任用は科擧の制に依りしものなり兩班は社會の上位に立ちて諸種の特權を有せしが文班を東班と稱し武班を西班と稱し又地方に於ける豪族を土班と稱したり庶民は常民と稱し農商工之れに屬せしが常人中別に中人なるものを區別し醫、譯官吏の類之れに屬したり賤民は之れを公賤私賤と分ち公賤には官奴婢、官妓、驛卒、[illegible]其他あり娼婦、巫覡、僧尼、私奴婢の類は私賤に屬したり、而して朝鮮人は皆姓を稱せしも奴婢は之れを稱せず唯名のみを用ひたり又兩班が土地家屋等を賣買するに當りては特に奴婢の名を用ひ隨つて土地臺帳たる量案には所有者として奴婢の名を用ゆるを例としたり然るに是等の制度風習は改革の時より漸次廢滅し併合後に於ては王族及貴族の外、族稱上の區別を認めず隨つて[illegible]なる稱呼亦存ぜず、又國民中に白丁なるものあり十三道中各所に部落をなして散在し一種の賤人として待遇せられ皮革、獸肉、風物等の製造販賣を生業とせしが今は其の區別を認めざるに至れり云々

（五）朝鮮風俗と儒教

（其の三）郷校の設置、

07 | 조선풍속과 유교(5)[1917년 8월 7일 3면 6단]

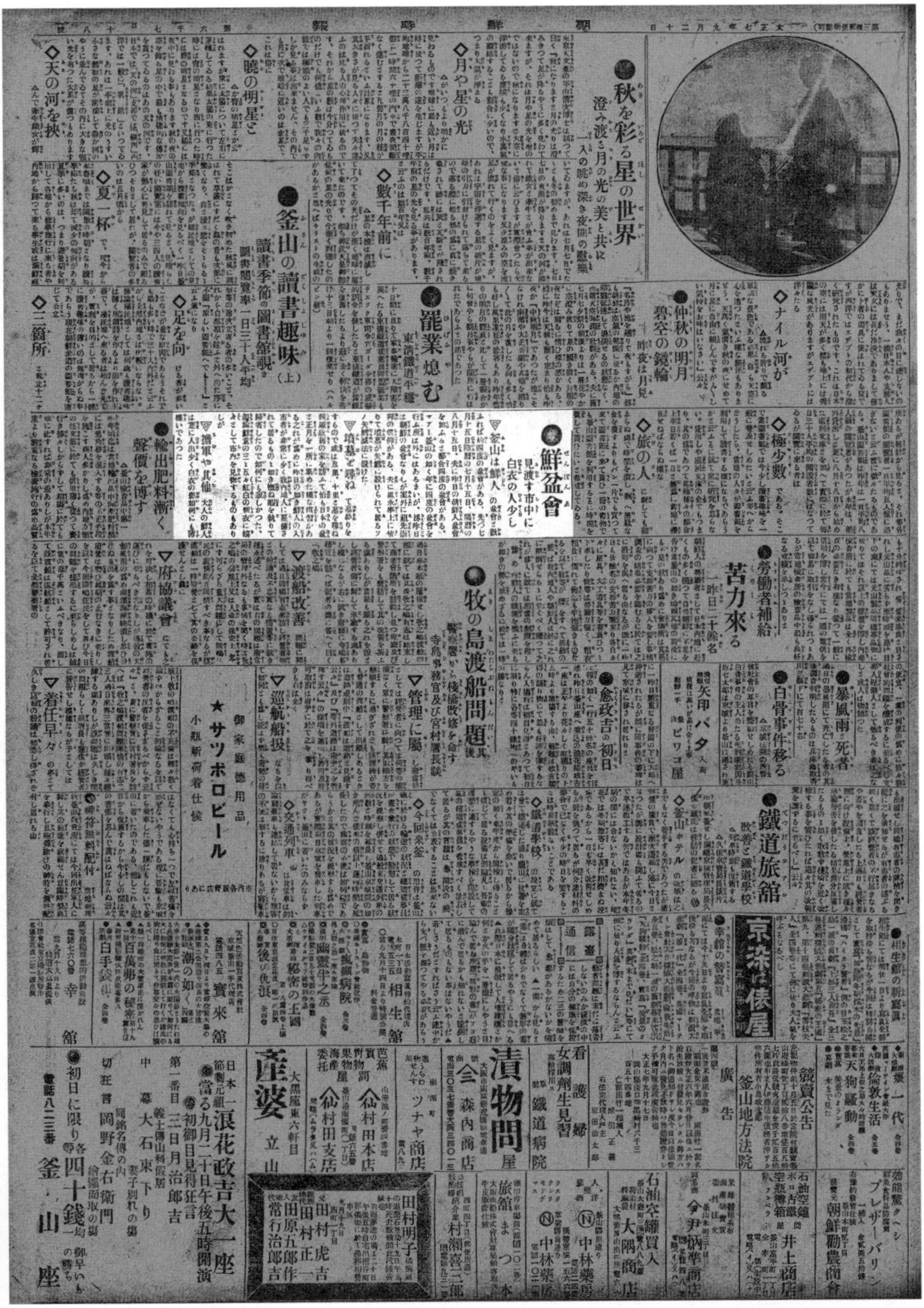
朝鮮時報 大正七年九月二十日

秋を彩る星の世界
澄み渡る月の光の美と共に

月や星の光

數千年前に

釜山の讀書趣味（上）

罷業熄む

仲秋の明月
碧空の鏡輪

ナイル河が

極少數

鮮盆會
見渡す市中に白衣の人少し

旅の人

苦力來る

牧の島渡船問題

輸出肥料漸く聲價を博す

府協議會

渡船改善

管理に屬し

巡航船扱

暴風雨で死者

白骨事件移る

鐵道旅館

鐵道學校

京茶は俵屋

サッポロビール

浪花政吉大一座

産婆

漬物問屋

鐵道病院

釜山座

08 | 조선 추석행사[1918년 9월 20일 92면 4단]

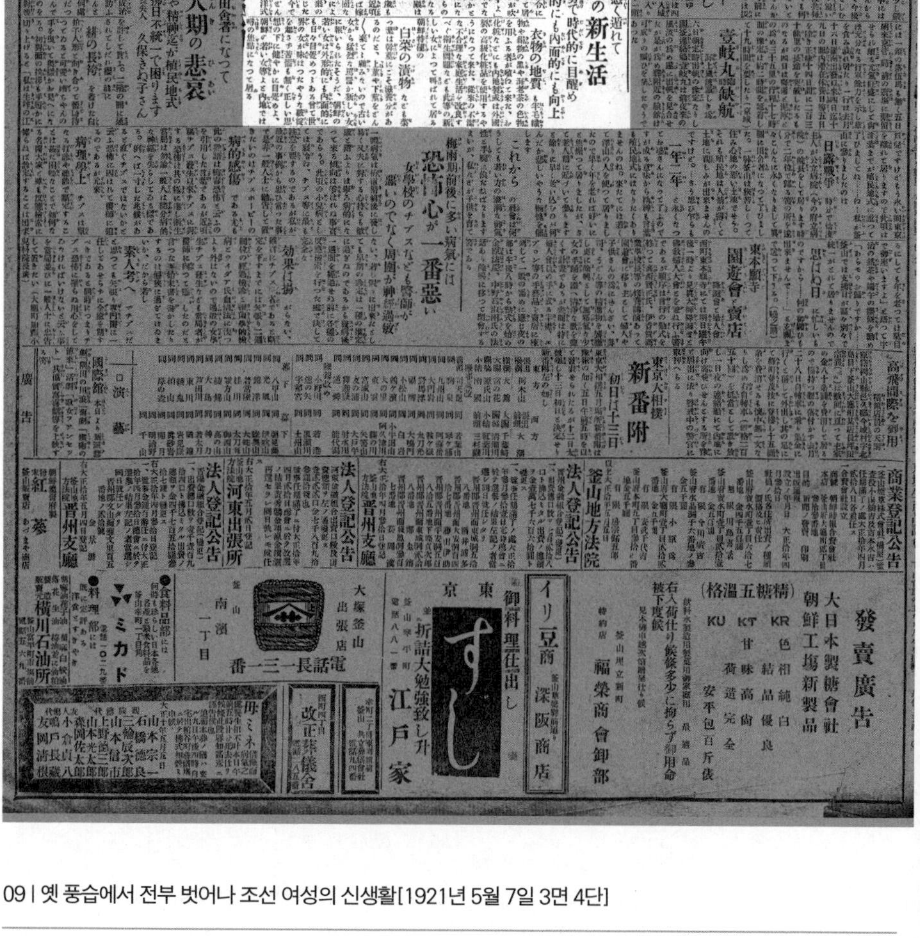

大正十年五月七日 朝鮮時報

行け南洋の新天地へ 發展の餘地は充分(中)

朝鮮女の新生活
昔の風習から悉く逃れて
恐しい勢で時代的に目醒め
外形的にも内面的にも向上

大成功の冒險飛行 朝鮮を經て歸米

不正漁業の根絶には 紳士面した親玉を

老人期の悲哀

恐怖心が一番悪い

新番附

發賣廣告

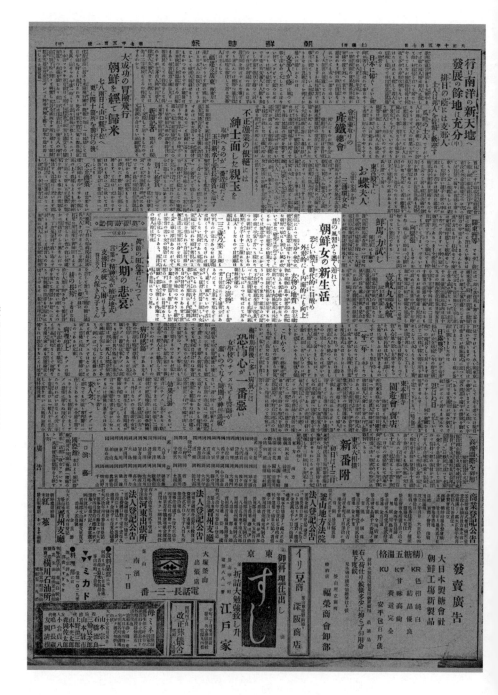

09 | 옛 풍습에서 전부 벗어나 조선 여성의 신생활[1921년 5월 7일 3면 4단]

10 | 부두를 북적거리며 왕래하는 조선인 손님[1926년 1월 28일 3면 8단]

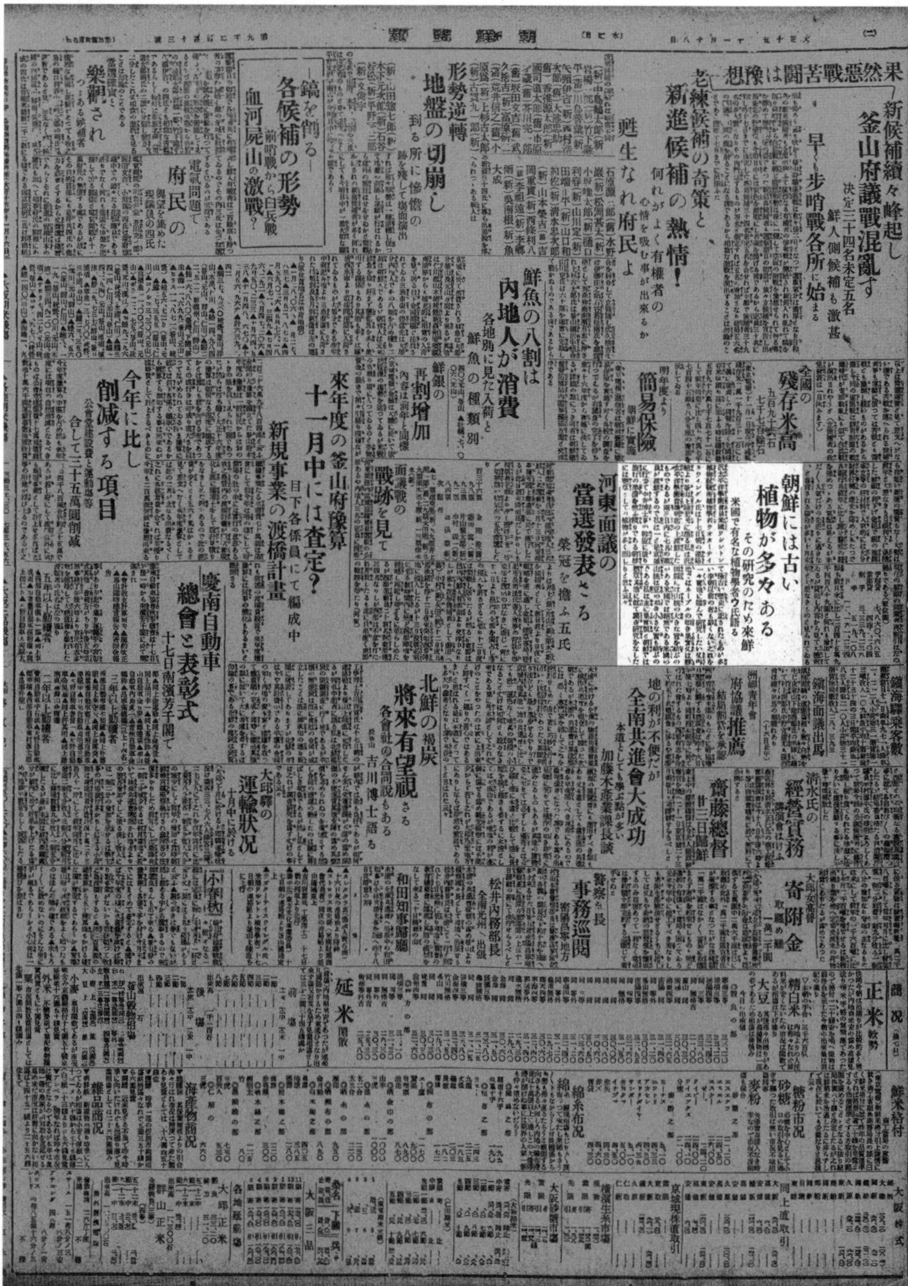

11 | 조선에는 옛 역사서에 보이는 식물이 많다[1926년 11월 18일 2면 5단]

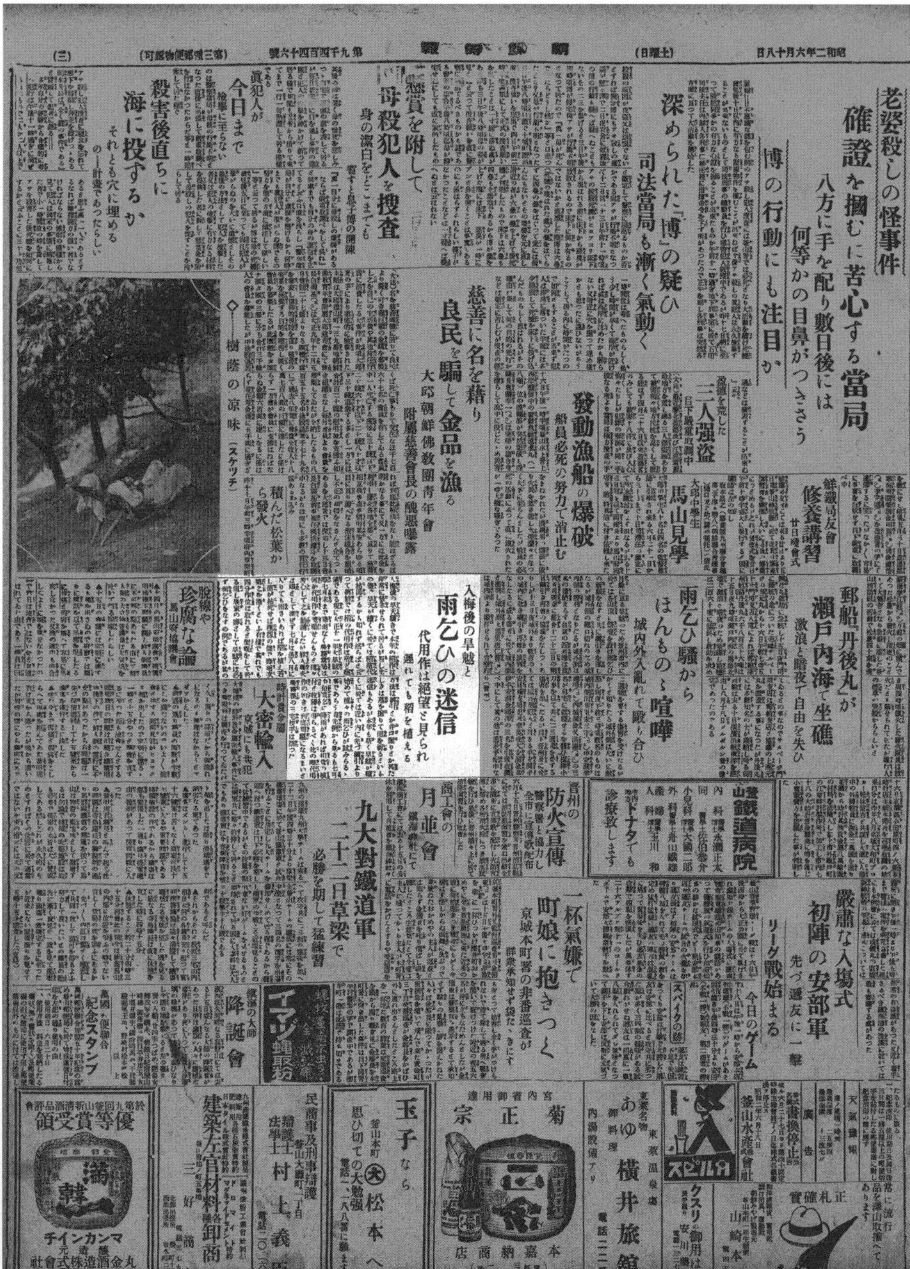

12 | 장마 후 가뭄과 기우제의 미신[1927년 6월 18일 3면 6단]

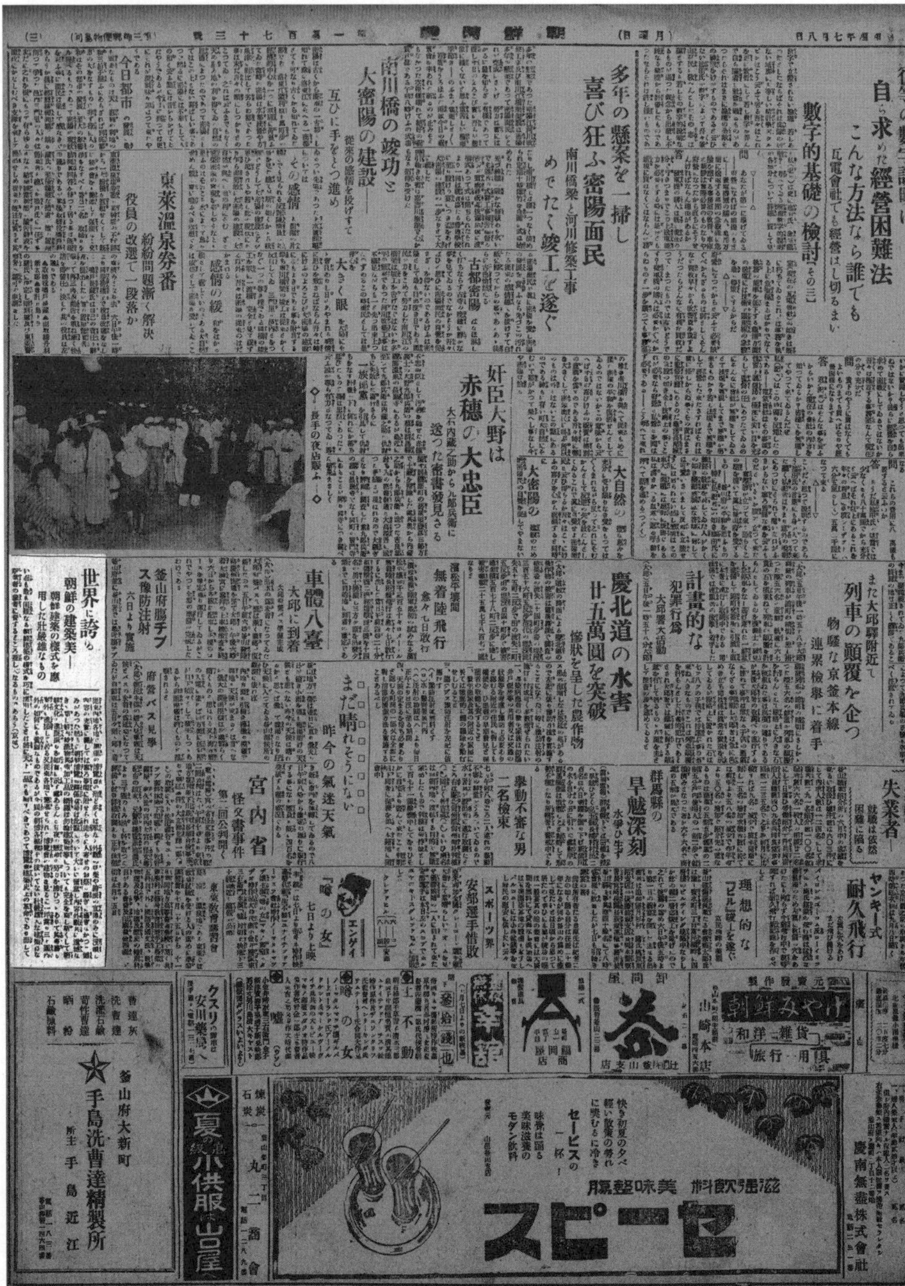

13 | 세계에 자랑하는 조선의 건축미[1929년 7월 8일 3면 6단]

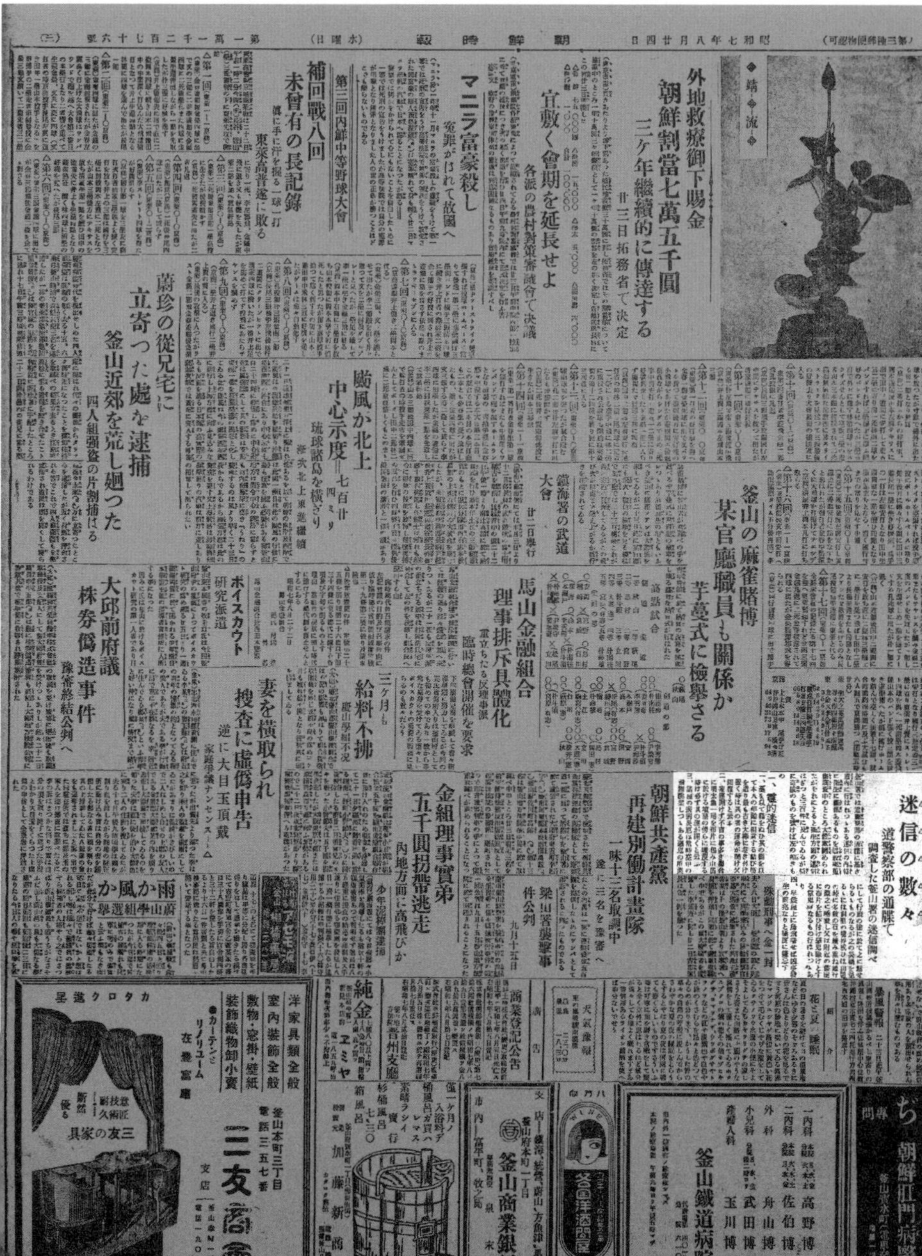
朝鮮時報　昭和七年八月廿四日　(水曜日)

外地救療御下賜金
朝鮮割當七萬五千圓
三ケ年繼續的に傳達する
廿三日拓務省で決定

宜敷く會期を延長せよ
各派の農村對策審議會で決議

マニラ富豪殺し
冤罪が晴れて故國へ

第三回内鮮中等野球大會
補回戰八回
未曾有の長記錄
僅に手に汗を握る一球!打
東萊高普遂に敗る

釜山の麻雀賭博
某官廳職員も關係か
芋蔓式に檢擧さる

鎭海署の武道大會
廿二日舉行

颱風が北上
中心示度=七百廿四ミリ
琉球諸島を横ぎり

蔚珍の從兄宅に
立寄つた處を逮捕
釜山近郊を荒し廻つた
四人組强盜の片割捕はる

馬山金融組合
理事排斥具體化
臨時總會開催を要求

迷信の數々
道警察部の通牒で
調査した釜山署の迷信調べ

朝鮮共產黨
再建別働計畫隊
一味十三名取調中
遂に三名を豫審へ

大邱前府議
株券僞造事件
豫審終結公判へ

ボイスカウト
研究派遣

給料不拂
三ケ月も

妻を横取られ
搜査に虛僞申告
逆に大目玉頂戴

金組理事實弟
五千圓拐帶逃走
內地方面に高飛びか

雨か風か
府山學組選擧

釜山鐵道病院

釜山商業銀行

三友商會

朝鮮肛門病院

14 | 여러 미신[1932년 8월 24일 3면 8단]

海の荒鷲の大編隊群
敵戰鬪機一蹴大爆擊
陸軍部隊戰鬪に協力
各方面に猛爆擊續行

あふれ出るぞ砂金粒
砂金調査團の凱歌は續く
調査日程愈々終りを告げ
一行は二十四日午後歸途に

本年棹尾の例會
至極緊張裡終始
大黒氏の意見發表
釜山繁榮會十二月例會

年賀電報取扱開始
廿日より一齊に取扱ふ

傳作儀軍主力擊滅
我が軍策戰の妙發揮
陸の荒鷲も協力爆擊

佛印廣西間の要衝
集部隊占領鎭南關は
蔣政權に大打擊を與ふ

押寄せる旅客の群に
釜山棧橋埠頭地獄化
二十四日は二千六百餘名
興亞の據點が描く歲末風景

避難中の獨商船に
一齊に歸港發令か
英佛海軍必要手段準備中

廿四日の衆議員

ブ國藏相モスクワ行
武器供給確保のためか

鮮牛敦賀に陸揚げ
遂に一萬頭を突破
東北地方の耕牛に使役

形勢樂觀を許さず
政府の議會對處策
重大視する向多し

ソ聯の大軍國境集結策
ソル國境緊張化す
ソ聯一流の威嚇手段か

米州諸國協議開始
米州中立强化に關し
沿岸に於ける戰鬪の場合
交戰國の燃料給油は御免

フ軍俄然反擊し
逐次ソ軍を壓迫

北上開始の黃河南岸の敵
我軍に擊滅さる

櫻正吉

三菱壁紙
三友商會

大邱醫學專門學校

15 | 밀려드는 여객으로 부산 잔교 부두 지옥화[1939년 12월 25일 2면 4단]

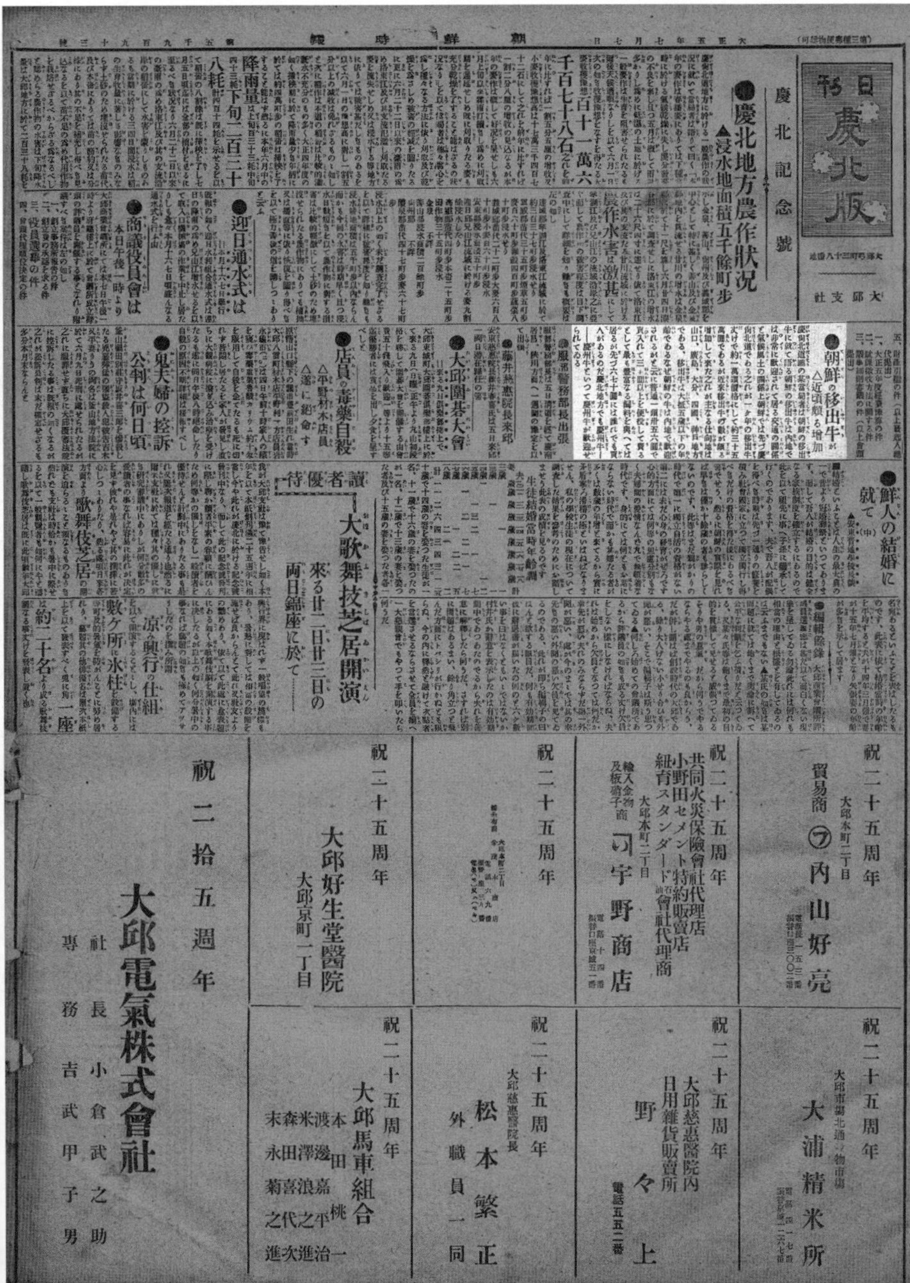

朝鮮時報 大正五年七月七日

日刊 慶北版 大邱支社

慶北記念號

慶北地方農作狀況
△浸水地面積五千餘町步

千百七十八石

農作水害は激甚

降雨量は上旬二百二十八耗

迎日通水式は

商議役員會は 本日午後一時より

朝鮮の移出牛が △近頃頗る增加

風紀警務部長出張

藤井慈惠院長來邱

大邱圍碁大會

店員の毒藥自殺 △平野材木店員 △遂に絕命す

鬼夫婦の控訴 公判は何日頃

鮮人の結婚に就て（中）

讀者優待 大歌舞伎芝居開演 來る廿二日廿三日の兩日錦座に於て

涼み興行の仕組 數ケ所に氷柱

歌舞伎芝居

約二十名

祝二十五周年 大邱本町二丁目 貿易商 ⑦ 內山好亮

祝二十五周年 共同火災保險會社代理店 小野田セメント特約販賣店 紐育スタンダード石油會社代理商 大邱本町二丁目 輸入金物及板硝子商 宇野商店

祝二十五周年

祝二十五周年 大邱好生堂醫院 大邱京町一丁目

祝二拾五週年 大邱電氣株式會社 社長 小倉武之助 專務 吉武甲子男

祝二十五周年 大邱市場北通 大浦精米所

祝二十五周年 大邱慈惠醫院內 日用雜貨販賣所 野々上 電話五五二番

祝二十五周年 大邱慈惠醫院長 松本繁正 外職員一同

祝二十五周年 大邱馬車組合 本田桃一 渡邊嘉平治 米澤浪之進 森田喜代次 末永菊之進

01 | 조선의 이출우[1916년 7월 7일 9 1면 3단]

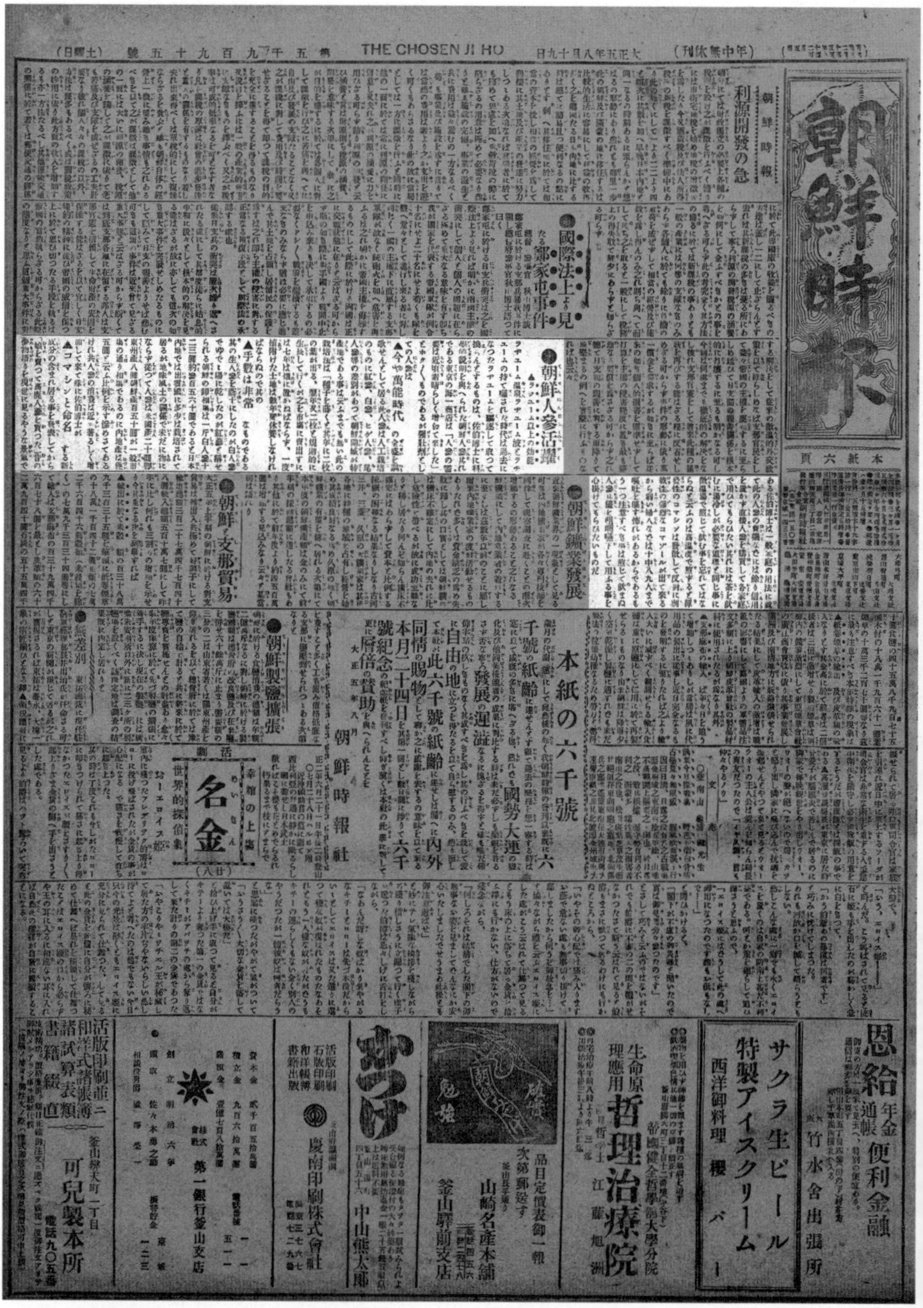

THE CHOSEN JI HO　大正五年八月十九日（土曜日）　第五千九百九十五號

朝鮮時報

利源開發の急

國際法上より見たる鄭家屯事件

朝鮮人參活躍

朝鮮鑛業發展

朝鮮と支那貿易

本紙の六千號

朝鮮製鹽擴張

名金

02 | 조선 인삼 활약[1916년 8월 19일 1면 3단]

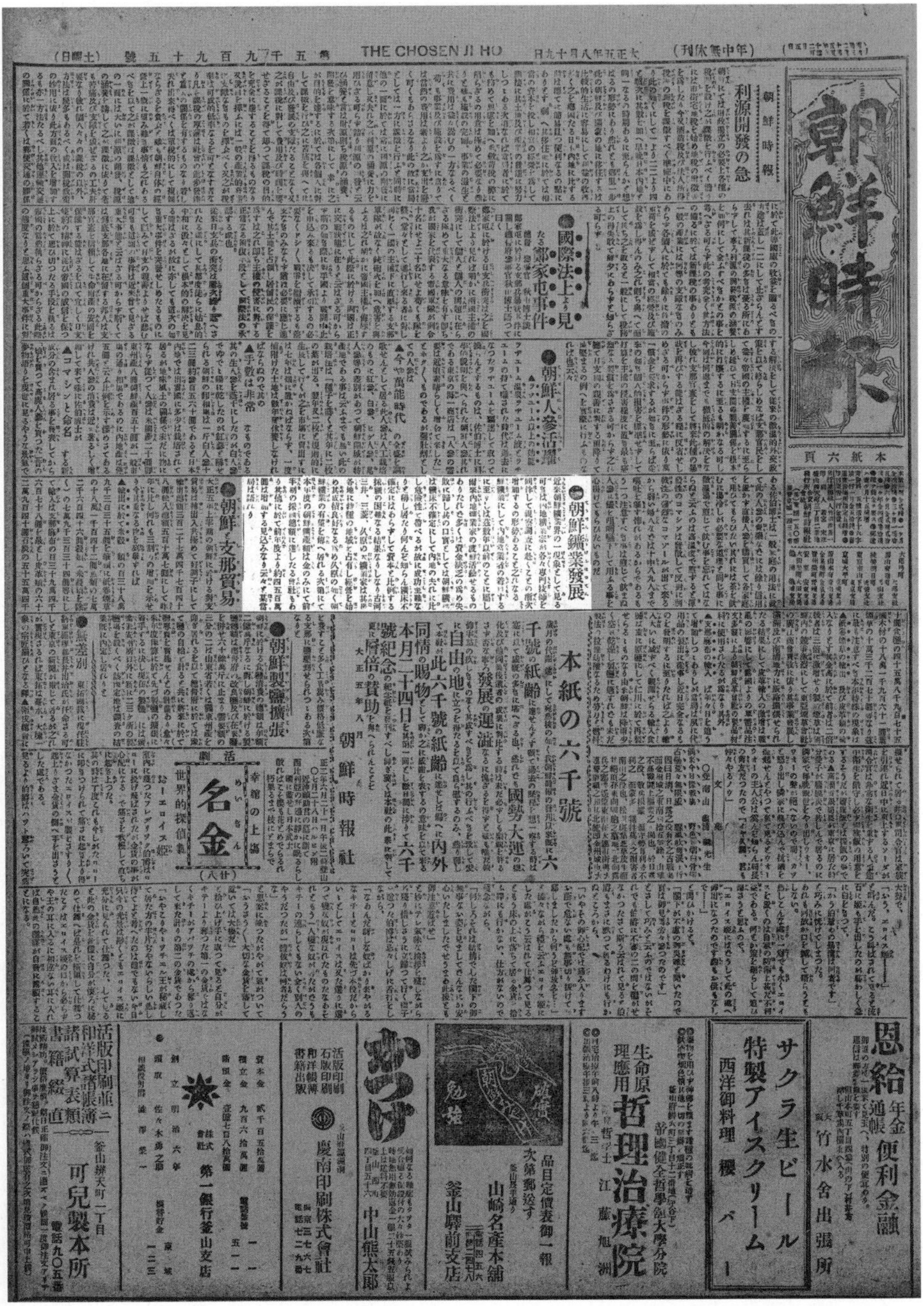

03 | 조선광업 발전[1916년 8월 19일 1면 4단]

朝鮮時報

THE CHOSEN JI HO

大正五年八月十九日

利源開發の急

國際法上より見たる鄭家屯事件

朝鮮人參活躍

朝鮮鑛業發展

朝鮮と支那貿易

本紙の六千號

朝鮮製鹽擴張

朝鮮時報社

名金

サクラ生ビール

特製アイスクリーム

西洋御料理 櫻バー

哲理治療院

恩給 年金 通帳 便利金融

竹水舍出張所

第一銀行釜山支店

慶南印刷株式會社

可兒製本所

04 | 조선 제염 확장[1916년 8월 19일 1면 5단]

THE CHOSENJIHO

刷新記念號

朝鮮時報

名聲與國光揚
大正癸亥春日 祝朝鮮時報

侯爵李完用氏揮毫

論說

地方民の啓發と內地人功勞者を表彰せよ

こぼれ咲

朝鮮の代表的事業

朝鮮釀造界の權威たる 增永市松商店

吳服業も着々發展

大擴張

著眼點

圓滿なる人格の保持者 島田好松氏の事業

圓滿な人格

島田好松氏

新紀元

蔘精葡萄酒の創製と 田原寬一氏の經營振

蔘精葡萄酒

ビワコヤ商店

薄利多賣主義

釜山の中堅

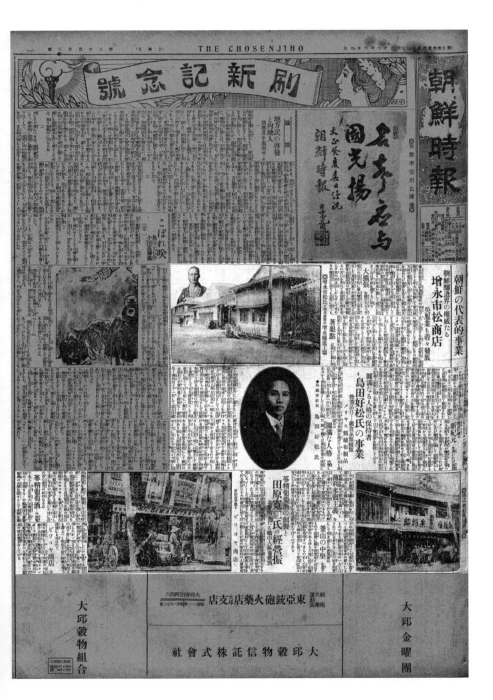

05 | 조선의 대표적 사업[1923년 6월 3일 1면 5단]

THE CHOSENJIHO

朝鮮時報

刷新記念號

新沐者必彈冠
新浴者必振衣

朝鮮銀行總裁 美濃部俊吉氏書

論説 鮮鐵職制改革

候補續々

吾蠅

こぼれ咲

時報俳壇

朝鮮の代表的事業

寺田安太郎商店

健實に發展し地歩を固めつゝある寺田商店

漁網撚糸界の重鎮 福島源次郎商店

最新式動力機採用と第二次擴張

漁網製造工場

餘力を貢獻し

内地品に對抗

牧島福島撚糸工場

松尾重信

大邱理髮組合

長谷川豊治

野崎常蔵

平田友一

中出清太郎

御旅館 橘館

コマヤ商店

朝鮮支社

岡田時計店

日下商店

中島回漕店

岩見商店

06 | 조선의 대표적 사업[1923년 6월 8일 1면 6단]

THE CHOSENJIHO

朝鮮時報

刷新記念號

清風明月

日本の經濟

吾蝿

こぼれ咲

十二年度麥作豫想

朝鮮の代表的事業

釜山一帶の煙草供給の本源たる 釜山煙草元賣捌株式會社

石谷若松氏の事業

食料品研究家 ミカド店主

三谷隆吉

木村惣五郎

山內善造

石川眞平

菊池善兵衛

合資會社

大和屋菓子舖

角永味噌釀造店

栗田ゴム商會

迫間保太郎商店

歐洋堂藥局

三好商會

釜山出張所

川井印刷所

博文堂書店

田口商店

07 | 조선의 대표적 사업[1923년 6월 9일 1면 7단]

(大正十二年六月十二日) THE CHOSENJIHO (火曜日)

朝鮮時報

論說 朝鮮漁業と鮮支直接貿易

日本の經濟(下) 安武東一郎

こぼれ咲 (二七)

慶北陸地棉

時報俳壇

朝鮮の代表的事業

半島雜貨界の巨星 明治屋商店の事業 社長豐泉德次郎氏の經營振り

明治屋本店と店主豐泉德治郎氏

內外の取引先

明治屋商報

半島貿業界の

主要特約品

朝鮮に於ける釀造界の元祖 山本釀造部活躍振 明治二十二年創立の吳服部

廣く全鮮に

工場の擴張

山本商店吳服部(上) 同 釀造部(下)

山本純一氏

大邱旅館組合

大邱料理屋組合

米油組合

大邱繰棉工場

大正商會

宇野商店

大邱魚菜株式會社

松前商店

08 | 조선의 대표적 사업[1923년 6월 12일 1면 7단]

09 | 조선의 대표적 사업[1923년 6월 14일 1면 5단]

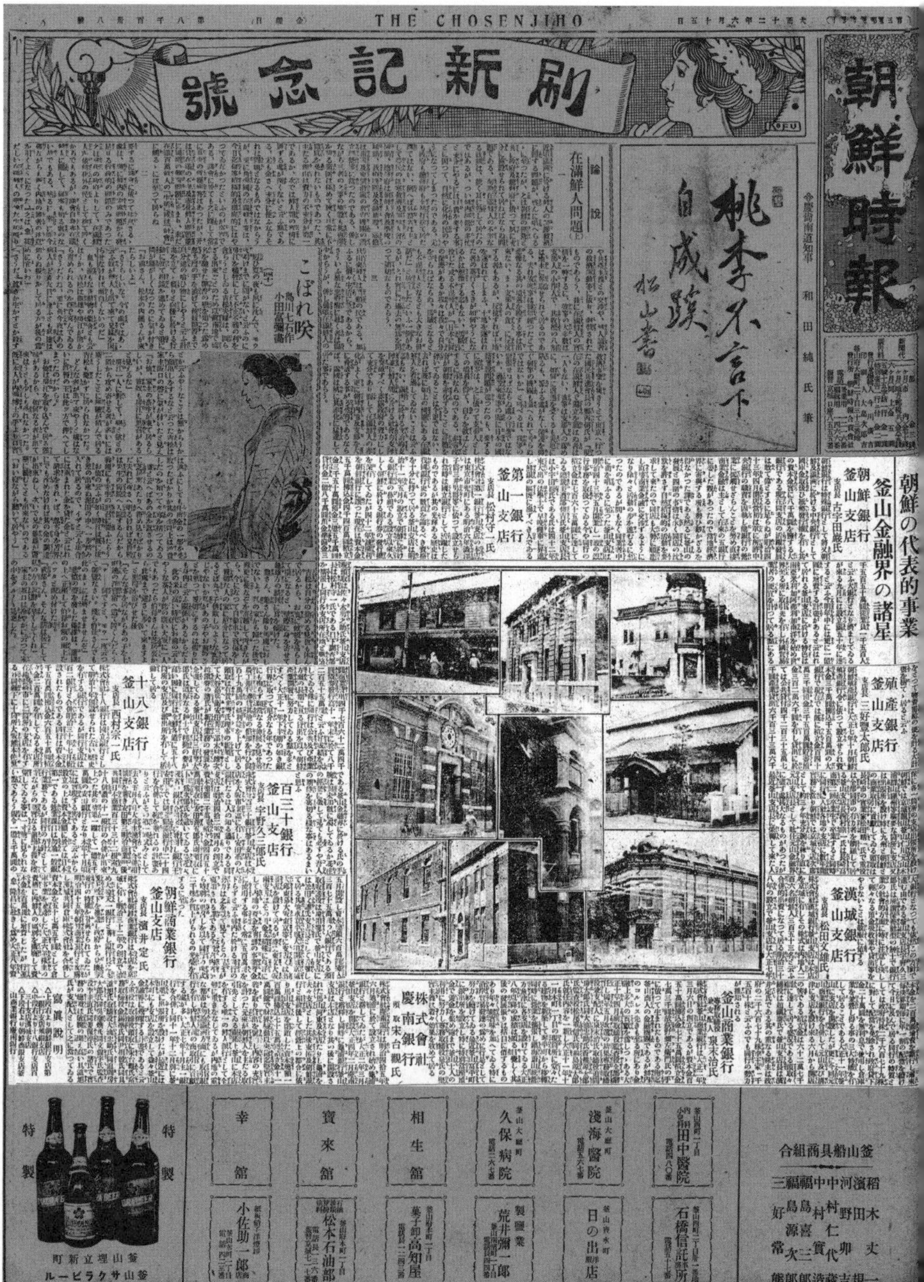

10 | 조선의 대표적 사업[1923년 6월 15일 1면 5단]

THE CHOSENJIHO

刷新記念號

朝鮮時報

心正則筆正 筆正則論正

在滿鮮人問題

こぼれ咲

朝鮮の代表的事業

株式會社釜山商船組の發展

大邱土木界の重鎭 渡邊勤一氏の事業

サクラサイダー

勸業債券 山内質店

S裁縫機械會社 シンガーミシン

はちまんや

東亞閣

前田鐵工所

長光商會

11 | 조선의 대표적 사업[1923년 6월 16일 1면 7단]

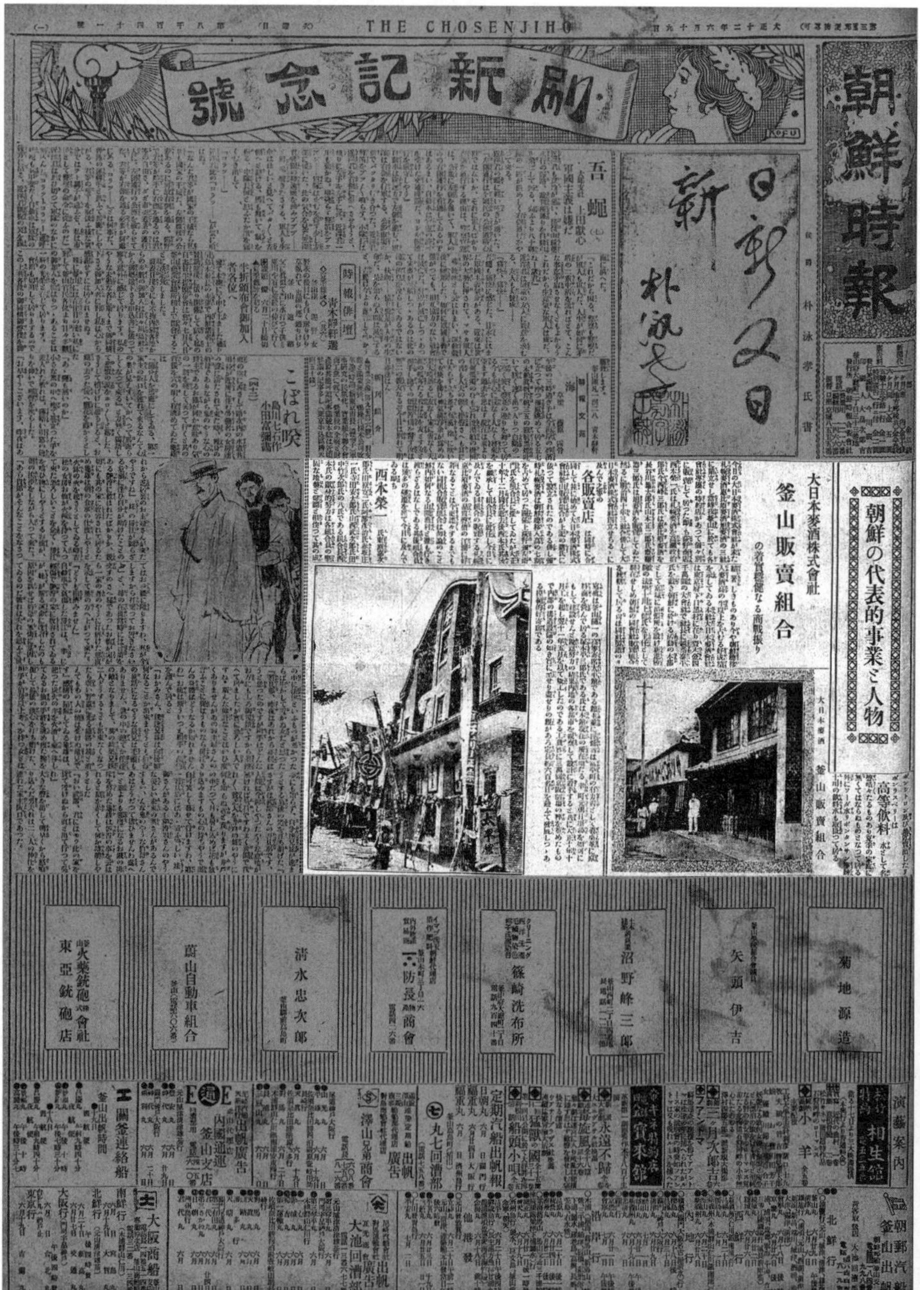

12 | 조선의 대표적 사업과 인물[1923년 6월 19일 1면 6단]

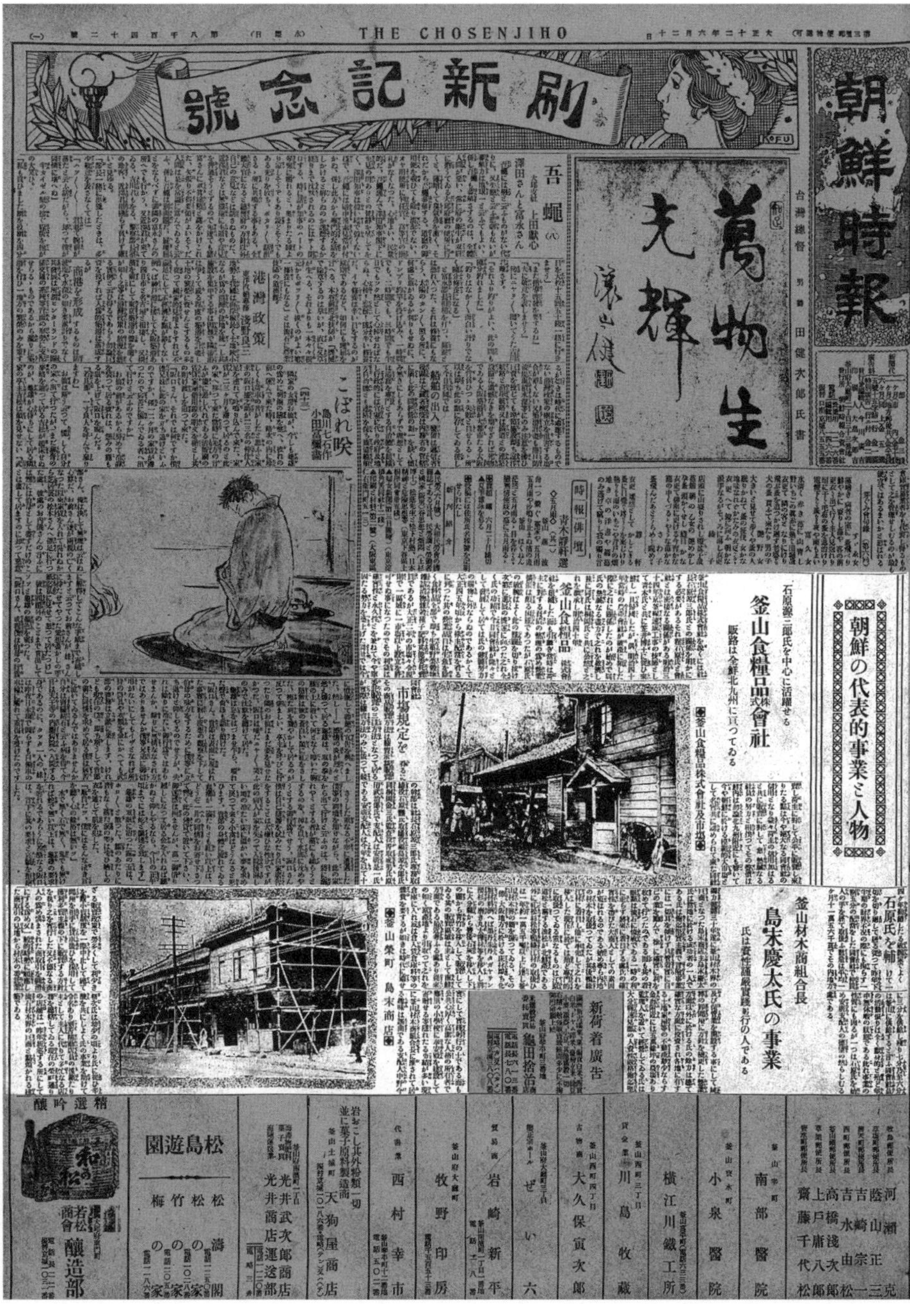
THE CHOSENJIHO

朝鮮時報

刷新記念號

萬物生光輝

朝鮮の代表的事業と人物

石原源三郎氏を中心に活躍せる
釜山食糧品株式會社
販路は全鮮北九州に亘つてゐる

釜山材木商組合長
島末慶太氏の事業

港灣政策

こぼれ咲

吾蠅

新荷着廣告

松島遊園

精選吟醸 和の松 若松商會 醸造部

天狗屋商店

光井武次郎商店

西村幸市

牧野印房

岩崎新平

ぜい六

大久保寅次郎

川島牧蔵

横江川鐵工所

小泉醫院

南部醫院

13 | 조선의 대표적 사업과 인물[1923년 6월 20일 1면 6단]

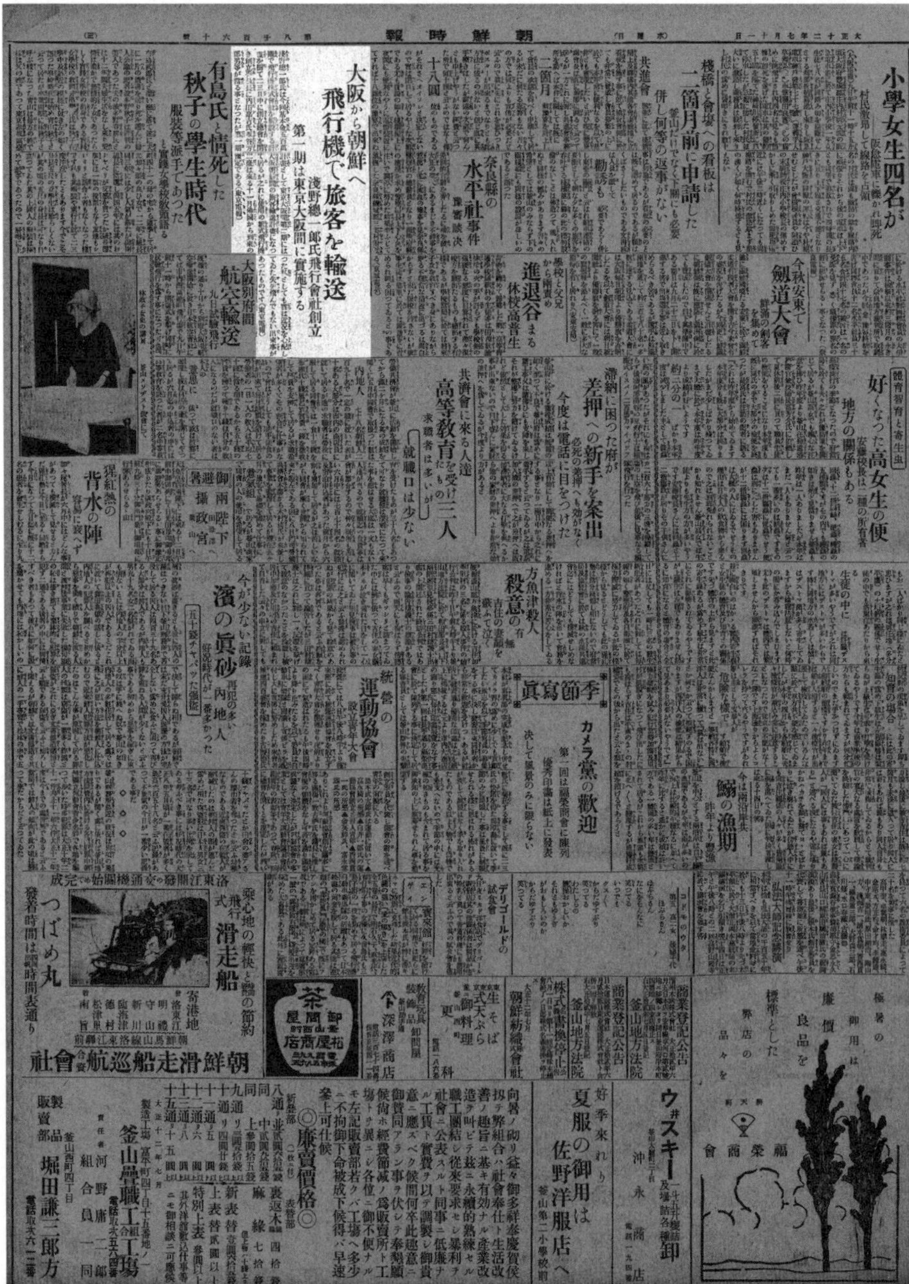

14 | 오사카에서 비행기로[1923년 7월 11일 2면 1단]

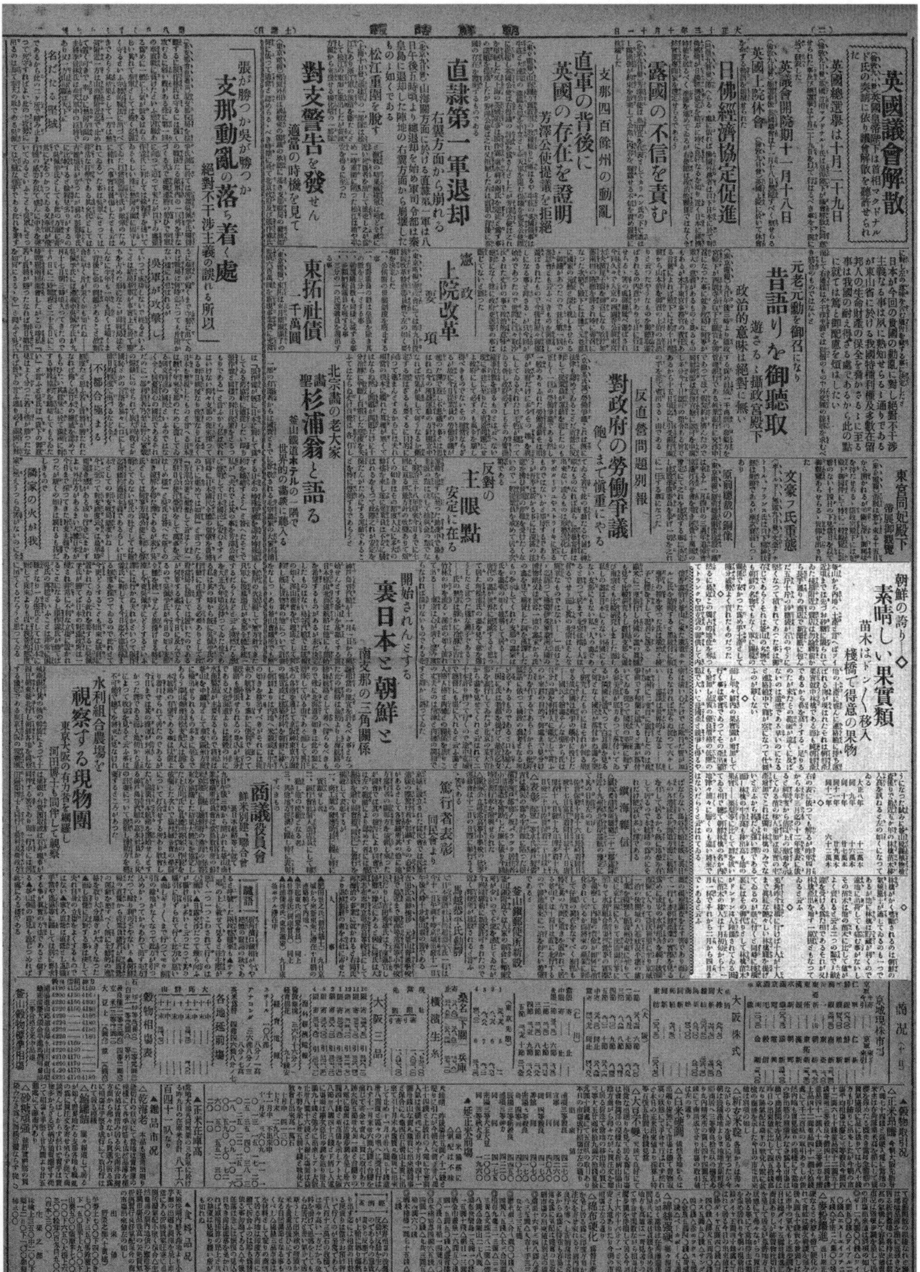

朝鮮時報 大正十三年十月十一日

英國議會解散

英國總選擧は十月二十九日

日佛經濟協定促進

露國の不信を責む

支那四百餘州の動亂

直軍の背後に英國の存在を證明

直隷第一軍退却

對支警告を發せん

支那動亂の落ち着く處

昔語りな御聽取

對政府の勞働爭議

主眼點

上院改革

東拓社債

杉浦翁と語る

裏日本と朝鮮と

朝鮮の誇り

素晴しい果實類

苗木はドシドシ移入

棧橋で得意の果物

水利組合農場を視察する現物團

商議役員會

大阪株式

京城現株市場

商況

15 | 조선의 자랑 훌륭한 과실류[1924년 10월 11일 2면 6단]

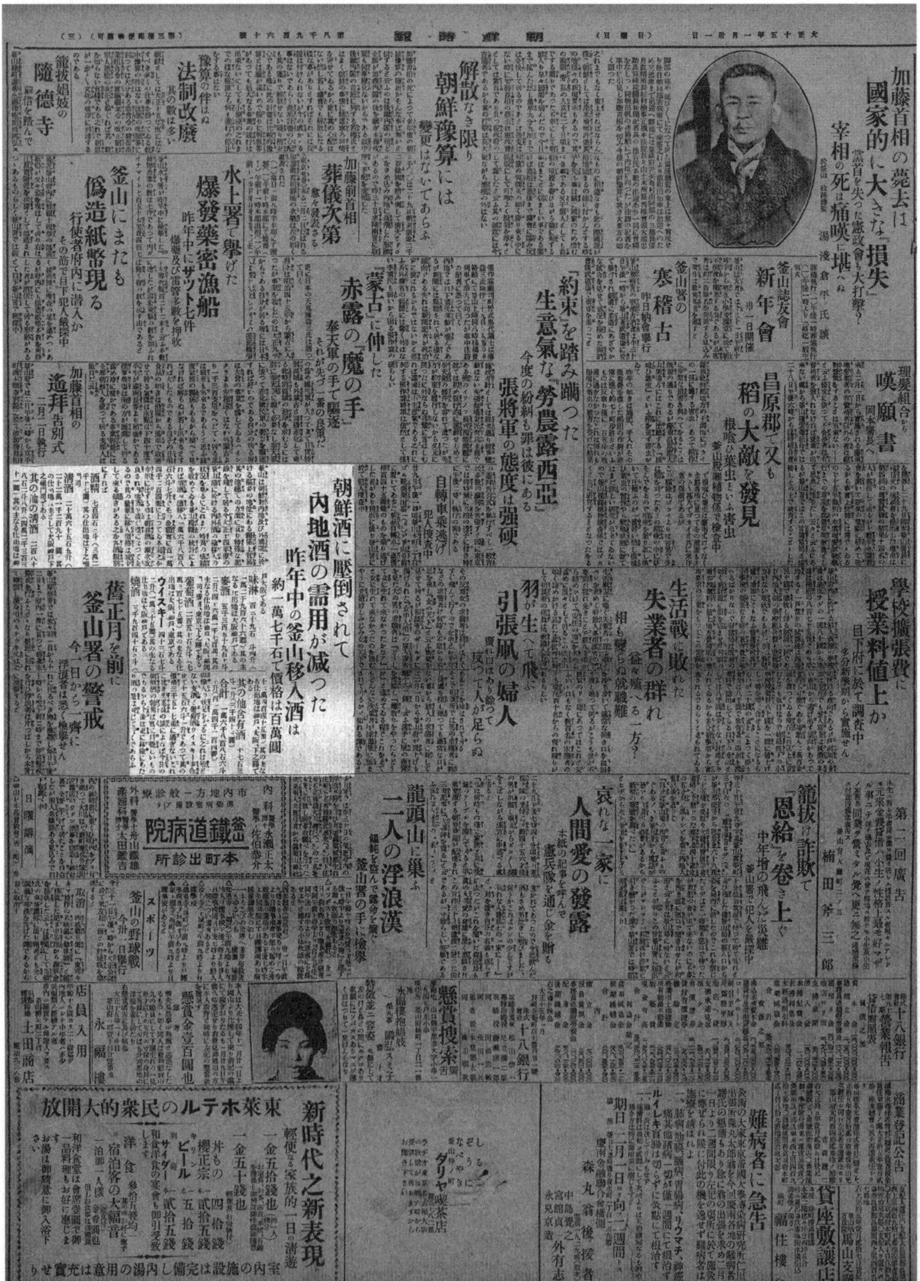

朝鮮時報

加藤首相の薨去は國家的に大きな「損失」
憲政會も大打撃?
宰相の死は痛嘆に堪へぬ
湯淺倉平氏談

解散なき限り朝鮮豫算には變更はないであらう

加藤前首相葬儀次第

「蒙古」に伸した赤露の「魔の手」
奉天軍の手で驅逐

「約束」を踏み躪つた生意氣な「勞農露西亞」
今度の紛糾も罪は彼にある
張將軍の態度は强硬

釜山誌友會新年會

釜山署の寒稽古

昌原郡で又も稻の大敵を發見

理髮組合から嘆願書

學校擴張費に授業料値上か

水上署で擧げた爆發藥密漁船

釜山にまたも僞造紙幣現る

法制改廢 其の數は多い

籠拔娼妓の隨德寺

加藤首相の遙拜告別式

朝鮮酒に壓倒されて内地酒の需用が減つた
昨年中の釜山移入酒は約一萬七千石で價格は百萬圓

舊正月を前に釜山署の警戒

生活戰に敗れた失業者の群れ

羽が生へて飛ぶ引張凧の婦人

自轉車乘逃げ

哀れな一家に人間愛の發露

龍頭山に巢ふ二人の浮浪漢

籠拔け詐欺で「恩給」を卷き上ぐ

第二回廣告

釜山鐵道病院

新時代之新表現
東萊ホテルの民衆的大開放

雜病者に急告

懸賞捜索

貸座敷讓店

ダリヤ喫茶店

16 | 조선술에 압도되어 일본술 수요가 감소했다[1926년 1월 31일 3면 5단]

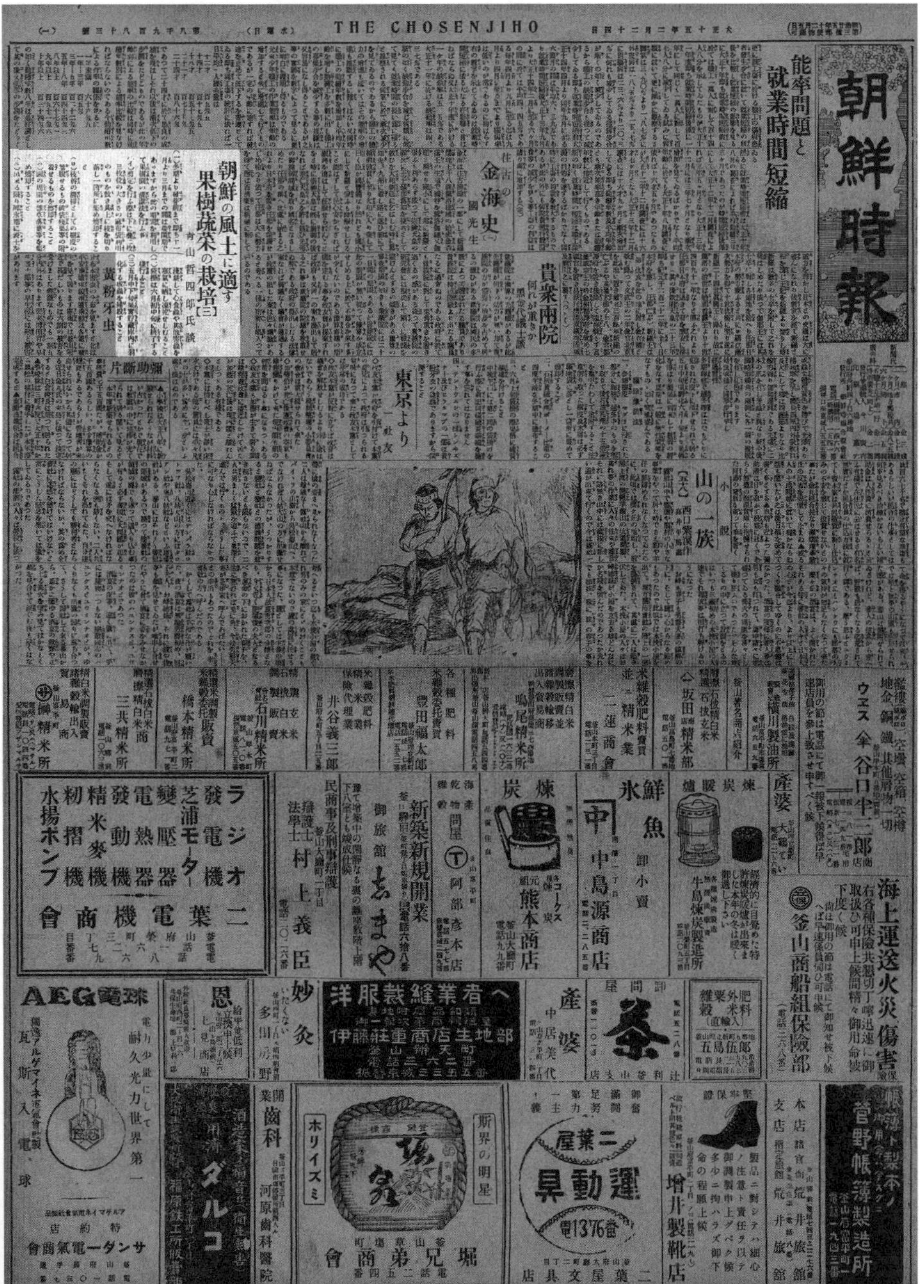
THE CHOSENJIHO

朝鮮時報

能率問題と就業時間短縮

往古の金海史（一）

國光生

貴衆兩院

東京より

朝鮮の風土に適する果樹蔬菜の栽培（三）

背山哲四郎氏談

黃粉牙虫

小說 山の一族

17 | 조선의 풍토에 적합한 과수 채소 재배(3)[1926년 2월 24일 1면 2단]

酷寒の野

新議打揃つて 聖上の御平癒を祈る
九日午後一時からは協議會
或ひは一波紋を書くか
矢頭議員の『辭職勸告』

釜山府民の赤誠をこめた
新嘗祭を龍頭山で

御容態

新渡戸氏の後に入る 新進外交家「杉村氏」
國際問題に就き語る

戰後の歐洲に 異彩を放つて
居る國は獨逸と伊太利

現在歐州 各國の 遊廓問題

放火犯人

十月中に於ける 工場勞働爭議
前月に比し大体減少

軍艦と衝突した

繼子扱ひにされた 朝鮮生れの諸船舶
澤永海事課長談

船舶は內地に

朝鮮勞農總同盟
集會禁止解除

昨日の寒さ 零下八度六分
例年の新記錄

判檢事連が 爆藥漁業の試驗
素晴らしい計畫

解禁は

實驗する

混合使用の試み
無煙炭と咸興南

二階より飛降り

烈風に

府內開業の 醫生を招いて

上海迄も 手を延ばした
朝鮮産の林檎

初雪

讀者の聲

一時半も 待たせる

釜山鐵道病院 本町出張所

金銀賞牌受領
チエリー正宗
お正月の酒は 是非醉心地良き
釜山富平町 山內酒造場

新築落成につき開業致しました
撞球場 朝日俱樂部

釜山産婆案內

會席膳 吸物椀 重箱 佛壇 佛具 大勉強
釜山幸町一丁目 吉田漆器店

改築御披露
和洋料理 江戶川

18 | 상하이까지 손을 뻗친 조선산 사과[1926년 12월 9일 3면 7단]

19 | 조선의 전화 보급[1929년 6월 11일 2면 5단]

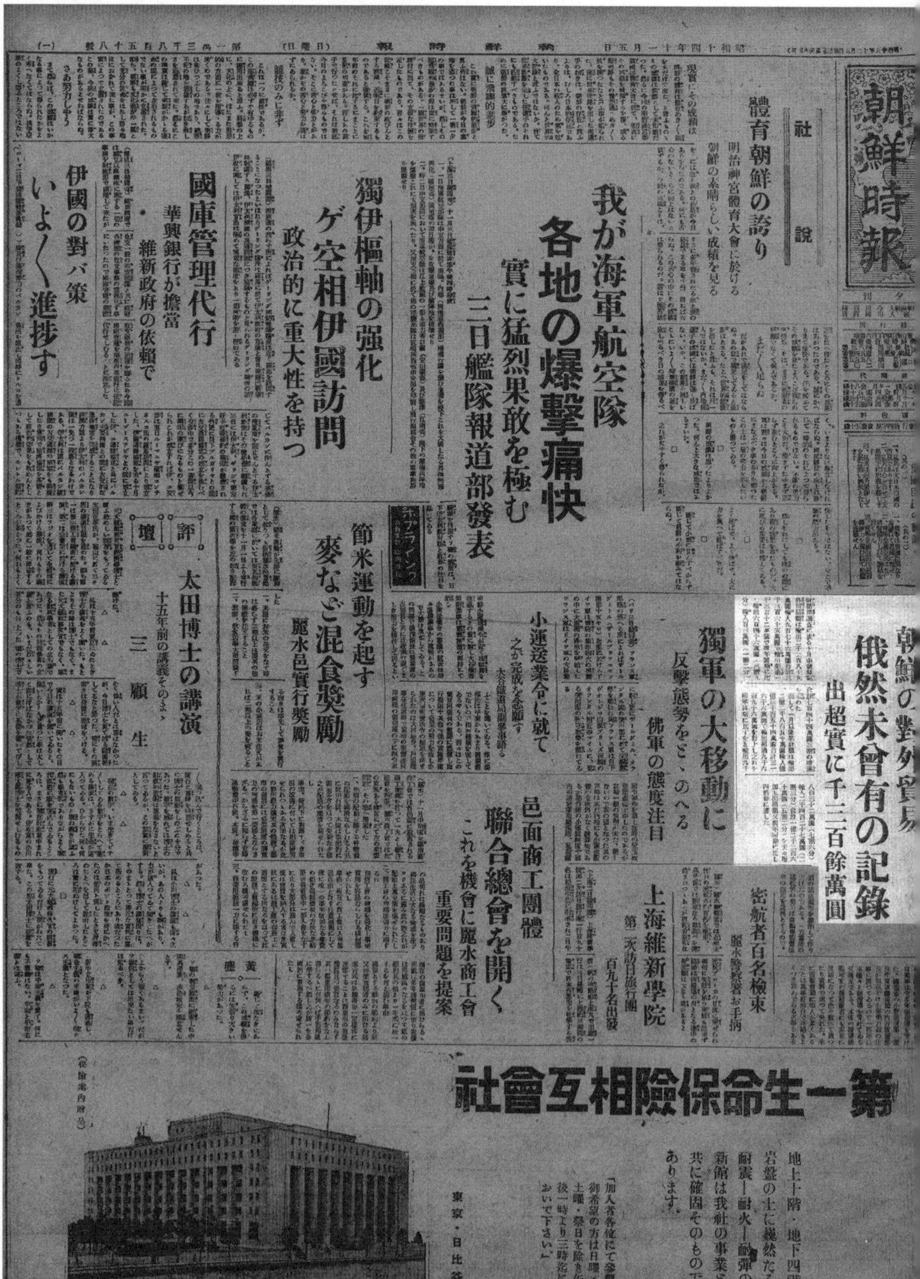

朝鮮時報 夕刊

昭和十四年十一月五日 (日曜日) 朝鮮時報 第一萬三千八百五十八號

社說

體育朝鮮の誇り

明治神宮體育大會に於ける朝鮮の素晴らしい成績を見る

我が海軍航空隊 各地の爆撃痛快

實に猛烈果敢を極む 三日艦隊報道部發表

獨伊樞軸の強化 ゲ空相伊國訪問

政治的に重大性を持つ

國庫管理代行

華興銀行が擔當 維新政府の依賴で

伊國の對バ策 いよく進捗す

朝鮮の對外貿易 俄然未曾有の記錄

出超實に千二百餘萬圓

密航者百名檢束

麗水警察署お手柄

獨軍の大移動に

反擊態勢をとゝのへる 佛軍の態度注目

小運送業令に就て

之が完成を念願す 大谷鐵道局副參事談

上海維新學院

第二次訪日旅行團 百九十名出發

邑面商工團體 聯合總會を開く

これを機會に麗水商工會 重要問題を提案

節米運動を起す 麥など混食奬勵

麗水邑實行奬勵

評壇

太田博士の講演

十五年前の講義そのまゝ

三 顧 生

第一生命保險相互會社

地上十階・地下四階 岩盤の上に巍然たる 耐震・耐火・耐彈の 新館は我社の事業と 共に確固そのもので あります。

「加入者各位にて參觀御希望の方は日曜・土曜・祭日を除き午後一時より三時迄においで下さい」

東京・日比谷

(保險案內贈呈)

20 | 조선의 대외무역 갑자기 미증유의 기록[1939년 11월 5일 1면 5단]

朝鮮時報 慶北版

大邱に於ける果樹栽培改良意見(四)

徴兵身体検査

移出牛比較

加入申込本日限

國庫歳入額調

大邱祭盛況

米が馬鹿に安い

坊主團体の強盗

滑稽極まる迷信(一)

地方改善策(二)

養老煙

質 大邱田町 大塚質店

社告 大邱支局

御料理仕出し 東京生そば 大東庵

冬物新荷着

松前支店

東京澤庵新荷着 吉野の櫻 日の出鶴 麺類製造開始 越智商店

各國猟銃新荷着 猟期来れり 大邱東城町一丁目角 商會

01 | 우습기 짝이 없는 미신(1)[1914년 11월 14일 93면 5단]

朝鮮時報 慶北版

日刊

大邱に於ける果樹栽培改良意見(五)

第三回豫想

當局の手古摺り

改良種は何ぞ

看護婦

資格ある看護婦

急成の鼻下干

約六百名

米穀取引不況

滑稽極まる迷信(二)

大邱祭

菊の薫り

サクラ

月世界

初菊

株式會社慶尚農工銀行

猟期來れり

各國獵銃新荷着

東京澤庵新荷着

吉野の櫻 日の出鶴 麺類製造開始

海陸物產卸商 越智商店

岩瀬藥品部

後藤出張店

後藤本店

02 | 우습기 짝이 없는 미신(2) [1914년 11월 5일 93면 4단]

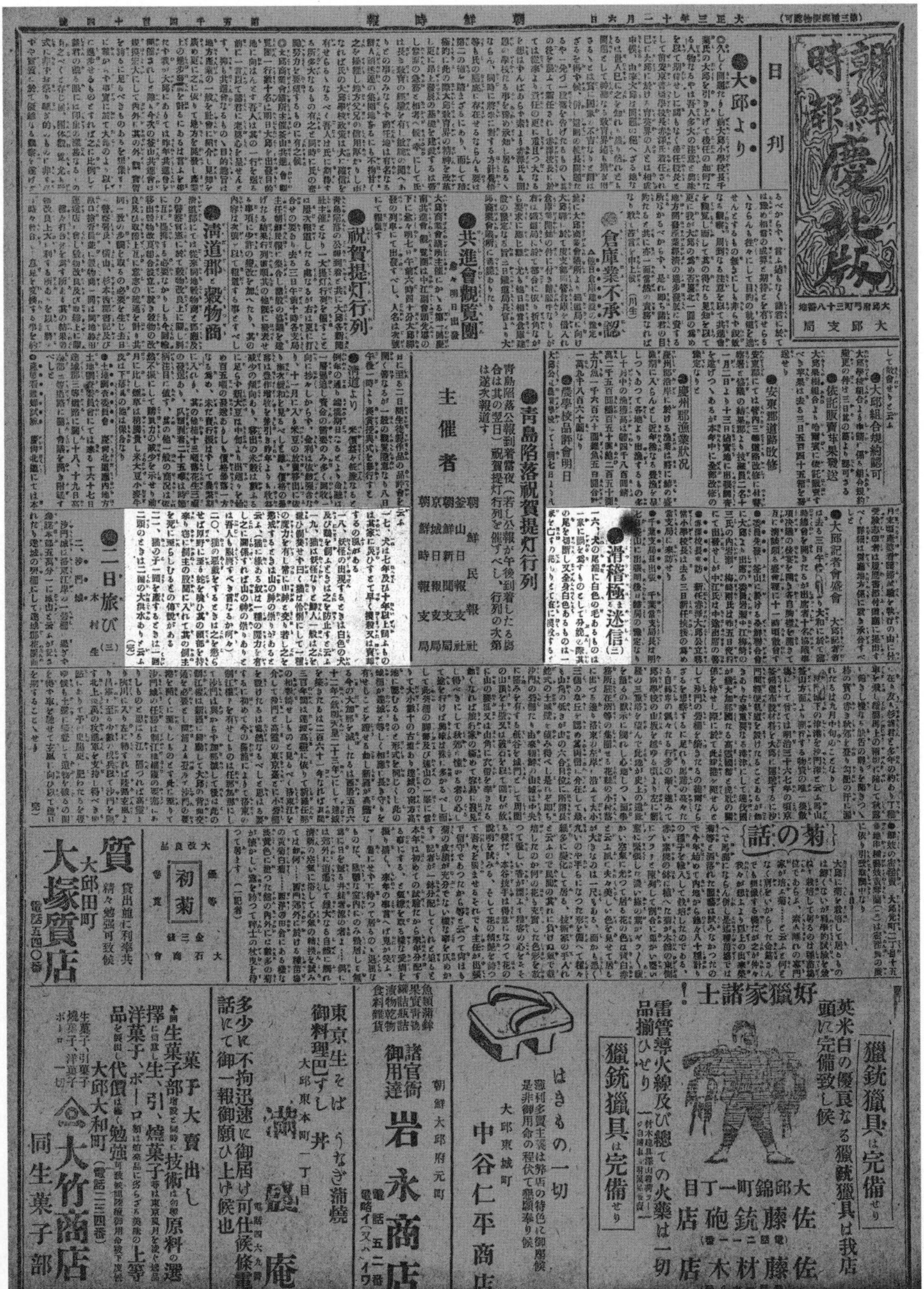

朝鮮時報
朝鮮慶北版
大邱支局
日刊
大邱より
倉庫業不承認
共進會觀覽團
祝賀提灯行列
清道郡と穀物商
青島陥落祝賀提灯行列
主催者
菊の話
二日旅び（三）
滑稽極る迷信（三）
一六、犬の尾端に白色の毛あるものは一家に禍を齎すものとして分娩の際其の尾を切断し又全身白色あるものは一家を亡すの兆なりとて直に撲殺すると云ふ
一七、犬は七年及び十年以上飼ふものは其家に災ひすとて早く撲殺又は賣却するの風がある
一八、妖怪の出現するときは白色の犬及び鷄を飼ふときは之を防止すと云ふ
一九、猫は妖怪なりと鮮人一般は之を嫌ひ飼養せず曰く猫は怜悧にして一種の魔力を有し常に山神と交り若し之を懲戒するときは山の神の祟りがあると云ふ（猫に縁ある奴は一種の魔力を有し之に關係すれば山の神の祟りありとは吾人も服膺すべき言なるか何々）
二〇、猫の悪戯をするときは之を懲らせば原野に至り蛇を喰ひ其の頭部を持來り窃に飼主の股間に入れて其の飼主を死に至らしむるとの傳說がある
二一、猫の子一頭を産するときは一回二頭のときは二回の大洪水ありと云ふ（完）
好猟家諸士！
猟銃猟具は完備せり
佐藤銃砲店
中谷仁平商店
岩永商店
鰻庵
大竹商店
同生菓子部
大塚質店
初菊

03 | 우습기 짝이 없는 미신(3) [1914년 11월 6일 1면 4단]

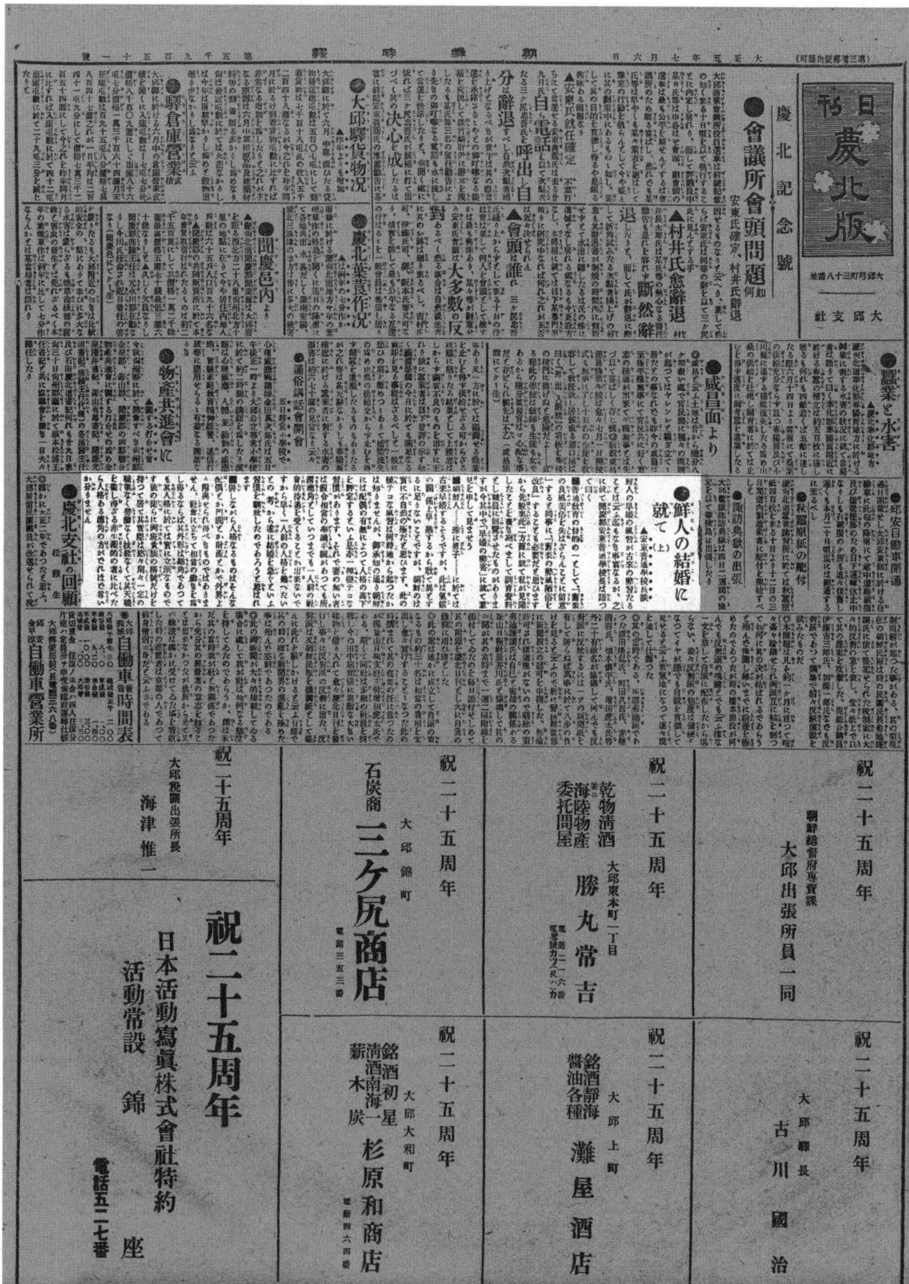
日刊 慶北版

慶北記念號

會議所會頭問題

村井氏愈辭退

鮮人の結婚に就て(上)

祝二十五周年
朝鮮總督府專賣課
大邱出張所員一同

祝二十五周年
乾物清酒
海陸物産
委托問屋
大邱東本町一丁目
勝丸常吉

祝二十五周年
石炭商
大邱錦町
三ケ尻商店
電話三五三番

祝二十五周年
大邱稅關出張所長
海津惟一

祝二十五周年
大邱驛長
古川國治

祝二十五周年
銘酒靜海
醬油各種
大邱上町
灘屋酒店

祝二十五周年
銘酒初星
清酒南海一
薪木炭
大邱大和町
杉原和商店

祝二十五周年
日本活動寫眞株式會社特約
活動常設
錦座
電話五二七番

04 | 조선인의 결혼에 대하여(상) [1916년 7월 6일 91면 4단]

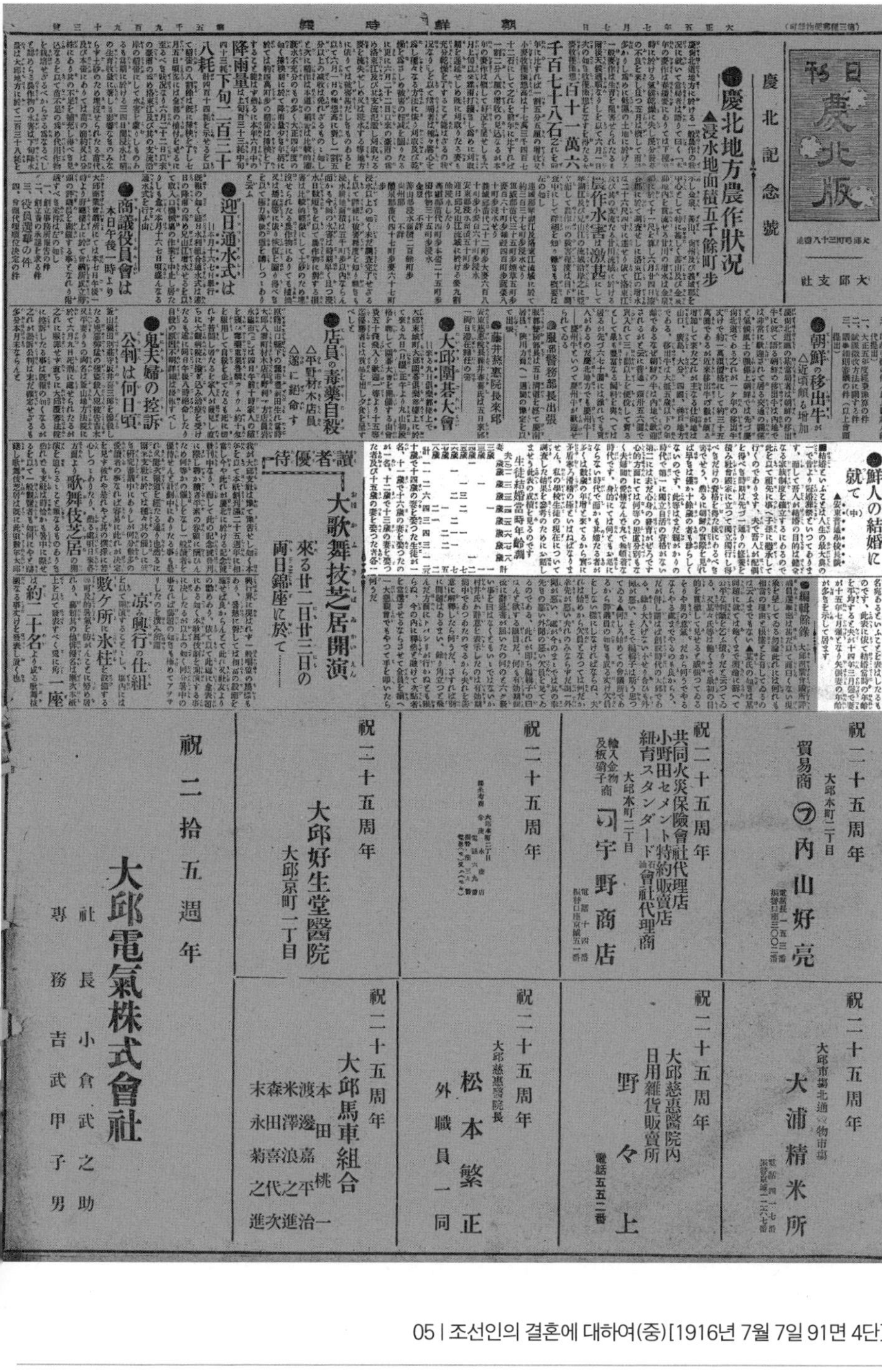
朝鮮時報 大正五年七月七日

日刊 慶北版

大邱支社

慶北記念號

慶北地方農作狀況
▲浸水地面積五千餘町歩

千百七十八石

降雨量

迎日通水式は

商議役員會は

朝鮮の移出牛
△近頃頗る増加

服部警務部長出張

藤井慈惠院長來邱

大邱圍碁大會

店員の毒藥自殺
△平野材木店員
△遂に絶命す

鬼夫婦の控訴
公判は何日頃

鮮人の結婚に就て（中）

讀者優待
大歌舞伎芝居開演
來る廿二日廿三日の兩日錦座に於て

歌舞伎芝居

凉み興行の仕組

數ケ所に氷柱

祝二十五周年
貿易商
大邱本町二丁目
内山好亮

祝二十五周年
共同火災保險會社代理店
小野田セメント特約販賣店
紐育スタンダード石油會社代理商
輸入金物及板硝子商
大邱本町二丁目
宇野商店

祝二十五周年

祝二十五周年
大邱好生堂醫院
大邱京町一丁目

祝二拾五週年
大邱電氣株式會社
社長 小倉武之助
專務 吉武甲子男

祝二十五周年
大邱市壽北通り物市場
大浦精米所

祝二十五周年
大邱慈惠醫院内
日用雜貨販賣所
野々上
電話五五二番

祝二十五周年
大邱慈惠醫院長
松本繁正
外職員一同

祝二十五周年
大邱馬車組合
本田桃治
渡邊嘉平
米澤浪之進
森田喜代次
末永菊之進

05 | 조선인의 결혼에 대하여(중) [1916년 7월 7일 91면 4단]

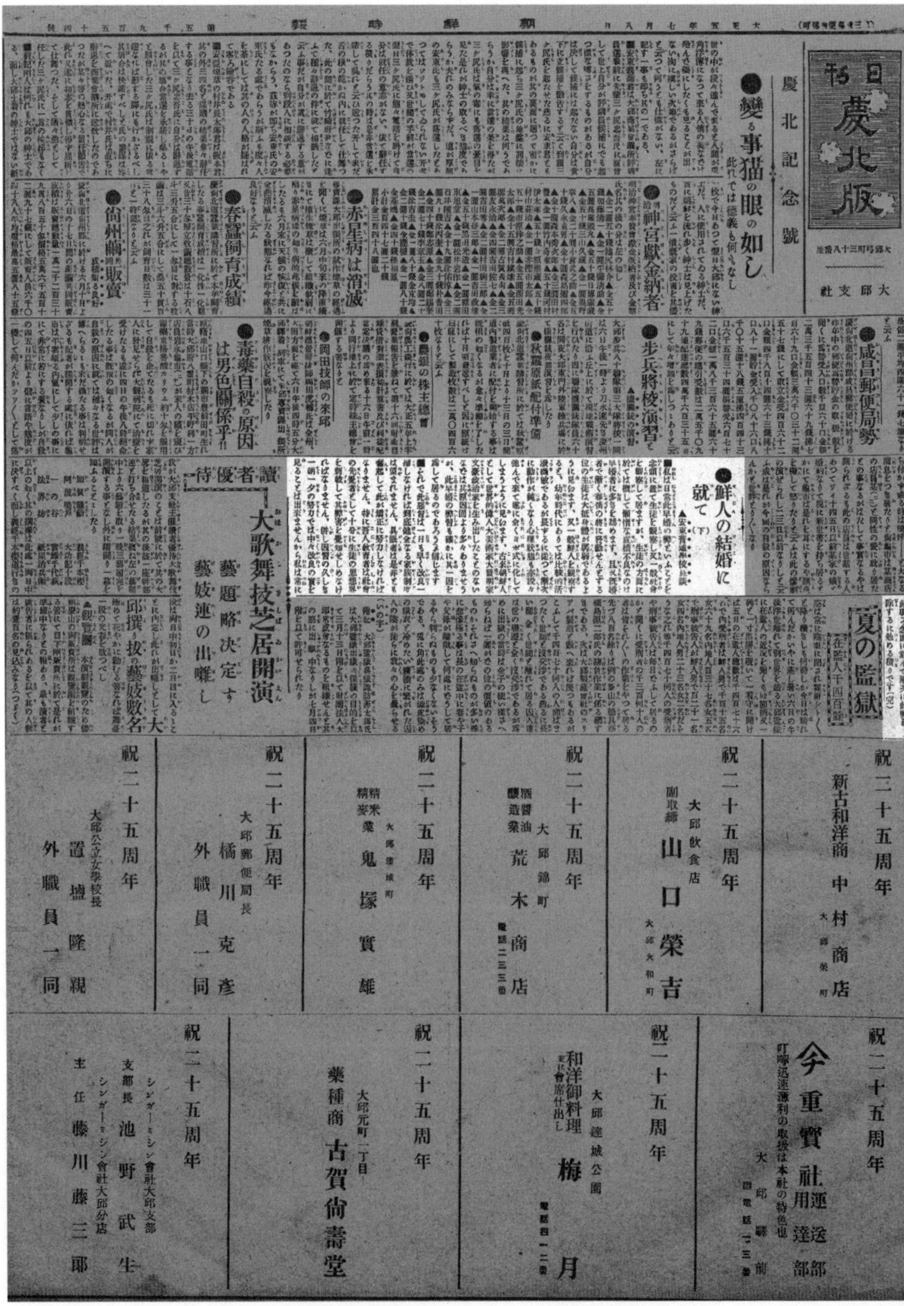

06 | 조선인의 결혼에 대하여(하) [1916년 7월 8일 90면 4단]

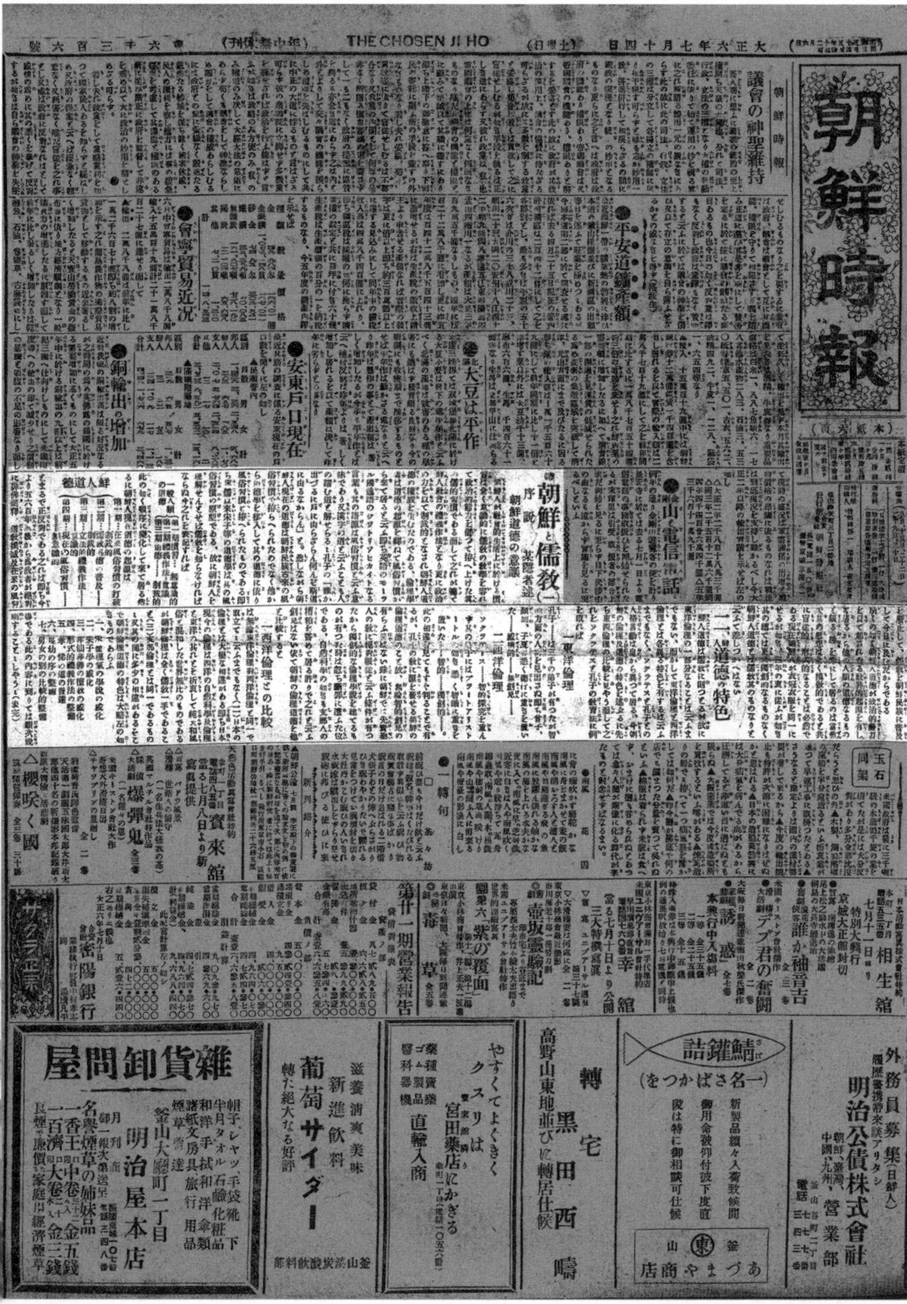

07 | 조선과 유교(1) [1917년 7월 14일 1면 4단]

08 | 조선과 유교(2) [1917년 7월 15일 1면 5단]

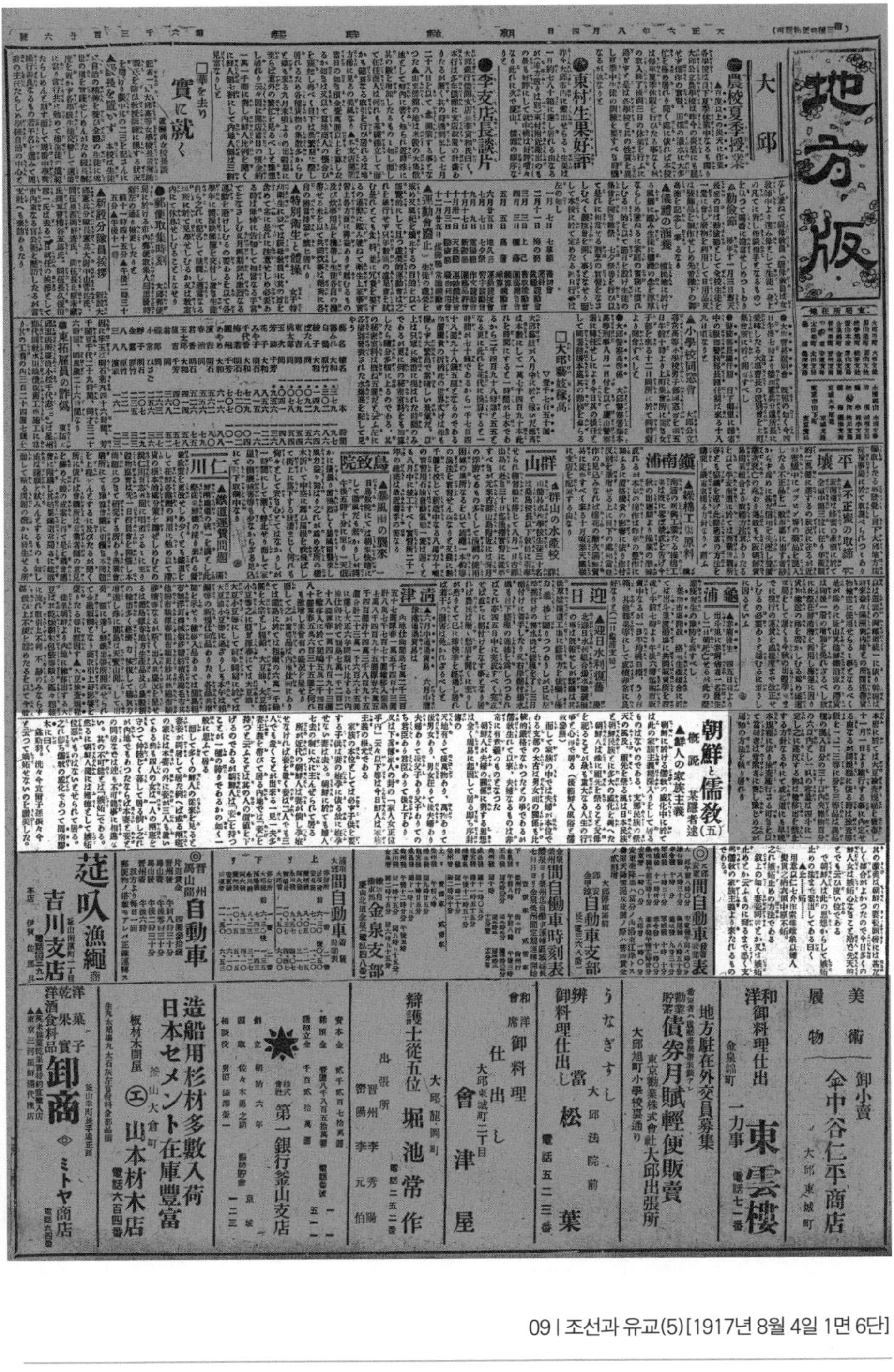

09 | 조선과 유교(5) [1917년 8월 4일 1면 6단]

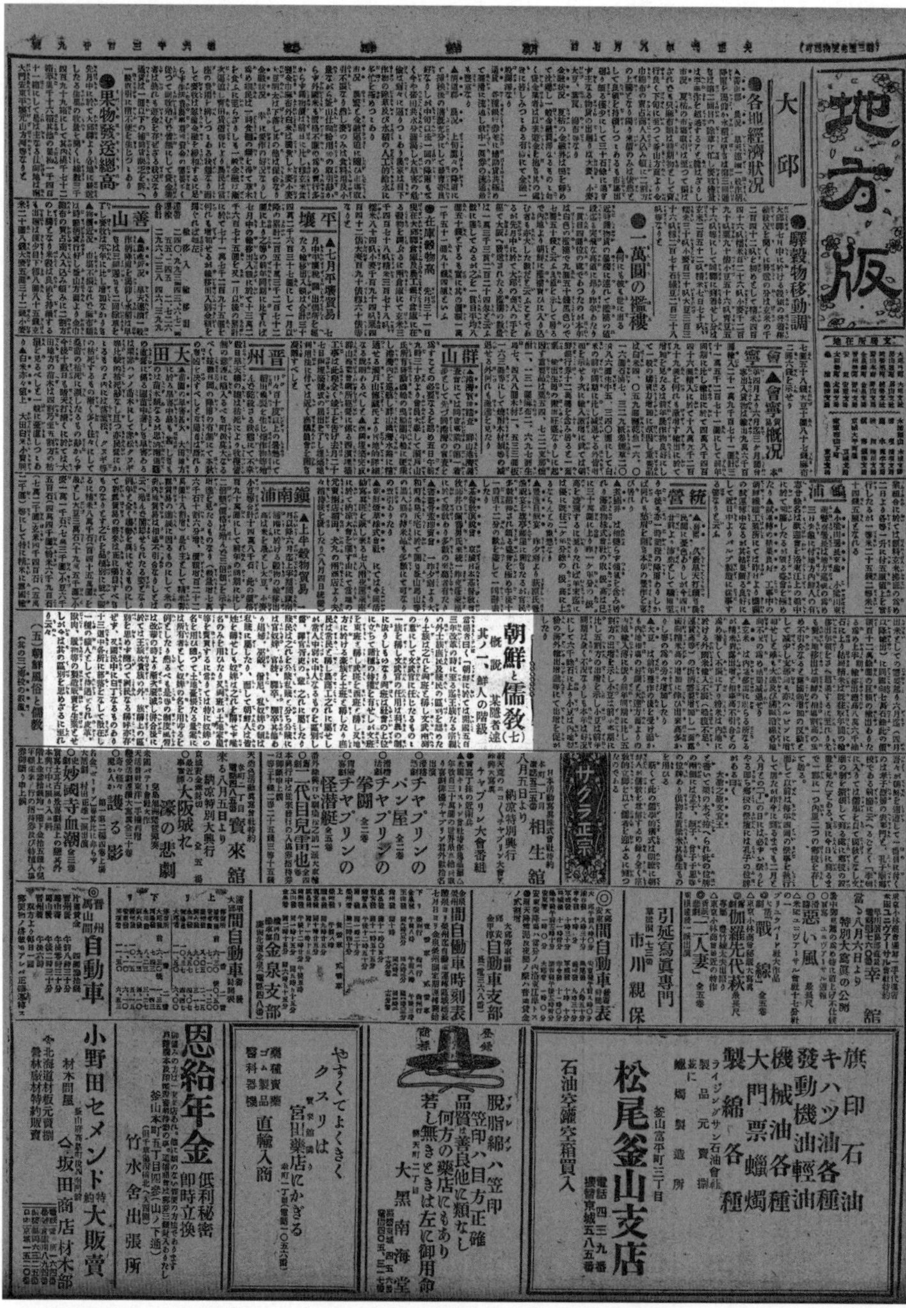
地方版

大邱

各地經濟狀況

驛穀物移動調

二萬圓の擔保

平壤

善山

群山

晋州

大田

統營

鎭南浦

朝鮮と儒教(七)

其ノ一、概說 鮮人の階級

サクラ正宗

寶來館

相生館

開自動車時刻表

旗印石油 キハツ油各種 發動機油輕油 機械油各種 大門票蠟燭 製綿各種

松尾釜山支店

脫脂綿八笠印

大黑南海堂

やすくてよくきくクスリは宮田藥店にかぎる

恩給年金

竹水舍出張所

小野田セメント特約大販賣

坂田商店材木部

10 | 조선과 유교(7) [1917년 8월 7일 3면 5단]

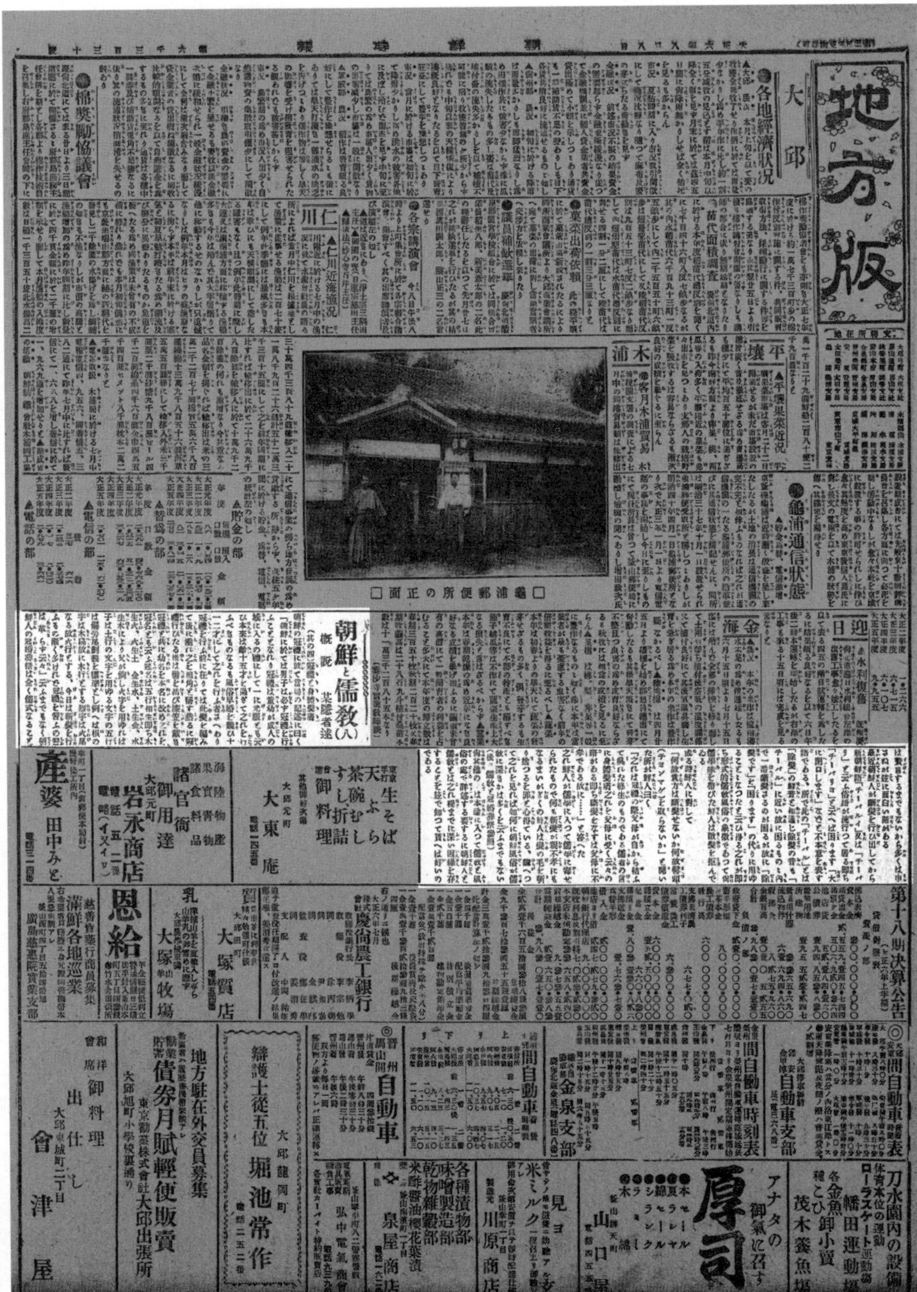

朝鮮と儒教（八）

概説 某隱者述

（其の四）冠禮と身體髮膚

朝鮮の冠禮に就て當時の記述に曰く「朝鮮に於ては男子は必ず冠禮を行ふことゝなれり冠禮は童幼が成人の域に入るの禮にして一に元服とも云ひ本來は齡十五才を過ぎて之れを行ふべきものなるも風俗早婚を尙び十一二才にして之れを行ふ者さへあり冠禮を行ふ前に在りては此髮を編みて後に垂れ之を總角と稱す然るに冠禮行ひたる後は髮を結び漆笠を戴き冠禮と共に幼名を本名に改め之れを冠名とも云ふ冠名は五行相生即ち木生火、火生土 金生水、土生金、水生木により父が例へば火字を用ゆれば子は土行の文字を用ゆる文字の五行は偏旁構を標準とし例へば根の字は木偏故に木行とする烟字は火偏なる故火行とする、今日は斷髮を行ふもの漸く多けれど冠禮を習ふの習は革らず云々」云ふまでもなく朝鮮人の冠婚葬祭は全く儒式なることは贅言するまでもないから多くは申さぬが玆に面白い話がある

最近朝鮮人が斷髮を行ひ出してから新朝鮮語「チーパルイ」叉は「チーパリ」と云ふ俗語が流行つて居る即ち「チーパリヨ」と云へば困ります「大に閉口します」など不本意を表す語である、所で此の「チーパル」とは「除髮」の鮮音と相違ない除髮の音も「チーパル」に近い故に困るもの又内で一番斷髮さるるのが困るが故に「除髮です」と「困ります」の代りに用ゆることゝなつたと云ひ得る之れが即ち形式的儒教風俗の象徵であつて保儒思想を帶びた鮮人は斷髮を拒んでゐる

或る時鮮人に對して「何故貴方は斷髮せないか何故髷（チヨンマゲ）を取らないか」と問ひた所が鮮人曰く「之れは冠禮の際父母が自から結ふて呉れた終生のものである儒者の曾子に身體髮膚之れを父母に受く云々の語がある即ち斷髮をなすは父母に不孝である故に……」と答へた

之れ鮮人が儒學に入つて儒學に毒せられたもので何も斷髮が親不孝にもなるまいが多くの鮮人は髮の毛を斬り捨つるを罪とも心得ている、顧へつて之れを見れば如何に朝鮮風俗が儒教に深きかは多くを云ふまでもない何れ其他の本論に入つて儒教を風俗の點で詳述する要するに朝鮮人と儒教とは之れ程までに深い因緣を存することを茲で知つて貰へば好いのである

（後、儒教と冠婚葬祭參照）

11 | 조선과 유교(8) [1917년 8월 8일 93면 6단]

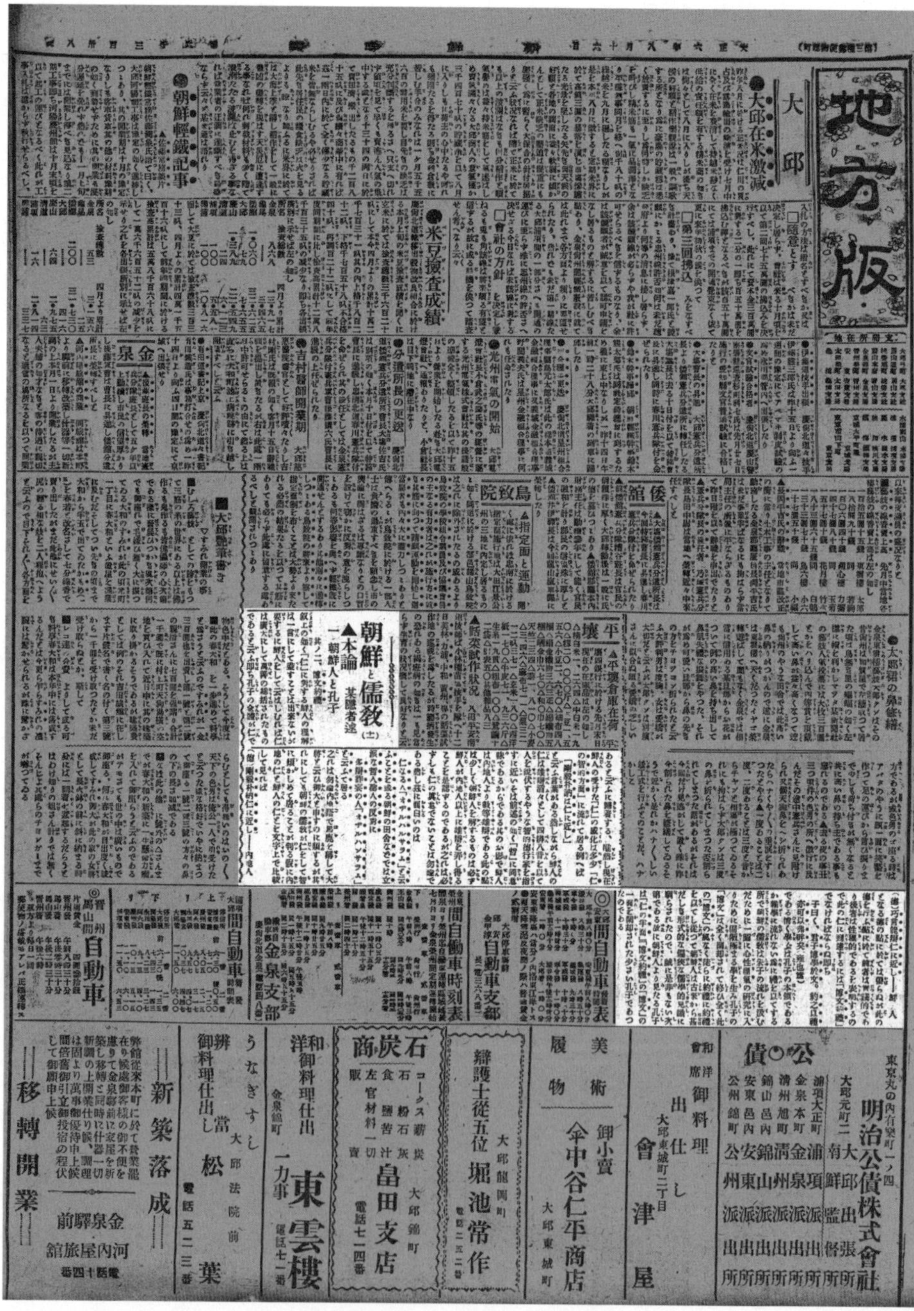
地方版

大邱

朝鮮と儒教

東雲樓

明治公債株式會社

新築落成

移轉開業

12 | 조선과 유교(11)[1917년 8월 16일 90면 5단]

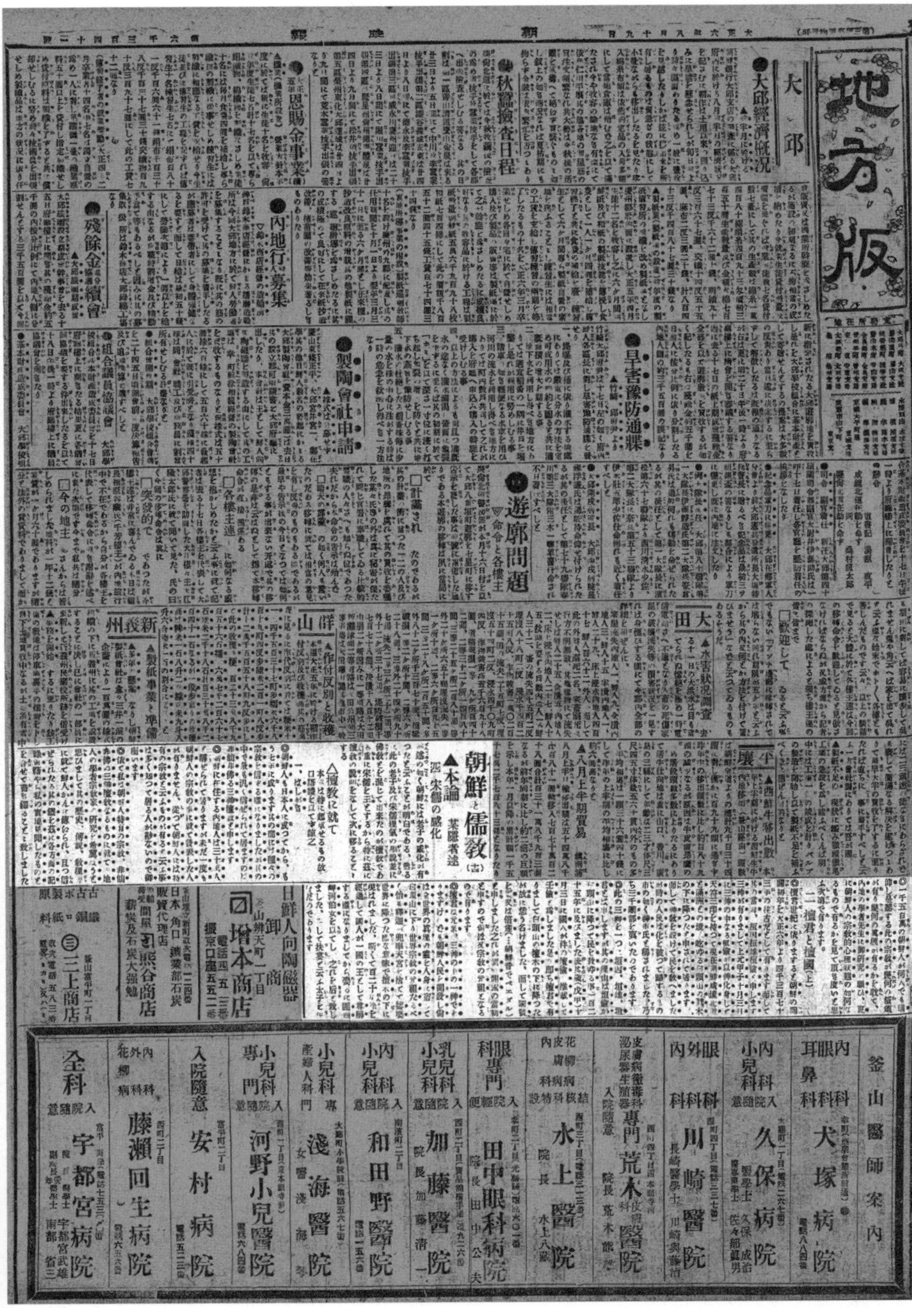

13 | 조선과 유교(14)[1917년 8월 19일 92면 6단]

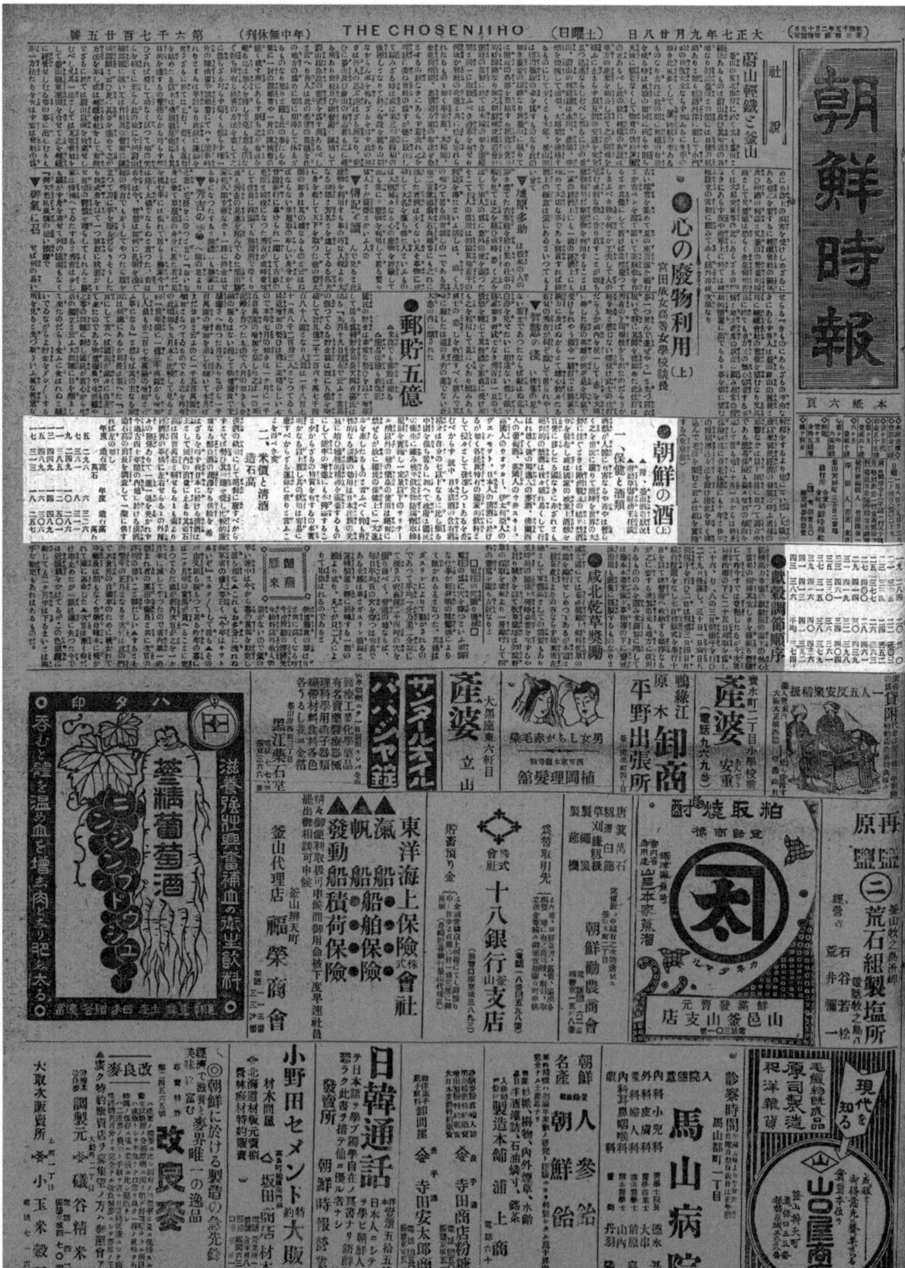
朝鮮時報
THE CHOSENJIHO
大正七年九月廿八日 土曜日
第六千七百廿五號
社説 蔚山輕鐵と釜山
心の廢物利用（上）
朝鮮の酒（上）
郵貯五億
咸北乾草奬勵
東洋海上保險株式會社
十八銀行釜山支店
馬山病院
日韓通話
小野田セメント特約大販賣

14 | 조선의 술(상)[1918년 9월 28일 1면 4단]

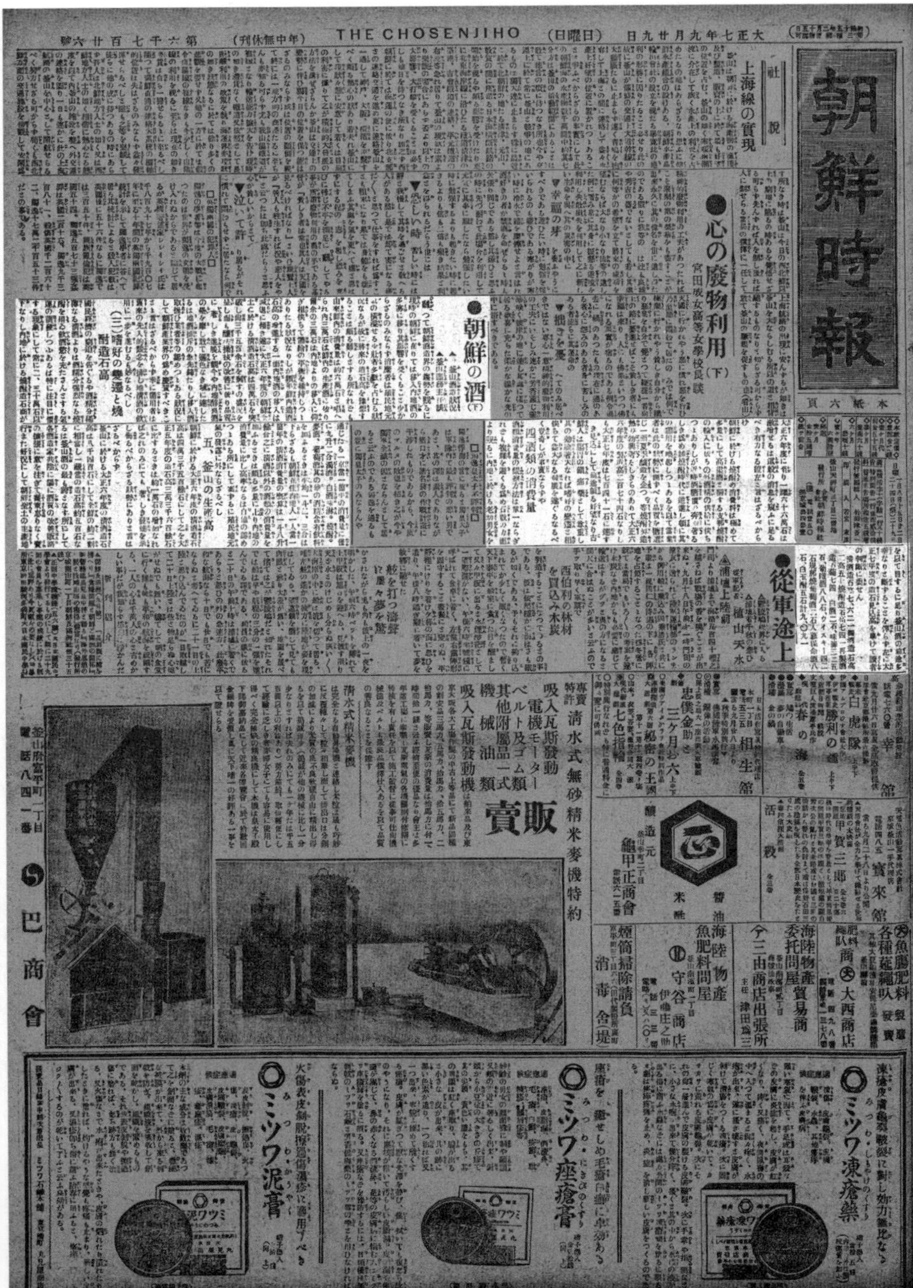

朝鮮時報

THE CHOSENJIHO

大正七年九月廿九日（日曜日）

社説 上海線の實現

心の廢物利用（下）

朝鮮の酒（下）

從軍途上

販賣

巴商會

ミツワ凍瘡藥

ミツワ痤瘡膏

ミツワ泥膏

15 | 조선의 술(하)[1918년 9월 29일 1면 3단]

16 | 조선의 여성(1)[1924년 1월 8일 1면 4단]

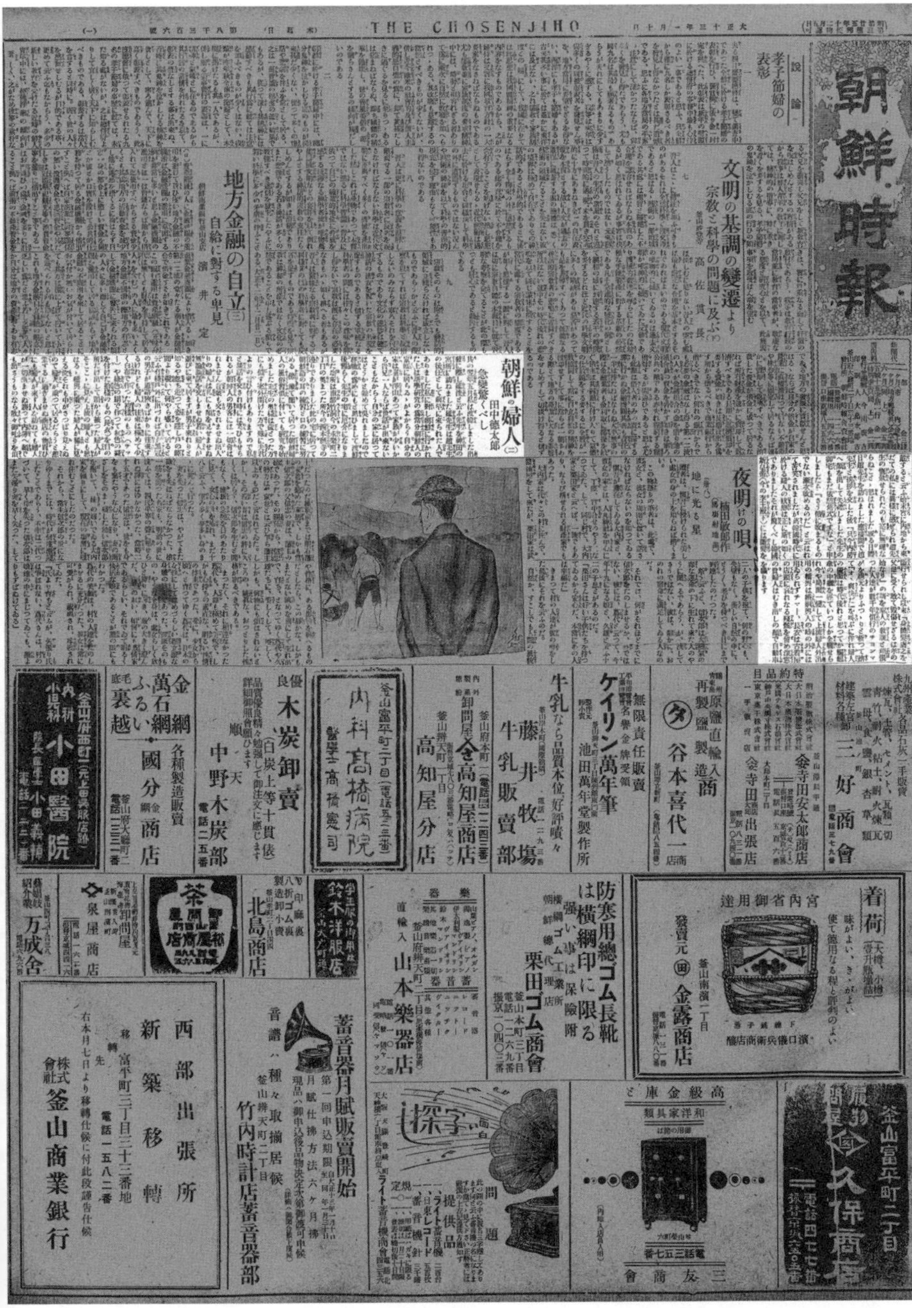
THE CHOSENJIHO

朝鮮時報

社説 孝子節婦の表彰

文明の基調の變遷より 宗教と科學の問題に及ぶ(七) 高佐貫長

地方金融の自立(三) 自給に對する卑見 濱井定

朝鮮の婦人(二) 急變驚くべし 田中徳太郎

夜明けの唄

內科小兒科 小田醫院

金網 萬石網 ふるい 裏越 國分商店

優良 木炭卸賣 中野木炭部

內科 高橋病院

高知屋分店

牛乳 藤井牧場 牛乳販賣部

ケイリン萬年筆 池田萬年堂製作所

谷本喜代一商店

金寺田安太郎商店

三好商會

泉屋商店

北島商店

鈴木洋服店

万成舍

山本樂器店

防寒用總ゴム長靴は横綱印に限る 栗田ゴム商會

宮內省御用達 着荷 金露商店

西部出張所 新築移轉 株式會社 釜山商業銀行

蓄音器月賦販賣開始 竹內時計店蓄音器部

高級金庫と 三友商會

久保商店

17 | 조선의 여성(2)[1924년 1월 10일 1면 4단]

朝鮮時報

THE CHOSENJIHO

論說

新興社會と協同精神

朝鮮の婦人(三)

田中德太郎

地方金融の自立(四)

自給に對する卑見

夜明けの唄

捺順炭

三國商會

桑原商店

谷本喜代一商店

神宮醫院

內科髙橋病院

木炭卸賣

中野木炭部

牛乳

藤井牧場

牛乳販賣部

親玉

十八銀行釜山支店

飛樣賣職工製品

たわらや

三好商會

東萊ホテル

平壤甘栗

津村燒栗部

防寒用總ゴム長靴は横綱印に限る

栗田ゴム商會

玉子なら松本へ

ケイリン萬年筆

池田萬年堂製作所

高知屋商店

高知屋分店

立石商店

輕機械油

エスワイ號洋服店

18 | 조선의 여성(3)[1924년 1월 11일 1면 2단]

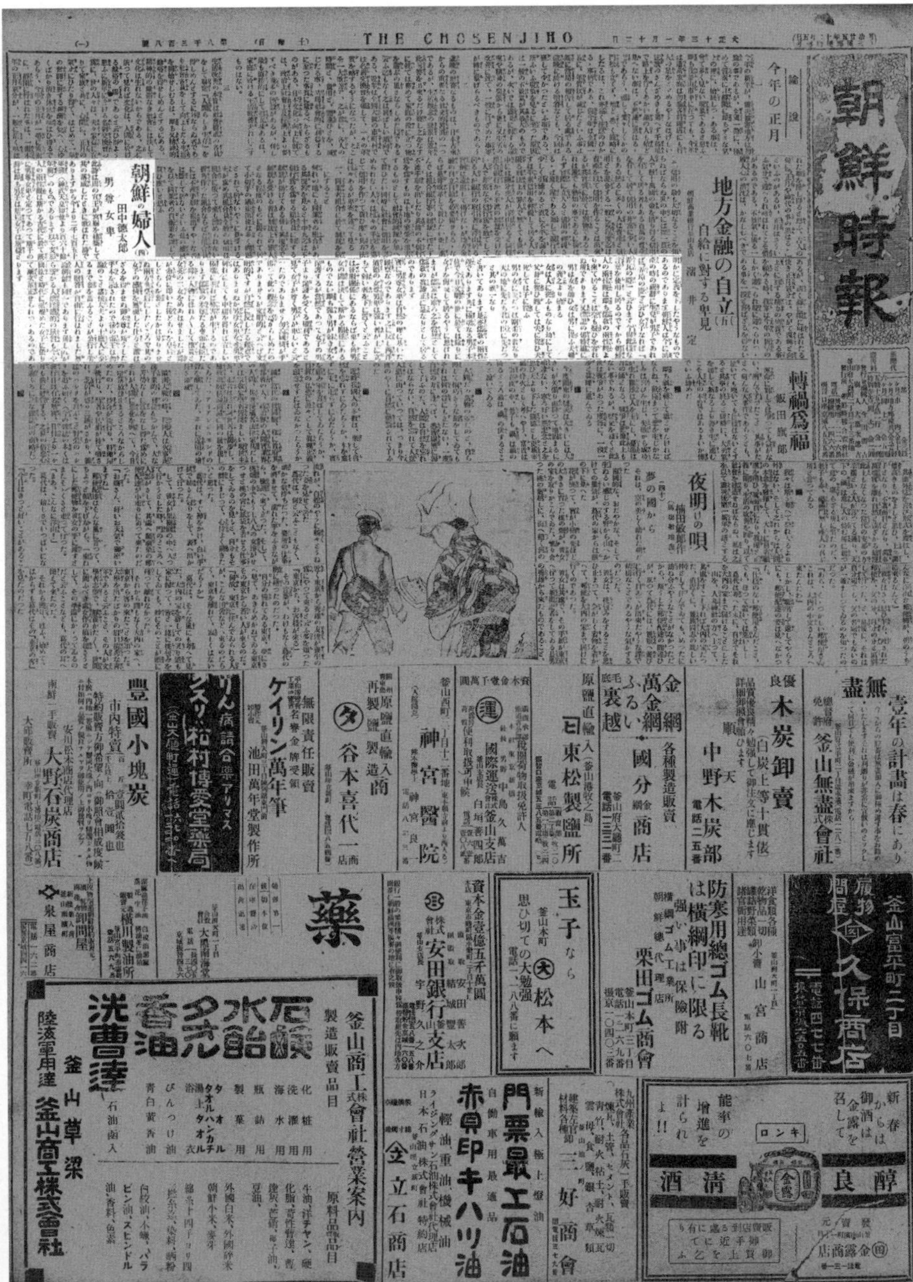

19 | 조선의 여성(4)[1924년 1월 12일 1면 2단]

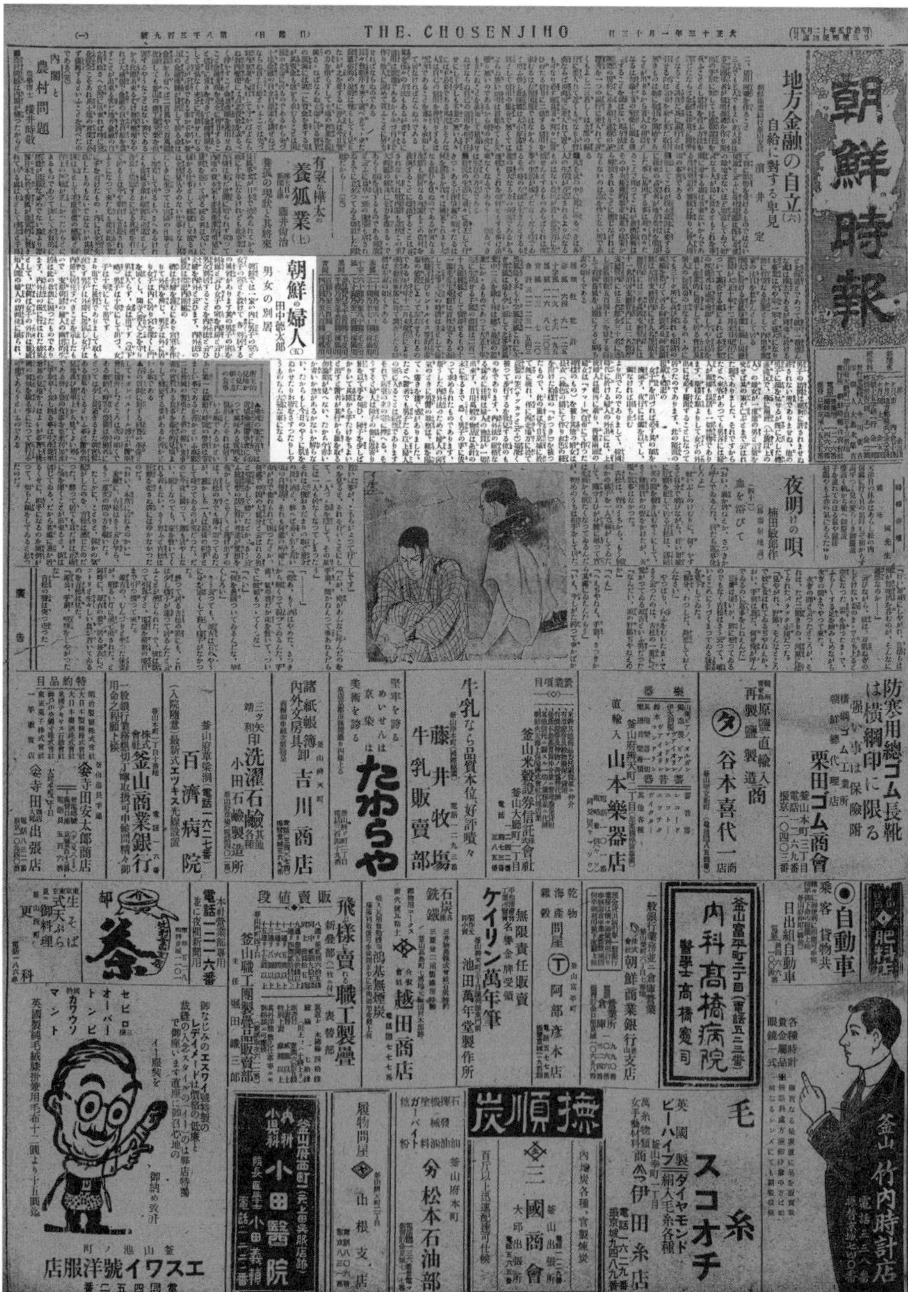
朝鮮時報

THE. CHOSENJIHO

地方金融の自立(六)

自給に對する卑見

朝鮮の婦人(五)

男女の別居

有望な樺太の養狐業(上)

內鮮と農村問題

夜明けの唄

防寒用總ゴム長靴は横綱印に限る

栗田ゴム商會

谷本喜代一商店

山本樂器店

牛乳なら品質本位「好評嘖々」

藤井牧場牛乳販賣部

たからや

吉川商店

洗濯石鹸製造所

百濟病院

株式會社釜山商業銀行

寺田安太郎商店

自動車

內科高橋病院

朝鮮商業銀行

ケイリン萬年筆

越田商店

職工製靴

無煙炭

毛糸

スコオチ

伊田糸店

竹內時計店

三國商會

松本石油部

小田醫院

エスワイ號洋服店

20 | 조선의 여성(5)[1924년 1월 13일 1면 3단]

21 | 조선의 여성(6) [1924년 1월 15일 1면 4단]

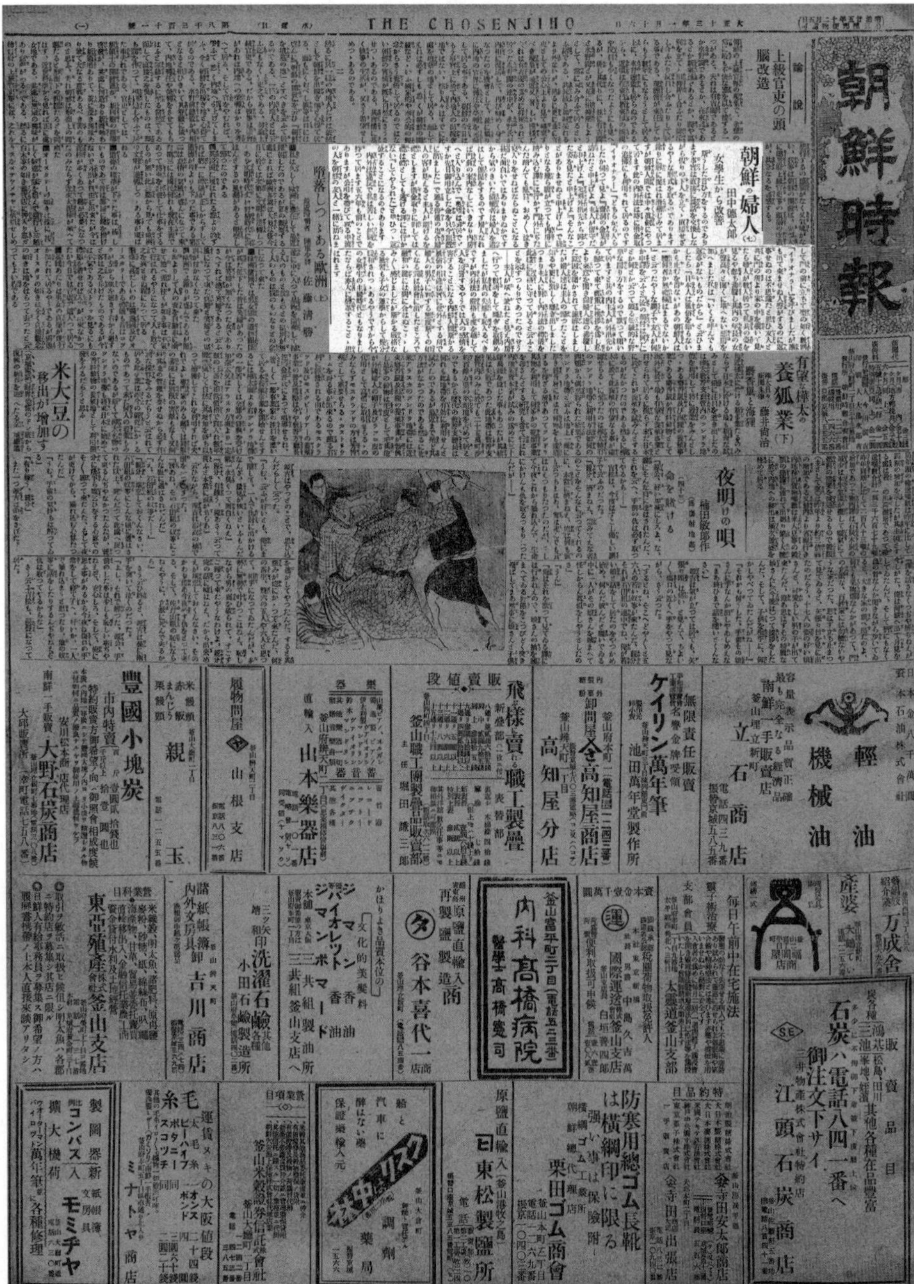
THE CHOSENJIHO

朝鮮時報

論說 上級官吏の頭腦改造

朝鮮の婦人(七)

有望な樺太の養狐業(下)

墮落しつゝある歐洲

米大豆の移出が增加す

夜明けの唄

22 | 조선의 여성(7)[1924년 1월 16일 1면 2단]

THE CHOSENJIHO

朝鮮時報

大正十三年一月十七日

國民保健の現狀 山田準次郎

不逞論（上）

墮落しつゝある歐洲（下） 佐藤清勝

節約は亡國的

赤裸（一）

朝鮮の婦人（八） 田中德太郎

女子の家庭教育

釜山府醸造組合案内

原田醸造場

西山醸造場

松岡醸造場

福田醸造場

安河内醸造場

丸金醸造場

辻醸造場

山内醸造場

上田醸造場

堀醸造場

竹鶴醸造場

森岡醸造場

內科 高橋病院 醫學士 高橋憲司

山本樂器店

越田商店

東萊ホテル

熊本商店

釜山米穀證券信託株式會社

モミチヤ

三好商會

國分商店

御料理 海月

りん病七日藥

百濟病院

木炭卸賣 中野木炭部

前田鐵工所

十八銀行釜山支店

三友商會

深澤商店

肥料店

小田醫院

星洋燈硝子店

酒類の御仕入は今!!

神宮醫院

清酒 醇良 金露

新春からは御酒は金露を召して能率の增進を計られよ!!

エスワイ號洋服店

23 | 조선의 여성(8)[1924년 1월 17일 1면 5단]

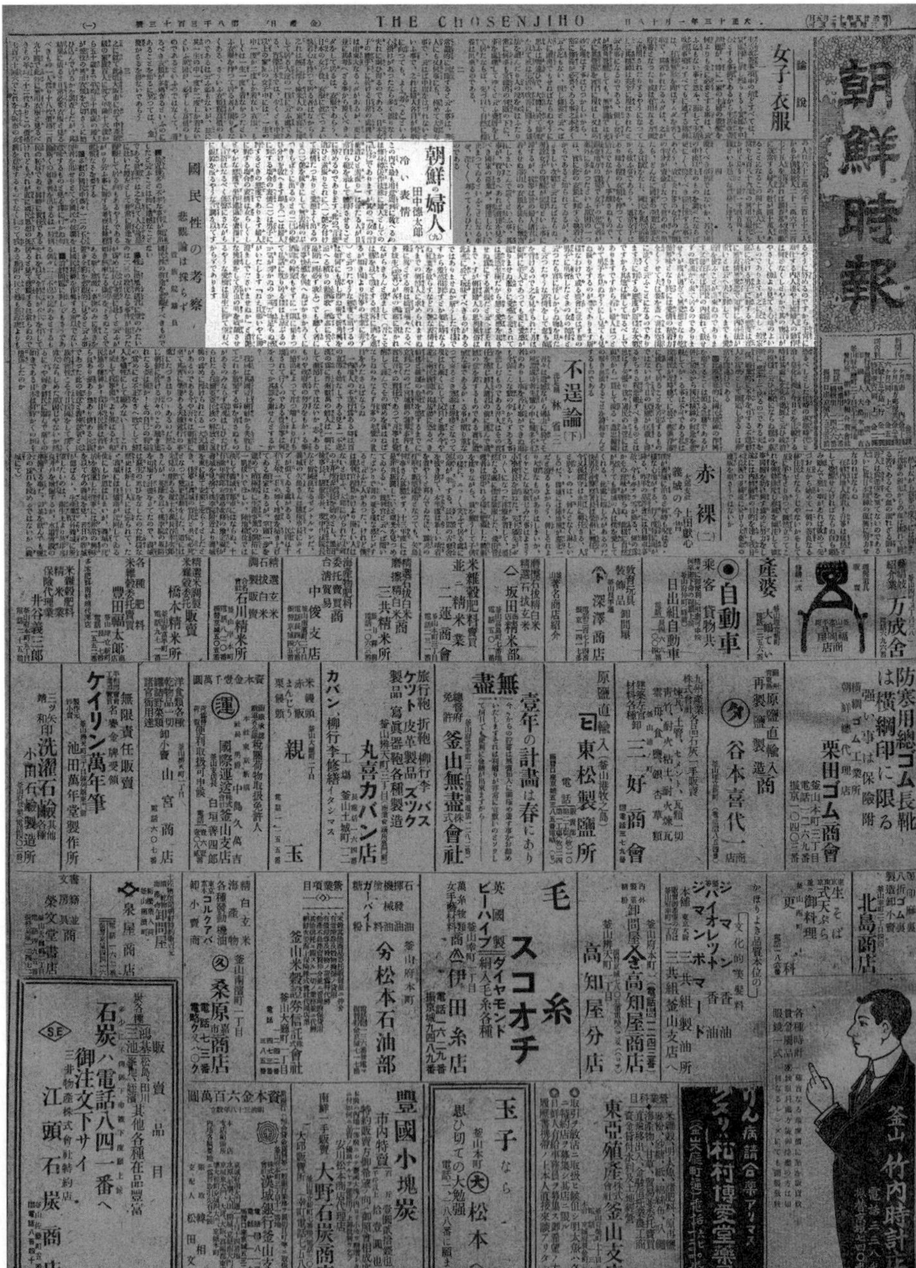
THE CHOSENJIHO

朝鮮時報

論說 女子の衣服

朝鮮の婦人(九) 田中德太郎

冷い表情

國民性の考察 悲觀論は採らず

不逞論(下)

赤裸(二)

自動車

產婆

万成舍

防寒用總ゴム長靴は横綱印に限る

栗田ゴム商會

谷本喜代一商店

三好商會

東松製鹽所

無盡 壹年の計畫は春にあり

釜山無盡株式會社

丸喜カバン店

親玉

ケイリン萬年筆

北島商店

高知屋分店

毛糸 スコオチ

伊田糸店

松本石油部

桑原商店

泉屋商店

榮文堂書店

竹內時計店

東亞殖產株式會社釜山支店

玉子なら 松本へ

豊國小塊炭

大野石炭商店

石炭ハ電話八四一番へ御注文下サイ

江頭石炭商店

24 | 조선의 여성(9)[1924년 1월 18일 1면 2단]

25 | 조선의 여성(10)[1924년 1월 19일 1면 4단]

THE CHOSENJIHO

朝鮮時報

鮮内を旅して 法賢坊

眞の日本を紹介したい

赤裸

諸外國からの獻上品

イギリス
アメリカ
ドイツ
フランス
オランダ

朝鮮の婦人 田中徳太郎

夜明けの唄

木炭卸賣 中野木炭部

牛乳なら 藤井牧場 牛乳販賣部

東亜殖産株式會社 釜山支店

桑原商店

東松製鹽所

松村博愛堂藥局

百濟病院

小田醫院

山本樂器店

サッポロ黒ビール

蓄音器月賦販賣開始 竹内時計店蓄音器部

石炭ハ電話八四一番へ 江頭石炭商店

前田鐵工所

職工製疊

ケイリン萬年筆 池田萬年堂製作所

醇良 清酒 金露商店

無盡 釜山無盡株式會社

東萊ホテル

26 | 조선의 여성(11) [1924년 1월 20일 1면 4단]

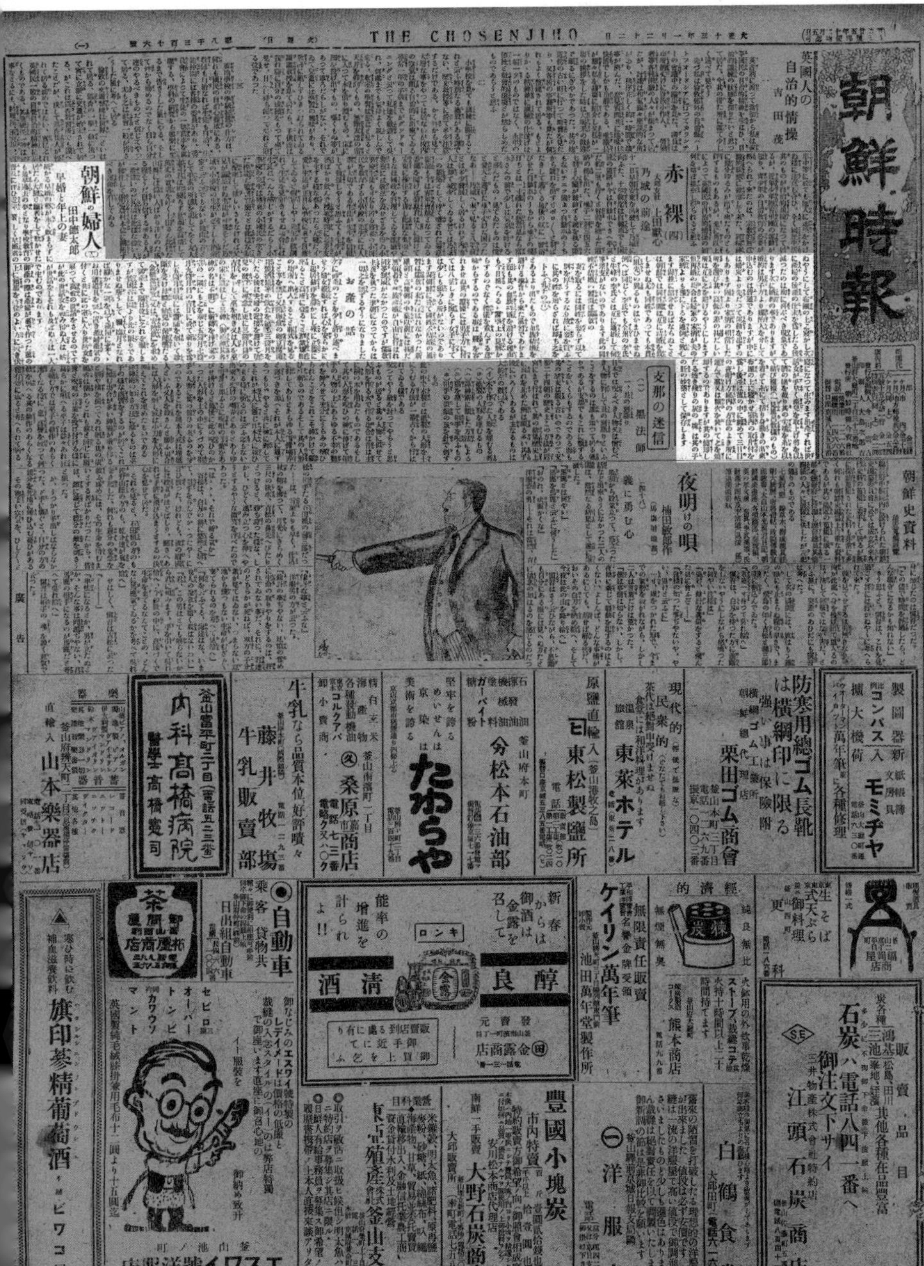
THE CHOSENJIHO

朝鮮時報

英國人の自治的情操 吉田茂

赤裸（四） 上田數心

朝鮮の婦人（十二） 田中德太郎

お產の話

支那の迷信

夜明けの唄

朝鮮史資料

防寒用總ゴム長靴は橫綱印に限る 栗田ゴム商會

東萊ホテル

東松製鹽所

松本石油部

たから や

桑原商店

牛乳なら品質本位 藤井牧場牛乳販賣部

內科 高橋病院

山本樂器店

ケイリン萬年筆 池田萬年堂製作所

醇良清酒 キンロン 金露

自動車

旗印蔘精葡萄酒

エスワイ號洋服店

豐國小塊炭

大野石炭商店

釜山支店

一洋服店

白鶴食堂

石炭ハ電話八四一番へ御注文下サイ 江頭石炭商店

27 | 조선의 여성(12)[1924년 1월 21일 1면 2단]

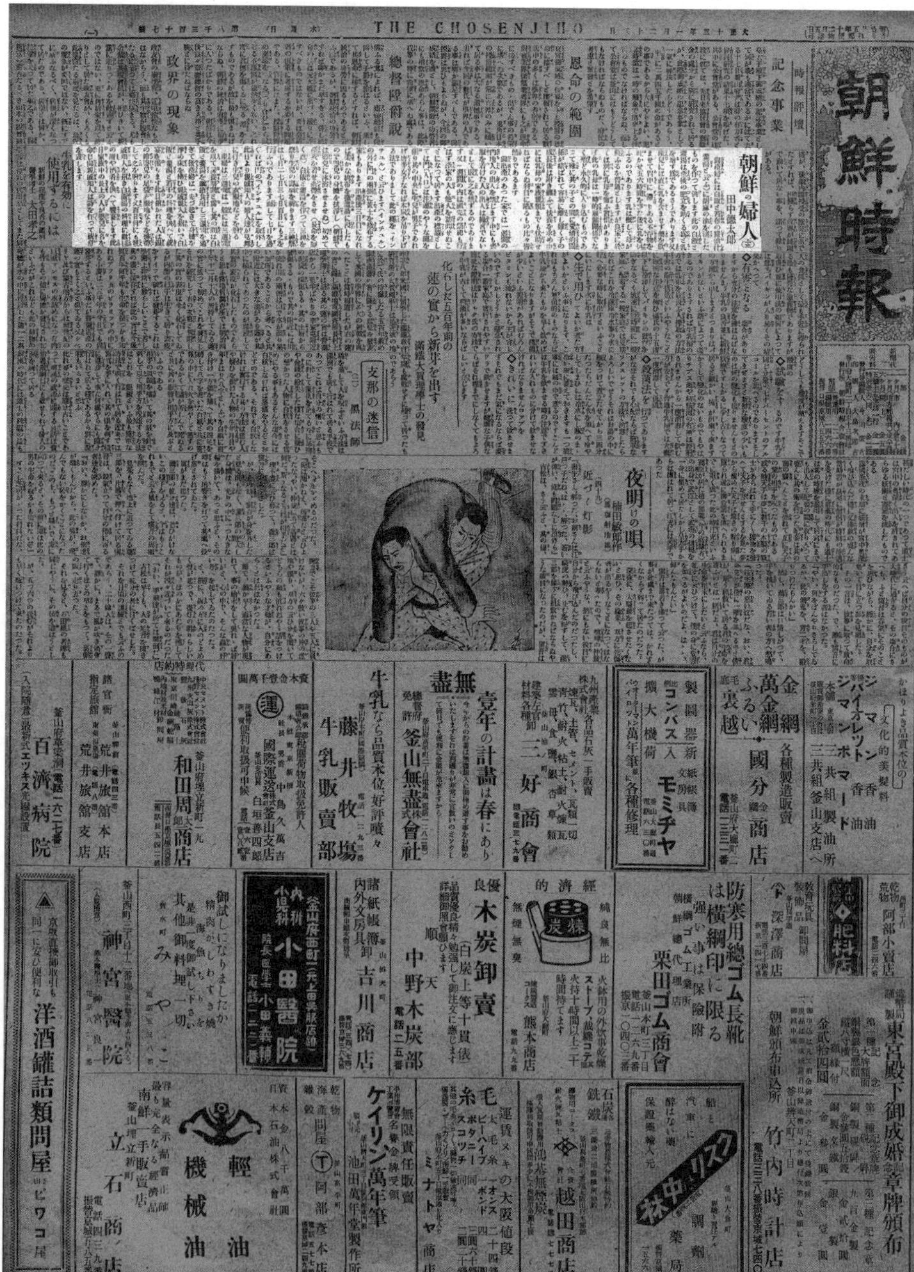
朝鮮時報
THE CHOSENJIHO
記念事業
朝鮮の婦人(十三)
田中德太郎
恩命の範圍
總督陞爵說
政界の現象
化らした五百年前の蓮の實から新芽を出す
支那の迷信
夜明けの唄
壹年の計畫は春にあり
無盡
釜山無盡株式會社
牛乳なら品質本位好評嘖々
藤井牧場
牛乳販賣部
國際運送株式會社釜山支店
和田周郎商店
荒井旅館
百濟病院
三好商會
モミチヤ
萬金網
金網
國分商店
ジャマイカトン
ポマード
三共組製油所
防寒用總ゴム長靴は横綱印に限る
栗田ゴム商會
深澤商店
阿部小賣店
肥料
東宮殿下御成婚記念章牌頒布
竹内時計店
熊本商店
木炭卸賣
中野木炭部
吉川商店
小田醫院
神宮醫院
洋酒罐詰類問屋
ピワコ屋
輕油
機械油
立石商店
ケイリン萬年筆
池田萬年堂製作所
阿部彦本店
毛糸
ミナトヤ商店
越田商店
リスク
中林
調劑藥局

28 | 조선의 여성(13)[1924년 1월 23일 1면 2단]

朝鮮時報

THE CHOSENJIHO

論說

釜山と商船學校

朝鮮の婦人(三)

田中德太郎

うまいご飯はかうしてたきます【上】

水加減に火加減

稲垣乙丙

水加減

火加減

支那の迷信

夜明けの唄

毛糸

スコオチ

伊田糸店

慶南銀行

越田商店

ケイリン萬年筆

池田萬年堂製作所

荒井旅館

モミチヤ

内科高橋病院

金網

國分商店

熊本商店

防寒用總ゴム長靴は横綱印に限る

栗田ゴム商會

立石商店

ミナトヤ商店

コーンドビーフ

豊國小塊炭

大野石炭商店

清酒

良醇

29 | 조선의 여성(14)[1924년 1월 24일 1면 2단]